Die Zusage im Umsatzsteuerrecht

Bochumer Schriften zum Steuerrecht

Herausgegeben von Roman Seer

Band 34

PETER LANG

Max Weber

Die Zusage im Umsatzsteuerrecht

Eine Untersuchung im steuerverfassungsrechtlichen Mehrebenensystem *de lege lata* und *de lege ferenda*

PETER LANG

Bibliografische Information der Deutschen Nationalbibliothek
Die Deutsche Nationalbibliothek verzeichnet diese Publikation in der Deutschen Nationalbibliografie; detaillierte bibliografische Daten sind im Internet über http://dnb.d-nb.de abrufbar.

Zugl.: Bochum, Univ., Diss., 2018

Abbildung auf dem Umschlag: Siegel der Universität Bochum.

D 294
ISSN 1613-933X
ISBN 978-3-631-77339-0 (Print)
E-ISBN 978-3-631-77882-1 (E-PDF)
E-ISBN 978-3-631-77883-8 (EPUB)
E-ISBN 978-3-631-77884-5 (MOBI)
DOI 10.3726/b15114

Peter Lang – Berlin · Bern · Bruxelles · New York · Oxford · Warszawa · Wien

Diese Publikation wurde begutachtet.

www.peterlang.com

Meinen Eltern

Vorwort

Die vorliegende Arbeit wurde im Sommersemester 2018 von der Juristischen Fakultät der Ruhr-Universität Bochum als Dissertation angenommen. Die mündliche Prüfung fand am 18. Juli 2018 statt.

Ich habe das Manuskript zu der Arbeit im Februar 2018 abgeschlossen. Später veröffentlichte Rechtsprechung, Literatur sowie Verwaltungsauffassungen habe ich zum Teil noch in den Fußnoten berücksichtigen können, soweit mir diese bis zum Ablauf des August 2018 bekannt geworden sind.

Danken möchte ich zuallererst meinem Doktorvater, Herrn *Prof. Dr. Roman Seer*, für die Betreuung meiner Dissertation und die tatkräftige und wertvolle Unterstützung im Promotionsverfahren. Darüber hinaus danke ich ihm für die Zeit, die ich an seinem Lehrstuhl als studentischer und wissenschaftlicher Mitarbeiter verbringen durfte. Auch und insbesondere die menschlichen Erfahrungen, die ich neben den zahlreichen fachlichen Erkenntnissen gewinnen konnte, haben mich geprägt und werde ich auf meinen weiteren Lebensweg mitnehmen.

Herrn *Prof. Dr. Sebastian Unger* möchte ich für die außerordentlich zügige Erstellung des Zweitgutachtens danken.

Zu besonderem Dank verpflichtet bin ich Herrn *Sebastian Mogk*, der gemeinsam mit mir nicht nur die Examenszeit, sondern auch die gemeinsame Promotionszeit durchstanden hat und häufig meine Ideen über sich ergehen lassen musste. Dabei stand er mir stets mit kritischem Rat zur Seite.

Ohne *meine Eltern* wäre weder mein unbeschwertes Studium noch das Verfassen dieser Arbeit ohne größere Anstrengungen möglich gewesen. Für die entgegengebrachte Geduld und das Leben, das ich heute führen darf, danke ich von Herzen; Euch ist diese Arbeit gewidmet.

Schließlich möchte ich meiner Freundin *Nina Puhe* danken, die mir in jeder Lebenslage zur Seite steht und nicht selten das größte Verständnis für mich aufbringen musste. Sie ist es, die mir in den letzten Jahren den nötigen Freiraum verschafft und für den privaten Ausgleich gesorgt hat.

Hattingen, im August 2018 Max Weber

Inhaltsverzeichnis

Einführung – Die Umsatzsteuer und der duale Prüfungsgegenstand der Untersuchung

Die Steuereinnahmen der Bundesrepublik Deutschland beliefen sich im Jahr 2017 auf 734.513.000.000 €.[1] Beinahe ein Viertel (170.498.000.000 € = 23,2%) dieser Einnahmen entfielen auf die Umsatzsteuer. Die Umsatzsteuer ist damit nach der Lohnsteuer die ertragsstärkste deutsche Steuer. Beiden Steuern ist gemein, dass sie nicht – wie die veranlagte Einkommensteuer mit einem Jahresertrag von „lediglich" 59.428.000.000 € – durch den Staat unmittelbar beim Destinatar der Steuer, sondern durch private Gehilfen vereinnahmt werden. Während dies bei der Lohnsteuer die den Steuerabzug durchführenden Arbeitgeber sind, entfällt die Arbeit bei der Umsatzsteuer auf 3.266.429[2] umsatzsteuerliche Unternehmer. Die *Arbeit* der umsatzsteuerlichen Unternehmer meint dabei nicht die eigene Berufsausübung, die sich im Jahr 2016 in über 6 Billionen Lieferungen und sonstigen Leistungen manifestiert hat. Gemeint ist die Leistung des Unternehmers, im Dienste und für Rechnung des Staates als „Steuereinsammler"[3] zu fungieren. Stark vereinfacht leistet jeder Unternehmer Arbeit, die für den Fiskus durchschnittlich ca. 52.000 € Wert ist, ohne dafür in jedweder Weise entlohnt zu werden. Man sollte daher meinen, dass der private Unternehmer von seinem staatlichen Dienstherrn zumindest ohne viel Aufwand erfahren kann, wie er seine Aufgabe planungssicher zu erledigen hat. Denn selbst der tüchtigste Steuerberater wird rechtliche Unsicherheiten nicht mit der erforderlichen Sicherheit ausräumen können.[4] Gegenstand der vorliegenden Untersuchung ist deswegen die Frage, ob die Belastungen des umsatzsteuerlichen Unternehmers staatlicherseits ausgeglichen werden müssen, ob das geltende Recht bereits eine

1 Ausweislich der Angaben des Statistischen Bundesamts, abrufbar unter www.destatis.de/DE/ZahlenFakten/GesellschaftStaat/OeffentlicheFinanzenSteuern/Steuern/Steuerhaushalt/Tabellen/KassenmaessigeSteuereinnahmenVorSteuerverteilung.html.

2 Statistisches Bundesamt, Umsatzsteuerstatistik (Voranmeldungen) 2016, erschienen am 21.2.2018, dort auch zu den im Folgenden genannten statistischen Werten.

3 So die Bezeichnung des EuGH v. 20.10.1993 – C-10/92, EU:C:1993:846, Rz. 25 (*Balocchi*); v. 21.2.2008 – C-271/06, EU:C:2008:105, Rz. 21 (*Netto Supermarkt*).

4 Auch der Steuerberater ist kein „Prophet in Sachen Steuerrechtsentwicklung", *Hey*, Steuerplanungssicherheit, S. 95 f.

taugliche Ausgleichsregelung bereithält und sollte dies nicht der Fall sein, wie eine taugliche Ausgleichsregelung ausgestaltet sein müsste.

A. Die Umsatzsteuer

I. Historie der Umsatzsteuer

1. Nationale Entwicklung

Eine Verbrauchs- oder Verkehrsbesteuerung fand in Deutschland bereits im Mittelalter statt.[5] So wurden Spezial- und Generalakzisen[6] auf den Handel mit verbrauchsfähigen Waren erhoben. Bis Mitte des 19. Jahrhunderts wurden diese jedoch abgeschafft.[7] Erst im Jahr 1916 wurde der sog. Warenumsatzstempel eingeführt, wodurch die „Anmeldungen der Gewerbetreibenden über bezahlte Warenlieferungen" mit 0,1 % besteuert wurden.[8] Um den durch den ersten Weltkrieg gestiegenen Finanzbedarf zu decken, wurde im Jahr 1918 ein eigenständiges Umsatzsteuergesetz geschaffen.[9] Dieses sah eine Besteuerung des Verbrauchs im Wege einer Allphasen-Bruttoumsatzsteuer vor.[10] Bereits im Jahr 1919 wurden Stimmen laut, die auf die Nachteile einer Besteuerung auf allen Wirtschaftsstufen hinwiesen und eine Nettoumsatzbesteuerung mit Vorumsatzabzug forderten.[11] Diese Vorschläge wurden mehrfach in Reichstag und Wissenschaft erörtert, aber mit teils nicht nachvollziehbaren Begründungen abgelehnt.[12] Dennoch waren die nachfolgenden Jahrzehnte davon geprägt, die wettbewerbsverzerrende Wirkung der Brutto-Allphasenbesteuerung abzumildern.[13] Dabei erhöhte sich der

---

5 Umfassend zur frühen Geschichte der Umsatzsteuer *Popitz*, UStG, S. 115 ff.; anschaulich auch *Birkenfeld*, UR 1993, 321; *Weiß*, UR 1993, 329; *Jacobs*, DStZ 2006, 654.

6 Zum Begriff *Elster/Weber/Wieser*, Handwörterbuch der Staatswissenschaften, Bd. 1, S. 205 ff.; im englischsprachigen Raum ist heute immer noch die Rede von „excise taxes".

7 *Jacobs*, DStZ 2006, 654, 655.

8 Gesetz v. 26.6.1916, RGBl. 1916, 639.

9 Gesetz v. 26.7.1918, RGBl. 1918, 779.

10 Insofern sprachen die Gesetzgebungsmaterialen ausdrücklich von einer Verbrauchsteuer, siehe RT-Drs. 1914/18 Nr. 1461, 16.

11 Die Vorschläge stammten von *Wilhelm v. Siemens*, wurden aber postum von dessen Bruder, *Carl Friedrich v. Siemens*, Veredelte Umsatzsteuer, S. 3 ff., veröffentlicht.

12 So *Stadie*, in: R/D, UStG, Einf. Rz. 20 m.w.N. (Stand: März 2017).

13 So führte das UStG v. 16.10.1934, RGBl. 1934, 942 die bis heute bestehende Organschaft ein. Zudem bezeichnete das UStG 1934 den Steuerpflichtigen erstmals als Unternehmer und prägte damit die noch heute gültige Auslegung des § 2 Abs. 1 UStG.

Steuersatz kontinuierlich von anfangs 2 % (1932) auf später 4 % (1951).[14] Parallel verstärkte sich auch die Kritik an den auftretenden Kumulationswirkungen[15] und der Ruf nach Reformvorschlägen.[16] Ergebnis dieses Prozesses war ein Gesetzesentwurf aus dem Jahr 1963, der ein Mehrwertsteuersystem mit Vorsteuerabzug vorsah.[17] Im Jahr 1966 stellte auch das Bundesverfassungsgericht die mangelnde Wettbewerbsneutralität des bestehenden Umsatzsteuersystems fest, nahm dies aber bis zum Abschluss des zuvor angestoßenen Gesetzgebungsverfahrens übergangsweise hin.[18]

2. *Harmonisierung des Mehrwertsteuerrechts in Europa*

Heute ist das nationale Umsatzsteuerrecht in weiten Teilen harmonisierte Ausprägung des Unionsrechts. Insofern sieht Art. 113 AEUV vor, dass das Umsatzsteuerrecht harmonisiert werden muss, soweit dies für einen funktionsfähigen Binnenmarkt und die Vermeidung von Wettbewerbsverzerrungen notwendig ist.

In Ausübung dieser Harmonisierungskompetenz[19] hatte der Rat der EWG nahezu zeitgleich zu den nationalen Reformbestrebungen Richtlinien zur Einführung eines gemeinsamen Mehrwertsteuersystems erlassen und die Mitgliedstaaten zur Umsetzung bis 1970 verpflichtet.[20] Ziel dieser Richtlinien war, ein einheitliches Mehrwertsteuersystem zu schaffen, das auf allen Produktions- und Vertriebsstufen sowie auf Dienstleistungen anwendbar ist und durch einen Vorsteuerabzug die Neutralität der Mehrwertsteuer sicherstellt.[21] Schließlich beschloss der Bundestag ein neues Umsatzsteuergesetz[22], das ein Allphasennettoumsatzsteuersystem mit Vorsteuerabzug und einem Steuersatz von zunächst 10 % vorsah.

---

14 Eine Übersicht über die Entwicklung der Steuersätze von 1916 bis 1951 liefert *Grabower/Herting/Schwarz*, Die Umsatzsteuer, S. 224.

15 *Popitz*, UStG, S. 10 spricht metaphorisch von einer „Lawinensteuer".

16 Diese sind vom Bundesminister der Finanzen in einer „Denkschrift über die Möglichkeiten einer Verbesserung der Umsatzbesteuerung", BT-Drs. III/730 zusammengefasst.

17 BT-Drs. IV/1590.

18 BVerfG v. 20.12.1966 – 1 BvR 320/57 u.a., BVerfGE 21, 12 (*Allphasenumsatzsteuer*).

19 Ehemals Art. 93 EGV.

20 Richtlinie 67/227/EWG v. 11.4.1967, ABl. EG Nr. L 71, S. 1301; Richtlinie 67/228/EWG v. 11.4.1967, ABl. EG Nr. L 71, S. 1303.

21 Vgl. die Erwägungsgründe zur Richtlinie 67/227/EWG v. 11.4.1967, ABl. EG Nr. L 71, S. 1301; eingehend zu den Erwägungsgründen *Zirkl*, Neutralität, S. 8 ff.

22 Gesetz v. 26.5.1967, BGBl. I 1967, 545.

Die damit angestoßene europaweite Harmonisierung wurde durch die 6. MWSt-Richtlinie der EG[23] fortgeführt, um die umsatzsteuerliche Bemessungsgrundlage und den Vorsteuerabzug zu vereinheitlichen. Diese Vorgaben wurden verspätet[24] durch den Bundesgesetzgeber zum 1.1.1980 umgesetzt.[25] Die umsatzsteuerlichen Grenzen in der EU fielen letztlich mit Umsetzung der Binnenmarkt-Richtlinie der EG[26].[27] Zum 1.1.2007 wurde die 6. MwSt-Richtlinie der EG durch die Mehrwertsteuersystemrichtlinie (MwStSystRL)[28] abgelöst,[29] um die unübersichtlich gewordene 6. MwSt-Richtlinie der EG neu zu ordnen.[30] Ergänzend dazu enthält die zum 1.7.2011 in Kraft getretene Mehrwertsteuer-Durchführungsverordnung[31] (MwStDVO) konkretisierende Vorschriften insbesondere in Bezug auf die Bestimmung des richtigen Leistungsorts. Die MwStDVO ist als Verordnung im Sinne des Art. 288 Abs. 2 AEUV anders als die MwStSystRL unmittelbar anwendbares Recht in den Mitgliedstaaten und steht daher in Deutschland neben dem Umsatzsteuergesetz (UStG) und der Umsatzsteuerdurchführungsverordnung (UStDV) als Rechtsquelle zur Verfügung.

II. System der Umsatzsteuer: Indirekte Verbrauchsteuer

Lange Zeit umstritten war, ob es sich bei der Umsatzsteuer um eine Verkehrs- oder Verbrauchsteuer handelt.[32] So stellte insbesondere der Bundesfinanzhof lange Zeit auf ihren Verkehrsteuercharakter ab.[33] Und auch das Bundesverfassungsgericht sowie große Teile der Literatur folgten dieser Auffassung.[34]

---

23 Richtlinie 77/388/EWG v. 17.5.1977, ABl. EG Nr. L 145, S. 1.

24 Siehe dazu nur *Stadie*, in: R/D, UStG, Einf. Rz. 54 f. (Stand: März 2017).

25 Gesetz v. 29.11.1979, BGBl. I 1979, 1953.

26 Richtlinie 91/680/EWG v. 16.12.1991, ABl. EG Nr. L 376, S. 1

27 National umgesetzt durch das Umsatzsteuer-Binnenmarktgesetz v. 25.8.1992, BGBl. I 1992, 1548.

28 Richtlinie 2006/112/EG v. 28.11.2006, ABl. EU Nr. L 347, S. 1.

29 Zur Entwicklung bis dahin vgl. nur *Stadie*, in: R/D, UStG, Einf. Rz. 61 ff. (Stand: März 2017).

30 Richtlinie 2006/112/EG v. 28.11.2006, ABl. EU Nr. L 347, S. 1, Erwägungsgrund 1.

31 DVO (EU) Nr. 282/2011 v. 15.3.2011, ABl. EU Nr. L 77, S. 1.

32 Eine ausführliche Darstellung des Streitstandes findet sich unter anderem bei *Stadie*, in: R/D, UStG, Einf. Rz. 97 ff. (Stand: März 2017).

33 BFH v. 30.4.1953 – V 84/51 S, BStBl. III 1953, 183, 188; v. 8.11.1972 – II B 24/72, BStBl. II 1973, 94, 96; v. 9.3.1989 – V B 48/88, BStBl. II 1989, 580, 582.

34 Vgl. nur BVerfG v. 5.3.1974 – 1 BvR 712/68, BVerfGE 36, 321, 333 (*Schallplattenumsatzsteuer*); für den Verkehrsteuercharakter nach wie vor *von Groll*, FR 2007, 540, 541 und zuletzt *Heckhausen*, Umsatzbesteuerung der öffentlichen Hand, S. 40.

Mehrheitlich wird heute in der Literatur[35] und mittlerweile auch in der Rechtsprechung des Bundesfinanzhofs[36] und des Bundesverfassungsgerichts[37] der Verbrauchsteuercharakter der Umsatzsteuer anerkannt. Dieses Ergebnis folgt bereits aus Art. 1 Abs. 2 MwStSystRL, der besagt, dass die Umsatzsteuer eine zum „Preis [...] proportionale Verbrauchsteuer" ist, sodass auch der EuGH diesem Verständnis bei der Auslegung der Richtlinie seit jeher folgt.[38]

Entscheidend für die vorliegende Arbeit ist, dass der Umsatzsteuer die Technik einer indirekten Besteuerung zu Grunde liegt. Intendierter Steuerträger ist der Endverbraucher. Steuerschuldner ist aber der Unternehmer, der Leistungen an den Endverbraucher erbringt.[39] Dieser technischen Ausgestaltung liegen praktische Erwägungen zu Grunde,[40] die keinen Einfluss auf die systematische Einordnung der Steuer haben dürfen.[41] Würde die Umsatzsteuer direkt beim Endverbraucher erhoben, wäre ein strukturelles Vollzugsdefizit[42] vorprogrammiert.[43] Der Steuerträger verbleibt im System der Umsatzsteuer daher in der „Anonymität des Marktes"[44].

III. Strukturprinzipien[45] des Umsatzsteuerrechts

1. *Leistungsfähigkeitsprinzip*

Die Bürger sollen die Steuern im Verhältnis zu ihren Fähigkeiten zahlen. Dies erkannte bereits *Adam Smith* und hielt dies in seiner ersten Steuermaxime der

---

35 Grundlegend *Tipke*, UR 1972, 2; *ders.*, DStR 1983, 595; *ders.*, StuW 1992, 103, 106 ff.; *ders.*, StRO II, S. 968 ff.; sowie *Söhn*, StuW 1975, 1; vgl. darüber hinaus nur die zahlreichen Verweise bei *Stadie*, in: R/D, UStG, Einf. Rz. 101 (Stand: März 2017).

36 Erstmals BFH v. 12.1.2006 – V R 3/04, BStBl. II 2006, 479 Rz. 24.

37 Siehe nur BVerfG v. 29.10.1999 – 2 BvR 1264/90, BVerfGE 101, 132, 139 (*Heileurythmisten*); v. 20.4.2004 – 1 BvR 905/00 u.a., BVerfGE 110, 274, 295 (*Ökosteuer*).

38 So schon EuGH v. 5.5.1982 – 15/81, EU:C:1982:135, Rz. 10 (*Schul*); in jüngerer Vergangenheit vgl. nur EuGH v. 7.10.2010 – C-53/09, EU:C:2010:590, Rz. 38 (*Loyalty Management UK und Baxi Group*).

39 Wesentliche Ausnahmen von dieser Rollenverteilung bilden die Entnahmebesteuerung gem. §§ 3 Abs. 1b Nr. 1, Abs. 9a UStG und die Einfuhrumsatzsteuer.

40 Ausführlich *Klose*, Begriffe des Unternehmers, S. 20.

41 So auch *Zirkl*, Neutralität, S. 49 m.w.N.; anders aber *Heckhausen*, Umsatzbesteuerung der öffentlichen Hand, S. 40.

42 Vgl. dazu BVerfG v. 27.6.1991 – 2 BvR 1493/89, BVerfGE 84, 239 (*Zinsbesteuerung*).

43 *Englisch*, in: Tipke/Lang, Steuerrecht, § 17 Rz. 12.

44 BVerfG v. 23.8.1999 – 1 BvR 2164/98, NJW 1999, 3478 f.

45 Eine detaillierte Darstellung auch der Subprinzipien des Umsatzsteuerrechts findet sich bei *Tumpel*, DStJG 32 (2009), S. 53, 63 ff.

Steuergerechtigkeit fest.[46] Die gerechte Verteilung steuerlicher Belastungen orientiert sich daher streng am Leistungsfähigkeitsprinzip. Dieses Prinzip ist weltweit als Fundamentalprinzip gerechter Besteuerung anerkannt.[47] Es ist Primärgrundsatz des Steuerrechts.[48]

Das Bundesverfassungsgericht entnimmt das Leistungsfähigkeitsprinzip auf nationaler Ebene in erster Linie[49] dem allgemeinen Gleichheitssatz des Art. 3 Abs. 1 GG.[50] Dessen notwendiger Vergleichsmaßstab ist die Leistungsfähigkeit der Besteuerten.[51] Auch auf Unionsrechtsebene lässt sich insbesondere aus der Grundrechtecharta ein europäisches Leistungsfähigkeitsprinzip herleiten, das dem nationalen in wesentlichen Teilen entspricht.[52] Für das Umsatzsteuerrecht wurde die Geltung des Leistungsfähigkeitsprinzips insbesondere von *P. Kirchhof* lange Zeit bezweifelt. Denn eine Besteuerung der individuellen Leistungsfähigkeit des anonym bleibenden Verbrauchers sei nicht möglich.[53] Heute aber erkennen sowohl *P. Kirchhof*[54] als auch die überwiegende Literatur an, dass das Leistungsfähigkeitsprinzip ebenso wie bei den direkten Steuern auch bei den

46 *Smith*, Der Wohlstand der Nationen, S. 703; vgl. auch Art. 134 WRV: „Alle Staatsbürger ohne Unterschied tragen im Verhältnis ihrer Mittel zu allen öffentlichen Lasten nach Maßgabe des Gesetzes bei."

47 *Tipke*, StRO I, S. 488 ff.

48 *Hey*, in: Tipke/Lang, Steuerrecht, § 3 Rz. 40 f.: „Fundamentalprinzip der Steuergerechtigkeit".

49 Daneben werden meist das Sozialstaatsprinzip und die Freiheitsgrundrechte bemüht, dazu *Birk*, Das Leistungsfähigkeitsprinzip, S. 138 ff. (zum Sozialstaatsprinzip), 126 ff. (zur Begrenzungsfunktion der Freiheitsgrundrechte).

50 So die ständige Rechtsprechung des BVerfG zum Leistungsfähigkeitsprinzip, die sich allerdings meist auf ertragsteuerliche Sachverhalte bezieht, siehe nur BVerfG v. 17.1.1957 - 1 BvL 4/54, BVerfGE 6, 55, 83 (*Haushaltsbesteuerung*); v. 10.12.1980 - 2 BvF 3/77, BVerfGE 55, 274, 302 (*Berufsausbildungsabgabe*); v. 3.11.1982 - 1 BvR 620/78 u.a., BVerfGE 61, 319, 343 f. (*Ehegattensplitting*); v. 27.6.1991 - 2. BvR 1493/89, BVerfGE 84, 239, 268 (*Zinsurteil*); v. 22.6.1995 - 2 BvL 37/91, BVerfGE 93, 121, 132 (*Vermögensteuer*); v. 9.12.2008 - 1BvL 1/07 u.a., BVerfGE 122, 210, Rz. 57 f. (*Pendlerpauschale*); in Bezug auf die indirekten Steuern: BVerfG v. 7.5.1998 - 2 BvR 1991/95, 2 BvR 2004/95, BVerfGE 98, 106, Rz. 73 (*Kommunale Verpackungsteuer*); v. 20.4.2004 - 1 BvR 905/00 u.a., BVerfGE 110, 274, Rz. 73 (*Ökosteuer*).

51 Grundlegend *Birk*, Das Leistungsfähigkeitsprinzip, S. 146 f.

52 Dazu *Zirkl*, Neutralität, S. 35 ff.

53 *P. Kirchhof*, StuW 1985, 319, 324; *ders.*, StuW 2000, 316, 326; *ders.*, DStR 2008, 1, 3.

54 *P. Kirchhof*, Umsatzsteuer Gesetzbuch, S. 20: „in der Kaufkraft typisierend zum Ausdruck kommende Leistungsfähigkeit des Verbrauchers".

indirekten Steuern und damit auch bei der Umsatzsteuer Wirkung entfaltet.[55] Belastungsgrund der Umsatzsteuer ist die typisierte[56] steuerliche Leistungsfähigkeit, die sich in den geldwerten Aufwendungen für den Konsum durch den Endverbraucher zeigt.[57] Im Umsatzsteuerrecht ist das Verbrauchsteuerprinzip als Konkretisierung des Leistungsfähigkeitsprinzips daher das systemtragende Kernprinzip, an dem sich die Auslegung umsatzsteuerlicher Normen messen lassen muss.[58] Ausprägung dieses Prinzips ist eine territoriale Besteuerung am Ort des Verbrauchs (Verbrauchsortprinzip). Dies wird rechtstechnisch durch das sog. Bestimmungslandprinzip umgesetzt.[59]

2. *Neutralitätsprinzip*

Kehrseite und folgerichtige Umsetzung der Erfassung der typischerweise zum Ausdruck kommenden Leistungsfähigkeit durch den privaten Endverbrauch ist, dass die Umsatzsteuer für die Unternehmer neutral sein muss.[60] Dieses Neutralitätsprinzip[61] ist nach der Rechtsprechung des EuGH das Fundamentalprinzip des Mehrwertsteuersystems.[62] Es wird vom EuGH als Ausprägung zweier

---

55 Siehe nur *Reiß*, DStJG 13 (1990), S. 3, 12; *Englisch*, Wettbewerbsgleichheit, S. 563 ff.; *Hey*, in: Tipke/Lang, Steuerrecht, § 3 Rz. 43; *Zirkl*, Neutralität, S. 30 ff.; aus der Rechtsprechung des BVerfG siehe erneut BVerfG v. 20.4.2004 - 1 BvR 905/00 u.a., BVerfGE 110, 274, Rz. 73 (*Ökosteuer*).

56 Gerade nicht die *individuelle* Leistungsfähigkeit, dazu *Zirkl*, Neutralität, S. 32 ff.

57 *Stadie*, in: R/D, UStG, Einf. Rz. 141 ff. (Stand: März 2017) weist darauf hin, dass die Umsatzsteuer eher eine Aufwandsteuer (wie in Art. 105 Abs. 2a GG) als eine Verbrauchsteuer ist. Denn besteuert wird nicht der reale Verbrauch, sondern die Verwendung von Vermögen für eben diesen. Ebenso *Englisch*, in: Tipke/Lang, Steuerrecht, § 17 Rz. 11, der die Umsatzsteuer präzise als eine „allgemeine Vermögensverwendungssteuer" versteht.

58 So insbesondere *Englisch*, in: Tipke/Lang, Steuerrecht, § 17 Rz. 25, der zurecht kritisiert, dass der EuGH das Neutralitätsprinzip als systemtragendes Prinzip er-, aber die „Rückkoppelung" an das Verbrauchsteuerprinzip verkennt.

59 Dazu *Tumpel*, DStJG 32 (2009), S. 53, 64 ff. sowie allgemein auch *Englisch*, DStJG 32 (2009), S. 165, 169 ff.; auch der Vorschlag der Europäischen Kommission zur Reform des Umsatzsteuerrechts v. 4.10.2017 (abgedruckt unter BR-Drs. 660/17) hält am Bestimmungslandprinzip fest.

60 *Reiß*, DStJG 32 (2009), S. 9, 14.

61 Umfassend zu den möglichen Rechtsgrundlagen *Zirkl*, Neutralität, S. 135 ff.

62 Siehe schon die Erwägungsgründe 4, 5 und 7 der Richtlinie 2006/112/EG v. 28.11.2006, ABl. EU Nr. L 347, S. 1 (MwStSystRL). Allerdings sollte entsprechend dem Gerechtigkeitsmaßstab der steuerlichen Leistungsfähigkeit nicht das Neutralitätsprinzip allein, sondern zumindest auch das Verbrauchsteuerprinzip Kernprinzip der

Wirkrichtungen verstanden: Zum einen muss der unternehmerische Bereich vollständig von der Mehrwertsteuer verschont werden, indem Eingangsumsätze von den Vorsteuern entlastet werden.[63] Zum anderen interpretiert der EuGH das Neutralitätsprinzip als Ausprägung der Wettbewerbsgleichheit, wovon insbesondere die gleiche Besteuerung der Ausgangsumsätze umfasst sei.[64] Die umsatzsteuerliche Neutralität stelle dabei insgesamt eine bereichsspezifische Ausprägung des unionsrechtlichen Gleichbehandlungsgrundsatzes dar.[65] Inkonsequent misst der Gerichtshof dem Neutralitätsprinzip aber keinen Verfassungsrang bei, sondern stellt es in die Ausgestaltungshoheit des einfachen europäischen Gesetzgebers.[66] Dabei müsste eine konsequente Ableitung aus dem unionsrechtlichen Gleichheitssatz zur Folge haben, dass das Neutralitätsprinzip nicht nur Auslegungsmaßstab, sondern auch Prüfungsmaßstab für die MwStSystRL ist.[67]

Im Zusammenhang mit der Neutralität der Umsatzbesteuerung wird meist auch der im Umsatzsteuerrecht gewährte Gutglaubensschutz diskutiert.[68] Insofern sei es aus Neutralitätsgründen geboten, dem gutgläubigen Rechnungsempfänger auch bei fehlerhafter Rechnungsausstellung seitens des Vertragspartners den Vorsteuerabzug zu gewähren.[69] Gleiches gelte, wenn ein Unternehmer

---

Umsatzbesteuerung sein, weshalb die Darstellung hier auch in entsprechender Reihenfolge erfolgt, vgl. auch *Englisch*, in: Tipke/Lang, Steuerrecht, § 17 Rz. 25.

63 Der dies sicherstellende Vorsteuerabzug ist daher „integraler Bestandteil des Mechanismus der Mehrwertsteuer", EuGH v. 30.9.2010 - C-392/09, EU:C:2010:569, Rz. 34 (*Uszodaépítő*); v. 28.7.2011 - C-274/10, EU:C:2011:530, Rz. 43 (*Kommission/Ungarn*); v. 13.2.2014 - C-18/13, EU:C:2014:69, Rz. 24 (*Maks Pen*); zuletzt EuGH v. 15.9.2016 - C-516/14, EU:C:2016:690, Rz. 38 (*Barlis 06 - Investimentos Imobiliários e Turísticos*); zu diesem Aspekt der „Belastungsneutralität" ausführlich: *Zirkl*, Neutralität, S. 61 ff.

64 Siehe nur EuGH v. 10.4.2008 - C-309/06, EU:C:2008:211, Rz. 47 (*Marks & Spencer*); v. 11.9.2014 - C-219/13, EU:C:2014:2207, Rz. 24 ff. (*K Oy*), ausführlich erneut *Zirkl*, Neutralität, S. 96 ff.

65 EuGH v. 7.12.2006 - C-240/05, EU:C:2006:763, Rz. 55 (*Eurodental*); v. 10.4.2008 - C-309/06, EU:C:2008:211, Rz. 49 (*Marks & Spencer*); v. 31.1.2013 - C-643/11, EU:C:2013:55, Rz. 55 m.w.N. (*LVK-56*).

66 Zuletzt EuGH v. 13.3.2014 - C-204/13, EU:C:2014:147, Rz. 43 (*Malburg*); ebenso *Heber*, UR 2014, 957, 964; umfassende Kritik bei *Englisch*, in: European Tax Integration, S. 231, 239 ff.

67 *Englisch*, in: Tipke/Lang, Steuerrecht, § 17 Rz. 24 spricht von einem „erschreckendem Mangel an grundrechtsdogmatischer Stringenz".

68 Ausführlich dazu *Günther*, Vertrauensschutz bei Angaben Dritter im Umsatzsteuerrecht.

69 EuGH v. 21.6.2012 - C-80/11 u.a., EU:C:2012:373, Rz. 61 (*Mahagében und Dávid*); v. 18.7.2013 - C-78/12, EU:C:2013:486, Rz. 42 (*Evita-K*); anders aber in Bezug auf

gutgläubig in ein Mehrwertsteuerkarussell einbezogen worden sei.[70] In Bezug auf die neutrale Besteuerung der Ausgangsumsätze müsse insbesondere die Steuerbefreiung von innergemeinschaftlichen Lieferungen bei Gutgläubigkeit des Leistenden gewährt werden.[71] Stets wird dabei Vertrauen geschützt, das der Unternehmer unabhängig von staatlichen Maßnahmen gebildet hat. Dieser Gutglaubensschutz wird zwar teilweise als „allgemeinverbindlich[er] Rechtsgedanke des Umsatzsteuerrechts"[72] oder als „tragendes Prinzip"[73] bezeichnet, findet aber bislang nur in den beschriebenen Fallgestaltungen Anwendung und kann somit allenfalls als Ausprägung des Neutralitätsprinzips verstanden werden.[74]

Richtigerweise ist daher das Leistungsfähigkeitsprinzip, konkretisiert durch das Verbrauchsteuerprinzip, konkretisiert durch das Neutralitätsprinzip, systemtragendes Strukturprinzip des Umsatzsteuerrechts. Das Neutralitätsprinzip ist demnach kein rein europäischer Auslegungs- und Prüfungsmaßstab, sondern findet auch national als folgerichtige Ausprägung des Leistungsfähigkeitsprinzips jedenfalls[75] eine verfassungsrechtliche Stütze in Art. 3 Abs. 1 GG.

B. Der duale Prüfungsgegenstand der Untersuchung

Der Untersuchung müssen zwei unterschiedliche Prüfungsgegenstände zu Grunde gelegt werden, die gesondert am Maßstab nationaler und unionaler Gewährleistungen zu messen sind. Differenziert wird im Folgenden zwischen der Inanspruchnahme des Unternehmers für umsatzsteuerliche Zwecke und der *de lege lata* geltenden Zusageregelung als Gegenstand der Prüfung.

---

einen unrichtigen oder unberechtigten Rechnungsausweis nach § 14c UStG, EuGH v. 15.4.2007 - C-35/05, EU:C:2007:167, Rz. 23 (*Reemtsma*); kritisch *Günther*, Vertrauensschutz bei Angaben Dritter im Umsatzsteuerrecht, S. 153.

70 EuGH v. 6.7.2006 - C-439/04, EU:C:2006:446, Rz. 52 (*Kittel*).

71 EuGH v. 27.9.2007 - C-409/04, EU:C:2007:548, Rz. 50-52, 66 (*Teleos*); bestätigt durch EuGH v. 21.2.2008 - C-271/06, EU:C:2008:105, Rz. 18 (*Netto Supermarkt*).

72 *Nieskens*, EU-UStB 2008, 57.

73 *Jakob*, Umsatzsteuer, Rz. 32.

74 Überzeugend *Günther*, Vertrauensschutz bei Angaben Dritter, S. 234; anderer Ansicht *Zirkl*, Neutralität, S. 128 f.

75 Dazu noch Erster Teil B. I.

I. Prüfungsgegenstand Inanspruchnahme: Die Gesamtbelastung des Unternehmers im Umsatzsteuerrecht

Subjekt der vorzunehmenden Erwägungen ist der umsatzsteuerliche Unternehmer. Dieser ist in der Regel Steuerschuldner gem. § 13a Abs. 1 Nr. 1 UStG und Steuerpflichtiger gem. § 33 AO. Zunächst ist daher seine Stellung im System der Umsatzsteuer zu beleuchten.

1. *Begriff des Unternehmers*

Der Unternehmerbegriff wird in § 2 Abs. 1 UStG definiert. Gemäß § 2 Abs. 1 S. 1 UStG ist Unternehmer, wer eine gewerbliche oder berufliche Tätigkeit selbständig ausübt. Aus § 2 Abs. 1 S. 3 UStG ergibt sich, dass eine gewerbliche oder berufliche Tätigkeit jede nachhaltige Tätigkeit zur Erzielung von Einnahmen ist, auch wenn die Absicht zur Gewinnerzielung fehlt oder eine Personenvereinigung nur gegenüber ihren Mitgliedern tätig wird.[76] Dabei handelt es sich um einen Typusbegriff, bei dem die charakteristischen Merkmale mehr oder weniger stark ausgeprägt sein können.[77] Bei der Auslegung der auf diese Weise formgebenden Merkmale ist ein steter Durchblick auf die Art. 9 und 10 MwStSystRL vorzunehmen, wonach Steuerpflichtiger ist, wer eine „wirtschaftliche Tätigkeit" ausübt.[78]

Die Vorschrift des § 2 Abs. 1 UStG fordert daher eine Selbständigkeit und eine gewerbliche oder berufliche Tätigkeit. § 2 Abs. 2 UStG enthält einen Negativkatalog von Fallkonstellationen, in denen keine Selbständigkeit vorliegt. Dies ist unter anderem der Fall, wenn eine unternehmerische Eingliederung mit Weisungsabhängigkeit (§ 2 Abs. 2 Nr. 1 UStG) vorliegt und das unternehmerische Risiko fehlt.[79]

---

76 Dieser Unternehmerbegriff geht bereits auf § 2 des UStG von 1934 zurück, vgl. dazu *Blankenheim*, Unternehmerbegriff, S. 14 ff.

77 Allgemein zu Typusbegriffen *Englisch*, in: Tipke/Lang, Steuerrecht, § 5 Rz. 53 mit weitergehenden rechtsmethodischen Beispielen.

78 Es ist sowohl in Bezug auf die Beurteilung der subjektiven Steuerpflicht als auch in Bezug auf die Berechtigung zum Vorsteuerabzug eine einheitliche Auslegung des Unternehmerbegriffs vorzunehmen, anders aber *Geist*, in: USt-Kongressbericht 1985, S. 75, 80 ff.; vgl. zum Ganzen mit weiteren Nachweisen zur auch hier vertretenen ganz herrschenden Meinung *Blankenheim*, Unternehmerbegriff, S. 29 ff.

79 So schon RFH v. 21.2.1934 – V A 223/32, RFHE 35, 279; BFH v. 9.10.1996 – XI R 47/96, BStBl. II 1997, 255; EuGH v. 12.11.2009 – C-154/08, EU:C:2009:695, Rz. 102 ff. (*Kommission/Spanien*); *Stadie*, in: R/D, UStG, § 2 Rz. 144 (Stand: Oktober 2017).

Die gewerbliche oder berufliche Tätigkeit wird gem. § 2 Abs. 1 S. 3 UStG durch die Nachhaltigkeit und die Einnahmeerzielungsabsicht bestimmt. Eine Nachhaltigkeit liegt meist dann vor, wenn mehrere gleichartige Handlungen unter Ausnutzung derselben Gelegenheit oder desselben dauernden Verhältnisses vorgenommen werden oder wenn ein Dauerverhältnis geschaffen wird.[80] Neben dieser wortlautgetreuen rein zeitlichen Betrachtung, ist aber letztlich eine Gesamtbetrachtung aller Umstände vorzunehmen, die in Anlehnung an die Rechtsprechung des EuGH[81] eine „aktive" Teilnahme am Wirtschaftsverkehr begründen.

Anders als im Einkommensteuerrecht ist gem. § 2 Abs. 1 S. 3 UStG keine Gewinnerzielungsabsicht erforderlich, sondern eine Einnahmeerzielungsabsicht ausreichend. Für die Besteuerung des privaten Endverbrauchs kann nicht entscheidend sein, ob der Anbieter gewinnorientiert tätig wird.[82] Auch einkommensteuerliche Liebhaber können demnach umsatzsteuerliche Unternehmer sein.[83]

Für die Zwecke dieser Arbeit soll es bei dieser Darstellung der grundlegenden Begriffsmerkmale verbleiben, wenngleich die begriffliche Fixierung des umsatzsteuerlichen Unternehmers weitaus problembehafteter sein kann.[84]

2. *Irrelevanz der Bezeichnung und rechtsdogmatischen Einordnung*

Folge der Ausgestaltung der Umsatzsteuer als indirekte Verbrauchsteuer ist, dass der Unternehmer zwar Steuerschuldner ist, aber nicht Steuerträger sein soll. Der EuGH bezeichnet diese Stellung des Unternehmers als „Steuereinnehmer für Rechnung des Staates und im Interesse der Staatskasse"[85]. Daran anknüpfend

80 BFH v. 13.2.1969 – V R 92/68, BStBl. II 1969, 282, 283.

81 EuGH v. 19.7.2012 – C-263/11, EU:C:2012:497, Rz. 30 ff. (*Redlihs*); BFH v. 29.6.1987 – X R 23/82, BStBl. II 1987, 744, 745 (*Briefmarkensammler*); v. 26.4.2012 – V R 2/11, BStBl. II 2012, 634, Rz. 35 ff. (*eBay-Handel*); zur Rechtsprechungsentwicklung vgl. *Stadie*, in: R/D, UStG, § 2 Rz. 312 ff. (Stand: Oktober 2017).

82 *Englisch*, in: Tipke/Lang, Steuerrecht, § 17 Rz. 44.

83 EuGH v. 20.6.2013 – C-219/12, EU:C:2013:413, Rz. 25 (*Finanzamt Freistadt Rohrbach Urfahr*); vgl. zum Ganzen ausführlich *Prechtl*, Liebhaberei im Umsatzsteuerrecht; kritisch aber *Stadie*, in: R/D, UStG, § 2 Rz. 469 ff. (Stand: Oktober 2017).

84 So hat insbesondere die Auslegung des § 2b UStG in jüngerer Zeit Probleme verursacht, vgl. dazu *Hüttemann*, UR 2017, 129; *Ismer/Bau-Rückert*, MwStR 2016, 740; zu weiterhin bestehenden Unsicherheiten *Müller*, UR 2017, 8; umfassend *Wiesch*, Die umsatzsteuerliche Behandlung der öffentlichen Hand; sowie *Heckhausen*, Umsatzbesteuerung der öffentlichen Hand.

85 EuGH v. 20.10.1993 – C-10/92, EU:C:1993:846, Rz. 25 (*Balocchi*); v. 21.2.2008 – C-271/06, EU:C:2008:105, Rz. 21 (*Netto Supermarkt*).

spricht auch der BFH vom Unternehmer als „Steuereinnehmer“[86]. In der Literatur finden sich unterschiedliche Bezeichnungen. So wird teilweise vom „verlängerten Arm des Staates“, dem „zwangsverpflichteten Gehilfen“ und dem Unternehmer als „Verwaltungshelfer“ gesprochen.[87] Andere nennen den Unternehmer „Erfüllungsgehilfen“[88], „Abgabenkollektor“[89] oder auch „Hilfskraft der Steuerbehörden“[90]. Umstritten ist, ob der umsatzsteuerliche Unternehmer ein sog. „Indienstgenommener“[91] ist. Dabei wird einerseits eine Indienstnahme nur dann angenommen, wenn der Private eine fremde Aufgabe erledigt, was beim Unternehmer, der eine eigene Steuerschuld erfüllt, nicht der Fall ist.[92] Andere ordnen auch den Unternehmer dem Begriff der Indienstnahme zu und verweisen auf die gesetzgeberische Ausgestaltungsfreiheit bei der Entscheidung, ob eine Steuerschuldnerschaft oder eine Steuerentrichtungspflicht vorliege,[93] oder nehmen eine wirtschaftliche Betrachtung vor.[94]

Entscheidend für diese Arbeit wird die dargestellte begriffliche und dogmatische Differenzierung aber nicht sein. Denn beide ändern nichts daran, dass Prüfungsgegenstand der Untersuchung die tatsächliche Pflichtenstellung des Unternehmers im Umsatzsteuersystem ist.[95] Allen Differenzierungsansätzen ist darüber hinaus gemein, dass sie auf irgendeine Weise zumindest eine Hilfsfunktion des Unternehmers für den Staat anerkennen. Allein entscheidend können Teile der vorgenommenen Differenzierungen sein, wenn es darum geht, gleichheitssatzrelevante Vergleichsgruppen aufzustellen.[96] Hier soll zur begrifflichen

86 BFH v. 29.1.2009 – V R 64/07, BStBl. II 2009, 682, Rz. 17.

87 *Stadie*, in: R/D, UStG, Einf. Rz. 197, 399 (Stand: März 2017); *ders.*, in: R/D, UStG, § 2 Rz. 24 (Stand: Oktober 2017); *ders*, in: Stadie, UStG, § 2 Rz. 1.

88 *Wesselbaum-Neugebauer*, UR 2004, 401.

89 *Geißler*, Der Unternehmer im Dienste des Steuerstaats, S. 51; in diese Richtung auch *Seer*, in: Tipke/Kruse, AO/FGO, § 89 Rz. 66 (Stand: Januar 2017) und *Klose*, Die Begriffe des Unternehmers, S. 20, die von einem „Steuereinsammler“ sprechen.

90 *Tehler*, DStR 1983, 215, 217.

91 Zum Ganzen *Drüen*, Indienstnahme Privater, S. 95 ff., der selbst einräumt, dass der Begriff der Indienstnahme kein Rechtsbegriff mit an ihn geknüpften Rechtsfolgen, sondern rein deskriptiv-empirischer Natur ist.

92 *Drüen*, Indienstnahme Privater, S. 118 ff., 125 f.

93 *Trzaskalik*, DStJG 12 (1989), S. 157, 158 f., 169 ff., 174 ff.

94 *Seer/Hardeck*, StuW 2016, 366, 369; *Seer*, SteuerStud 2016, 601, 607; dort wird auch von einer „Inkassofunktion“ gesprochen; im Ergebnis auch von einer Indienstnahme ausgehend, *Hey*, StuW 2002, 91 f.; *Widmann*, in: GS Trzaskalik, S. 361, 367 f.

95 Dies anerkennt auch *Drüen*, Indienstnahme Privater, S. 126.

96 Dazu Erster Teil C. IV. 4. c).

Fixierung einheitlich vom Unternehmer als „Steuereinsammler“ oder der „Inanspruchnahme“ des Unternehmers gesprochen werden.

3. *Die erforderliche Kooperation im Umsatzsteuerrecht*

a) *Kooperationsmaxime*

Für den Erdenker des Verwaltungsakts,[97] *Otto Mayer*, war eine Kooperation des „Unterthans“ mit dem Staat auf öffentlich-rechtlichem Gebiet kaum vorstellbar.[98] Im gegenwärtigen Steuerrecht wird ein Wandel hin zum kooperativen Steuerstaat[99] spätestens seit den mittleren 1990er Jahren diskutiert.[100] Heute kann ein arbeitsteiliges Besteuerungsverfahren kaum mehr geleugnet werden.[101] Denn nur durch eine konsequente Mitwirkung des Steuerpflichtigen kann der Steuerstaat die eigenen Grenzen der Sachverhaltsermittlung überschreiten und einen gleich- und gesetzmäßigen Vollzug der Steuergesetze sicherstellen.[102] Die Untersuchungsmaxime (§ 88 AO) wird auf diese Weise von der sogenannten Kooperationsmaxime[103] ergänzt.[104] Diese zwangsintegriert den Steuerpflichtigen in den Aufklärungsprozess, legt ihm Mitwirkungspflichten auf und verleiht ihm Teilhaberechte.[105] Ausfluss dieser Teilhaberechte ist es, dem Steuerpflichtigen eine Position zu verschaffen, durch die er zu einem „aktiven“ Teil des Besteuerungsverfahrens werden kann.[106] Zwischen Finanzverwaltung und Steuerpflichtigem soll „Waffengleichheit“[107] hergestellt werden. Dieses Kooperationsprinzip, das auch vom Bundesverfassungsgericht erkannt wurde,[108] wird heute allein noch von *Müller-Franken* abgelehnt. *Müller-Franken* spricht vom „mitwirkungsoffenen Verwalten“, sieht den Steuerpflichtigen als bloßen „Erforschungsgehilfen“

---

97 *Mayer*, Deutsches Verwaltungsrecht Bd. 1, S. 92 ff.

98 *Mayer*, AöR 3 (1888), 3, 41 f.

99 Vgl. *Eckhoff*, StuW 1996, 107.

100 Vgl. *Seer*, Verständigungen, S. 1 ff., 176 ff.; *Eckhoff*, StuW 1996, 107.

101 *Drüen*, FR 2011, 101, 102 f.

102 *Seer*, FR 2004, 1037, 1045.

103 Deren terminologischer Schöpfer ist *Zweifel*, Sachverhaltsermittlung, S. 12 ff., S. 45 ff.; *ders.*, in: FS Höhn, S. 501.

104 *Seer*, Verständigungen, S. 179 f.

105 *Seer*, Verständigungen, S. 180.

106 Birk, in: FS Pöllath, S. 161, 162 f.

107 *Söhn*, in: HHSp, AO/FGO, § 89 Rz. 14 (Stand: August 2016); *Seer*, in: Tipke/Kruse, AO/FGO, § 89 Rz. 1 (Stand: Januar 2017).

108 Das BVerfG spricht insofern davon, dass die Amtsermittlung „dialogisch strukturiert“ ist, BVerfG v. 9.3.2004 – 2 BvL 17/02, BVerfGE 110, 94, 121 (*Spekulationsteuer*).

der Verwaltung an und nennt den kooperativen Steuerstaat „Gefälligkeitsdemokratie".[109] Dem teilweise folgend lehnt *Söhn* zwar den Gedanken einer „sphärenorientierten Mitverantwortung"[110] ab,[111] spricht aber dennoch von einem „Kooperationsverhältnis"[112]. Dabei stellt er die gleichen Erwägungen an, die auch die Kooperationsmaxime tragen. Insbesondere benennt er die finanzbehördlichen Betreuungspflichten als „Verstärkung der Waffengleichheit" und Steigerung der Effizienz im Verwaltungsverfahren.[113] Die gleichen Folgerungen zieht letztlich auch *Müller-Franken*, denn auch er erkennt, dass die Abgabenordnung ein kooperatives Vorgehen vorsieht.[114] Ob die Finanzbehörde dabei die Letzt-[115] oder die Alleinverantwortung[116] innehat, kann für die Zwecke dieser Arbeit aber dahinstehen. Denn entscheidend ist allein, dass die zu untersuchenden Regelungen Teil eines kooperativen Systems sind, auf die nicht nur der Bürger, sondern eben auch die Finanzverwaltung angewiesen ist.

b) Kooperation im Umsatzsteuerrecht

Spätestens seit der Umsetzung der Binnenmarktrichtlinie[117] und der damit einhergehenden Beseitigung der Grenzabfertigung an den Binnengrenzen sind die europäischen Finanzverwaltungen im grenzüberschreitenden Wirtschaftsverkehr auf die Mitwirkung der Unternehmer angewiesen. Nur auf diese Weise kann insbesondere die Verwirklichung des Bestimmungslandprinzips[118] sichergestellt

---

109 *Müller-Franken*, Maßvolles Verwalten, S. 166 ff., 234, 236.

110 So insb. *Seer*, Verständigungen, S. 179 ff.; *ders.*, in: Tipke/Kruse, AO/FGO, § 88 Rz. 3 (Stand: Januar 2017).

111 *Söhn*, in: HHSp, AO/FGO, Vor § 149 ff. Rz. 12 (Stand: April 2014), § 88 Rz. 94 (Stand: März 2010), § 90 Rz. 28 (Stand: November 2011).

112 *Söhn*, in: HHSp, AO/FGO, § 88 Rz. 94 (Stand: März 2010).

113 *Söhn*, in: HHSp, AO/FGO, § 89 Rz. 14 (Stand: August 2016), der die Teilhaberechte als Ausfluss des Rechtsstaats- und Sozialstaatsprinzips ansieht.

114 *Müller-Franken*, Maßvolles Verwalten, S. 166.

115 *Seer*, Verständigungen, S. 179 ff.; *ders.*, in: Tipke/Kruse, AO/FGO, § 88 Rz. 3 (Stand: Januar 2017).

116 So auch *Drüen*, FR 2011, 101, 102.

117 Richtlinie 91/680/EWG v. 16.12.1991, ABl. EG Nr. L 376, S. 1; national umgesetzt durch das Umsatzsteuer-Binnenmarktgesetz v. 25.8.1992, BGBl. I 1992, 1548.

118 Siehe zum Bestimmungslandprinzip als Ausprägung des Verbrauchsortprinzips *Tumpel*, DStJG 32 (2009), S. 53, 64 ff. sowie allgemein auch *Englisch*, DStJG 32 (2009), S. 165, 169 ff.

werden.[119] Doch auch das Prinzip der Allphasennettoumsatzsteuer mit Vorsteuerabzug im rein nationalen Wirtschaftsverkehr macht die Finanzbehörden von der Mitwirkung der Unternehmer abhängig.[120] Ohne einen steten Datenzufluss durch die leistenden Unternehmer könnten die unzähligen – auch zwischenunternehmerischen – Umsätze nicht erfasst werden. Nur die Mitwirkung der Unternehmer macht es möglich, ein solches „gigantisches Nullsummenspiel"[121] zu betreiben. Die oben beschriebene Zwangsintegration des Unternehmers in den Aufklärungsprozess ist im Umsatzsteuerrecht daher unabdinglich. Da Kooperation aber zumindest auch das Ziel verfolgt, „Waffengleichheit"[122] herzustellen, muss in dieser Arbeit untersucht werden, ob sich die Stellung des Unternehmers in der beschriebenen Zwangsintegration erschöpft oder ob er darüber hinaus „aktiv" Teil des Umsatzsteuerverfahrens ist oder werden muss.

4. *Bestandsaufnahme: Pflichten, Obliegenheiten und Risiken des Unternehmers*

Als „Steuereinsammler" unterliegt der Unternehmer zahlreichen Pflichten, Obliegenheiten[123] und Risiken. Um im weiteren Verlauf der Arbeit die Belastungen des Unternehmers hinreichend würdigen zu können, soll zunächst eine Bestandsaufnahme vorgenommen werden. Dabei wird mit Blick auf den verfassungsrechtlichen Prüfungsmaßstab[124] entscheidend sein, inwieweit die im deutschen Umsatzsteuergesetz enthaltenen Belastungen des Unternehmers unionsrechtlich determiniert sind.

---

119 EuGH v. 27.9.2007 – C-409/04, EU:C:2007:548, Rz. 44 (*Teleos*); v. 27.9.2007 – C-184/05, EU:C:2007:550, Rz. 24 (*Twoh International*); v. 7.12.2010 – C-285/09, EU:C:2010:742, Rz. 42 (*R*); v. 6.9.2012 – C-271/11, EU:C:2012:547, Rz. 34 f. (*Mecsek-Gabona*).

120 *Widmann*, DStJG 32 (2009), S. 103, 111 ff.

121 *Widmann*, DStJG 32 (2009), S. 103, 111.

122 *Söhn*, in: HHSp, AO/FGO, § 89 Rz. 14 (Stand: August 2016); *Seer*, in: Tipke/Kruse, AO/FGO, § 89 Rz. 1 (Stand: Januar 2017).

123 Bei Obliegenheiten handelt es sich um „Pflichten" im weiteren Sinne, die nicht zwangsweise durchgesetzt werden können, deren Nichtbefolgung aber die Nichtanwendung vorteilhafter Regelungen zur Folge hat. Sie können insofern genauso „verpflichtend" wirken, wie Pflichten im engeren Sinne, siehe knapp *Westermann*, in: Erman, BGB, Vor. § 241, Rz. 22; ausführlich *Schmidt*, Die Obliegenheiten, S. 41 ff.

124 Siehe dazu Erster Teil A.

a) Pflichten des Unternehmers

Bei den Pflichten des Unternehmers kann zwischen Erklärungs-, Anzeige- und Aufklärungspflichten als administrative Pflichten und der Zahlpflicht unterschieden werden.[125]

aa) Administrative Pflichten

Zuvorderst zu nennen sind die Erklärungspflichten des Unternehmers. So enthält § 18 UStG bereits ein nur schwer durchschaubares Konglomerat an Erklärungspflichten, das sich über 19 Absätze verteilt. Die wichtigsten dieser Erklärungen sind die Steueranmeldungen, die gem. § 149 Abs. 1 S. 1 AO die Steuerklärungen der Unternehmer sind. Der Unternehmer hat gem. §§ 18 Abs. 1 S. 1, Abs. 2, Abs. 2a UStG bis zum 10. Tag nach Ablauf jedes Voranmeldungszeitraums – der Kalendermonat, das Kalenderviertel- oder das Kalenderjahr –[126] Voranmeldungen nach amtlich vorgeschriebenen Vordruck abzugeben.[127] Zusätzlich muss der Unternehmer für das Kalenderjahr eine Umsatzsteuer-Jahresanmeldung[128] abgeben. Diese Erklärungen müssen gem. § 150 Abs. 2 S. 1 AO wahrheitsgemäß und nach bestem Wissen und Gewissen verfasst werden. Sie führen dann gem. §§ 168 S. 1, 164 AO automatisch zur Steuerfestsetzung unter dem Vorbehalt der Nachprüfung. Dabei sind insbesondere Angaben zum Unternehmen[129], zu den steuerpflichtigen Umsätzen und zu den abziehbaren Vorsteuern zu machen. Der Unternehmer hat die zu zahlende Steuer daraus selbst zu berechnen. Bei der Umsatzsteuerjahresanmeldung sind dies im Vordruck von 2016 in veranschaulichter Weise 120 auszufüllende Zeilen[130], wobei bei bestimmten grenzüberschreitenden Tätigkeiten zusätzlich die Anlage UR mit weiteren 60 Zeilen auszufüllen ist, um der Erklärungspflicht des § 18b UStG nachzukommen.[131]

---

125 Eine umfassende Darstellung – auch von empirischen Erkenntnissen – findet sich bei *Halldorn*, Der Unternehmer als Erfüllungsgehilfe, S. 80 ff. und *Geißler*, Der Unternehmer im Dienste des Steuerstaats, S. 50 ff.

126 In Abhängigkeit von der Steuer des vorangegangenen Kalenderjahrs (§ 18 Abs. 2 UStG) und der Ausübung eines Wahlrechts (§ 18 Abs. 2a UStG).

127 Auf Antrag des Unternehmers sehen die §§ 46, 48 UStDV eine Dauerfristverlängerung von einem Monat vor.

128 Das Gesetz spricht insofern von der „Steuererklärung", vgl. § 18 Abs. 4a UStG.

129 Die Grundangaben können in „Elster" aus den Vormonaten übernommen werden.

130 Die gegebenenfalls monatlich abzugebende Voranmeldung hat immerhin 86 auszufüllende Zeilen.

131 *Halldorn*, Der Unternehmer als Erfüllungsgehilfe, S. 93 rechnet allein der Erstellung der Umsatzsteuerjahresanmeldung „1–3 Manntage" zu.

Der steuerlich nicht beratene Unternehmer wird bereits hiermit in der Regel überfordert sein.[132] Kommt der Unternehmer seiner Erklärungspflicht nicht oder nicht fristgerecht nach, drohen ihm Verspätungszuschläge nach § 152 AO. Bei der Ausgestaltung der nationalen Regelung hat der umsetzende Mitgliedstaat einen erheblichen Umsetzungsspielraum. Die Anforderung einer Jahresanmeldung wird den Mitgliedstaaten dabei gem. Art. 261 Abs. 1 MwStSystRL vollständig anheimgestellt. Bei der Bestimmung des Abgabezeitpunkts der Voranmeldungen haben die Mitgliedstaaten ausweislich des Art. 252 Abs. 2 MwStSystRL ebenfalls einen erheblichen Gestaltungsspielraum zwischen einem Monat und einem Jahr. Die Frist zur Abgabe nach Ablauf des Steuerzeitraums darf gem. Art. 252 Abs. 1 MwStSystRL zwei Monate nicht übersteigen. Auch in Bezug auf den Inhalt der Erklärungen enthält Art. 250 Abs. 1 MwStSystRL nur Mindestanforderungen.

Diese grundlegenden Erklärungspflichten werden flankiert von weiteren speziellen Erklärungspflichten. In diesem Zusammenhang ist zunächst die zusammenfassende Meldung gem. § 18a UStG zu nennen. Dabei handelt es sich um eine eigenständige Meldepflicht, die selbst keine Steuererklärung ist.[133] Grundsätzlich ist eine zusammenfassende Meldung immer dann erforderlich, wenn ein Unternehmer eine Leistung an andere Unternehmer oder juristische Personen in einem anderen Mitgliedstaat erbringt. Dadurch soll einem möglichen Kontrolldefizit durch den Wegfall der Binnengrenzen vorgebeugt werden.[134] Der Inhalt der zusammenfassenden Meldung ist in Anlehnung an Art. 264 MwStSystRL in § 18a Abs. 7 UStG detailliert geregelt. Die Meldungen müssen bei innergemeinschaftlichen Lieferungen bis zum 25. Tag nach Ablauf jedes Kalendermonats[135] (§ 18a Abs. 1 S. 1 UStG) und bei sonstigen Leistungen bis zum 25. Tag nach Ablauf des Kalendervierteljahres (§ 18a Abs. 2 S. 1 UStG) an das Bundeszentralamt für Steuern übermittelt werden. Während die Vorgaben in Bezug auf den Inhalt der zusammenfassenden Meldung durch Art. 264 MwStSystRL weitestgehend determiniert sind, haben die Mitgliedstaaten gem. Art. 263 MwStSystRL bei der Bestimmung des Meldezeitraums und der weiteren Meldemodalitäten

---

132 So auch *Kemper*, UR 2015, 373, 374, der die umsatzsteuerlichen Erklärungspflichten umfassend aufarbeitet; eine rein darstellerische Aufarbeitung findet sich bei *Bader*, NWB 2017, 1434.

133 *Kemper*, UR 2015, 373, 375.

134 *Nieskens*, in: R/D, UStG, § 18a Rz. A 1 (Stand: Oktober 2010).

135 § 18 Abs. 1 S. 2–5 UStG regelt unter welchen Voraussetzungen der Meldezeitraum ausnahmsweise das Kalendervierteljahr ist.

einen größeren Spielraum, wenngleich dieser bereits enger ist als bei den Steueranmeldepflichten.

§ 18c UStG enthält daneben eine Ermächtigung zum Erlass einer Rechtsverordnung[136], die vorsieht, dass Unternehmer und Fahrzeuglieferer (§ 2a UStG) innergemeinschaftliche Lieferungen neuer Fahrzeuge an Abnehmer ohne USt-Identifikationsnummer (also in der Regel Endverbraucher) melden müssen, um die Erwerbsbesteuerung auch bei Endverbrauchern sicherzustellen. Auch Nichtunternehmer, Landwirte gem. § 24 UStG und Kleinunternehmer nach § 19 UStG sind als Fahrzeuglieferer im Sinne des § 2a UStG von der Meldepflicht betroffen.

Für die Erbringung elektronischer Dienstleistungen gem. § 3a Abs. 5 UStG im übrigen Gemeinschaftsgebiet von im Inland ansässigen Unternehmern gegenüber Nichtunternehmern regelt § 18h Abs. 1 UStG nunmehr ein Wahlrecht des Unternehmers.[137] Er kann seine Umsätze entweder einheitlich in dem anderen Mitgliedstaat oder seine im Ausland steuerpflichtigen Umsätze einheitlich beim Bundeszentralamt für Steuern anmelden, sodass er für sämtliche Umsätze nach § 3a Abs. 5 UStG eine einzige Anlaufstelle hat (sog. MOSS-Verfahren). Die Teilnahme am MOSS-Verfahren muss der Unternehmer dem Bundeszentralamt für Steuern vor Beginn des Besteuerungszeitraums elektronisch mitteilen, § 18h Abs. 1 S. 1–3 UStG. Die Erklärung an das Bundeszentralamt für Steuern (BZSt) ist gem. § 18h Abs. 3 UStG bis zum 20. Tag nach Ablauf des Besteuerungszeitraums abzugeben. Der Regelung des § 18h UStG liegen die detaillierten Ausführungen der Art. 359 ff. MwStSystRL zugrunde, sodass den Mitgliedstaaten allenfalls ein begrenzter Umsetzungsspielraum verbleibt. Die Vorschrift dient der Vereinfachung der Erklärungspflichten der Unternehmer, wenn deren Kunden in mehreren Mitgliedstaaten ansässig sind. Dabei bleibt es dem Unternehmer aber nicht erspart, sich mit den steuerlichen Vorschriften des Verbrauchsstaats auseinanderzusetzen. Denn diese sind für seine Besteuerung maßgeblich, sodass unter Umständen ein ausländischer Steuerberater beauftragt werden muss, was die Vereinfachung zumindest teilweise wieder aufhebt.[138]

Betrachtet man nur diese Erklärungspflichten und lässt weitere noch spezifischere Erklärungspflichten außer Betracht, ergibt sich bereits ein verworrenes Bild. Der Unternehmer hat – nur für die Umsatzsteuer – am 10., am 20. und

---

136 Genutzt wurde die Ermächtigung zum Erlass der Fahrzeuglieferungs-Meldepflichtverordnung v. 18.3.2009, BGBl. I 2009, 630.

137 Den umgekehrten Fall eines nicht im Inland ansässigen Unternehmers, der im Inland sonstige Leistungen im Sinne des § 3a Abs. 5 UStG an Nichtunternehmer erbringt, regelt § 18 Abs. 4e UStG.

138 *C. Sterzinger*, in: R/D, UStG, § 18h Rz. 40 ff. (Stand: Oktober 2017).

am 25. Tag nach Ablauf des Besteuerungszeitraums Erklärungen zu machen.[139] Dabei ist noch nicht berücksichtigt, dass die Besteuerungszeiträume sowie die Adressaten unterschiedlich sein können und der Unternehmer die Steuer stets selbst zu berechnen hat. Bereits hier werden die Belastungen des Unternehmers als „bloßer" Steuereinsammler sichtbar.

Die dargestellten Erklärungspflichten werden auf administrativer Ebene ergänzt durch Aufzeichnungspflichten (§ 22 UStG; Art. 242 MwStSystRL), Urkundsvorlagepflichten (§ 18d UStG) und Aufbewahrungspflichten (§ 14b UStG; Art. 244–247, 249 MwStSystRL). Daneben kann der Unternehmer gem. § 18f UStG (kein zu Grunde liegendes Richtlinienrecht)[140] verpflichtet sein, Sicherheit zu leisten. Probleme bereitet auch die Pflicht zur Ausstellung von Rechnungen gem. § 14 Abs. 2 UStG, die umfassend und detailliert in Art. 217 ff. MwStSystRL geregelt ist.[141] Weist der Unternehmer den Steuerbetrag zu niedrig aus, schuldet er gleichwohl den vollen Steuerbetrag. Wer den Steuerbetrag unrichtig zu hoch oder unberechtigt ausweist, schuldet im ersten Fall die Differenz (§ 14c Abs. 1 S. 1 UStG)[142] und im zweiten Fall den gesamten ausgewiesenen Betrag (§ 14c Abs. 2 S. 1 UStG). Die korrekte Ausstellung der Rechnung ist daher zentral für das Gelingen der Abwälzung der Umsatzsteuer auf den Abnehmer und stellt damit einen der Belastungsschwerpunkte[143] der Inanspruchnahme dar.

bb) Zahlpflicht

Parallel zur Abgabe der Vor- und Jahresanmeldungen ist der Unternehmer gem. §§ 18 Abs. 1 S. 4, Abs. 4 S. 1 und 2 UStG verpflichtet, Vorauszahlungen zu leisten, sofern er gem. §§ 13a Abs. 1, Abs. 2, 13b Abs. 5 UStG Steuerschuldner ist. Dabei ist die Zahlung als solche keine Belastung, sofern die Überwälzung an den Verbraucher gelingt. Der Zahlung geht aber die Berechnung der Umsatzsteuer

---

139 *Geißler*, Der Unternehmer im Dienste des Steuerstaats, S. 66, geht von mindestens 180 Millionen Daten aus, die Unternehmer an die Finanzbehörden übermitteln.

140 Dazu *Nieskens*, in: R/D, UStG, § 18f Rz. 25 (Stand: Juni 2002).

141 Dazu *Geißler*, Der Unternehmer im Dienste des Steuerstaats, S. 51 ff.; siehe daneben nur die jüngsten Vorlagen des BFH v. 6.4.2016 – V R 25/15, BFHE 254, 139 und v. 6.4.2016 –VI R 20/14, BFHE 254, 152 und die anschließende Entscheidung des EuGH v. 15.11.2017 – C-374/16, EU:C:2017:867:1 (*Geissel*), die Anforderungen an zum Vorsteuerabzug berechtigende Rechnungen zum Gegenstand hat.

142 Der Unternehmer kann zwar die Rechnung berichtigen. Es liegt aber außerhalb des Einflussbereichs des Unternehmers, ob der Abnehmer seiner Pflicht zur Berichtigung des Vorsteuerabzugs nach § 17 Abs. 1 S. 2 UStG nachkommt.

143 So *Geißler*, Der Unternehmer im Dienste des Steuerstaats, S. 69.

voraus. Diese muss bei den Voranmeldungen innerhalb von 10 Tagen vorgenommen werden. Dabei müssen selbständig Berichtigungen vorgenommen werden, wenn sich die Bemessungsgrundlage (§ 17 UStG) oder die ursprünglich maßgeblichen Verhältnisse des Vorsteuerabzugs ändern (§ 15a UStG). Mögliche Fehlerquellen liegen dabei auf der Hand.[144] Entrichtet der Unternehmer die Umsatzsteuer nicht bis zum Ablauf des Fälligkeitstages, drohen ihm Säumniszuschläge nach § 240 AO.

Eine Belastung des Unternehmers stellt auch die grundsätzlich nach § 13 Abs. 1 Nr. 1 lit. a i.V.m. § 20 Abs. 1 S. 1 UStG vorgesehene Sollbesteuerung dar. Der deutsche Gesetzgeber nimmt bei der Ausgestaltung der Steuerentstehung nach vereinbarten Entgelten einen von Art. 66b MwStSystRL vorgesehenen „erheblichen Spielraum"[145] wahr. Allein eine generelle Besteuerung nach vereinnahmten Entgelten (Istbesteuerung) ist nicht von der Richtlinie gedeckt.[146] Der inanspruchgenommene Unternehmer wird durch die Besteuerung nach vereinbarten Entgelten verpflichtet, die Steuer bereits abzuführen, bevor er diese von seinem Abnehmer vereinnahmt hat. Insofern gewährt der Unternehmer dem Fiskus einen Zwangskredit.[147] Bei einer Eigenkapitalfinanzierung des Unternehmers entgeht diesem ein Zinsvorteil. Muss der Zwangskredit mit Fremdkapital finanziert werden, so entsteht eine zusätzliche echte Zinsbelastung.

Die primäre Ausgestaltung der deutschen Umsatzsteuer nach dem Sollprinzip ist daher überaus zweifelhaft.[148] Sie wird teilweise als unverhältnismäßig[149], gleichheitswidrig[150] und als Verstoß gegen das Neutralitätsprinzip[151] bewertet.

---

144 *Kemper*, UR 2015, 373, 378.

145 EuGH v. 26.10.1995 – C-144/94, EU:C:1995:355, Rz. 15 (*Italittica*).

146 *Widmann*, UR 2004, 177, 179; *Englisch*, in: Tipke/Lang, Steuerrecht, § 17 Rz. 283; *Seer*, DStR 2016, 1289, 1294; a.A. *Stadie*, UR 2004, 398, 400.

147 So *Frye*, in: R/D, UStG, § 20 Rz. 64 (Stand: Oktober 2016), der bei einer Finanzierung durch Fremdkapital sogar von einer „Existenzbedrohung" spricht.

148 Für eine grundsätzliche Istbesteuerung daher: *Stadie*, UR 2004, 136, 137 ff.; *ders.*, UR 2010, 241, 244 ff.; *ders.*, UR 2011, 45, 52 ff.; *Frye*, UR 2013, 561, 563 ff.; *Wäger*, UR 2015, 125, 158; *Seer*, DStR 2016, 1289, 1293 f., 1297; *Englisch*, in: Tipke/Lang, Steuerrecht, § 17 Rz. 283; *P. Kirchhof*, Bundessteuergesetzbuch, § 108 BStGB, Rz. 18 ff.

149 *Stadie*, UR 2004, 136, 140; *ders.*, UR 2011, 45, 51 f.; *Frye*, UR 2013, 561 ff.; *Englisch*, in: Tipke/Lang, Steuerrecht, § 17 Rz. 283; a.A.: BFH v. 22.7.2010 – V R 4/09, BStBl. II 2013, 590, Rz. 42 ff.; v. 24.10.2013 – V R 31/12, BStBl. II 2015, 674, Rz. 13.

150 *Frye*, UR 2013, 561, 565 f.; *Stadie*, in: Stadie, UStG, § 20 Rz. 20; a.A.: BFH v. 22.7.2010 – V R 4/09, BStBl. II 2013, 590, Rz. 42 ff.

151 *Frye*, in: R/D, UStG, § 20 Rz. 42 ff. (Stand: Oktober 2016).

Bereits hier[152] kann daher der Blick für eine mögliche Gesamt(über)belastung des Unternehmers geschärft werden, auf die ohne Zweifel auch die Besteuerung nach dem Sollprinzip Einfluss nimmt.

b) Obliegenheiten des Unternehmers

Neben den dargestellten Pflichten des Unternehmers, muss dieser auch in eigener Sache tätig werden, um die vom Gesetz vorgesehenen Vorzüge[153] in Anspruch nehmen zu können. So muss er, um in den Genuss der Steuerbefreiung bei einem Grenzüberschritt zu kommen (§ 4 Nr. 1 lit. a i.V.m. § 6 Abs. 1 S. 1 UStG bei Ausfuhrlieferungen und § 4 Nr. 1 lit. b i.V.m. § 6a Abs. 1 S. 1 UStG bei innergemeinschaftlichen Lieferungen) umfassende Nachweise führen, §§ 6 Abs. 4 S. 1, 6a Abs. 3 S. 1 UStG. Das deutsche Umsatzsteuergesetz sieht dafür den sog. Buch- und Belegnachweis gem. § 6 Abs. 4 S. 2 UStG, §§ 8 ff. UStDV, § 6a Abs. 3 S. 2 UStG, §§ 17a UStDV, 36 Abs. 5 Nr. 2, 73 Abs. 1, Abs. 2 UStDV vor. Besonders aufwendig stellt sich dabei das Erhalten einer Gelangenheitsbestätigung vom Abnehmer bei innergemeinschaftlichen Lieferungen dar.[154]

Möchte der Unternehmer den Vorsteuerabzug in Anspruch nehmen, so trifft ihn die Obliegenheit, Rechnungen vorzulegen, § 15 Abs. 1 S. 1 Nr. 2 S. 2 UStG.

Beides – die Steuerbefreiungen bei grenzüberschreitenden Lieferungen und der Vorsteuerabzug – stehen zusätzlich unter dem Vorbehalt des Missbrauchsverbots. Kann dem Unternehmer nachgewiesen werden, dass er wusste oder hätte wissen müssen, Teil eines Umsatzsteuerbetrugsmodells zu sein, verliert er beide Vorzüge, sofern er sich nicht substantiiert von diesem Vorwurf entlastet.[155]

---

152 Eingehend noch Erster Teil B. I. 2.

153 Wenngleich „Vorzüge" natürlich keine „Vorteile" sind, sondern nur folgerichtige Umsetzungen des Neutralitätsprinzips.

154 BMF v. 16.9.2013, IV D 3 – S 7141/13/10001, BStBl. I 2013, 1192; dazu *Maunz*, MwStR 2013, 582; *Unkelbach-Tomczak*, SAM 2014, 16.

155 Zum Vorsteuerabzug BMF v. 7.2.2014, IV D 2 – S 7100/12/10003, BStBl. I 2014, 271; eine Entlastungsmöglichkeit steht aber möglicherweise im Widerspruch zur insofern strengeren Rechtsprechung des EuGH, der eine solche nicht vorsieht, siehe EuGH v. 13.2.2014 – C-18/13, EU:C:2014:191, Rz. 26 ff. (*Maks Pen*) und EuGH v. 18.12.2014 – C-131/13, EU:C:2014:2455, Rz. 43 ff. (*Schoenimport „Italmoda"*); dazu auch *Henze*, DStJG 32 (2009), S. 247 ff.; mit Blick auf das nationale Verfassungsrecht *Drüen*, MwStR 2015, 841 ff.; zur nationalen Umsetzung der EuGH-Rechtsprechung siehe *Kemper*, UR 2017, 449 ff.

c) Risiken des Unternehmers

Während die dargestellten Obliegenheiten das Risiko des Unternehmers bei Nichterfüllung bereits in sich tragen, ist die Verletzung der echten Pflichten meist sanktionsbewehrt. Dabei sollen hier solche Sanktionen außer Betracht bleiben, die eine vorsätzliche Nichterfüllung der Unternehmerpflichten voraussetzen. Insofern kann nämlich nicht mehr von einem Risiko des Unternehmers gesprochen werden, das der Inanspruchnahme innewohnt. Wer vorsätzlich handelt, handelt nicht mehr fremd-, sondern eigennützig und verlässt damit seine Gehilfenstellung. Nur diese ist aber Gegenstand der Untersuchung. Dabei darf aber nicht aus dem Blick verloren werden, dass das Risiko, einem Steuerstrafverfahren ausgesetzt zu werden, auch für den redlichen Unternehmer nicht nur ein theoretisches ist.[156] Fehler in der Berechnung der zu zahlenden Umsatzsteuer zu seinen Gunsten oder eine verspätete Abgabe der Voranmeldung durch den Unternehmer erfüllen bereits den objektiven Tatbestand des § 370 Abs. 1 AO. Tauchen im Rahmen einer Betriebsprüfung Unregelmäßigkeiten auf, so ist der Betriebsprüfer nach § 10 Abs. 1 S. 2 BpO bereits bei der „Möglichkeit" eines Anfangsverdachts verpflichtet, die zur Ermittlung einer Straftat zuständige Stelle unverzüglich zu unterrichten und die Prüfung auszusetzen. Da das erforderliche subjektive Element des Vorsatzes meist nur unter umfassender Würdigung der objektiven Tatumstände begründet werden kann, besteht auch für den redlichen Unternehmer die Gefahr, Objekt eines Steuerstrafverfahrens zu werden. Dies kann ihn wirtschaftlich, ideell und insbesondere persönlich stark belasten. Insofern ist der Inanspruchnahme des Unternehmers zumindest das Risiko inhärent, steuerstrafrechtlich verfolgt zu werden.

Gemäß § 26a Abs. 1 UStG handelt ordnungswidrig, wer vorsätzlich oder leichtfertig der Pflicht des § 14 Abs. 2 UStG, eine Rechnung rechtzeitig auszustellen, nicht nachkommt (Nr. 1), seine Aufbewahrungspflicht nach § 14b Abs. 1 S. 1, S. 5 UStG nicht erfüllt (Nr. 2 und 3), die Zusammenfassende Meldung nach § 18a UStG nicht, nicht richtig, nicht vollständig oder nicht rechtzeitig abgibt (Nr. 5) oder seiner Meldepflicht nach § 18c UStG i.V.m. der Fahrzeuglieferungs-Meldepflichtverordnung nicht nachkommt. Dabei sind Geldstrafen von bis zu 5000 € möglich, § 26a Abs. 2 UStG. Wer die Pflicht zur rechtzeitigen Zahlung der Umsatzsteuer verletzt, handelt nach § 26b Abs. 1 UStG ordnungswidrig. Es droht eine Geldstrafe von bis zu 50.000 €. Dem Gesetzeswortlaut nach reicht zwar eine Nichtzahlung aus Vergesslichkeit aus, um den Tatbestand des § 26b Abs. 1 UStG

156 *Seer*, StBJb 2016/2017, S. 539, 569.

zu erfüllen.[157] Gleichwohl darf beim Fehlen jeglicher krimineller Energie aber keine Geldbuße festgesetzt werden.[158]

Zusätzlich sieht § 378 Abs. 1 AO einen weiteren Ordnungswidrigkeitentatbestand vor, wonach die leichtfertige Begehung des § 370 Abs. 1 AO mit bis zu 50.000 € Bußgeld bestraft werden kann. Davon umfasst sind insbesondere leichtfertige Fehler in den Umsatzsteuervor- und Jahresanmeldungen. Bedenkt man, dass der Unternehmer seine Berechnungen und Erklärungen gegebenenfalls jeden Monat aufs Neue innerhalb von 10, 20 und 25 Tagen anzufertigen hat, ergibt sich ein Bild dessen, welche Risiken die Inanspruchnahme des Unternehmers mit sich bringt.

Von zentraler Bedeutung ist in diesem Zusammenhang auch das Risiko des Unternehmers, als Erstentscheider die umsatzsteuerliche Beurteilung vorzunehmen, um seinen auferlegten Pflichten nachzukommen. Der Unternehmer muss den von ihm verwirklichten Sachverhalt dem Gesetz subsumieren, die richtigen Schlüsse ziehen und aus diesen Schlüssen die zu zahlende Umsatzsteuer korrekt berechnen.

Schließlich ist in § 25d UStG ein Haftungstatbestand geregelt, der eine Haftung des Unternehmers für vorsätzlich nicht entrichtete Umsatzsteuer seines Lieferanten vorsieht. Diese greift aber nur ein, wenn der Unternehmer von der Absicht des Vorunternehmers Kenntnis hatte oder nach der Sorgfalt eines ordentlichen Kaufmanns hätte Kenntnis haben müssen.[159] Ein Kennenmüssen wird unter anderem bereits dann vermutet[160], wenn der Preis unterhalb des marktüblichen Preises liegt, § 25d Abs. 2 S. 1 UStG. In diesem Fall trägt gem. § 25d Abs. 2 S. 3 UStG der Unternehmer die Last des Entlastungsbeweises.[161] Die Vorschrift findet kein Pendant in der MwStSystRL. Gleichwohl findet der nationale Gesetzgeber einen mit § 25d UStG ausgefüllten Ausgestaltungsspielraum vor.[162]

---

157 Nach *Stadie*, in: Stadie, UStG, § 26b Rz. 1 ff. läuft die Vorschrift aufgrund einer erforderlichen verfassungskonformen Auslegung weitgehend leer.

158 Dazu *Nieskens*, in: R/D, UStG, § 26b Rz. 16 (Stand: Juni 2002).

159 Teilweise wird die Verfassungs- und Europarechtskonformität des § 25d bezweifelt, siehe nur *Stadie*, in: Stadie, UStG, § 25d Rz. 5 ff.; offengelassen in Bezug auf das Europarecht bei BFH v. 28.2.2008 – V R 44/06, BStBl. II 2008, 586, Rz. 38 ff. mit weiteren Nachweisen aus der Literatur.

160 *Nieskens*, in: R/D, UStG, § 25d Rz. 16.1 (Stand: Juli 2004) spricht fälschlicherweise von einer Fiktion.

161 *Nieskens*, in: R/D, UStG, § 25d Rz. 37 (Stand: Juli 2004).

162 *Nieskens*, in: R/D, UStG, § 25d Rz. 37 (Stand: Juli 2004); a.A. *Stadie*, in: Stadie, UStG, § 25d Rz. 5.

Der Unternehmer ist also nicht nur den Risiken seiner eigenen Inanspruchnahme ausgesetzt, sondern auch bei Nichterfüllung der umsatzsteuerlichen Pflichten seines Lieferanten belastet.

5. Die Inanspruchnahme des Unternehmers als kumulative Gesamtbelastung

Die Pflichtdienste und Belastungen des Unternehmers sind also vielfältig. Dennoch deutet sich bereits an dieser Stelle an, dass jede Pflicht allein betrachtet keinen verfassungs- oder europarechtlichen Zweifeln unterliegt.[163] Denn die effektive Besteuerung des Letztverbrauchs in einem Allphasensystem unter Einhaltung des Bestimmungslandprinzips setzt eine Mitwirkung des Unternehmers voraus, sodass isoliert betrachtete Grundrechtsbeeinträchtigungen als gerechtfertigt angesehen werden können. Dabei darf aber nicht aus dem Blick verloren werden, dass der Unternehmer nie nur einzelnen Belastungen, sondern stets einem Belastungsbündel ausgesetzt ist. So hat der Unternehmer allein im Umsatzsteuerrecht ein Konglomerat an administrativen Pflichten zu erfüllen, ist mit entsprechenden Befolgungskosten[164] belastet und sieht sich nicht unerheblichen Risiken ausgesetzt. Es erscheint daher sinnvoll, die Belastungen des Unternehmers nicht nur isoliert zu betrachten, sondern im Hinblick auf deren grundrechtliche Rechtfertigung einer Gesamtschau zu unterziehen.

Es ist daher die Frage zu stellen, ob und unter welchen Voraussetzungen es möglich ist, die Einzelbelastungen durch die Umsatzsteuer grundrechtsdogmatisch zu einer einheitlich zu beurteilenden Gesamtbelastung zusammenzufassen.

---

163 So auch *Dürrschmidt*, in: USt-Kongressbericht 2014, S. 33, 69; mit Ausnahme wohl der Besteuerung nach dem Soll-Prinzip, siehe dazu Erster Teil B. I. 2. a) bb).

164 So ging die Bundesregierung in ihrem Bericht zur Anwendung des Standardkosten-Modells, Bürokratiekosten: Erkennen, Messen, Abbauen (2007), S. 36 ff. (www.bundesregierung.de/Content/DE/_Anlagen/Buerokratieabbau/2013-07-29-jb-2007.pdf?__blob = publicationFile&v = 2) davon aus, dass die Aufbewahrung von Rechnungen Kosten i.H.v. ca. 6,2 Milliarden €, die Abgabe der Steuererklärung Kosten i.H.v. ca. 3,6 Milliarden € und die Voranmeldungen Kosten i.H.v. 470 Millionen € verursachen. Die Erstellung einer Rechnung kostet dabei zwischen 3 € und 25 €. Detailliert aufgeschlüsselt auch bei *Widmann*, DStJG 32 (2009), S. 103, 109 ff.

a) Rechtsfigur des „additiven Grundrechtseingriffs“[165]

aa) Erfordernis und normative Anknüpfung einer Gesamtbetrachtung

Die staatlichen Belastungen des Bürgers werden nach klassischem Verständnis bloß isoliert und punktuell betrachtet und auf ihre Vereinbarkeit mit höherrangigem Recht überprüft.[166] Daher liegt der grundrechtlichen Prüfung auch meist ein punktueller Gegenstand zugrunde. Das gilt sowohl für Beeinträchtigungen im Einzelfall durch Exekutiv- und Judikativakte als auch für die nur punktuelle Beeinträchtigung durch Legislativakte.[167] Bei einer solchen Betrachtungsweise besteht allerdings die Gefahr, dass die den Bürger tatsächlich treffende Intensität der staatlichen Maßnahme nicht in sachgerechter Weise erfasst werden kann.[168]

---

165 Terminologisch geht dies auf den grundlegenden Aufsatz von *Lücke*, DVBl. 2001, 1469 ff. zurück. Die Bezeichnung „additiver Grundrechtseingriff“ wurde auch vom Bundesverfassungsgericht übernommen, vgl. hier nur BVerfG v. 12.4.2005 - 2 BvR 581/01, BVerfGE 112, 304, Rz. 60. Gleichwohl ist die Bezeichnung irreführend. So weist schon *G. Kirchhof*, NJW 2006, 732 Fn. 9 darauf hin, dass in die Gesamtbetrachtung nicht nur „Grundrechtseingriffe“, sondern alle den Einzelnen belastende staatliche Maßnahmen einbezogen werden müssen. *Klement*, AöR 134 (2009), 35, 41 f. weist darauf hin, dass auch die Bezeichnung „additiv“ problematisch sei. Begrifflich passender ist daher die „kumulative Belastung“ (wie bei *G. Kirchhof*), die „Belastungskumulation“ (wie bei *Klement*) oder die „kumulative Gesamtbelastung“ (wie hier), da auf diese Weise zugleich ausgedrückt wird, dass es nicht um eine Neuausrichtung des Eingriffsbegriffs, sondern vielmehr um eine Umgewichtung im Rahmen der Verhältnismäßigkeit geht. Gleichwohl wird die Rechtsfigur in der Lehre und in der Rechtsprechung zumeist als „additiver Grundrechtseingriff“ bezeichnet, sodass dies hier zumindest im Rahmen der Darstellung dieser Rechtsfigur auch fortgeführt werden soll. Darüber hinaus ist die „kumulative Gesamtbelastung“ von der „Kumulation von Grundrechten“ abzugrenzen. Eine Grundrechtskumulation setzt eine Eingriffsidentität voraus, wohingegen eine Belastungskumulation mindestens zwei trennbare Einzeleingriffe voraussetzt, siehe dazu auch *Lee*, Umweltrechtlicher Instrumentenmix, S. 95 f.; *Klement*, AöR 134 (2009), 35, 51 f.; dies vermischt wohl *Hofmann*, Abwägung im Recht, S. 409.

166 Dazu schon kritisch *Hufen*, in: Wachsende Staatsaufgaben, S. 273, 277 ff.; *ders.*, NJW 1994, 2913, 2916; *ders.* VVDStRL 57 (1998), 131; ausführlich zum durch Bipolarität und Punktualität geprägten klassischen Grundrechtsschema: *Lee*, Umweltrechtlicher Instrumentenmix, S. 106 ff.

167 *Lücke*, DVBl. 2001, 1469, 1470; *G. Kirchhof*, NJW 2006, 732; ausführlich zu möglichen Kumulationen durch ein Zusammenwirken der drei Gewalten *Lee*, Umweltrechtlicher Instrumentenmix, S. 100 ff.

168 *G. Kirchhof*, NJW 2006, 732.

Die Idee einer Gesamtbelastung ist auch der Verfassung nicht fremd. So kann einerseits dem im Rechtsstaatsprinzip verankerten[169] Verhältnismäßigkeitsprinzip auch ein Verbot einer übermäßigen Gesamtbelastung entnommen werden.[170] Andererseits findet sich der Gedanke einer möglichen Gesamtüberlastung auch in Art. 106 Abs. 3 S. 4 Nr. 2 GG wieder, wonach eine „Überbelastung des Steuerpflichtigen vermieden" werden müsse.[171] Das gleiche gilt für den Grundsatz *ne bis in idem*, der in Art. 103 Abs. 3 GG festgehalten ist und ebenfalls für sich genommen zulässige Belastungen in ihrem Zusammenwirken verbietet.[172]

In der Literatur ist eine Gesamtbetrachtung insbesondere bei Indienstnahmen und den daraus entstehenden Kosten vielerorts abgelehnt worden.[173] Dem muss aber entgegengehalten werden, dass allein eine Gesamtbetrachtung die Belastungsrealität des Bürgers sachgerecht abbilden kann.[174] Denn für den Bürger ist nicht der grundrechtliche Schutzverlust durch den Einzelakt, sondern der verbleibende Schutzgehalt nach der Gesamtbelastung entscheidend.[175] Auch das

---

169 Statt vieler BVerfG v. 15.12.1969 - 1 BvR 513/65, BVerfGE 19, 342, 348 f. (*Untersuchungshaft*); v. 15.5.1995 - 2 BvL 19/91 u.a., BVerfGE 92, 277, 325 (*DDR-Spionage*).

170 Dazu *Lücke*, DVBl. 2001, 1469, 1477; a.A. *Schaks*, DÖV 2015, 817, der das Verbot der Belastungskumulation in der Wesensgehaltsgarantie des Art. 19 Abs. 2 GG verankert sieht und auf diese Weise eine absolute Belastungsobergrenze aufstellen will; auch *Lee*, Umweltrechtlicher Instrumentenmix, S. 105 f. sieht Art. 19 Abs. 2 GG als einen von mehreren (auch hier genannten) normativen Anhaltspunkt an.

171 *Lücke*, DVBl. 2001, 1469, 1477; *Winkler*, JA 2014, 881.

172 *Lücke*, DVBl. 2001, 1469, 1477.

173 *Ossenbühl*, VVDStRL 29 (1971), 137, 182; *Gallwas*, BayVBl. 1971, 245, 247; *Friauf*, in: FS Jahrreiß, S. 45, 62 f.; *Burgi*, Funktionale Privatisierung, S. 255 f.; *Schirra*, Die Indienstnahme Privater im Lichte des Steuerstaatsprinzips, S. 144 f.; aus jüngerer Zeit *Strauß*, Verfassungsfragen der Kostenüberwälzung, S. 135 f.

174 Grundlegend *Kloepfer*, VerwArch 74 (1983), S. 201 ff., der aber daran festhält, dass das Übermaßverbot am Einzeleingriff orientiert sei, S. 213 f.; *Trzaskalik*, in: DStJG 12 (1989), S. 157, 177 f., der eine „Verharmlosung" der Verpflichtungen befürchtet; dem zustimmend *Drüen*, Indienstnahme Privater, S. 207 ff.; 212; 382; *Würsig*, Summenbelastungen, S. 59 ff.; *Klement*, AöR 134 (2009), 35, 39 spricht anschaulich davon, dass nicht nur der „Faden", sondern das ganze „Netz" untersucht werden müsse; ebenso *Lücke*, DVBl. 2001, 1469, 1470; sowie *G. Kirchhof*, NJW 2006, 732; *ders.*, Erfüllungspflichten, S. 139 ff., zum Lohnsteuerabzug des Arbeitgebers: S. 195 ff.; *Bernsdorff*, SGb 2011, 121; *Winkler*, JA 2014, 881, 883; *Kaltenstein*, SGb 2015, 365; *Uwer/Radtke*, ZfWG 2016, 139, 140; auch *Geißler*, Der Unternehmer im Dienste des Steuerstaats, S. 220 fordert eine Gesamtbetrachtung.

175 So auch *Winkler*, JA 2014, 881, 883 m.w.N.

Bundesverfassungsgericht hat das dem „additiven Grundrechtseingriff" innewohnende „Gefährdungspotential" erkannt.[176]

Betrachtet werden soll hier daher die sog. vertikale Belastungskumulation, die *mehrere* Eingriffe in Grundrechte einer *einzelnen* Person beschreibt. Nicht näher untersucht wird die sog. „horizontale Kumulation"[177], bei der *eine* staatliche Maßnahme *unterschiedliche* Grundrechtsträger beeinträchtigt.

bb) Voraussetzungen einer Gesamtbetrachtung

Weitestgehend ungeklärt erscheint allerdings die Frage, unter welchen Voraussetzungen eine Gesamtbetrachtung der Belastungen des Bürgers vorgenommen werden kann.

(1) Ansichten in der Literatur

Die Ansichten in der Literatur zu den Voraussetzungen einer Gesamtbetrachtung differieren. Erste grundlegende Überlegungen stellte *Lücke* an, der als Voraussetzung für einen „additiven Grundrechtseingriff" die Betroffenheit des gleichen Grundrechts, des gleichen Adressaten und die Verfolgung des gleichen Eingriffszwecks der zusammenzufassenden Einzelakte fordert.[178] In zeitlicher Hinsicht differenziert er zwischen dem „schlichten (einfachen) additiven Grundrechtseingriffs" und dem „fortgesetzten additiven Grundrechtseingriff".[179] Dabei soll der „schlichte additive Grundrechtseingriff" beschreiben, dass ein Grundrechtseingriff weitgehend zeitgleich mit anderen Grundrechtseingriffen zusammenfällt und den Bürger additiv belastet. Der „fortgesetzte additive Grundrechtseingriff" beschreibt dagegen einen Zustand fortwirkender Grundrechtsbeeinträchtigung, die im Laufe der Zeit durch weitere Beeinträchtigungen ergänzt wird.[180]

---

176 BVerfG v. 12.4.2005 – 2 BvR 581/01, BVerfGE 112, 304, Rz. 60 (*GPS-Observation*).

177 Klement, AöR 134 (2009), 35, 45 ff.; dazu *Lee*, Umweltrechtlicher Instrumentenmix, S. 97 f. unter Hinweis auf die Entscheidung des Bundesverfassungsgerichts zur automatisierten Kennzeichenerfassung, in der das Gericht aus der Vielzahl der unterschiedliche Grundrechtsträger betreffenden Beeinträchtigungen deren Unverhältnismäßigkeit begründet, BVerfG v. 11.3.2008 – 1 BvR 2074/05 u.a., BVerfGE 120, 378, Rz. 78 ff. (Automatisierte Kennzeichenerfassung).

178 *Lücke*, DVBl. 2001, 1469, 1470 f.; den gleichen Eingriffszweck fordert auch *Kaltenstein*, SGb 2015, 365, 369; ähnlich auch *Dürrschmidt*, in: USt-Kongressbericht 2014, S. 33, 72.

179 *Lücke*, DVBl. 2001, 1469, 1470 f.

180 *Lücke*, DVBl. 2001, 1469, 1471 m.w.N. verweist bei der Beschreibung des fortgesetzten Grundrechtseingriffs auf die Verwandtschaft zur strafrechtlich fortgesetzten Handlung bzw. dem fortgesetzten Delikt. Daraus leitet *Lücke* ab, dass, wie auch im

Die von *Lücke* aufgestellten Voraussetzungen werden von *G. Kirchhof* als zu eng kritisiert. Insbesondere das Erfordernis der Betroffenheit des gleichen Grundrechts und der Verfolgung des gleichen Eingriffszwecks führe dazu, dass die Belastung des Bürgers nicht realitätsgerecht erfasst werden könne.[181] Stattdessen fordert *G. Kirchhof* die Betroffenheit „vergleichbarer Gegenstände" oder eine vergleichbare „Normwirklichkeit".[182] *Bernsdorff* schließt sich insoweit an, als dass auch er von dem Erfordernis des gleichen Eingriffszwecks Abstand nimmt, im Übrigen aber eher Fragen aufwirft, als solche zu beantworten.[183] *Winkler* fordert die Beeinträchtigung eines einheitlichen „grundrechtlichen Schutzguts", wobei es unschädlich sei, wenn sich dieses aus unterschiedlichen Grundrechten zusammensetze.[184] Wie *Lücke* fordert auch *Schaks* die Betroffenheit desselben Grundrechts.[185] Argumentativ stützt er sich dabei auf den „Vorzug der Rechtssicherheit und -klarheit". *Schaks* lässt sich aber ersichtlich von dem Ziel leiten, den Anwendungsbereich der Belastungskumulation und der Wesensgehaltsgarantie gleichzuschalten, um erstere in Art. 19 Abs. 2 GG zu verankern. Auch er konzediert aber, dass dies die Belastungsrealität nicht sachgerecht(er) abbilden kann.

(2) Rechtsprechung des Bundesverfassungsgerichts[186]

Schon in einer Entscheidung vom 2.5.1967[187] beurteilte das Bundesverfassungsgericht die strafgerichtlichen Verurteilungen zweier Wehrpflichtiger, die bereits zuvor eine disziplinarische Arreststrafe erhalten hatten, als rechtsstaatswidrig,

---

Strafrecht, die einzelnen Akte ihre Selbstständigkeit nicht vollständig verlieren, sondern z.B. für den Fristlauf behalten.

181 *G. Kirchhof*, NJW 2006, 732, 734; *ders.*, Erfüllungspflichten, S. 139 ff.; ähnlich *Klement*, AöR 134 (2009), 35, 43 f., der die Kumulation mit der natürlichen Handlungseinheit im Strafrecht vergleicht; auch *Schaks*, DÖV 2015, 817, 823 lehnt die „Zielrichtung" einer staatlichen Maßnahme als Abgrenzungskriterium ab; ebenso *Drüen*, Indienstnahme Privater, S. 382.

182 *G. Kirchhof*, NJW 2006, 732, 734 f.

183 *Bernsdorff*, SGb 2011, 121, 122, was aber dem Kontext seines Beitrags geschuldet ist, die Erwartungen an ein zum damaligen Zeitpunkt anhängiges Verfassungsbeschwerdeverfahren darzustellen, die aber enttäuscht wurden, vgl. dazu BVerfG v. 3.6.2014 – 1 BvR 79/09 u.a., NJW 2014, 3634, Rz. 83 ohne Aufstellung von belastbaren Kriterien.

184 *Winkler*, JA 2014, 881, 884 f.

185 *Schaks*, DÖV 2015, 817, 822; ebenso *Lee*, Umweltrechtlicher Instrumentenmix, S. 135 ff., 139.

186 Eine ausführliche auch inhaltliche Darstellung der hier nur kurz angerissenen Entscheidungen findet sich bei *Lee*, Umweltrechtlicher Instrumentenmix, S. 109 ff.

187 BVerfG v. 2.5.1967 – 2 BvR 391/64 u.a., BVerfGE 21, 378 (*Doppelbestrafungsverbot*).

weil die Gesamtwirkung ohne Anrechnung der Disziplinar- auf die spätere Freiheitsstrafe übermäßig sei.

Auch in der Entscheidung zur Vermögensteuer[188] hat das Gericht über den punktuellen Prüfungsgegenstand hinaus eine Gesamtbetrachtung vorgenommen, um das zumutbare Maß einer Gesamtbeeinträchtigung zu bestimmen. So entschied es, dass die Vermögensteuer „zu den übrigen Steuern [...] nur hinzutreten [darf], soweit die steuerliche Gesamtbelastung [...] in der Nähe einer hälftigen Teilung zwischen privater und öffentlicher Hand verbleibt."[189] Zwar ist von diesem pragmatischen Ansatz in der Sache wieder Abstand genommen worden.[190] Die Vornahme einer Gesamtbetrachtung war dem Bundesverfassungsgericht aber bereits zu diesem Zeitpunkt keinesfalls fremd.

Zeitgleich durchgeführte Observationsmaßnahmen ordnete das Bundesverfassungsgericht sodann erstmals ausdrücklich als „additiven Grundrechtseingriff" ein, sah die verfassungsrechtlichen Grenzen aber noch als gewahrt an.[191] Dabei war für das Bundesverfassungsgericht nicht entscheidend, dass unterschiedliche Grundrechte betroffen waren.

Die Folgejudikate beschränkten sich weitestgehend darauf, festzustellen, dass es grundsätzlich möglich sei, „dass verschiedene einzelne, für sich betrachtet geringfügige Eingriffe in grundrechtlich geschützte Bereiche in ihrer Gesamtwirkung zu einer schwerwiegenden Beeinträchtigung führen, die das Maß der rechtsstaatlich hinnehmbaren Eingriffsintensität überschreite[n]"[192]. Hervorzuheben ist allein die Entscheidung vom 27.3.2012, in der das Gericht einen additiven Grundrechtseingriff annahm, obwohl die staatlichen Maßnahmen unterschiedliche Zwecke verfolgten.[193]

Der Rechtsprechung des Bundesverfassungsgerichts lässt sich also bloß entnehmen, dass die Betroffenheit desselben Grundrechts und die Verfolgung

---

188 BVerfG v. 22.6.1995 – 2 BvL 37/91, BVerfGE 93, 121 (*Vermögensteuer*).

189 BVerfG v. 22.6.1995 – 2 BvL 37/91, BVerfGE 93, 121, 138 (*Vermögensteuer*).

190 BVerfG v. 18.1.2006 – 2 BvR 2194/99, BVerfGE 115, 97, Rz. 26 ff. (*Halbteilungsgrundsatz*).

191 BVerfG v. 12.4.2005 – 2 BvR 581/01, BVerfGE 112, 304, Rz. 60 (*GPS-Observation*).

192 BVerfG v. 13.9.2005 – 2 BvF 2/03, BVerfGE 114, 196, Rz. 236 ff. (*Beitragssatzsicherungsgesetz*); v. 10.6.2009 – 1 BvR 706/08 u.a., BVerfGE 123, 186, Rz. 239; v. 27.3.2012 – 2 BvR 2258/09, BVerfGE 130, 372, Rz. 59 (*PKV-Basistarif*); v. 3.6.2014 – 1 BvR 79/09 u.a., NJW 2014, 3634, Rz. 83; einen „additiven Grundrechtseingriff" erkennt das BVerfG zwar auch in der Entscheidung v. 20.4.2016 – 1 BvR 966/09 u.a., BVerfGE 141, 220, Rz. 130 (*BKA-Gesetz*) an, nimmt dann aber ausschließlich eine isolierte Beurteilung vor.

193 BVerfG v. 27.3.2012 – 2 BvR 2258/09, BVerfGE 130, 372, Rz. 60 (*Maßregelvollzugszeiten*).

desselben Zwecks nicht erforderlich seien. Darüber hinaus hat das Gericht keine konkreten Voraussetzungen für eine Gesamtbetrachtung aufgestellt, obwohl sich die Gelegenheit dazu geboten hat.[194]

(3) Stellungnahme

Es lässt sich bislang festhalten, dass die Annahme eines „additiven Grundrechtseingriffs" ein zeitliches, ein persönliches und ein sachliches Element voraussetzt.

In Bezug auf das zeitliche Element ist mit *Lücke* anzunehmen, dass sowohl simultane also auch sukzessive[195] Beeinträchtigungen zu einem einheitlichen Prüfungsgegenstand zusammengefasst werden können. Entscheidend ist allein, dass keine der punktuellen Beeinträchtigungen bereits ihr Ende gefunden hat. Die Summe der addierten Grundrechtseingriffe wäre andernfalls grenzenlos und grundrechtsdogmatisch nicht mehr hinreichend praktikabel.[196]

Um die hier behandelte vertikale Belastungskumulation von der horizontalen Kumulation trennscharf abzugrenzen, sollte die Anwendung der Rechtsfigur des „additiven Grundrechtseingriffs" in persönlicher Hinsicht auf einen Adressaten begrenzt werden. Dabei ist eine Personenmehrheit im Sinne des Art. 19 Abs. 3 GG ebenso *ein* Adressat wie eine natürliche Person.

Probleme bereitet allein das sachliche Element des „additiven Grundrechtseingriffs". Dieses ist sogleich das Entscheidende, da es die Gesamtbelastung von der bloßen Mehrbelastung abgrenzt.[197]

Prima facie erscheint die Zweckrichtung staatlicher Maßnahmen tauglich, um punktuelle Beeinträchtigungen zusammenzufassen und sie in ihrer Gesamtwirkung zu würdigen. Richtigerweise kann dies aber nicht entscheidend sein. Versteht man den „additiven Grundrechtseingriff" als Hilfsmittel, um die Belastungsrealität *des Bürgers* sachgerecht darzustellen, so kann der *vom Staat* verfolgte Zweck nicht entscheidend sein. Aus Sicht des Bürgers kommt es zu Belastungskumulationen unabhängig davon, ob der Staat durch die Einzelbelastungen dasselbe Ziel verfolgt.

Darüber hinaus bietet das Kriterium der Zweckgleichheit auch keinen brauchbaren Abgrenzungsmaßstab. Die Festlegung des Eingriffszwecks *ex post* kann nur selten mit der erforderlichen Bestimmtheit vorgenommen werden.[198]

---

194 So *Bernsdorff*, SGb 2011, 121 ff. in Bezug auf den insoweit ernüchternden Nichtannahmebeschluss vom 3.6.2014 – 1 BvR 79/09 u.a., NJW 2014, 3634, Rz. 83.

195 Kritisch dazu *Kaltenstein*, SGb 2015, 365, 371; *Schaks*, DÖV 2015, 817, 820.

196 So schon *Lücke*, DVBl. 2001, 1469, 1470 f.

197 So auch *G. Kirchhof*, NJW 2006, 732, 734.

198 Dieses Problem erkennt auch *Lee*, Umweltrechtlicher Instrumentenmix, S. 143 ff., fordert aber dennoch eine „gewisse Zwecküberschneidung".

Oftmals konkretisiert sich zwar der Zweck des Gesetzes im punktuell betrachteten Einzelakt, doch auch dieser ist nicht immer eindeutig. Ein zu enges Verständnis des Zwecks würde dem Sinn des „additiven Grundrechtseingriffs" nicht gerecht. Ein zu weites Verständnis wäre hingegen grenzenlos und das Kriterium der Zweckgleichheit verlöre seine abgrenzende Funktion.[199]

Auch die Betroffenheit desselben Grundrechts[200] kann zu keiner sachgerechten Abgrenzung führen, da die Belastung des Bürgers nicht von der Grenzziehung zwischen den einzelnen Grundrechten abhängig ist.

Vielmehr ist eine realitätsnahe Betrachtung aus Sicht des Adressaten vorzugswürdig.[201] Liegt aus Adressatensicht eine einheitliche Belastung vor, so muss diese Belastung auch bei der Grundrechtsprüfung einheitlich beurteilt werden. Ein vom Einzelfall gelöstes Abstellen auf „Lebensbereiche" führt zwar oftmals zu denselben Ergebnissen, hat aber nur einen scheinbaren Mehrwert. Denn der Begriff des „Lebensbereichs" vermittelt zwar den Eindruck, eine abgrenzende Funktion zu besitzen. Trennscharfen Kriterien stellt aber auch dieser nicht auf. Insbesondere kann im Einzelfall ein eigentlich abgeschlossener und objektiv bestimmter Lebensbereich durch Belastungen beeinträchtigt werden, die aus Adressatensicht eine schon vorhandene einheitliche Belastung erweitern, obwohl die „Grenze des Lebensbereichs" eine Gesamtbetrachtung eigentlich ausschließt. Erneut kann dann die Realität nicht sachgerecht beurteilt werden.

In sachlicher Hinsicht ist daher eine am Einzelfall orientierte Betrachtung der Belastungen des Adressaten vorzunehmen (subjektive Einzelfallbetrachtung). Wirken diese für ihn einheitlich, liegt – vorbehaltlich des zeitlichen und persönlichen Elements – ein additiver Grundrechtseingriff vor.

---

199 Darauf weist auch *Kaltenstein*, SGb 2015, 365, 369 hin, obwohl er die Zweckrichtung als taugliches Abgrenzungskriterium ansieht.

200 *Lücke*, DVBl. 2001, 1469, 1470, der allerdings wörtlich vom „Grundrecht(sgut)" spricht; *Schaks*, DÖV 2015, 817, 822; eine „auf die einzelnen Grundrechte" bezogene Lösung fordert auch *Lee*, Umweltrechtlicher Instrumentenmix, S. 139.

201 Sehr ähnlich *G. Kirchhof*, NJW 2006, 732, 734 f., der auf die „Normwirklichkeit" abstellt; aber auch *Winkler*, JA 2014, 881, 885 scheint mit dem „grundrechtlichen Schutzgut" letztlich grundrechtlich geschützte Lebensbereiche zu meinen; von „Lebensbereichen" spricht auch *Dürrschmidt*, in: USt-Kongressbericht 2014, S. 33, 71 f.; *Kaltenstein*, SGb 2015, 365, 369 f. spricht zumindest von einer „realitätsgerechten Erfassung" der „gleichen Lebensbereiche" oder „vergleichbarer Gegenstände"; *Klement*, AöR 134 (2009), 35, 66 stellt auf das „Eingriffsumfeld" ab; im Ergebnis ähnlich fordert *Würsig*, Summenbelastungen, S. 62 ff. eine Konnexität der Einzelbelastungen im Sinne eines „spezifischen Wirkungszusammenhangs" und will damit auch auf die Belastungswirkung beim Einzelnen abstellen.

Belastungen, die von unterschiedlichen Hoheitsträgern ausgehen, müssen dabei ebenso einheitlich beurteilt werden, wie Belastungen, die von unterschiedlichen staatlichen Gewalten ausgehen.[202] Das setzt auch das Grundgesetz in Art. 106 Abs. 3 S. 4 Nr. 2 GG voraus, wo eine Abstimmung zwischen Bund und Ländern gefordert ist, um Überlastungen zu vermeiden. Um die tatsächlichen Belastungen des Unternehmers beurteilen zu können, muss dieser Gedanke im Rahmen des Umsatzsteuerrechts auch auf unmittelbare oder mittelbare Rechtsakte der Europäischen Union übertragen werden. Es stellt sich dann nicht die Frage der Aufteilung, sondern allein die des Prüfungsmaßstabs. Dieser Frage soll im weiteren Verlauf der Arbeit noch gesondert nachgegangen werden.[203]

cc) Folgen einer Gesamtbetrachtung

Erste und entscheidende Folge einer Gesamtbetrachtung ist der Einfluss derselben auf die Verhältnismäßigkeitsprüfung.[204] Die Annahme eines additiven Grundrechtseingriffs erhöht die Eingriffsintensität und verändert damit die Proportionalität zum Eingriffszweck.[205] Dabei ergänzen sich die Einzelakte grundsätzlich in ihrer Intensität.[206]

Verfahrensgegenstand bleibt aber stets der Einzelakt.[207] Das Bundesverfassungsgericht hat dann eine doppelte Prüfung vorzunehmen.[208] Zunächst ist der gerügte Einzelakt isoliert zu prüfen. Daraufhin muss der gerügte Einzelakt im

---

202 Zum Letzteren *Lücke*, DVBl. 2001, 1469, 1471 ff.; *Klement*, AöR 134 (2009), 35, 53 f.

203 Siehe Erster Teil A.

204 Einzelheiten noch bei Erster Teil B. I. 2. b); allgemein zum Abwägungserfordernis im Rahmen der Verhältnismäßigkeitsprüfung siehe nur BVerfG v. 15.5.1995 – 2 BvL 19/91 u.a., BVerfGE 92, 277, 326 f. (*DDR-Spionage*).

205 *Lücke*, DVBl. 2001, 1469, 1476 f.; *Bernsdorff*, SGb 2011, 121, 123; *Kaltenstein*, SGb 2015, 365, 370 spricht von einer „Gesamtverhältnismäßigkeit der (Einzel-) Maßnahmen in ihrer Verbundenheit"; ausführlich auch *Klement*, AöR 134 (2009), 35, 66 ff., der allerdings einen Einfluss schon auf Ebene der Geeignetheit und Erforderlichkeit annimmt, da mehrere zusammengefasst Eingriffe ein höheres Maß an Geeignetheit aufwiesen; auch das BVerfG anerkennt eine „Gesamtwirkung", BVerfG v. 10.6.2009 – 1 BvR 706/08 u.a., BVerfGE 123, 186, Rz. 239 (*PKV-Basistarif*).

206 *Bernsdorff*, SGb 2011, 121, 123, der von einer grundsätzlich arithmetischen Addition ausgeht, aber auch weitere Möglichkeiten aufzeigt, die er der Diskussion um die Schutzbereichskumulation entnimmt; kritisch insoweit aber *Lee*, Umweltrechtlicher Instrumentenmix, S. 151.

207 *Lücke*, DVBl. 2001, 1469, 1476; *G. Kirchhof*, NJW 2006, 732; *Klement*, AöR 134 (2009), 35, 66; *Bernsdorff*, SGb 2011, 121, 125; *Kaltenstein*, SGb 2015, 365, 370.

208 *Lücke*, DVBl. 2001, 1469, 1476.

Zusammenhang mit den hinzukommenden Belastungen in seiner Gesamtwirkung gewürdigt werden.[209] Zu einer Erweiterung des Prüfungsumfangs über den Einzelakt hinaus ist das Bundesverfassungsgericht jedenfalls analog § 78 S. 2 BVerfGG berechtigt.[210] Diese zweischrittige Vorgehensweise räumt damit auch Bedenken aus dem Weg, wonach die Figur des „additiven" Grundrechtseingriffs schwerste Einzeleingriffe unsichtbar mache, weil der Staat einzeln nicht zu rechtfertigenden Eingriffen durch eine Bündelung zu höherer Effektivität und damit auch zur Rechtfertigung verhelfen könne.[211] Bei alledem trägt der Beschwerdeführer die Darlegungslast zur Begründung einer Gesamtüberlastung.[212] Vereinzelt wird vorgeschlagen, dem Beschwerdeführer ein Wahlrecht einzuräumen, ob er gegen die eine Maßnahme „die das Fass zum Überlaufen bringt" oder gegen das gesamte Maßnahmenbündel vorgeht.[213] Dabei spricht gegen ein Vorgehen gegen das gesamte Belastungsbündel zunächst, dass das Prozessrecht auf einen punktuellen Prüfungsgegenstand angelegt ist.[214] Daneben ist fraglich, welche Rechtsbehelfsfristen maßgeblich sind, wenn Gegenstand der Rüge ein ganzes Bündel von – gegebenenfalls sukzessiv wirkenden – Einzelakten ist. Richtigerweise behalten die Einzelakte insoweit nämlich ihre Selbständigkeit,[215] sodass stets ein Einzelakt als „Türöffner" gerügt werden muss, dessen Rechtsbehelfsfrist noch läuft.

Stellt das Bundesverfassungsgericht letztlich fest, dass die Gesamtwirkung als unverhältnismäßig anzusehen ist, so ist es nicht befugt, eine Nichtigkeitserklärung auszusprechen oder die Maßnahme aufzuheben.[216] Denn einerseits wird die vorzunehmende zweistufige Prüfung auf der ersten Stufe meist zu dem Ergebnis gelangen, dass die gerügte Einzelbelastung selbst nicht unverhältnismäßig ist. Sie deshalb aufzuheben, entspricht nicht den Voraussetzungen des § 78 S. 1 BVerfGG.[217] Andererseits kann das Bundesverfassungsgericht auch das unverhältnismäßige Belastungsbündel nicht aufheben. Denn die Entscheidung,

---

209 *Lee*, Umweltrechtlicher Instrumentenmix, S. 147 unter Verweis auf BVerfG v. 10.6.2009 – 1 BvR 706/08 u.a., BVerfGE 123, 186, Rz. 241 (*PKV-Basistarif*).

210 Dazu *Bernsdorff*, SGb 2011, 121, 125.

211 So *Klement*, AöR 134 (2009), 35, 65 f.

212 BVerfG v. 13.9.2005 – 2 BvF 2/03, BVerfGE 114, 196, Rz. 237 f. (*Beitragssicherungsgesetz*).

213 *Winkler*, JA 2014, 881, 886 f.

214 Siehe nur *Hufen*, NJW 1994, 2913, 2916.

215 *Lücke*, DVBl. 2001, 1469, 1471.

216 Anders *Winkler*, JA 2014, 881, 887 unter Hinweis auf die Effektivität des Rechtsschutzes; kritisch auch *Klement*, AöR 134 (2009), 35, 79 f.

217 So aber *Klement*, AöR 134 (2009), 35, 80.

welche Einzelbelastung abzumildern, welche Maßnahme zu unterlassen und/oder welche Leistung zu gewähren ist, um eine Gesamtverhältnismäßigkeit herzustellen, obliegt allein dem demokratisch legitimierten Gesetzgeber, sodass das Bundesverfassungsgericht nur eine Unvereinbarkeitserklärung nach § 31 Abs. 2 S. 2, 3 BVerfGG aussprechen kann.[218]

b) Konkretisierung: Die Inanspruchnahme des Unternehmers im Umsatzsteuerrecht als kumulative Gesamtbelastung

Die Inanspruchnahme des Unternehmers im Umsatzsteuerrecht erfüllt alle drei Elemente, die eine Gesamtbetrachtung voraussetzen.[219] Der Unternehmer ist alleiniger Adressat der Belastungen (persönliches Element). Er ist mit den Umsatzsteuerarbeiten dauerhaft belastet (zeitliches Element). Und aus seiner Sicht stellen die umsatzsteuerlichen Pflichten eine einheitliche Gesamtbelastung dar, die nicht trennscharf voneinander separiert werden können (sachliches Element). Andere steuerliche Belastungen – wie insbesondere die Indienstnahme für Lohnsteuerzwecke – sind nicht in die Gesamtbetrachtung mit einzubeziehen. Denn aus Sicht des Unternehmers, sind die lohnsteuerrechtlichen Pflichten von den umsatzsteuerlichen Pflichten trennbar. Der Arbeitgeber ist zwar meist auch umsatzsteuerlicher Unternehmer, umgekehrt der Unternehmer, aber nicht zwingend auch Arbeitgeber. Die jeweiligen Belastungen können daher nicht zu einer Gesamtbelastung zusammengefasst werden.

Für den weiteren Fortgang der Arbeit bedeutet dies, dass bei der Beurteilung der umsatzsteuerlichen Pflichten stets die Gesamtbelastung des Unternehmers betrachtet werden muss.

II. Prüfungsgegenstand Zusage: Die Regelung *de lege lata*

Geht es um einen möglichen Ausgleich der beschriebenen Gesamtbelastung des Unternehmers, kommen insbesondere nationale Zusagen als Ausgleichsregelungen in Betracht, die verfahrensrechtlich die Pflichterfüllung des

---

218 *G. Kirchhof*, NJW 2006, 732, 733; *Kaltenstein*, SGb 2015, 365, 371 f.; so in Bezug auf einen „Gesamtangriff" auch *Winkler*, JA 2015, 881, 887; *Dürrschmidt*, in: USt-Kongressbericht 2014, S. 33, 74; diesen Weg scheint auch das BVerfG einzuschlagen, wenn es dem Gesetzgeber aufgibt, die additiven Belastungen zukünftig „zu beobachten", BVerfG v. 12.4.2005 – 2 BvR 581/01, BVerfGE 112, 304, Rz. 63 (*GPS-Observation*); v. 10.6.2009 – 1 BvR 706/08 u.a., BVerfGE 123, 186, Rz. 241 (*PKV-Basistarif*): „Beobachtungspflicht".

219 Im Ergebnis ebenso *Dürrschmidt*, in: USt-Kongressbericht 2014, S. 33, 74.

Inanspruchgenommenen absichern können. Es muss daher zunächst der zweite Prüfungsgegenstand der Untersuchung – die *de lege lata* geltende Zusageregelung – herausgearbeitet werden.

1. Begrifflichkeiten im nationalen und internationalen Kontext

Die deutsche und auch andere europäische Rechtsordnungen kennen eine Vielzahl von Regelungen, die dem Bürger durch Information Rechtssicherheit über geplante Dispositionen geben sollen. Dabei ist meist die Rede von *Auskünften*, *Zusagen* oder *Zusicherungen*. International wird von sog. *(advance) rulings* gesprochen. Daher ist zunächst klarzustellen, was diese Begriffe im Einzelnen bedeuten.

a) Auskunft und Zusage im nationalen Recht

Zu unterscheiden ist zunächst zwischen Auskünften und Zusagen. *Auskünfte* werden als *Wissenserklärungen* über Tatsachen oder Meinungsäußerungen über Rechtsfragen ohne Bindungswirkung definiert.[220] Dagegen ist die *Zusage* die hoheitliche Selbstverpflichtung durch *Willenserklärung* der Behörde zu einem bestimmten Tun, Dulden oder Unterlassen.[221] Auskünfte und Zusagen werden also anhand des Rechtsbindungswillens der Behörde abgegrenzt. Dieser Bindungswille ist durch Auslegung analog §§ 157, 133 BGB[222] zu ermitteln.[223] Dazu sind alle Umstände des Einzelfalls zu würdigen. Da das Gesetz auch von *verbindlichen* Auskünften spricht, kann die Bezeichnung als bloße „Auskunft“ dabei nur Indiz für einen fehlenden Bindungswillen sein.[224] Anders als eine Zusage, kann eine Auskunft kein Verwaltungsakt sein, da es an der Regelungswirkung fehlt.[225]

Im Gesetz finden sich die Begriffe Auskunft und Zusage an unterschiedlicher Stelle. So bezeichnet es das in § 89 Abs. 2 AO geregelte Institut als „verbindliche Auskunft“, kennt überdies aber auch die „verbindliche Zolltarif-“ (Art. 33 UZK) und die „Lohnsteueranrufungsauskunft“ in § 42e EStG. Noch nicht genannt ist

220 Beschluss B. I. des 44. DJT (1962), abgedruckt in: NJW 1962, 1854, 1855; *Zeidler*, Gutachten, S. 15 ff.; *Dalichau*, Auskünfte und Zusagen, S. 113 f., m.w.N.

221 Beschluss C. I. des 44. DJT (1962), abgedruckt in: NJW 1962, 1854, 1855; *Zeidler*, Gutachten, S. 41 ff.; *Dalichau*, Auskünfte und Zusagen, S. 114 ff., m.w.N.

222 Zur Auslegung behördlicher Erklärungen ausführlich *Seer*, Verständigungen, S. 98 ff.

223 Zuletzt BFH v. 12.8.2015 – I R 45/14, BFHE 251, 119, Rz. 10; *Dalichau*, Auskünfte und Zusagen, S. 179 f., m.w.N.

224 Siehe nur *Seer*, in: Tipke/Kruse, AO/FGO, § 89 Rz. 17 (Stand: Januar 2017).

225 *Monreal*, Auskünfte und Zusagen, S. 53; *Tipke*, StuW 1962, 697, 705.

damit die „allgemeine/schlichte Auskunft“, die partiell[226] in § 89 Abs. 1 S. 2 AO geregelt ist. § 204 AO regelt die „verbindliche Zusage“. Das Gesetz unterscheidet also zwischen verbindlichen Zusagen, schlichten Auskünften und verbindlichen Auskünften.[227]

Eine einheitliche und stringente Terminologie ist also nicht zu erkennen:[228] Die Bezeichnung „verbindliche Auskunft“ ist widersprüchlich,[229] die Bezeichnung „verbindliche Zusage“ überflüssig, denn die Verbindlichkeit einer Zusage ist dieser bereits immanent. Plastisch ausgedrückt trägt die Zusage ihre Bindungswirkung „sozusagen auf der Stirn“[230]. Es liegt ein unschädlicher Pleonasmus vor.[231] Die „verbindliche Auskunft“ ist nach obiger Definition also tatsächlich keine Wissenserklärung, sondern eine selbstverpflichtende Willenserklärung und somit keine Auskunft, sondern eine Zusage.[232] Zusage ist demnach der Oberbegriff für einseitige Handlungsformen, die die Verwaltung binden. *Horst* schlägt vor, die aufgezeigten begrifflichen Ungenauigkeiten dadurch zu beseitigen, dass „erfolgreiche Zusagen“ als „verbindliche Zusage“ und „missglückte Zusagen“ als „unverbindliche Zusage“ bezeichnet werden.[233] Mit einem solchen Ansatz ist allerdings nichts gewonnen, denn die Bezeichnung „unverbindliche Zusage“ ist ebenso missverständlich wie die der „verbindlichen Auskunft“.

---

226 Siehe dazu *Hey*, Steuerplanungssicherheit, S. 34 Fn. 100.

227 Ausführliche Analyse bei *Dalichau*, Auskünfte und Zusagen, S. 107 ff.

228 Dies gilt auch für außersteuerrechtliche Instrumente, siehe *Horst*, Verbindliche Auskunft, S. 5 f.; gleiches muss auch der Rechtsprechung des BFH vorgeworfen werden, dazu *Horst*, Verbindliche Auskunft, S. 6 m.w.N.; auch in der Literatur fehlt es bisweilen an einer hinreichenden begrifflichen Sensibilisierung, siehe dazu die Analyse bei *Dalichau*, Auskünfte und Zusagen, S. 112 ff.

229 So schon *Immesberger*, NJW 1970, 1116, 1117; *Seer*, in: FS Korn, S. 707, 711.

230 *Schüle*, VerwArch Bd. 39 (1934), 1, 27.

231 So schon *Tipke*, StuW 1962, 697, 703; *Horst*, Verbindliche Auskunft, S. 9; *Seer*, in: Tipke/Kruse, AO/FGO, § 89 Rz. 28 (Stand: Januar 2017); a.A. *Dalichau*, Auskünfte und Zusagen, S. 124 f., die im Begriff der Zusage die Art der behördlichen Handlung und den Bindungswillen und im Begriff der Verbindlichkeit die intendierte Bindungswirkung erkennt.

232 Siehe hier nur *Mayer*, Zusage, S. 39; *Horst*, Verbindliche Auskunft, S. 10.

233 *Horst*, Verbindliche Auskunft, S. 9 Fn. 70; dem liegt die Überlegung zu Grunde, dass der Begriff „verbindlich“ nur den Bindungswillen und nicht die Bindungswirkung ausdrücken kann, da es ansonsten – wie bei *Dalichau*, Auskünfte und Zusagen, S. 124 f. – zu paradoxen Ergebnissen („unverbindliche verbindliche Zusage“) kommen könnte, *Horst*, a.a.O, S. 8 f.

Die vom Gesetzgeber genutzten Begrifflichkeiten müssen an dieser Stelle also zunächst als terminologisch ungenau hingenommen werden.

Den Zusagen ist auch die sog. Zusicherung zuzuordnen, die sie sich unter anderem in § 38 Abs. 1 VwVfG findet. Dabei handelt es sich um eine Zusage, die den Erlass oder Unterlass eines Verwaltungsakts zum Gegenstand hat. Sie ist daher als verwaltungsaktbezogene Zusage zu bezeichnen.[234]

Von der Zusage abzugrenzen ist der Vorbescheid, der unter anderem im Bau- und Umweltrecht zu finden ist. Vorbescheide sind oftmals Bestandteil von gestuften Verwaltungsverfahren, denen komplexe Entscheidungsprozesse zu Grunde liegen.[235] Ein Vorbescheid ist ein Instrument, das dazu dient, einzelne Rechtsfragen, die ein konkretes Vorhaben betreffen, bereits vorab zu klären. Er ist damit ein feststellender Verwaltungsakt.[236] In Abgrenzung dazu sind Teil-Verwaltungsakte Instrumente, die im Genehmigungsverfahren bereits eine Teilgenehmigung enthalten und damit gestattenden Charakter haben.[237] Sowohl Teil-Verwaltungsakt als auch Vorbescheid unterscheiden sich von Zusagen dadurch, dass sie auch den Antragsteller binden.[238]

Es kann also festgehalten werden, dass eine Unterscheidung zwischen verbindlichem (= Zusagen) und unverbindlichem Informationshandeln (= Auskunft) zur begrifflichen Präzision konsequent weitergeführt werden muss. Wird im Folgenden also von Zusagen gesprochen, sind damit Verwaltungshandlungen mit Bindungswirkung gemeint. Die Bezeichnung einer Verwaltungshandlung als Auskunft, soll einheitlich unverbindliche Handlungen kennzeichnen. Dieser begrifflichen Präzision entsprechend müsste ein unverbindliches Informationshandeln im Umsatzsteuerrecht als Auskunft und ein verbindliches als Zusage bezeichnet werden.

b) International gebräuchliche Bezeichnungen

International hat sich die Bezeichnung *advance ruling* durchgesetzt, was wörtlich übersetzt vorab (= advance) erteilte Entscheidung (= ruling) bedeutet. Als

---

234 *Stelkens*, in: Stelkens/Bonk/Sachs, VwVfG, § 38 Rz. 1; insofern kann auch die verbindliche Auskunft gem. § 89 Abs. 2 AO als Zusicherung in Bezug auf den späteren Steuerbescheid angesehen, so auch *Jochum*, DStZ 2013, 544, 549.

235 *Stelkens*, in: Stelkens/Bonk/Sachs, VwVfG, § 35 Rz. 251.

236 *Stelkens*, in: Stelkens/Bonk/Sachs, VwVfG, § 35 Rz. 251.

237 *Stelkens*, in: Stelkens/Bonk/Sachs, VwVfG, § 35 Rz. 251.

238 *Stelkens*, in: Stelkens/Bonk/Sachs, VwVfG, § 35 Rz. 253; a.A. *Söhn*, in: HHSp, AO/FGO, § 89 Rz. 246 (Stand: August 2016), der auch der verbindlichen Auskunft als Zusage eine beiderseitige Bindungswirkung zuschreibt; dazu noch Erster Teil C. I. 3. b) bb).

Ergebnis der IFA-Tagung im Jahr 1999 wurde festgehalten, dass ein *advance ruling* als „eine von der Steuerverwaltung auf freiwilliges Ersuchen einer Privatperson gemachte, mehr oder weniger verbindliche Feststellung über die Behandlung und die Folgen einer oder mehrerer in Erwägung gezogener zukünftiger Handlungen und Geschäftsvorgänge“[239] definiert werden kann. Zu Recht ist im Nachgang aber darauf hingewiesen worden, dass diese Definition zu eng sei, da Gewerbetreibende und Unternehmen nicht ausdrücklich mit einbezogen würden.[240] Darüber hinaus sind allein prospektive Entscheidungen der Finanzverwaltung umfasst, wohingegen retrospektive Entscheidungen ausgespart werden. Umfassender und damit besser sollte ein *ruling* daher wie folgt definiert werden: „Ein Ruling ist eine Stellungnahme der Finanzverwaltung auf Antrag, die an einen (potentiellen) Steuerpflichtigen gerichtet ist, und die Sichtweise der Finanzverwaltung über die steuerrechtliche Beurteilung eines geplanten, bereits begonnenen oder bereits vollendeten, aber noch nicht besteuerten Sachverhaltes darstellt.“[241] Auffallend an beiden Definitionen ist, dass die Verbindlichkeit der Entscheidung der Finanzverwaltung kein Begriffsmerkmal ist.[242] Der Begriff *advance ruling* umfasst somit sowohl Auskünfte als auch Zusagen.

Neben dieser allgemeinen Begriffsbestimmung definiert das EU-Amtshilfegesetz[243] in § 2 Abs. 3 legal, was ein „grenzüberschreitender Vorbescheid“ ist, die Kommission spricht von sog. „cross border rulings“[244] und die OECD im BEPS-Aktionsplan in Aktionspunkt 5 von „rulings“.[245] In Abgrenzung zur aufgestellten weiten Definition von *advance rulings*, ist bei den aufgeführten Begrifflichkeiten

239 *Ellis*, IFA, Advance rulings, S. 21, 22 mit Übersetzung auf S. 94.

240 *Thiele*, Auskünfte und Zusagen, S. 12 f.

241 *Sandler*, in: Guide Advance Rulings, Introduction, S. IX (Stand: Mai 1997): „A ruling is a statement issued, upon request, to a (potential) taxpayer indicating the tax administration´s view of the tax treatment of a particular set of facts and circumstances contemplated, in the process of completion, or completed but not yet assessed.“ Übersetzung nach *Thiele*, Auskünfte und Zusagen, S. 12 Fn. 3.

242 Ebenso in der vorangestellten Definition von *Romano*, Advance Tax Rulings, Intro, S. VII, der in Bezug auf die Bindungswirkung festhält, dass der Steuerpflichtige nur „to a certain extent“ auf das Ruling vertrauen könne.

243 Gesetz v. 26. Juni 2013, BGBl, S. 1809, zuletzt geändert durch Gesetz v. 20.12.2016, BGBl, S. 3000, 3003 ff.

244 Vgl. hier bloß *Lejeune/Vanderberghe/Van de Putte*, in: International VAT Monitor 2014, S. 181.

245 OECD, Action Plan on Base Erosion and Profit Shifting, S. 18.

die Verbindlichkeit vorausgesetzt,[246] sodass es sich nach deutscher Terminologie um Zusagen handelt.[247]

2. Anwendbare Zusage im Umsatzsteuerrecht

Bevor die bestehende Zusage für umsatzsteuerliche Fragestellungen untersucht werden kann, ist die Frage nach der in diesem Fall anwendbaren Zusageregelung zu stellen.

Dabei ist zunächst davon auszugehen, dass grundsätzlich die verbindliche Auskunft nach § 89 Abs. 2 ff. AO als Generalzusage[248] anwendbar ist, sofern keine Spezialregelung vorliegt. Für den Bereich der Einfuhrumsatzsteuer findet sich zwar wegen § 21 Abs. 3 UStG, wonach auf die Einfuhrumsatzsteuer Zollrecht angewendet wird, in Art. 33 ff. UZK mit der sog. verbindlichen Zolltarif- und Ursprungsauskunft eine Spezialregelung.[249] Eine spezielle Vorschrift, wie die Lohnsteueranrufungsauskunft für den Arbeitgeber,[250] ist für den umsatzsteuerlichen Unternehmer in allen anderen Fällen aber nicht vorgesehen.

Nichtsdestotrotz wird die Anwendbarkeit der verbindlichen Auskunft bei der Umsatzsteuer teilweise bezweifelt.

Blömer hält auch nach Normierung der verbindlichen Auskunft in § 89 Abs. 2 ff. AO die ungeschriebene Zusage[251], die ihre Grundlage in der Treu-und-Glauben-Rechtsprechung findet, auf umsatzsteuerliche Fallgestaltungen für anwendbar.[252] Er begründet dies mit Verweis auf die Gesetzesbegründung zum Jahressteuergesetz 2007, wonach die Neuregelung des § 89 Abs. 2 AO keine Änderung der Verwaltungspraxis auf dem Gebiet der Verbrauchsteuern bewirken sollte.[253] Im Bereich der Verbrauchsteuern – wozu auch die Umsatzsteuer gehöre – sei die nunmehr gebührenpflichtige Regelung des § 89 Abs. 2 ff. AO

---

246 *Grotherr*, IStR 2015, 293; mit Ausnahme des „cross border rulings", deren Verbindlichkeit von der Ausgestaltung in den einzelnen Mitgliedstaaten abhängt, dazu noch Zweiter Teil A. II. 2.; zu noch weiteren international gebräuchlichen Begrifflichkeiten vgl. *Ellis*, IFA, Advance Rulings, S. 21, 22 ff.

247 Zum „Vorbescheid" im Sinne der Amtshilferichtlinie siehe *Seer*, in: FS Gosch, S. 387, 389, der betont, dass „Vorbescheid" in einem „weiten Sinne" zu verstehen ist.

248 Ähnlich *Horst*, Verbindliche Auskunft, S. 31 ff.: „Allgemeine Zusageregelung".

249 Zur verbindlichen Zolltarif- und Ursprungsauskunft noch Zweiter Teil B. III.

250 Dazu noch Zweiter Teil C. IV. 4. a).

251 Dazu *Seer*, in: Tipke/Kruse, AO/FGO, § 89 Rz. 115 ff. (Stand: Januar 2017), m.w.N. aus der jüngeren restriktiven Rechtsprechung.

252 *Blömer*, DStR 2008, 1866, 1867.

253 BT-Drs. 16/3368, S. 24.

daher nicht anzuwenden. Erhebungstechnisch sei die Umsatzsteuer zwar wie eine Verkehrsteuer ausgestaltet. Tatsächlich handele es sich aber um eine Verbrauchsteuer.[254]

Wenngleich die Umsatzsteuer eine Verbrauchsteuer ist, ist dem Bundesministerium der Finanzen[255] insoweit zuzustimmen, dass das Verfahrensrecht die Umsatzsteuer (mit Ausnahme der Einfuhrumsatzsteuer, die in § 21 UStG gesetzlich als Verbrauchsteuer definiert wird) als Verkehrsteuer behandelt.[256] Dies zeigt die Differenzierung zwischen § 21 AO und § 23 AO, die Korrekturnorm des § 172 Abs. 1 S. 1 Nr. 1 AO sowie die Regelung über die Festsetzungsfrist nach § 169 Abs. 2 S. 1 Nr. 1 AO, die von Verbrauchsteuern sprechen, die Umsatzsteuer aber nicht erfassen.[257] Die Ansicht *Blömers* kann daher nicht überzeugen.

Anders folgert *Stadie* unmittelbar aus der Natur des Zwangsgehilfenverhältnisses, dass die verbindliche Auskunft aufgrund ihrer Gebührenpflicht bei der Umsatzsteuer keine Anwendung finden könne.[258] *Stadie* erläutert dabei nicht, was die Natur dieses Verhältnisses ist. Er erkennt zwar richtigerweise eine Wertungsschieflage[259], wenn der Zwangsgehilfe für Hilfestellungen des Finanzamts eine Gebühr zahlen muss. Dennoch kann der Natur des Zwangsgehilfenverhältnisses nicht ohne Weiteres eine gebührenfreie Auskunftsverpflichtung entnommen werden. Die Gebührenpflicht der verbindlichen Auskunft muss zwar speziell bei der Umsatzsteuer auf den Prüfstand gestellt werden. Die gewollte Gebührenfreiheit kann aber nur Ergebnis einer Prüfung, nicht hingegen deren Ausgangsbefund sein. Insbesondere ändern Zweifel an der Gebührenpflicht nichts am Rechtszustand *de lege lata*. Denn aus dem Verweis in § 89 Abs. 2 S. 3 AO auf § 21 AO ergibt sich, dass der Gesetzgeber die verbindliche Auskunft auch auf die Umsatzsteuer anwenden wollte. Entgegen *Stadie* müssen die umsatzsteuerlichen Besonderheiten daher erst auf der Ebene der Gebührenpflicht und nicht bereits auf Ebene der Anwendbarkeit Beachtung finden.

---

254 *Blömer*, DStR 2008, 1866, 1867 unter Verweis auf BFH v. 12.1.2006 – V R 3/04, BStBl. II 2006, 479 und BVerfG v. 29.10.1999 – 2 BvR 1264/90, BVerfGE 101, 132, 139 (*Heileurythmisten*); vgl. dazu auch die Nachweise oben Einf. A. II.

255 BMF v. 27.6.2008, IV A 3 – S 0224/08/10005, DStR 2008, 1883.

256 Dazu *Stadie*, in: Stadie, UStG, Vor. Rz. 18.

257 Siehe nur *Drüen*, in: Tipke/Kruse, AO/FGO, § 169 Rz. 4 (Stand: Oktober 2017); *Loose*, in: Tipke/Kruse, AO/FGO, § 172 Rz. 7 (Stand: April 2017).

258 *Stadie*, in: R/D, UStG, Einf. Rz. 210 (Stand: März 2017); *ders.*, in: R/D, UStG, § 2 Rz. 27 (Stand: Oktober 2017); *ders.*, in: Stadie, UStG, Einf. Rz. 24.

259 So auch *Seer*, FR 2017, 161, 167.

Die verbindliche Auskunft nach § 89 Abs. 2 ff. AO ist somit bei umsatzsteuerrechtlichen Fallkonstellationen anwendbar[260] und damit neben der Inanspruchnahme des Unternehmers der zweite Prüfungsgegenstand dieser Untersuchung.

C. Gang der weiteren Untersuchung

Herausgearbeitet wurden bislang lediglich die Grundlagen des Umsatzsteuerrechts, die Gesamtbelastung des Unternehmers und die im Umsatzsteuerrecht anwendbare Zusageregelung. Diese Grundlagen sollen im Folgenden Ausgangspunkt für die Entwicklung einer umsatzsteuerspezifischen Zusageregelung sein. Zu diesem Zweck wird im ersten Teil der Arbeit die Rechtslage *de lege lata* untersucht. Dabei stellt sich zunächst die Frage des verfassungs- und europarechtlichen Prüfungsmaßstabs im umsatzsteuerlichen Mehrebenensystem (Erster Teil A.). Anhand des aufgestellten Prüfungsmaßstabs soll dann zunächst die Ausgleichs*bedürftigkeit* der Inanspruchnahme des Unternehmers begründet werden (Erster Teil. B.), woraufhin die Regelung der verbindlichen Auskunft (§§ 89 Abs. 2 ff. AO) auf ihre Vereinbarkeit mit höherrangigem Recht und in Bezug auf ihre Ausgleichs*fähigkeit* hin untersucht wird (Erster Teil C.). Im zweiten Teil der Untersuchung können die Erkenntnisse des ersten Teils genutzt werden, um *de lege ferenda* einen eigenen Ausgestaltungsvorschlag vorzustellen und zu begründen.

260 So auch BFH v. 16.5.2013 – V R 23/12, BStBl. II 2014, 325 Rz. 19; AEAO zu § 89 Rz. 3.3.1.4.; *Horst*, Verbindliche Auskunft, S. 91; stillschweigend von der Anwendbarkeit ausgehend: *Söhn*, in: HHSp, AO/FGO, § 89 Rz. 325c (Stand: August 2016); *Seer*, in: Tipke/Kruse, AO/FGO, § 89 Rz. 66 (Stand: Januar 2017).

Erster Teil – *De lege lata* – Entwicklung eines Ausgestaltungsrahmens

A. Verfassungs- und europarechtlicher Prüfungsmaßstab im umsatzsteuerlichen Mehrebenensystem

Die Umsatzsteuer ist eine europäische Steuer und als solche in weiten Teilen harmonisiert.[261] Neben allgemeinen Verfassungsprinzipien, die kein Pendant im Unionsrecht finden, und spezifisch unionsrechtlichen Grundsätzen, kommen insbesondere Grundrechte auf nationaler wie auch auf unionaler Ebene als Prüfungsmaßstab in Betracht. Bevor im Folgenden ein Ausgestaltungsrahmen für eine Zusage im Umsatzsteuerrecht entwickelt werden kann, stellt sich daher die Frage des richtigen, beziehungsweise anwendbaren grundrechtlichen Prüfungsmaßstabs. Dabei können die für die Grundrechte gefundenen Ergebnisse auch auf die übrigen übergeordneten Rechtsprinzipien übertragen werden, die sowohl national verfassungsrechtlich als auch unional abgesichert sind.[262] Bei mitgliedstaatlich geregelten Zusagen liegt der voreilige Schluss nahe, dass Prüfungsmaßstab auch die nationalen Grundrechte sind. Voreilig ist dieser Schluss, weil auch die europäische Rechtsordnung Maßstäbe bereit hält, die anwendbar oder sogar vorrangig sein können. Die Frage des Prüfungsmaßstabs muss daher vorgelagert beantwortet werden.

I. Normbestand möglicher Prüfungsmaßstäbe

Zu diesem Zweck ist zunächst eine Bestandsaufnahme der möglichen Prüfungsmaßstäbe vorzunehmen. Dabei ist aus nationaler Sicht an erster Stelle das Grundgesetz zu nennen, das dem nationalen Gesetzgeber wie auch der vollziehenden und rechtsprechenden Gewalt gem. Art. 1 Abs. 3 GG durch die in Art. 1–19 GG normierten Grundrechte Grenzen setzt.

Auf europäischer Ebene sind drei weitere mögliche Prüfungsmaßstäbe zu nennen, die zumindest kurz in ihren Grundlagen dargestellt werden sollen.

---

261 Siehe schon Einf. A. I.

262 Ebenso *Englisch*, in: Tipke/Lang, Steuerrecht, § 4 Rz. 55 mit den Beispielen des Vertrauensschutzgrundsatzes und der Garantie des effektiven Rechtsschutzes.

1. Grundfreiheiten

Einen jedenfalls grundrechtsähnlichen Prüfungsmaßstab liefern die unionalen Grundfreiheiten. Die Grundfreiheiten dienen in erster Linie der Realisierung des Binnenmarkts in der Europäischen Union.[263] Sie geben den Staatsangehörigen der Mitgliedstaaten und den ihnen gleichgestellten juristischen Personen und Personenmehrheiten (Träger der Grundfreiheiten)[264] subjektive Rechte an die Hand,[265] die sie bei grenzüberschreitenden Sachverhalten mitgliedstaatlichem Handeln (Verpflichtungsadressaten)[266] entgegenhalten können. Geschützt wird die Arbeitnehmerfreizügigkeit (Art. 45 AEUV), die Niederlassungsfreiheit (Art. 49 AEUV), die Warenverkehrsfreiheit (Art. 28, 34, 35 AEUV), die Dienstleistungsfreiheit (Art. 56 AEUV) und die Kapitalverkehrsfreiheit (Art. 63 AEUV). Ursprünglich als Diskriminierungsverbote erdacht (gleichheitsrechtliche Ausformung), wurden die Grundfreiheiten um den Schutz vor reinen Beschränkungen grenzüberschreitender wirtschaftlich motivierter Tätigkeiten (freiheitsrechtliche Ausformung) erweitert.[267] Insofern werden die Grundfreiheiten auch als Unionsgrundrechte im weiteren Sinne bezeichnet.[268] Im Steuerrecht ist es bislang aber meist bei einer gleichheitsrechtlichen Prüfung verblieben.[269] Anwendungsprobleme im Verhältnis zu mitgliedstaatlichen Grundrechten ergeben sich bei den Grundfreiheiten in der Regel nicht. Sie sind auch in den Mitgliedstaaten unmittelbar geltendes Recht und genießen als europäisches

263 *Cordewener*, Grundfreiheiten, S. 25; *Ehlers*, in: *ders.*, Europäische Grundrechte und Grundfreiheiten, § 7 Rz. 1 spricht von „Stützpfeiler(n) der unionsrechtlichen Wirtschaftsverfassung".

264 *Ehlers*, in: *ders.*, Europäische Grundrechte und Grundfreiheiten, § 7 Rz. 43 ff.

265 *Ehlers*, in: *ders.*, Europäische Grundrechte und Grundfreiheiten, § 7 Rz. 10.

266 *Ehlers*, in: *ders.*, Europäische Grundrechte und Grundfreiheiten, § 7 Rz. 52, 53; neben den Mitgliedstaaten ist aber auch die EU an die Grundfreiheiten gebunden, siehe EuGH v. 29.2.1984 – 37/83, EU:C:1984:89, Rz. 18 (*REWE*); EuGH v. 9.8.1994 – C-51/93, EU:C:1994:312, Rz. 11 (*Meyhui*).

267 Zur Warenverkehrsfreiheit: EuGH v. 20.2.1979 – 120/78, EU:C:1979:42, Rz. 8 (*Cassis de Dijon*); zur Niederlassungsfreiheit: EuGH v. 30.11.1995 – C-55/94, EU:C:1995:411, Rz. 37 (*Gebhard*); zur Arbeitnehmerfreizügigkeit: EuGH v. 15.12.1995 – C-415/93, EU:C:1995:463, Rz. 96 (*Bosman*); zur Dienstleistungsfreiheit: EuGH v. 4.6.2002 – C-483/99, EU:C:2002:327, Rz. 40 (*Kommission/Frankreich*).

268 *Ehlers*, in: *ders.*, Europäische Grundrechte und Grundfreiheiten, § 14 Rz. 22.

269 Exemplarisch EuGH v. 26.4.2007 – C-392/05, EU:C:2007:251, Rz. 76–79 (*Alevizos*); v. 8.9.2005 – C-544/03 und C-545/03, EU:C:2005:518, Rz. 31 (*Mobistar*); dazu auch noch unter Erster Teil C. IV. 5. a).

Primärrecht Anwendungsvorrang.[270] Anders als die Unionsgrundrechte der Grundrechtecharta finden sie allein bei grenzüberschreitenden Sachverhalten Anwendung.[271]

2. *Grundrechtecharta*

Unionaler Grundrechtsschutz wird heute zumeist durch die in der Grundrechtecharta normierten Grundrechte verbürgt. Die Grundrechtecharta dient dazu, ein grundrechtliches Vakuum auf Unionsebene zu verhindern.[272] Anders als die Grundfreiheiten dienen die Grundrechte der Charta dem zweckfreien Schutz von Freiheit und Gleichheit.[273] Die EU ist damit die einzige zwischenstaatliche Einrichtung, die Grundrechtsschutz gegen eigene Hoheitsakte bietet.[274] Die Grundrechte der EU wurden erst durch den Vertrag von Lissabon[275] in Art. 6 Abs. 1 EUV sichtbar gemacht.[276] Geregelt wurden im Wesentlichen die Rechte, die schon zuvor über vier Jahrzehnte richterrechtlich entwickelt wurden.[277] Diese bleiben aber gem. Art. 6 Abs. 3 EUV neben den Chartagrundrechten, der EMRK und den gemeinsamen Verfassungsüberlieferungen der Mitgliedstaaten als Rechtserkenntnisquelle erhalten.[278] Insbesondere in Bezug auf die Grundrechtecharta stellen sich Fragen der Anwendbarkeit und des Verhältnisses zu nationalen Grundrechtsgewährleistungen, sodass dies Schwerpunkt der nachfolgenden Darstellung sein wird.

---

270 Dazu *Ehlers*, in: *ders.*, Europäische Grundrechte und Grundfreiheiten, § 7 Rz. 7, 11 mit weiteren Nachweisen aus der Rechtsprechung des EuGH.

271 *Ehlers*, in: *ders.*, Europäische Grundrechte und Grundfreiheiten, § 7 Rz. 25, 31.

272 *Englisch*, in: Zukunftsfragen, S. 39, 41.

273 *Kingreen*, in: Callies/Ruffert, EUV/AEUV, Art. 36 AEUV Rz. 5 ff. differenziert zwischen transnationalen Integrationsnormen (Grundfreiheiten) und supranationalen Legitimationsnormen (Grundrechte).

274 *Mayer*, EuR 2009 Beiheft 1, S. 87.

275 Vertrag v. 13.12.2007, ABl. EU Nr. C 306/1 v. 17.12.2007.

276 Vgl. Erwägungsgrund 4 der Präambel der Charta, wonach die Sichtbarmachung der Grundrechte zu deren Stärkung führen sollte.

277 Grundlegend EuGH v. 5.2.1963 – 26/62, EU:C:1963:1 (*van Gend & Loos*); v. 12.11.1969 – 29/69, EU:C:1969:57 (*Stauder*); v. 17.12.1970 – 11/70, EU:C:1970:114, Rz. 4 (*Internationale Handelsgesellschaft*); zur Entstehungsgeschichte siehe *Walter*, in: *Ehlers*, Europäische Grundrechte und Grundfreiheiten, § 1 Rz. 25 ff. sowie *Ehlers*, in: *ders.*, Europäische Grundrechte und Grundfreiheiten, § 14 Rz. 3 ff.

278 *Streinz/Ohler/Herrmann*, Der Vertrag von Lissabon, S. 122 f.

3. *Europäische Menschenrechtskonvention*

Letztlich müssen in die Untersuchung auch die Gewährleistungen der Europäischen Menschenrechtskonvention (EMRK) einbezogen werden. Anders als die nationalen und unionalen Grundrechte sowie die Grundfreiheiten ist die EMRK weder national noch auf Unionsebene Rechtsquelle, sondern allein Rechtserkenntnisquelle.[279]

a) *Wirkweise der EMRK im nationalen Recht*

Die Stellung der EMRK im nationalen Recht unterscheidet sich in den Konventionsstaaten.[280] In Deutschland hat die EMRK den Rang eines einfachen Bundesgesetzes.[281] Der Bundesgesetzgeber hat der EMRK als völkerrechtlichen Vertrag gem. Art. 59 Abs. 2 GG durch einfaches Gesetz Geltung verschafft. Allerdings gebietet es die sog. Völkerrechtsfreundlichkeit des Grundgesetzes[282], die Art. 23 ff., 59 Abs. 2 GG entnommen wird, dass die Gesetze im Einklang mit den völkerrechtlichen Verpflichtungen Deutschlands ausgelegt und angewendet werden.[283] Das Gleiche gilt für grundgesetzliche Vorgaben, sodass auch die Rechtsprechung des EGMR als Auslegungshilfe für das Grundgesetz dient.[284] Die EMRK hat somit einen quasi-verfassungsrechtlichen Rang.[285] Eine Rüge eines von der EMRK verbürgten Menschenrechts kann national daher auch nur über die nationalen Grundrechte geltend gemacht werden mit der Begründung, dass bei der Auslegung des nationalen Grundrechts die Vorgaben der EMRK nicht hinreichend berücksichtigt wurden.[286] Zu einer Kollision mit grundrechtlichen

---

279 *Ehlers*, in: *ders.*, Europäische Grundrechte und Grundfreiheiten, § 2 Rz. 13, 21.

280 *Ehlers*, in: *ders.*, Europäische Grundrechte und Grundfreiheiten, § 2 Rz. 11 mit unterschiedlichen Ausgestaltungsmöglichkeiten.

281 Aus der Rechtsprechung siehe nur BVerfG v. 26.3.1987 – 2 BvR 589/79 u.a., BVerfGE 74, 358, Rz. 35 (*Privatklageverfahren*); v. 29.5.1990 – 2 BvR 254/88, 2 BvR 1343/88, BVerfGE 82, 106, Rz. 33 (*Unschuldsvermutung*); v. 14.10.2004 – 2 BvR 1481/04, BVerfGE 111, 307, Rz. 31 (*Görgülü*).

282 BVerfG v. 14.10.2004 – 2 BvR 1481/04, BVerfGE 111, 307, Rz. 33 ff. (*Görgülü*).

283 Erstmalig BVerfG v. 26.3.1957 – 2 BvG 1/55, BVerfGE 6, 309, 367 (*Reichskonkordat*); siehe auch BVerfG v. 26.3.1987 – 2 BvR 589/79 u.a., BVerfGE 74, 358, Rz. 35 (*Privatklageverfahren*).

284 BVerfG v. 26.3.1987 – 2 BvR 589/79 u.a., BVerfGE 74, 358, Rz. 35; BVerfG v. 14.10.2004 – 2 BvR 1481/04, BVerfGE 111, 307, Rz. 31 ff. (*Görgülü*).

285 So *Ehlers*, in: *ders.*, Europäische Grundrechte und Grundfreiheiten, § 2 Rz. 15.

286 BVerfG v. 14.10.2004 – 2 BvR 1481/04, BVerfGE 111, 307, Rz. 32 (*Görgülü*).

Vorgaben kann es somit nicht kommen, da die eine Gewährleistung in oben dargestellter Weise in der anderen aufgeht.[287]

b) *Wirkweise der EMRK im Unionsrecht*

Die EMRK hatte schon vor dem Vertrag von Lissabon Einfluss auf das Unionsrecht. Gemäß Art. 6 Abs. 2 EUV a.F. hatte die Union unter anderem die Gewährleistungen der EMRK zu achten.[288] Eine strikte Bindung der Union ließ sich dem aber nicht entnehmen.[289]

Mit Inkrafttreten des Lissaboner Vertrags hat sich die Rechtslage, nicht aber die Rechtsfolge geändert. Nach Art. 6 Abs. 1 EUV erkennt die Union die in der Grundrechtecharta normierten Rechte an. Den in der Grundrechtecharta geregelten Rechten soll wiederum gem. Art. 52 Abs. 3 S. 1 GRCh die gleiche Bedeutung und Tragweite wie den Konventionsrechten zukommen.[290] Art. 53 GRCh sieht darüber hinaus vor, dass keine Chartabestimmung eine Einschränkung oder Verletzung des Schutzniveaus der EMRK begründen darf. Eine unmittelbare Bindung an die EMRK besteht also nicht.

Darüber hinaus hat sich die europäische Union in Art. 6 Abs. 2 S. 1 EUV selbst zum Beitritt zur EMRK verpflichtet. Erst mit einem solchen Beitritt, würde die EMRK auf unionaler Ebene zur Rechtsquelle werden und nicht bloße Rechtserkenntnisquelle bleiben.[291]

Es zeigt sich also, dass neben den nationalen Grundrechten auch das Unionsrecht Prüfungsmaßstäbe bereithält, die im Rahmen dieser Untersuchung fruchtbar gemacht werden können. Als Problematisch stellt sich insbesondere das Verhältnis der nationalen Grundrechte zu den Unionsgrundrechten der Grundrechtecharta heraus.

---

287 Noch nicht entschieden hat das BVerfG aber den Fall, dass die Anforderungen der EMRK über die des Grundgesetzes hinausgehen. Allein das BVerwG (v. 27.2.2014 – 2 C 1/13, BVerwGE 149, 117, Rz. 56 ff.) hat bereits entschieden, dass es im Falle einer solchen Kollision Aufgabe des Gesetzgebers ist, diese zu beseitigen.

288 Vgl. dazu EuGH v. 22.10.2002 – C-94/00, EU:C:2002:603, Rz. 29 (*Roquette Fréres*).

289 *Ehlers*, in: *ders.*, Europäische Grundrechte und Grundfreiheiten, § 2 Rz. 20.

290 Der Verweis in Art. 52 Abs. 3 GRCh bezieht sich auch auf die Rechtsprechung des EGMR, siehe z.B. *Naumann*, EuR 2008, 424, 425.

291 EuGH v. 26.2.2013 – C-617/10, EU:C:2013:105, Rz. 44 (*Åkerberg Fransson*); dabei hat der EuGH der Zulässigkeit eines Beitritts in einem Gutachten v. 18.12.2014 – Gutachten 2/13 eine Absage erteilt und das Vorhaben damit zunächst auf Eis gelegt.

II. Prüfungsmaßstäbe systematisiert nach typisierten Fallkonstellationen

Das Verhältnis nationaler Grundrechte zu Unionsgrundrechten ist seit jeher und auch in jüngster Vergangenheit eines der meistdiskutierten Themen im öffentlichen Recht.[292] Dabei stand lange Zeit die Frage im Vordergrund, ob und wann europäisches Sekundärrecht an nationalen Grundrechten gemessen werden kann oder an europäischen Standards gemessen werden muss. Berühmt geworden ist in diesem Zusammenhang die sog. *Solange*-Rechtsprechung des Bundesverfassungsgerichts.[293] Mit Inkrafttreten der Grundrechtecharta stellt sich aber nunmehr die umgekehrte Frage: Wann und unter welchen Voraussetzungen sind Rechtsakte der Mitgliedstaaten an unionalen Grundrechten zu messen?[294] Zu dieser umstrittenen Frage existiert eine schier unüberschaubare Menge an Literatur.[295] Denn es geht nicht nur um die Frage, welche Grundrechte den europäischen Bürgern zur Seite gestellt werden, sondern insbesondere auch um eine vertikale Machtabgrenzung[296] der Verfassungsgerichtsbarkeiten der Mitgliedstaaten und des EuGH.[297] Diese Diskussion wurde durch die *Åkerberg Fransson*-Entscheidung des EuGH[298] wieder in die gegenwärtige Fachliteratur berufen.[299]

---

292 *Ludwigs*, EuGRZ 2014, 273 spricht von einer der „elementaren Fragen des Grundrechtsschutzes im europäischen Mehrebenensystem".

293 *Solange I*: BVerfG v. 29.5.1974 – 2 BvL 52/71, BVerfGE 37, 271, Rz. 26 f.; *Solange II*: BVerfG v. 22.10.1986 – 2 BvR 197/83, BVerfGE 73, 339, Rz. 117.

294 Diese Frage bereits früh stellend *Cremer*, NVwZ 2003, 1452 ff.

295 Einen Überblick über den Meinungsstand vor Inkrafttreten der Grundrechtecharta bietet *Rengeling/Szczekalla*, Grundrechte in der Europäischen Union, § 4 Rz. 310–317; vgl. darüber hinaus allein die einschlägige Dissertationsliteratur: *Engler*, Steuerverfassungsrecht im Mehrebenensystem, S. 69 ff.; *Schaller*, EU-Mitgliedstaaten als Verpflichtungsadressaten; *Bienert*, Die Kontrolle mitgliedstaatlichen Handelns anhand der Gemeinschaftsgrundrechte; *Fries*, Die Grundrechtsbindung der Mitgliedstaaten nach dem Gemeinschaftsrecht; *Cirkel*, Die Bindung der Mitgliedstaaten an die Gemeinschaftsgrundrechte; *Jones*, Die Bindung der Mitgliedstaaten an die Grundrechte der Europäischen Gemeinschaft.

296 *Matz-Lück*, in: Grundrechte und Grundfreiheiten im Mehrebenensystem – Konkurrenzen und Interferenzen, S. 161, 183.

297 Dazu unter Herleitung einer umfassenden Kooperationsmaxime *Ludwigs*, EuGRZ 2014, 273 ff., der von einer erforderlichen „Balance zwischen Selbstbehauptung und Selbstbeschränkung" spricht.

298 EuGH v. 26.2.2013 – C-617/10, EU:C:2013:105 (*Åkerberg Fransson*).

299 Vgl. ausschnittsweise: *Engler*, Steuerverfassungsrecht im Mehrebenensystem, S. 69 ff., 85 ff.; *Ludwigs/Sikora*, JuS 2017, 385; *Honer*, JuS 2017, 409; *Starke*, DVBl. 2017, 721; *Lehner*, IStR 2016, 265; *Hahn*, EWS 2015, 15; *ders.*, ISR 2015, 25; *ders.* ISR 2015, 50;

Mit Blick auf den in dieser Arbeit begrenzten Prüfungsgegenstand ist es nicht Anspruch der folgenden Darstellung, eine umfassende Aus- und Bewertung der bislang vertretenen Feinströmungen in der Literatur vorzunehmen. Diese Frage soll den Fachliteraten überlassen werden. Vielmehr soll ein Versuch unternommen werden, das bisweilen als verworren erscheinende Bild zu systematisieren und handhabbare Abgrenzungskriterien zu entwickeln. Eine solche Systematisierung wurde bereits oftmals und auf unterschiedliche Weise vorgenommen, blieb aber in Bezug auf den in dieser Arbeit zu behandelnden Untersuchungsgegenstand – das nationale steuerliche Verfahrensrecht – stets vage.[300] Es soll daher eine Differenzierung anhand typisierter Fallkonstellationen vorgenommen werden.[301] In jeder der zu behandelnden Konstellationen soll die Frage des grundrechtlichen Prüfungsmaßstabs thematisiert werden, um im Anschluss daran, den Gegenstand dieser Arbeit – die Schaffung einer Zusage speziell für das Umsatzsteuerrecht – einer (oder mehrerer) dieser Konstellationen zuzuordnen. Der so gefundene Prüfungsmaßstab soll dann für aufzustellende grundrechtliche Mindestanforderungen fruchtbar gemacht werden.

1. *Prüfungsmaßstab bei unionalen Rechtsakten*

Die Zentralnorm, die den Anwendungsbereich der Grundrechtecharta bestimmt, ist Art. 51 Abs. 1 S. 1 GRCh. Danach binden die Grundrechte der Charta die „Organe, Einrichtungen und sonstigen Stellen der Union" und die Mitgliedstaaten „ausschließlich bei der Durchführung von Unionsrecht". Somit sind die Europäische Union und deren Organe ohne Einschränkung Verpflichtungsadressat der Chartagrundrechte.[302] Gebunden ist sowohl die Rechtsetzung als auch die Verwaltung und Rechtsprechung.[303] Die Rechte der Grundrechtecharta sind somit „metagesetzlicher Beurteilungsmaßstab"[304] unionaler Rechtsakte und als

Kokott/Dobratz, in: Grundfragen des Europäischen Steuerrechts, S. 25; *Geiß*, DÖV 2014, 265; *Thym*, DÖV 2014, 941; *Krumm*, ZfZ 2014, 281; *Ludwigs*, EuGRZ 2014, 273; *Frenzel*, Der Staat 53 (2013), 1; *Kingreen*, JZ 2013, 801.

300 Wie *Engler*, Steuerverfassungsrecht im Mehrebenensystem, S. 93 ff.; *Hahn*, EWS 2015, 15, 17; *Lehner*, IStR 2016, 265.

301 So auch *Thym*, DÖV 2014, 942, 948 f.

302 *Kingreen*, in: Callies/Ruffert, EUV/AEUV, Art. 51 GRCh Rz. 5 f.

303 *Frenz*, Handbuch Europarecht, Bd. 4, Rz. 215 ff.

304 *Englisch*, in: Zukunftsfragen, S. 39, 43.

solcher „legitimatorisch notwendige Folge des unmittelbar anwendbaren und Vorrang beanspruchenden Unionsrechts“[305].

Nationale Grundrechte finden nach dem Maßstab der *Solange II*-Entscheidung des Bundesverfassungsgericht auf unionale Rechtsakte keine Anwendung. Demnach wäre eine Anwendbarkeit nationaler Grundrechte nur anzunehmen, wenn nachgewiesen wird, dass der jeweils unabdingbare Grundrechtsschutz gegen Unionsakte *generell* nicht gewährleistet ist.[306] Ein solcher Nachweis ist spätestens seit der Bindung der Union an die Grundrechtecharta gem. Art. 6 Abs. 1 EUV kaum vorstellbar und damit rein theoretischer Natur.[307]

Die in der EMRK gesicherten Menschenrechte binden die Union nur mittelbar über Art. 52 Abs. 3 GRCh, solange die Union der EMRK nicht beitritt.[308] Sie sind daher bei der Auslegung der grundrechtlichen Gewährleistungen der Grundrechtecharta zu beachten.

Geht es also um einen Unionsakt, so ist alleiniger Prüfungsmaßstab die Grundrechtecharta, über die mittelbar auch die EMRK Anwendung findet.

2. *Prüfungsmaßstäbe bei mitgliedstaatlichen Rechtsakten*

Differenzierter fällt die Beurteilung des richtigen Prüfungsmaßstabs bei mitgliedstaatlichen Rechtsakten aus. In der Literatur finden sich Darstellungen, die zwischen dem „unmittelbaren Vollzug“ von Verordnungen, bei dem eine mitgliedstaatliche normative Umsetzung nicht mehr erforderlich ist und dem „mittelbaren Vollzug“ von Richtlinien, die eine nationalstaatliche Umsetzung erfordern, unterscheiden.[309] Innerhalb der Richtlinienumsetzung wird in Rechtsprechung und Literatur meist zwischen zwingenden Richtlinienvorgaben (unionsrechtlich determiniert) und nicht determinierten Bereichen einer Richtlinie unterschieden.[310] Andere unterscheiden zwischen Voll-, Teil- und

305 *Callies*, Die neue Europäische Union, S. 343; *Kingreen*, in: Callies/Ruffert, EUV/AEUV, Art. 51 GRCh Rz. 4.

306 BVerfG v. 22.10.1986 – 2 BvR 197/83, BVerfGE 73, 339, Rz. 117 (*Solange II*).

307 Ebenso unter anderen *Streinz*, in: FS Stern, S. 963, 975; *Voßkuhle*, NVwZ 2010, 1, 6; im Gegenteil wird mittlerweile auf einen drohenden Überfluss an Grundrechtsschutz hingewiesen, so *Tomuschat*, in: Vom Recht auf Menschenwürde, S. 71; *Masing*, in: FS Papier, S. 355.

308 Siehe bereits Erster Teil A. I. 3.

309 So u.a. *Engler*, Steuerverfassungsrecht im Mehrebenensystem, S. 69 ff.

310 So die Rechtsprechung des BVerfG: BVerfG v. 13.3.2007 – 1 BvF 1/05, BVerfGE 118, 79, Rz. 67 ff. (*Emissionshandel I*); v. 11.3.2008 – 1 BvR 256/08, BVerfGE 121, 1, Rz. 135 f. (*Vorratsdatenspeicherung, eA*); v. 2.3.2010 – 1 BvR 256/08 u.a., BVerfGE 125, 260, Rz. 181 f. (*Vorratsdatenspeicherung*); zur überwiegenden Literatur siehe

Nichtharmonisierung der unionsrechtlich beeinflussten Bereiche[311] oder in Bezug auf das Steuerrecht zwischen der Mehrwertsteuer, dem sonstigem Sekundärrecht und dem nichtharmonisierten Steuerrecht.[312] Davon unterschieden wird meist eine mögliche Bindung an die Grundrechtecharta bei der Beschränkung von Grundfreiheiten.[313] All diesen Differenzierungen ist gemein, dass letztlich die Frage beantwortet werden soll, ob es sich um die „Durchführung von Unionsrecht" im Sinne des Art. 51 Abs. 1 S. 1 GRCh handelt. Nur dann sind die durchführenden Mitgliedstaaten an die Grundrechtecharta gebunden.

Um dieser Frage im Rahmen der vorliegenden Arbeit nachzugehen, sollen Teile der genannten Differenzierungsmerkmale übernommen werden. Der folgenden Darstellung soll dabei eine dreigeteilte Differenzierung zugrunde gelegt werden, die sich in dieser Weise nur sehr vereinzelt in der Literatur finden lässt:[314]

Es ist einerseits die Konstellation des sog. Umsetzungsrechts darzustellen. Bei solchen Umsetzungsakten handelt es sich um mitgliedstaatliche Rechtsakte, die gerade deshalb ergehen, weil der nationale Gesetzgeber seiner Pflicht,[315] sekundäres Unionsrecht umzusetzen, nachkommen will.[316] Innerhalb dieser auf das Umsetzungsrecht bezogenen Darstellung findet sich die bekannte Differenzierung nach nationalen Umsetzungsspielräumen.

Von diesem nationalen Umsetzungsrecht sollen umsetzungsneutrale Rechtsakte der Mitgliedstaaten unterschieden werden. Der Begriff der Umsetzungsneutralität meint dabei, dass der mitgliedstaatliche Rechtsakt in seinem Ursprung

---

ausschnittsweise: *Matz-Lück*, in: Grundrechte und Grundfreiheiten im Mehrebenensystem – Konkurrenzen und Interferenzen, S. 161, 165 ff., 174 ff.; *Masing*, JZ 2015, 477, 481; *Papier*, DVBl. 2009, 473, 480; *Englisch*, UR 2011, 401, 402; *Bucher*, ZEuS 2016, 203, 209 ff.; *Scholz*, DVBl. 2014, 197, 199; *Thym*, DÖV 2014, 942, 944; *Krumm*, ZfZ 2014, 281, 285 ff.; *Kingreen*, JZ 2013, 801, 802 ff.

311 *Hahn*, EWS 2015, 15, 17.

312 *Kokott/Dobratz*, in: Grundfragen des europäischen Steuerrechts, S. 25, 26 f.

313 Siehe an dieser Stelle nur *Engler*, Steuerverfassungsrecht im Mehrebenensystem, S. 100 ff.

314 Stellvertretend für die überwiegende Literatur geht sowohl *Funke*, Umsetzungsrecht, S. 203 als auch *Matz-Lück*, in: Grundrechte und Grundfreiheiten im Mehrebenensystem – Konkurrenzen und Interferenzen, S. 161, 180, die richtigerweise die „Durchführungs-" von der „Einschränkungskonstellation" unterscheiden, nur von zwei möglichen Konstellationen aus; *Hahn*, ISR 2015, 25, 28 erkennt, dass die bisherigen Kategorien nicht ausreichend sind; vgl. aber *Terhechte*, in: Europäisches Unionsrecht, Art. 51 GRC Rz. 10 mit einer ähnlichen Differenzierung wie hier.

315 Eingehend zur Umsetzungsverpflichtung *Funke*, Umsetzungsrecht, S. 122 ff.

316 Zum Umsetzungsbegriff *Funke*, Umsetzungsrecht, S. 1 ff.

nicht der Erfüllung einer unionalen Verpflichtung dient.[317] Gleichwohl kann es auch im Fall der Umsetzungsneutralität vorkommen, dass Rechtsakte einen Bezug zum Unionsrecht aufweisen. In einem solchen Fall stellt sich die Frage, unter welchen Voraussetzungen auch in dieser Konstellation von einer „Durchführung von Unionsrecht“ gesprochen werden kann, sodass eine mitgliedstaatliche Bindung an die Grundrechtecharta gem. Art. 51 Abs. 1 S. 1 GRCh besteht.

Davon wiederum zu unterscheiden sind grenzüberschreitende Sachverhalte, in denen mitgliedstaatliche Rechtsakte Grundfreiheiten beschränken (können). Auch in diesem Fall ist eine Bindung der Mitgliedstaaten an die Chartagrundrechte denkbar. Entscheidend ist erneut, ob es sich um die „Durchführung von Unionsrecht“ handelt.

Es sollen hier also drei Grundkonstellationen unterschieden werden: Umsetzungsrecht, umsetzungsneutrales Recht und die Beschränkung von Grundfreiheiten.

a) Umsetzungsrecht

aa) Normative Umsetzung ohne Umsetzungsspielraum

Anders als Verordnungen, die unmittelbar verbindlich und nur administrativ umgesetzt werden müssen,[318] erhalten Richtlinien ihre innerstaatliche Wirkung grundsätzlich[319] erst durch eine normative Umsetzung des Mitgliedstaats. Die administrative Durchführung stellt damit erst den zweiten notwendigen Schritt dar.[320] In beiden Schritten ist die Richtlinie ausweislich des Art. 288 Abs. 3 AEUV nur hinsichtlich ihres Ziels verbindlich. Dabei definiert Art. 288 Abs. 3 AEUV aber nicht, was vom Ziel einer Richtlinie erfasst wird und was frei wählbares Umsetzungsmittel der Mitgliedstaaten ist. Oftmals wird das Ziel einer Richtlinie nur mit hinreichender Sicherheit erreicht werden können, wenn auch Form und Mittel der Umsetzung durch den Unionsgesetzgeber vorgegeben sind. Es ist daher allein die Entscheidung des Unionsgesetzgebers, inwieweit er seine Regelungskompetenz ausfüllt und mitgliedstaatliche Gestaltungsspielräume

---

317 *Bucher*, ZEuS 2016, 203, 230 spricht davon, dass eine Norm nur „funktional betrachtet der Durchführung dient“.

318 Verordnungen sollen im Rahmen dieser Arbeit bei der Frage nach dem Prüfungsmaßstab weitestgehend ausgespart werden.

319 Zur unmittelbaren Bindungswirkung siehe hier nur *Ruffert*, in: Callies/Ruffert, AEUV/EUV, Art. 288 AEUV Rz. 47 ff. m.w.N. aus Rechtsprechung und Literatur.

320 Nach diesen „Schritten“ differenzierend *Matz-Lück*, in: Grundrechte und Grundfreiheiten im Mehrebenensystem – Konkurrenzen und Interferenzen, S. 161, 165 f.

eröffnet.[321] Eine Typisierung von Richtlinien anhand der gewährten Gestaltungsfreiheit ist dabei kaum möglich.[322]

Betrachtet man nun die in Frage kommenden Prüfungsmaßstäbe die auf unionsrechtlich determiniertes Umsetzungsrecht Anwendung finden sollen, so leuchtet ein Fortdenken der *Solange*-Rechtsprechung des Bundesverfassungsgerichts ein.[323] Demnach sind allein die Chartagrundrechte Maßstab für die Überprüfung von sekundärem Unionsrecht, solange kein Nachweis im Sinne der *Solange II*-Entscheidung geführt wird.[324] Die grundrechtliche Überprüfung einer Richtlinie fällt demnach allein in die Entscheidungskompetenz des EuGH. National ist gegebenenfalls eine Vorlage gem. Art. 267 AEUV erforderlich.[325] Anders als die Richtlinie ist der normative Umsetzungsakt aber ein mitgliedstaatlicher Hoheitsakt. Daran ändert auch die unionsrechtliche Determinierung nichts.[326] Gleichwohl handelt der nationale Gesetzgeber als „verlängerter Arm“[327] des Unionsgesetzgebers, sodass konsequenterweise durch die Richtlinie determinierte Bereiche ebenso wie die Richtlinie selbst allein an europäischen Grundrechten gemessen werden können.[328] Es kann also von einer „Durchführung

321 *Matz-Lück*, in: Grundrechte und Grundfreiheiten im Mehrebenensystem - Konkurrenzen und Interferenzen, S. 161, 168 f.

322 Vgl. nur *Matz-Lück*, in: Grundrechte und Grundfreiheiten im Mehrebenensystem – Konkurrenzen und Interferenzen, S. 161, 170.

323 *Solange I*: BVerfG v. 29.5.1974 - 2 BvL 52/71, BVerfGE 37, 271, Rz. 26 f.; *Solange II*: BVerfG v. 22.10.1986 - 2 BvR 197/83, BVerfGE 73, 339, Rz. 117.

324 Dazu bereits Erster Teil A. II. 1.

325 BVerfG v. 13.3.2007 - 1 BvF 1/05, BVerfGE 118, 79, Rz. 71 (*Emissionshandel I*); je nach Fall wegen Art. 101 I 2 GG sogar verpflichtend, dazu grundlegend BVerfG v. 31.5.1990 - 2 BvL 12/88 u.a., BVerfGE 82, 159, Rz. 135 ff. (*Absatzfonds*).

326 *Funke*, Umsetzungsrecht, S. 205; *Matz-Lück*, in: Grundrechte und Grundfreiheiten im Mehrebenensystem - Konkurrenzen und Interferenzen, S. 161, 175.

327 So *Kingreen*, in: Callies/Ruffert, EUV/AEUV, Art. 51 GRCh Rz. 13 f.; sog. *Agency-Situation*, dazu *Kühling*, in: Europäisches Verfassungsrecht, S. 657, 680ff.; *Ruffert*, EuGRZ 1995, 518, 527 f.

328 Ständige Rechtsprechung: BVerfG v. 13.3.2007 - 1 BvF 1/05, BVerfGE 118, 79, Rz. 67 ff. (*Emissionshandel I*); v. 11.3.2008 - 1 BvR 256/08, BVerfGE 121, 1, Rz. 135 f. (*Vorratsdatenspeicherung, eA*); v. 2.3.2010 - 1 BvR 256/08 u.a., BVerfGE 125, 260, Rz. 181 f. (*Vorratsdatenspeicherung*); sowie schon BVerfG v. 9.1.2001 - 1 BvR 1036/99, NJW 2001, 1267, 1268, wo es heißt: „Soweit im Übrigen die Normsetzung zwingend dem Gemeinschaftsrecht folgt, ist sie ebenso wie das sekundäre Gemeinschaftsrecht selbst nicht am Maßstab der deutschen Grundrechte durch das Bundesverfassungsgericht zu prüfen, sondern unterliegt dem auf Gemeinschaftsrechtsebene gewährleisteten Grundrechtsschutz“; speziell zum Umsatzsteuerrecht BVerfG v. 6.12.2007 - 1 BvR

von Unionsrecht" im Sinne des Art. 51 Abs. 1 S. 1 GRCh gesprochen werden. Insofern kommt es für den Bereich des unionsrechtlich determinierten Umsetzungsrechts zu einem Gleichlauf der nationalen Rechtsprechung des Bundesverfassungsgerichts und der Rechtsprechung des EuGH[329], der eine umfassende Bindung der Mitgliedstaaten an die Chartagrundrechte bei sämtlichen Umsetzungsakten annimmt.[330]

bb) Normative Umsetzung mit Umsetzungsspielraum

Während die deutsche Gerichtsbarkeit und der EuGH im Rahmen der Überprüfung von determinierten Umsetzungsakten einheitlich einen europäischen Grundrechtsmaßstab zugrunde legen, fallen die Ansichten im nichtdeterminierten Bereich auseinander. Dabei ist zunächst festzustellen, dass „nichtdeterminiert" oder „Umsetzungsspielraum" nicht bedeutet, dass der Unionsgesetzgeber Rechtssetzungsmacht delegiert hat. Vielmehr hat er bloß von einer dem Grunde nach bestehenden Kompetenz nicht vollständig Gebrauch gemacht.[331]

Grundlegend hat der EuGH in seiner *Wachauf*-Entscheidung im Jahr 1989 entschieden, dass im Rahmen des Verordnungsvollzugs eine uneingeschränkte

---

2129/07, DVBl. 2008, 105 f. (*Familienbesteuerung*); ausschnittsweise aus der Literatur: *Ruffert*, EuGRZ 1995, 518, 527 f. m.w.N. in Fn. 122; *Masing*, JZ 2015, 477, 481; *Englisch*, UR 2011, 401, 402; *Scholz*, DVBl. 2014, 197, 199; *Thym*, DÖV 2014, 942, 944; *Krumm*, ZfZ 2014, 281, 286; *Kingreen*, JZ 2013, 801, 802 ff.

329 So in Bezug auf die Verordnungsumsetzung schon EuGH v. 13.7.1989 – 5/88, EU:C:1989:321, Rz. 19 (*Wachauf*); sowie später in Bezug auf das Steuerrecht und die Umsetzung von Richtlinien EuGH v. 10.4.2008 – C-309/06, EU:C:2008:211, Rz. 32 ff. (*Marks & Spencer*).

330 Berechtigte Zweifel an dieser Deutung haben erstmals *Kingreen/Störmer*, EuR 1998, 263, 281 geäußert, was von *Funke*, Umsetzungsrecht, S. 204 ff. übernommen wurde: Verstößt ein zwingend vorgegebener Umsetzungsakt gegen Chartagrundrechte, so verstößt zwangsläufig auch die Richtlinie gegen die GRCh und ist damit nichtig. Ist die Richtlinie nichtig, kann deren Umsetzung keine „Durchführung von Unionsrecht" mehr sein, denn das durchzuführende Unionsrecht ist rechtlich nicht mehr existent (grundsätzlich *ex tunc*, siehe *Cremer*, in: Callies/Ruffert, EUV/AEUV, Art. 264 AEUV Rz. 3). Die Annahme einer Bindung an die Unionsgrundrechte hebt sich also selbst auf und ist funktionslos. *Funke*, Umsetzungsrecht, S. 204 ff. setzt sich auch mit möglichen Gegenargumenten auseinander, kann diese aber alle nachvollziehbar entkräften. *Englisch*, Zukunftsfragen, S. 39, 48 tendiert wohl in eine andere Richtung, ohne aber eine konkrete Begründung zu liefern. Er betrachtet das Problem aber vom grundrechtswidrigen Sekundärrecht und nicht vom nationalen Rechtsakt aus.

331 *Funke*, Umsetzungsrecht, S. 204.

Bindung an die Unionsgrundrechte besteht.[332] Daraus wird gefolgert, dass der EuGH auch eine Überprüfung von ausgefüllten Umsetzungsspielräumen am Maßstab der Unionsgrundrechte vornehmen könne.[333] In der Rechtssache *ERT* nahm der EuGH sodann an, dass eine Bindung an die Unionsgrundrechte „im Anwendungsbereich des Unionsrechts" (sog. „offene Suchformel"[334]) bestehe.[335] Ausdrücklich folgte sodann die Bestätigung seitens des EuGH für den Bereich der Richtlinienumsetzung im Urteil zur *Familienzusammenführungsrichtlinie*.[336] In Bezug auf das Steuerrecht ist insofern die Entscheidung *Marks & Spencer* maßgebend.[337] Auch die noch im Detail darzustellende *Åkerberg Fransson*-Entscheidung des EuGH ändert an dieser Rechtsprechungslinie nichts: Im Geltungsbereich des Unionsrechts gelten die Unionsgrundrechte.[338]

Anders entscheidet aber das Bundesverfassungsgericht. Wie oben bereits angeklungen, unterscheidet das Bundesverfassungsgericht bei der Beurteilung von Richtlinienumsetzungen seit einer Entscheidung zum Treibhausemissionshandelsgesetz[339] zwischen unionsrechtlich zwingenden und solchen Vorgaben, die den Mitgliedstaaten im Rahmen der Umsetzung in das nationale Recht Spielräume lassen. Nationale Grundrechte bilden nur im letzteren Fall den Prüfungsmaßstab.[340] Dabei gehören auch die Systementscheidungen einer Richtlinie zu deren zwingenden Vorgaben.[341] Das Bundesverfassungsgericht hat sich aber

---

332 EuGH v. 13.7.1989 – 5/88, EU:C:1989:321, Rz. 19 (*Wachauf*); ebenso EuGH v. 24.3.1994 – C-2/92, EU:C:1994:116, Rz. 16 (*Bostock*), wobei der GA *Gulman* in seinem Schlussantrag v. 20.4.1993 – E 1994, I-955, 969 ff. in dieser Konstellation noch eine Bindung an die nationalen Grundrechte vorgeschlagen hatte.

333 Vgl. nur *Borowsky*, in: Meyer, GRCh, Art. 51, Rz. 28.

334 *Scheuing*, EuR 2005, 162, 163.

335 EuGH v. 18.6.1991 – C-260/89, EU:C:1991:254, Rz. 42 (*ERT*).

336 EuGH v. 27.6.2006 – C-540/03, EU:C:2006:429, Rz. 105 (*Familienzusammenführungsrichtlinie*).

337 EuGH v. 10.4.2008 – C-309/06, EU:C:2008:211, Rz. 32 ff. (*Marks & Spencer*); zum Sonderfall des Neutralitätsgebots bei der Ausgestaltung des Umsatzsteuerrechts schon EuGH v. 23.10.2003 – C-109/02, EU:C:2003:586, Rz. 20 (*Kommission/Deutschland*).

338 EuGH v. 26.2.2013 – C-617/10, EU:C:2013:105, Rz. 21 (*Åkerberg Fransson*).

339 BVerfG v. 13.3.2007 – 1 BvF 1/05, BVerfGE 118, 79, Rz. 67 ff. (*Emissionshandel I*).

340 Ab da ständige Rechtsprechung, siehe BVerfG v. 14.5.2007 – 1 BvR 2036/05, NVwZ 2007, 942 (*Emissionshandel II*); v. 11.3.2008 – 1 BvR 256/08, BVerfGE 121, 1, Rz. 135 f. (*Vorratsdatenspeicherung, eA*); v. 2.3.2010 – 1 BvR 256/08 u.a., BVerfGE 125, 260, Rz. 181 f. (*Vorratsdatenspeicherung*).

341 BVerfG v. 14.5.2007 – 1 BvR 2036/05, NVwZ 2007, 942–945, Rz. 9 (*Emissionshandel II*); dazu *Callies*, Die neue Europäische Union, S. 348.

nicht dazu geäußert, ob die Bindung an die nationalen Grundrechte neben oder an die Stelle der Bindung an Unionsgrundrechte tritt.[342]

In der Literatur wurde anfangs eine Bindung an die Unionsgrundrechte im Rahmen des Umsetzungsrechts generell verneint.[343] Andere forderten eine strikte Trennung ohne Überschneidungsbereich zwischen unionalen und nationalen Grundrechten.[344] Teilweise wurde gar jegliches mitgliedstaatliches Handeln einer Bindung an die Unionsgrundrechte unterworfen.[345] Überwiegend wird jedoch auch in der Literatur der vom Bundesverfassungsgericht vorgenommenen Differenzierung zwischen Umsetzungsspielraum und zwingenden Vorgaben gefolgt.[346]

Für die Zwecke dieser Arbeit kann daher zunächst festgehalten werden, dass es bei der Umsetzung von Richtlinienvorgaben im unionsrechtlich nicht determinierten Bereich, zu Überschneidungen von nationalen und unionalen Grundrechten kommen kann.[347]

Für die Konstellation der Umsetzung von unionalen Vorgaben durch die Mitgliedstaaten ergibt sich also, dass der EuGH eine umfassende Bindung an die Unionsgrundrechte annimmt, das Bundesverfassungsgericht aber zumindest bei Umsetzungsspielräumen auch nationale Grundrechte bemüht.

b) *Umsetzungsneutrales Recht*

Als zweite Kategorie soll hier die des umsetzungsneutralen Rechts eingeführt werden. Eine Umsetzungsneutralität liegt immer dann vor, wenn der nationale Gesetzgeber eine Regelung erlässt, die nicht der Erfüllung einer unionalen Umsetzungsverpflichtung dient, aber gleichwohl auf unionsrechtlich geprägte

---

342 *Engler*, Steuerverfassungsrecht im Mehrebenensystem, S. 80.

343 So noch *Kingreen*, in: Callies/Ruffert, EUV/AEUV, 2. Auflage, Art. 6 EUV Rz. 59; heute aber anders, ohne sich ausdrücklich von der aufgegebenen Auffassung abzugrenzen, *Kingreen*, in: Callies/Ruffert, EUV/AEUV, Art. 51 GRCh Rz. 13 f.; eine vollständige Ablehnung einer Bindung der Mitgliedstaaten an die Unionsgrundrechte dürfte mit Blick auf den eindeutigen Wortlaut des Art. 51 Abs. 1 S. 1 GRCh heute nicht mehr haltbar sein, vgl. auch *Matz-Lück*, in: Grundrechte und Grundfreiheiten im Mehrebenensystem – Konkurrenzen und Interferenzen, S. 161, 184, Fn. 175.

344 *Papier*, DVBl. 2009, 473, 480, wonach nur bei zwingenden Vorgaben eine Bindung an Unionsgrundrechte vorliege.

345 *Seidel*, Europa-Archiv 1987, 553, 558, eine solche Ansicht geht mit Blick auf den Wortlaut des Art. 51 Abs. 1 S. 1 GRCh zu weit.

346 Siehe schon die Verweise in Fn. 328.

347 Zum Prüfungsmaßstab im Kollisionsfall Erster Teil A. II. 3.

Fallgestaltungen Anwendung findet. In der Regel dürfte es sich um Rechtsetzung handeln, die originär im Kompetenzbereich der Mitgliedstaaten liegt.[348] Die in dieser Arbeit relevante Fallgestaltung betrifft das nationale Steuerverfahrensrecht, das als solches – zumindest größtenteils – nicht umsetzend erlassen wurde, aber auf unionsrechtlich geprägte Sachverhalte – die Umsatzsteuer – Anwendung findet. Es sind daher insbesondere Kriterien auf- beziehungsweise klarzustellen, die darüber entscheiden, wann eine unionale Verflechtung von solchem Ausmaß vorliegt, dass eine Regelung, die in den rein nationalen Kompetenzbereich der Mitgliedstaaten fällt, „Durchführung von Unionsrecht" im Sinne des Art. 51 Abs. 1 S. 1 GRCh ist, sodass die Mitgliedstaaten an Unionsgrundrechte gebunden sind.

In die Kategorie einer umsetzungsneutralen Fallkonstellation ist die Entscheidung *Åkerberg Fransson* des EuGH[349] einzuordnen. Diese soll zunächst dargestellt werden.

aa) *Åkerberg Fransson*-Entscheidung des EuGH

(1) Sachverhalt

Herr *Fransson* wurde seitens der schwedischen Steuerbehörden beschuldigt, seinen ihm obliegenden steuerlichen Mitteilungspflichten nicht nachgekommen zu sein. Im Jahr 2007 musste Herr *Fransson* daher die nicht entrichtete Steuer nachzahlen und wurde im Erhebungsverfahren mit Steuerzuschlägen belastet. Ein Teil der nachzuzahlenden Steuer entfiel dabei auf nicht entrichtete Mehrwertsteuer. Im Jahr 2009 wurde ein Strafverfahren wegen Steuerhinterziehung gegen Herrn *Fransson* eröffnet. Der Tatvorwurf beruhte dabei auf demselben Sachverhalt, der auch schon der Festsetzung der Steuerzuschläge zugrunde lag. Das schwedische Gericht setzte das nationale Verfahren aus und legte dem EuGH die Frage vor, ob ein Verstoß gegen das Verbot der Doppelbestrafung aus Art. 50 GRCh vorliege.

Bevor der EuGH sich in der Sache äußern konnte, musste er zunächst die Anwendbarkeit der Grundrechtecharta bejahen und dazu in die Prüfung von Art. 51 Abs. 1 S. 1 GRCh einsteigen. Im zu Grunde liegenden Sachverhalt stellte sich die Frage, ob ein Mitgliedstaat beim Vollzug des nationalen Steuerstrafverfahrensrechts an die Grundrechtecharta gebunden ist. Nationales Steuerstrafverfahrensrecht ist ebenso wie das nationale Verfahrensrecht autonome Sache

---

348 Daher spricht wohl *Starke*, DVBl. 2017, 721 von „rein nationalen Gesetzgebungsakten", womit er das Phänomen aber nur ungenau beschreibt.

349 EuGH v. 26.2.2013 – C-617/10, EU:C:2013:105 (*Åkerberg Fransson*).

der Mitgliedstaaten.[350] Es dient in weiten Teilen nicht der Umsetzung unionaler Vorgaben, sodass ein Fall der Umsetzungsneutralität vorliegt.

(2) Würdigung durch den EuGH

In den Schlussanträgen[351] lehnte der Generalanwalt (GA) eine mitgliedstaatliche Bindung im vorgelegten Fall zunächst ab, sodass der EuGH unzuständig sei. Den Zusammenhang mit dem Unionsrecht benannte der GA als „äußerst schwach“[352] und die Vorlagefrage gar als „irritierend“[353]. Er erklärte, dass das nationale Steuerstrafverfahren „völlig unabhängig“ von der Mehrwertsteuererhebung bestehe und aus einer bloßen *occasio* keine *causa* gemacht werden dürfe.[354] Mit erkennbarer Vorsicht („delikate Materie“[355]) hat sich der GA der Sache genähert und im Ergebnis die Durchführung von Unionsrecht im Sinne des Art. 51 Abs. 1 S. 1 GRCh abgelehnt. Dieser Ansicht folgten auch die beigetretenen Mitgliedstaaten sowie die Kommission.[356]

Der EuGH zeigte sich von dieser Vorsicht unbeeindruckt und urteilte anders. Nur zu Beginn seiner Begründungen zitiert er Art. 51 Abs. 1 S. 1 GRCh und spricht von einer Durchführung des Unionsrechts.[357] In Art. 51 Abs. 1 S. 1 GRCh erblickt er eine Bestätigung seiner bisherigen Rechtsprechung zur Frage, unter welchen Voraussetzungen Mitgliedstaaten an die Grundrechtecharta gebunden sind.[358] Aus dieser Rechtsprechung ergebe sich, dass unionale Grundrechte „in allen unionsrechtlich geregelten Fallgestaltungen, aber nicht außerhalb derselben Anwendung finden“[359]. Sobald eine nationale Rechtsvorschrift in den „Geltungsbereich des Unionsrechts“[360] falle, sei der EuGH berufen, über dessen Vereinbarkeit mit unionalen Grundrechten zu entscheiden. Demnach seien „keine Fallgestaltungen denkbar, die vom Unionsrecht erfasst würden, ohne dass diese Grundrechte anwendbar wären“.[361] Der EuGH verweist insofern auf

---

350 Vgl. dazu nur *Huber*, Recht der Europäischen Integration, S. 363 ff.
351 GA *Villalon* zu C-617/10, EU:C:2012:340 (*Åkerberg Fransson*).
352 GA *Villalon* zu C-617/10, EU:C:2012:340, Rz. 60 ff. (*Åkerberg Fransson*).
353 GA *Villalon* zu C-617/10, EU:C:2012:340, Rz. 56 (*Åkerberg Fransson*).
354 GA *Villalon* zu C-617/10, EU:C:2012:340, Rz. 62 f. (*Åkerberg Fransson*).
355 GA *Villalon* zu C-617/10, EU:C:2012:340, Rz. 61 (*Åkerberg Fransson*).
356 So zumindest *Rabe*, NJW 2013, 1407.
357 EuGH v. 26.2.2013 – C-617/10, EU:C:2013:105, Rz. 17 (*Åkerberg Fransson*).
358 EuGH v. 26.2.2013 – C-617/10, EU:C:2013:105, Rz. 19 (*Åkerberg Fransson*).
359 EuGH v. 26.2.2013 – C-617/10, EU:C:2013:105, Rz. 19 (*Åkerberg Fransson*).
360 EuGH v. 26.2.2013 – C-617/10, EU:C:2013:105, Rz. 21 (*Åkerberg Fransson*).
361 EuGH v. 26.2.2013 – C-617/10, EU:C:2013:105 Rz. 21 (*Åkerberg Fransson*).

die Erläuterungen des Grundrechtskonvents zur Grundrechtecharta[362], die gem. Art. 6 Abs. 1 UAbs. 3 EUV und Art. 52 Abs. 7 GRCh bei der Auslegung gebührend zu berücksichtigen seien.[363] Diese sähen eine mitgliedstaatliche Bindung im „Anwendungsbereich" des Unionsrechts vor.[364]

Diesen formelhaften Ausführungen folgt die Begründung des EuGH, weshalb im konkreten Fall der „Anwendungsbereich" des Unionsrechts eröffnet sei. Demnach stünden die von den schwedischen Steuerbehörden verhängten Sanktionen „teilweise" mit der Nichteinhaltung von Mitteilungspflichten auf dem Gebiet der MwSt im Zusammenhang.[365] Daneben gehe aus Art. 2, 250 Abs. 1, 273 der MwStSystRL und dem Effektivitätsgrundsatz aus Art. 4 Abs. 3 EUV hervor, „dass jeder Mitgliedstaat verpflichtet ist, alle Rechts- und Verwaltungsvorschriften zu erlassen, die geeignet sind, die Erhebung der gesamten in seinem Hoheitsgebiet geschuldeten Mehrwertsteuer zu gewährleisten und den Betrug zu bekämpfen."[366] Darüber hinaus bestünde gem. Art. 325 AEUV die Pflicht der Mitgliedstaaten, „zur Bekämpfung von rechtswidrigen Handlungen, die sich gegen die finanziellen Interessen der Union richten, abschreckende und wirksame Maßnahmen zu ergreifen."[367] Daher seien die schwedischen Strafverfahrensvorschriften Durchführung der Art. 2, 250 Abs. 1, 273 MwStSystRL und des Art. 325 AEUV.[368] Der EuGH stellt dann ausdrücklich fest, dass es unschädlich sei, dass die Strafverfahrensvorschriften nicht zur Umsetzung von unionalen Verpflichtungen erlassen wurden.[369]

bb) Reaktion des Bundesverfassungsgerichts

Eine Reaktion des Bundesverfassungsgerichts ließ nicht lange auf sich warten. So sah sich das Bundesverfassungsgericht in seiner Entscheidung zur *Antiterrordatei*[370] genötigt, klarzustellen, dass die *Åkerberg*-Entscheidung „keiner

362 Erläuterungen zur Charta der Grundrechte v. 14.12.2007, ABl. 2007/C 303.

363 EuGH v. 26.2.2013 – C-617/10, EU:C:2013:105 Rz. 20 (*Åkerberg Fransson*).

364 So schon vorher *Englisch*, Zukunftsfragen, S. 39, 50, 76 f.

365 EuGH v. 26.2.2013 – C-617/10, EU:C:2013:105 Rz. 24 (*Åkerberg Fransson*).

366 EuGH v. 26.2.2013 – C-617/10, EU:C:2013:105 Rz. 25 (*Åkerberg Fransson*).

367 Insofern geht der Gerichtshof davon aus, dass es sich bei der MwSt um Eigenmittel der Union handele, EuGH v. 26.2.2013 – C-617/10, EU:C:2013:105 Rz. 26 (*Åkerberg Fransson*); bestätigt durch EuGH (Große Kammer) v. 5.12.2017 – C-42/17, EU:C:2017:936, Rz. 31 (*M.A.S. und M.B.*); zur daran anknüpfenden Kritik siehe nur *Engler*, Steuerverfassungsrecht im Mehrebenensystem, S. 87.

368 EuGH v. 26.2.2013 – C-617/10, EU:C:2013:105 Rz. 27 (*Åkerberg Fransson*).

369 EuGH v. 26.2.2013 – C-617/10, EU:C:2013:105 Rz. 28 (*Åkerberg Fransson*).

370 BVerfG v. 24.4.2013 – 1 BvR 1215/07, BVerfGE 133, 277 (*Antiterrordatei*).

Lesart unterlegt werden [darf], nach der diese offensichtlich als *Ultra-vires*-Akt zu beurteilen wäre [...]“[371]. Sie dürfe insbesondere „nicht in einer Weise [...] verstanden werden, nach der für eine Bindung der Mitgliedstaaten [...] jeder sachliche Bezug einer Regelung zum bloß abstrakten Anwendungsbereich des Unionsrechts [...] ausreiche“[372].

cc) Rezeption in der Literatur

In der Literatur finden sich unterschiedliche Reaktionen auf die Entscheidung des EuGH. Teilweise sieht sich der EuGH heftiger Kritik ausgesetzt.[373] Dabei wird unter anderem die Begründungsstrategie kritisiert[374] und der Rechtsstatus der Erläuterungen bezweifelt, auf die der EuGH sich im Wesentlichen beruft.[375] Andere halten die Entscheidung des EuGH für „kompetenzwidrig“[376] und als verfassungswidrigen *Ultra-vires*-Akt für „insgesamt unhaltbar“.[377] Nach *Frenzel* sei dem EuGH „kein Faden zu dünn“, um seine eigene Zuständigkeit zu bejahen.[378] Dem pflichtet auch *Masing* bei, der kritisiert, dass die Logik des EuGH kaum mehr Grenzen kenne.[379] Schließlich wird ein Bedeutungsverlust der nationalen Grundrechte befürchtet.[380]

Andere halten die Entscheidung für vertretbar, kritisieren aber gleichwohl den Begründungsstil des EuGH.[381]

Letztlich wird die Entscheidung von einigen Literaturstimmen für wenig revolutionär[382] und aus unionsrechtlicher Sicht selbstverständlich[383] sowie

---

371 BVerfG v. 24.4.2013 – 1 BvR 1215/07, BVerfGE 133, 277, Rz. 91 (*Antiterrordatei*).

372 BVerfG v. 24.4.2013 – 1 BvR 1215/07, BVerfGE 133, 277, Rz. 91 (*Antiterrordatei*).

373 *Scholz*, DVBl. 2014, 197; *Widmann*, UR 2014, 5; *Hahn*, ISR 2015, 25.

374 *Hahn*, ISR 2015, 25, 27 f.; *Kingreen*, EuR 2013, 446, 451 ff.; *Starke*, DVBl. 2017, 721, 726.

375 *Hahn*, ISR 2015, 50, 52.

376 *Scholz*, DVBl. 2014. 197, 201 f.

377 *Scholz*, DVBl. 2014. 197, 203, in diesem Sinne auch *Starke*, DVBl. 2017, 721, 726, wonach die verfahrensrechtliche Autonomie untergraben werde.

378 *Frenzel*, Der Staat 53 (2013), 1, 19.

379 *Masing*, JZ 2015, 477, 482; für eine enge Auslegung der *Åkerberg*-Entscheidung plädiert auch *Lehner*, IStR 2016, 265, 269 ff.

380 *Wilke*, IWB 2013, 325, 328.

381 *Ludwigs*, EuGRZ 2014, 273, 281; *Weiß*, EuZW 2013, 287, 288; *Rabe*, NJW 2013, 1407, 1408; auch *Ohlendorf*, Grundrechte als Maßstab, S. 73 beklagt eine „knappe Begründung“, sodass er sich außer Lage sehe, der Rechtsprechung eine Linie zu entnehmen.

382 *Kingreen*, JZ 2013, 801, 805.

383 *Kokott/Dobratz*, in: Grundfragen des Europäischen Steuerrechts, S. 25, 28.

für grundsätzlich positiv gehalten, da sie zum Wohl der Bürger ergangen sei.[384]

Dabei wird vielerorts der Schluss gezogen, dass es für die Anwendbarkeit der Grundrechtecharta ausreichend sei, wenn ein Sachverhalt objektiv dem Unionsrecht unterfalle[385] und insbesondere kein Bereich im Zusammenhang mit der Umsatzsteuer denkbar sei, der keiner Bindung unterliege.[386]

dd) Eigene Bewertung und Aufstellung von Abgrenzungskriterien

Betrachtet man diese Reaktionen, so ergibt sich ein Bild, das den Rechtsanwender ratlos zurücklässt. Auf der einen Seite steht der EuGH, der in seiner *Åkerberg Fransson*-Entscheidung eine anscheinend grenzenlose Anwendbarkeit der Grundrechtecharta annimmt. Auf der anderen Seite steht das Bundesverfassungsgericht, das dem EuGH offen mit einer *Ultra-vires-* und Identitätskontrolle droht, falls das Urteil des Gerichtshof tatsächlich einer so weiten Lesart unterworfen werden sollte, wie es Teile der Literatur befürchten. Die insoweit unüberschaubare und uneinheitliche Literatur vermag ebenfalls keine Klarheit zu verschaffen. Angesichts dieser Meinungs- und Deutungsvielfalt, müssen pragmatische Lösungen geschaffen werden, die dem Rechtsanwender die Suche nach dem grundrechtlichen Prüfungsmaßstab erleichtern. Die Rechtsprechung des EuGH sollte weder zu heftigen Abwehrreaktionen in den Mitgliedstaaten führen noch sollte sie in ihrer Begründungsarmut hingenommen werden. Vielmehr sollten die nationalen Verfassungsgerichte sich gemeinsam mit dem EuGH um eine weitergehende Kooperation[387] bemühen, um belastbare und pragmatische Abgrenzungskriterien zwischen unionalen und nationalen Grundrechten aufzustellen. Es soll daher bereits hier ein Versuch unternommen werden, genauer herauszuarbeiten, was „Durchführung" beziehungsweise „Anwendungsbereich des Unionsrechts" bedeutet. Denn die bloße Feststellung, dass der

384 *Zorn*, ÖStZ 2013, 342, 345; gegen eine restriktive Auslegung des Durchführungsbegriffs auch *Ehlers*, in: *ders.*, Europäische Grundrechte und Grundfreiheiten, § 14 Rz. 67 f. sowie *Jarass*, in: GRCh, Art. 51 Rz. 18 ff., die beide darauf hinweisen, dass der deutsche Begriff der Durchführung nicht als der allein maßgebliche Wortlaut angesehen werden kann, da andere Sprachfassungen teils auch weitere Auslegungsmöglichkeiten sinnvoll erscheinen lassen.

385 *Ludwigs*, EuGRZ 2014, 273, 281; *Ohler*, NVwZ 2013, 1433, 1436.

386 *Dobratz*, UR 2014, 425, 426 f.; *Kokott/Dobratz*, in: Grundfragen des Europäischen Steuerrechts, S. 25, 28.

387 Vgl. dazu *Ludwigs*, EuGRZ 2014, 273, 279 der einen „kooperativen Grundrechtsschutz als ebenenübergreifendes Rechtsprinzip" herleitet.

Anwendungsbereich des Unionsrechts dem der Grundrechtecharta entspricht, ist als solche weitestgehend inhaltslos. Sie erlaubt keine abschließende Bewertung und verzerrt die Wahrnehmung der europäischen Entwicklung.[388]

Zumindest seitens des EuGH deutet sich ein solches Bemühen tatsächlich bereits in der Entscheidung *Åkerberg Fransson* an und wird auch in Folgejudikaten fortgeführt.

(1) Rechtssache *Åkerberg Fransson*

Der methodische Begründungsansatz des EuGH wurde zwar zu Recht an einigen Stellen kritisiert.[389] Dennoch ist die Begründung des EuGH in der Sache nicht substanzlos. Der bisher ständigen Rechtsprechung, auf die der EuGH sich in seinem Urteil beruft,[390] hat bereits der Präsident des Gerichtshofs *Lenaerts* entnommen, dass der EuGH eine Bindung an die Grundrechtecharta nur dann annimmt, wenn ein Mitgliedstaat im Rahmen unionaler Verpflichtungen tätig wird.[391] Besonders anschaulich sind dabei zwei Judikate des EuGH: Die Entscheidungen *Annibaldi*[392] und *Deponiezweckverband Eiterköpfe*[393].[394] Während der Gerichtshof in der Rechtssache *Annibaldi* feststellte, dass im konkreten Fall keine unionalen Verpflichtungen bestünden und deshalb auch die Grundrechtecharta nicht anwendbar sei,[395] ging der Mitgliedstaat in der Entscheidung

388 *Thym*, DÖV, 941, 946 f. spricht insofern von „Blaupausenfallen“; dies übersieht gleichwohl ein Großteil der oben bereits zitierten Literatur im Nachgang zur Entscheidung *Åkerberg Fransson*. Es wird meist ungeprüft der „mitgliedstaatliche *worst case*“ eines grenzenlos weiten Verständnisses des „Anwendungsbereichs des Unionsrechts“ zugrunde gelegt. Dies mag insofern einleuchtend sein, als damit die Grenzen einer möglichen Auslegung aufgezeigt werden sollen, wie es z.B. das Bundesverfassungsgericht tut. Die Rechtsprechung des EuGH aber ohne Weiteres einer grenzenlosen Lesart zu unterlegen, entspricht weder den Vorgaben des Bundesverfassungsgerichts noch ist dies beim Suchen und Finden von sachgerechten Lösungen zielführend.

389 Siehe schon Fn. 374.

390 EuGH v. 26.2.2013 - C-617/10, EU:C:2013:105 Rz. 19 (*Åkerberg Fransson*).

391 *Lenaerts*, ECLR 8 (2012), 375, 378 ff.: „The Charter applies whenever member states fulfil an obligation imposed by EU law“, dort noch in seiner Funktion als Vizepräsident des EuGH.

392 EuGH v. 18.12.1997 - C-309/96, EU:1997:631 (*Annibaldi*).

393 EuGH v. 14.4.2005 - C-6/03, EU:C:2005:222 (*Deponiezweckverband Eiterköpfe*).

394 Wobei nur ersteres in EuGH v. 26.2.2013 - C-617/10, EU:C:2013:105 Rz. 19 (*Åkerberg Fransson*) auch zitiert wird. Die Rechtssache *Annibaldi* wird überdies auch in den Erläuterungen (Fn. 362) zur GRCh zitiert, sodass auch der Grundrechtskonvent an den bisherigen Grundsätzen festhalten wollte.

395 EuGH v. 18.12.1997 - C-309/96, EU:1997:631, Rz. 21 ff. (*Annibaldi*).

Deponiezweckverband Eiterköpfe auf Grund von Art. 193 AEUV über die unionsrechtlichen Mindestanforderungen hinaus und verließ damit zugleich den Bereich unionaler Verpflichtungen und unionaler Grundrechte.[396] Daran anknüpfend liegt auch der Schwerpunkt der Entscheidung *Åkerberg Fransson* darin, unionale Pflichten herzuleiten.[397] Wie oben bereits dargestellt leitet der EuGH im konkreten Fall her, dass das nationale Strafverfahrensrecht zumindest auch den Verpflichtungen dient, die sich aus Art. 2, 250 Abs. 1, 273 MwStSystRL und Art. 325 AEUV ergeben.[398] Zwar stellt der EuGH fest, dass es unschädlich sei, dass das nationale Recht kein Umsetzungsrecht sei. Gleichzeitig relativiert er diese Aussage aber, indem er klarstellt, dass solches Recht, dass nicht „zur Umsetzung“[399] erlassen werde, in seiner Anwendung dennoch der Erfüllung unionaler Verpflichtungen dienen muss, um an Unionsgrundrechten gemessen zu werden.[400] Der EuGH fordert also eine Verpflichtung, die sich entweder aus dem Primär- oder dem Sekundärrecht ergeben kann.[401]

Dieses Erfordernis fügt sich in die Differenzierung zwischen Umsetzungs- und umsetzungsneutralem Recht ein. Denn während beim Umsetzungsrecht bereits der Erlass der nationalen Rechtsnorm „Durchführung von Unionsrecht“ ist, ist dies beim umsetzungsneutralen Recht – bei entsprechender unionaler Verpflichtung – erst die Anwendung der Rechtsnorm. Das entspricht auch

---

396 EuGH v. 14.4.2005 – C-6/03, EU:C:2005:222, Rz. 59 ff. (*Deponiezweckverband Eiterköpfe*).

397 EuGH v. 26.2.2013 – C-617/10, EU:C:2013:105, Rz. 25–27 (*Åkerberg Fransson*).

398 Sehr ähnlich EuGH v. 5.4.2017 – C-217/15 u.a., EU:C:2017:264, Rz. 16 (*Orsi*), wo der EuGH ausdrücklich wiederholt, dass „Bestimmungen des nationalen Rechts über Strafverfahren wegen Straftaten im Bereich der Mehrwertsteuer [...] in den Anwendungsbereich [...] der Charta“ fallen.

399 EuGH v. 26.2.2013 – C-617/10, EU:C:2013:105, Rz. 28 (*Åkerberg Fransson*).

400 Dies erkennt auch *Geiß*, DÖV 2014, 265, 269; dies verkennt aber *Starke*, DVBl. 2017, 721, 726, der schlicht darauf verweist, dass „keinerlei Anknüpfungspunkte“ im Unionsrecht bestünden.

401 Ausführlich unter umfassender Auswertung der Rechtsprechung des EuGH *vor* der Entscheidung *Åkerberg Fransson*, *Lenaerts*, ECLR 8 (2012), 375, 378 ff.; zu ähnlichen Ergebnissen kommen auch *Geiß*, DÖV 2014, 265, 269; *Thym*, NVwZ 2013, 889, 894; *Stotz*, in: FS Dauses, S. 409, 424; wiederum *Lenaerts*, EuR 2015, 3, Fn. 65; ähnlich auch *Jarass*, in: GRCh, Art. 51 Rz. 26 f., der allerdings das Verpflichtungskriterium nur negativ ausgrenzend nutzt und positiv in Anlehnung an die Rechtssache *Siragusa* einen (nichtssagenden) „unmittelbaren Zusammenhang“ fordert; ohne Begründung *Honer*, JuS 2017, 409, 413.

dem allgemeinen Begriffsverständnis von „Durchführen" als „Oberbegriff von Umsetzen und Vollziehen"[402].

Bereits aus der Entscheidung *Åkerberg Fransson* ergibt sich somit, dass die Grundrechtecharta anwendbar ist, wenn das Unionsrecht konkrete Verpflichtungen vorsieht, die entweder durch den Erlass nationaler Rechtsnormen oder durch deren Anwendung erfüllt werden. Mehr als die Existenz einer solchen Verpflichtung ist nicht erforderlich. Aber eben auch nicht weniger. Insbesondere reicht nicht „jeder sachliche Bezug einer Regelung zum bloß abstrakten Anwendungsbereich des Unionsrechts"[403].

(2) Rechtssache *Sabou*

Scheinbar anders beurteilt der EuGH dies in der Rechtssache *Sabou*[404]. Dabei hatte ein Mitgliedstaat im Rahmen der Einkommensteuerfestsetzung auf Basis der EU-Amtshilferichtlinie[405] freiwillig ein Amtshilfeersuchen an einen anderen Mitgliedstaat gerichtet. In ihren Schlussanträgen verneinte die GA noch die Anwendbarkeit der Grundrechtecharta.[406] Auch der EuGH stellte fest, dass der ersuchende Mitgliedstaat nicht verpflichtet gewesen sei, ein Amtshilfeersuchen zu formulieren. Gleichwohl hebt der Gerichtshof hervor, dass die Mitgliedstaaten auch bei der freiwilligen Inanspruchnahme von Amtshilfe an die in der Richtlinie vorgesehenen Regeln gebunden seien und aus der Richtlinie folgende Verpflichtungen einhalten müssten.[407] Entgegen *Kokott/Dobratz*[408] kann diese Entscheidung daher nicht auf eine Weise interpretiert werden, dass es sich um eine andere Grundkonstellation als in der Entscheidung *Åkerberg Fransson* handelt. In beiden Fällen sind die Mitgliedstaaten durch unionale Pflichten gebunden.

(3) Rechtssache *Siragusa*

Eine Konkretisierung dieses Erfordernisses nimmt der Gerichtshof in der Rechtssache *Siragusa*[409] vor. Herr *Siragusa* hatte sein in einem Naturschutzgebiet belegenes Grundstück ohne die erforderliche Genehmigung bebaut. Diese Bauten sollten auf Anordnung der Region Sizilien entfernt werden. Das vorlegende

402 *Bucher*, ZEuS 2016, 203, 208.
403 BVerfG v. 24.4.2013 – 1 BvR 1215/07, BVerfGE 133, 277, Rz. 91 (*Antiterrordatei*).
404 EuGH v. 22.10.2013 – C-276/12, EU:C:2013:678 (*Sabou*).
405 Zuletzt: Richtlinie 2015/2376/EU v. 8.12.2015, ABl. L 332 S. 1.
406 GA *Kokott* zu C-276/12, EU:C:2013:678, Rz. 17 und 40 (*Sabou*).
407 EuGH v. 22.10.2013 – C-276/12, EU:C:2013:678, Rz. 26 f. (*Sabou*).
408 *Kokott/Dobratz*, in: Grundfragen des Europäischen Steuerrechts, S. 29 f.
409 EuGH v. 6.3.2014 – C-206/13, EU:C:2014:126 (*Siragusa*).

Gericht führte diverse unionsrechtliche Bestimmungen des Umweltschutzes an, die relevant gewesen wären und fragte nach der Vereinbarkeit der Wiederherstellungsverpflichtung mit dem Eigentumsrecht aus Art. 17 GRCh. Die Kommission hatte einen Bezug zum Unionsrecht abgelehnt.[410] Dem schloss sich auch der EuGH an. Er wiederholt dabei zunächst einige allgemeine Aussagen zum Anwendungsbereich des Unionsrechts und den Erläuterungen zur Charta und beruft sich dabei auf die Entscheidung *Åkerberg Fransson*.[411] Auffällig ist aber bereits an dieser Stelle, dass die Ausführungen des EuGH weniger weitgehend erscheinen, als es die formelhaften Aussagen in der Entscheidung *Åkerberg Fransson* waren.

Daraufhin nennt der EuGH eine Reihe von (nicht abschließenden)[412] Abgrenzungskriterien und fordert insbesondere einen „hinreichende[n] Zusammenhang von einem gewissen Grad, [der] darüber hinausgeht, dass die fraglichen Sachbereiche benachbart sind oder der eine von ihnen mittelbar Auswirkungen auf den anderen haben kann."[413] Ob ein „hinreichender Zusammenhang" vorliegt, bemisst der EuGH danach, ob eine nationale Regelung die Durchführung von Unionsrecht bezweckt, welchen Charakter diese Regelung hat, ob sie ausschließlich Ziele des Unionrechts verfolgt und letztlich, ob eine bereichsspezifische Regelung des Unionsrechts existiert.[414] Dabei weist er zusätzlich noch einmal darauf hin, dass die Unionsgrundrechte „insbesondere" unanwendbar sind, wenn keine unionalen Verpflichtungen vorliegen.[415] Eine Prüfung des konkreten Einzelfalles ergibt sodann, dass solche Verpflichtungen nicht bestünden und der EuGH unzuständig sei.[416]

Erneut ist also festzustellen, dass das entscheidende Abgrenzungskriterium das Bestehen unionaler Verpflichtungen ist. Dabei nimmt der EuGH insbesondere auf die Rechtssache *Annibaldi* Bezug und fordert eine bereichsspezifische Regelung, die solche Verpflichtungen begründet.[417] Die daneben aufgezählten Kriterien erwecken dabei den Eindruck, dass der EuGH diese als Indizien ansieht, um eine unionale Verpflichtung auszumachen. Denn wenn eine nationale Regelung die Durchführung von Unionsrecht bezweckt, dann nur, weil eine

---

410 Dazu EuGH v. 6.3.2014 – C-206/13, EU:C:2014:126, Rz 18. (*Siragusa*).

411 EuGH v. 6.3.2014 – C-206/13, EU:C:2014:126, Rz. 21 f. (*Siragusa*).

412 „U.a.", EuGH v. 6.3.2014 – C-206/13, EU:C:2014:126, Rz. 25 (*Siragusa*).

413 EuGH v. 6.3.2014 – C-206/13, EU:C:2014:126, Rz. 24 (*Siragusa*).

414 EuGH v. 6.3.2014 – C-206/13, EU:C:2014:126, Rz. 25 (*Siragusa*).

415 EuGH v. 6.3.2014 – C-206/13, EU:C:2014:126, Rz. 25 f. (*Siragusa*).

416 EuGH v. 6.3.2014 – C-206/13, EU:C:2014:126, Rz. 27 ff. (*Siragusa*).

417 EuGH v. 6.3.2014 – C-206/13, EU:C:2014:126, Rz. 25 (*Siragusa*).

derartige unionale Verpflichtung besteht. Und auch der angesprochene Regelungscharakter kann entweder umsetzend oder umsetzungsneutral sein, wobei ersteres erneut für das Vorliegen einer unionalen Pflicht spricht. Gleiches gilt letztlich auch dann, wenn ein Mitgliedstaat ausschließlich Ziele des Unionsrechts verfolgt. Denn dies ist meist Folge einer unionsrechtlichen Verpflichtung.[418]

(4) Rechtssache *Torralbo Marcos*

Die Rechtssache *Torralbo Marcos*[419] hatte zum Gegenstand, ob es mit dem Recht auf einen wirksamen Rechtsbehelf nach Art. 47 GRCh vereinbar ist, wenn ein Arbeitnehmer zwingend eine Gebühr für das Einlegen eines Rechtsbehelfs bei Insolvenz des Arbeitsgebers zu entrichten hat, wenn die Feststellung der Insolvenz Ansprüche des Arbeitnehmers aufgrund der Richtlinie 2008/94/EG[420] ausgelöst hätte.

Dabei stellte der EuGH zunächst fest, dass durch den Erlass der nationalen Regelungen des Prozessrechts, die eine Gebühr vorsahen, keine Durchführung von Unionsrecht bezweckt würde.[421] Das nationale Recht sei – nach hier verwendeter Bezeichnung – umsetzungsneutral. Darüber hinaus enthalte das Unionsrecht neben Art. 47 GRCh selbst keine auf den Fall anwendbare Unionsrechtsnorm.[422] Der Gerichtshof sieht sich sodann gehalten, die vorliegende Entscheidung von der Rechtssache *DEB*[423] abzugrenzen. Dort stellte sich die Frage, ob einer juristischen Person Prozesskostenhilfe zusteht, wenn diese einen unionsrechtlichen Staatshaftungsanspruch geltend machen will. In dieser Konstellation bejahte der EuGH die Anwendbarkeit der Unionsgrundrechte. In beiden Fällen ist das nationale Recht umsetzungsneutral. Anders als in der Vorlage *Torralbo Marcos* effektuierte das nationale Verfahrensrecht in *DEB* aber einen aus dem Unionsrecht abgeleiteten Staatshaftungsanspruch als Verpflichtung des beteiligten Mitgliedstaats. Eine solche Verpflichtung bestehe im Fall *Torralbo Marcos* noch nicht, da die fragliche Richtlinie vor Feststellung der Zahlungsunfähigkeit noch nicht anwendbar sei.[424]

---

418 *Bucher*, ZEuS 2016, 203, 223 erkennt allerdings mehrere voneinander zu unterscheidende Kriterien; ebenso wohl *Fontanelli*, CJEL 20 (2013–2014), 193, 242, wenn er die Frage stellt, wie die Rechtslage bei Nichterfüllung eines der Kriterien ist; auch *Thym*, DÖV 2014, 941, 954 spricht von einem „Indizienkonglomerat“;

419 EuGH v. 27.3.2014 – C-265/13, EU:C:2014:187 (*Torralbo Marcos*).

420 V. 22.10.2008, ABl. L 283 S. 36.

421 EuGH v. 27.3.2014 – C-265/13, EU:C:2014:187, Rz. 32 (*Torralbo Marcos*).

422 EuGH v. 27.3.2014 – C-265/13, EU:C:2014:187, Rz. 32 f. (*Torralbo Marcos*).

423 EuGH v. 22.12.2010 – C-279/09, EU:C:2010:811 (*DEB*).

424 EuGH v. 27.3.2014 – C-265/13, EU:C:2014:187, Rz. 36 ff. (*Torralbo Marcos*).

Erneut war also entscheidend, dass unionsrechtliche Verpflichtungen nicht bestanden.

(5) Rechtssache *Hernandez*

Gegenstand der Rechtssache *Hernandez*[425] war erneut die Richtlinie 2008/94/EG[426] und ein Anspruch des Arbeitgebers gegen den spanischen Staat, wonach dem Arbeitgeber bei länger als 60 Tage dauernden Kündigungsschutzstreitigkeiten, das an den Arbeitnehmer gezahlte Entgelt erstattet werden muss. Geht der Arbeitgeber aber insolvent, geht der Anspruch auf den Arbeitnehmer über. Herr *Hernandez* – ein Arbeitnehmer eines in dieser Situation insolvent gewordenen Arbeitgebers – beklagte nun, dass der Anspruch nur auf ihn übergehe, wenn die Kündigung rechtswidrig, nicht aber wenn sie nichtig sei. Dies sei nicht mit dem Gleichheitssatz aus Art. 20 GRCh zu vereinbaren.

Zunächst fällt auf, dass der EuGH an unterschiedlicher Stelle die Rechtssache *Siragusa* zitiert.[427] Das lässt darauf schließen, dass er den dort aufgestellten Kriterien über den Einzelfall hinaus grundlegende Bedeutung beimisst. Insoweit stellt er erneut heraus, dass er „insbesondere festgestellt" habe, dass die Unionsgrundrechte unanwendbar seien, wenn unionsrechtlich keine Verpflichtungen der Mitgliedstaaten in Bezug auf den Ausgangssachverhalt vorgesehen seien.[428] Er ergänzt, dass das Bestehen von Zuständigkeiten der Union nicht ohne weiteres die Durchführung von Unionsrecht begründe.[429] Erforderlich sei vielmehr eine konkrete auf den Sachverhalt anwendbare Unionsrechtsnorm.[430] Die im Vorlagefall zu beurteilenden Ansprüche gingen zudem über das nach der Richtlinie Erforderliche hinaus, wozu Art. 11 Abs. 1 der Richtlinie ermächtigte. Dabei handele es sich aber nicht um eine aus dem Unionsrecht abgeleitete Rechtssetzungsbefugnis, sondern um eine Anerkennung der „nach nationalem Recht bestehende[n] Befugnis der Mitgliedstaaten", verstärkten Schutz außerhalb der Richtlinie zu regeln.[431] Wie schon in der Entscheidung *Deponiezweckverband Eiterköpfe*[432] stellt der Gerichtshof also fest, dass die Mitgliedstaaten bei

425 EuGH v. 10.7.2014 – C-198/13, EU:C:2014:2055 (*Hernandez*).
426 V. 22.10.2008, ABl. L 283 S. 36.
427 EuGH v. 10.7.2014 – C-198/13, EU:C:2014:2055, Rz. 32, 34, 35, 37, 47 (*Hernandez*).
428 EuGH v. 10.7.2014 – C-198/13, EU:C:2014:2055, Rz. 35 (*Hernandez*).
429 EuGH v. 10.7.2014 – C-198/13, EU:C:2014:2055, Rz. 36 (*Hernandez*).
430 EuGH v. 10.7.2014 – C-198/13, EU:C:2014:2055, Rz. 37 (*Hernandez*).
431 EuGH v. 10.7.2014 – C-198/13, EU:C:2014:2055, Rz. 44 f. (*Hernandez*).
432 EuGH v. 14.4.2005 – C-6/03, EU:C:2005:222 (*Deponiezweckverband Eiterköpfe*).

schutzverstärkenden Maßnahmen keine unionale Verpflichtung erfüllen und daher auch nicht an die Chartagrundrechte gebunden sind.

(6) Rechtssache *Berlioz*

Schließlich hat der EuGH in der Rechtssache *Berlioz* zu entscheiden gehabt, ob ein Mitgliedstaat Unionsrecht im Sinne des Art. 51 Abs. 1 S. 1 GRCh „durchführt", wenn er in nationalen Rechtsvorschriften eine Geldbuße gegen einen Verwaltungsunterworfenen vorsieht, der sich im Rahmen eines auf die Bestimmungen der Richtlinie 2011/16/EU[433] gestützten Informationsaustauschs zwischen Steuerbehörden weigert, Informationen mitzuteilen.

Erneut arbeitet der EuGH unter Verweis[434] auf die Entscheidung *Åkerberg Fransson* heraus, dass der Mitgliedstaat auch bei der Anwendung rein nationalen Rechts an die Unionsgrundrechte gebunden sein kann, wenn das nationale Recht erstens auf eine unionsrechtlich geprägte Fallgestaltung Anwendung findet und der Mitgliedstaat zweitens bei der Anwendung der nationalen Vorschriften unionsrechtlichen Verpflichtungen unterliegt.[435]

(7) Ergebnis: Grundrechtsbindung nur bei konkreter unionsrechtlicher Verpflichtung

Es zeigt sich also, dass die Rechtsprechung des EuGH entgegen einiger Literaturstimmen weniger konturenlos ist, als es auf den ersten Blick den Anschein hat.[436] Vielmehr kann aus der Rechtsprechung abgeleitet werden, dass – wie schon *Lenaerts*[437] für die Rechtsprechung vor *Åkerberg Fransson* nachgewiesen hat – das Bestehen einer konkreten unionalen Verpflichtung entscheidendes Abgrenzungskriterium zwischen nationalem und unionalem Grundrechtsschutz ist. Der Rechtsanwender muss also stets eine konkrete unionsrechtliche Regelung vorweisen können, aus der eine Verpflichtung der Mitgliedstaaten abgeleitet werden kann, um Chartagrundrechte auf den Einzelfall anwenden zu können. Die Frage, ob eine solche unionsrechtliche Verpflichtung besteht, kann abschließend allerdings nur der EuGH beurteilen, sodass entsprechende Vorlagefragen dies in Zukunft häufiger zum Gegenstand haben dürften.

---

433 V. 15.02.2011, ABl. L 64, S. 1–12.

434 EuGH v. 16.5.2017 – C-682/15, EU:C:2017:373, Rz. 40 (*Berlioz Investment Fund*).

435 EuGH v. 16.5.2017 – C-682/15, EU:C:2017:373, Rz. 32 ff. (*Berlioz Investment Fund*).

436 *Fontanelli*, CJEL 20 (2013–2014), 193, 242 stellt insofern fest, dass die Nachricht vom Bundesverfassungsgericht in Luxemburg „loud and clear" gehört wurde.

437 *Lenaerts*, ECLR 8 (2012), 375, 378 ff.

c) *Grenzüberschreitende Sachverhalte - Beschränkung von Grundfreiheiten*

In Abgrenzung zu den bereits behandelten Konstellationen, die insofern als „Durchführungskonstellationen“[438] bezeichnet werden, wird die Anwendung von Unionsgrundrechten auch bei der Einschränkung von Grundfreiheiten diskutiert. Es kann insofern von der „Einschränkungskonstellation“[439] gesprochen werden.

aa) Rechtsprechungslinien *ERT* und *Schmidberger*

In der Rechtsprechung des EuGH lassen sich zu dieser Anwendungskonstellation der Unionsgrundrechte zwei unterschiedliche Rechtsprechungslinien ausmachen.

Ausgehend von der Entscheidung *ERT*[440] haben die Mitgliedstaaten die Unionsgrundrechte zu beachten, wenn sie Grundfreiheiten einschränken und damit im Anwendungsbereich des Unionsrechts handeln.[441] Beschränkungen der Grundfreiheiten sind demnach nur durch grundrechtskonforme Rechtfertigungsgründe zulässig. Die Grundrechte fungieren in dieser Konstellation somit als *Schranken-Schranken* der Grundfreiheiten.[442] Diese Rechtsprechung bestätigte der EuGH in der Entscheidung *Pfleger*[443] auch im Hinblick auf den Anwendungsbereich der Grundrechtecharta.

Daneben können Unionsgrundrechte seit der Entscheidung *Schmidberger*[444] aber auch seitens der Mitgliedstaaten zur Rechtfertigung einer

---

438 So unter anderem *Kingreen*, in: Callies/Ruffert, EUV/AEUV, Art. 51 GRCh Rz. 19 f. Die Bezeichnung der bereits behandelten Konstellationen als „Durchführungskonstellation“ ist insofern unglücklich, als dass es den Anschein hat, als handele es sich stets um eine „Durchführung“ im Sinne des Art. 51 Abs. 1 GRCh, was wie oben gezeigt, aber nicht der Fall sein muss.

439 *Matz-Lück*, in: Grundrechte und Grundfreiheiten im Mehrebenensystem - Konkurrenzen und Interferenzen, S. 161, 180; oder auch (unsauber verengt) „ERT-Konstellation“, vgl. nur *Lange*, NVwZ 2014, 169.

440 EuGH v. 18.6.1991 - C-260/89, EU:C:1991:254 (*ERT*); in diesem Sinne folgend: EuGH v. 26.6.1997, C-368/95, EU:C:1997:325 (*Familiapress*); v. 14.10.2004 - C-36/02, EU:C:1004:614 (*Omega*); v. 11.7.2002, C-60/00, EU:C:2002:434 (*Carpenter*); v. 23.5.2007 - C-341/05, EU:C:2007:809 (*Laval*).

441 EuGH v. 18.6.1991 - C-260/89, EU:C:1991:254, Rz. 42 (*ERT*).

442 Dazu *Ehlers*, in: *ders.*, Europäische Grundrechte und Grundfreiheiten, § 7 Rz. 123.

443 EuGH v. 30.4.2014 - C-390/12, EU:C:2014:281, Rz. 35 f. (*Pfleger*).

444 EuGH v. 12.6.2003 - C-112/00, EU:C:2003:333 (*Schmidberger*).

Grundfreiheitsbeeinträchtigung angeführt werden, wodurch diese zugleich *Schranken* der Grundfreiheiten darstellen.[445]

In der Rechtsprechung des EuGH sind die Grundfreiheiten somit Einfallstor für die Unionsgrundrechte.

bb) Rezeption in der Literatur

Diese Rechtsprechung erfährt in der Literatur nur vereinzelt Zustimmung.[446] Überwiegend wird das vom EuGH genutzte „Huckepackverfahren"[447] kritisiert, da die Mitgliedstaaten sich bei der Rechtfertigung von Grundfreiheitsbeeinträchtigungen nicht mehr im Anwendungsbereich des Unionsrechts befänden.[448] Dem wird wiederum entgegengehalten, dass die Geltung der Grundfreiheiten „per se" im Kompetenzbereich der Union liege, jedenfalls aber über den Geltungsbereich des Unionsrechts nicht hinausgehe.[449] Dabei wird erweiternd sogar in Erwägung gezogen, die Unionsgrundrechte nicht erst im Rahmen der Rechtfertigung einer Grundfreiheitsbeeinträchtigung für anwendbar zu erklären, sondern bereits dann, wenn ein Unionsbürger eine Grundfreiheit für sich in Anspruch nehme.[450] Dadurch würde jeder wirtschaftlich motivierte grenzüberschreitende Sachverhalt von Unionsgrundrechten geschützt. Differenzierend wird letztlich die Schranken-Schranken-Funktion der Grundrechte im Rahmen einer Grundfreiheitsbeeinträchtigung als kompetenzwidrig abgelehnt,[451] wohingegen die Schrankenfunktion der Grundrechtecharta als Beschränkung des Unionsrechts und damit als Erweiterung des mitgliedstaatlichen Kompetenzbereichs begrüßt wird.[452]

---

445 Dazu *Ehlers*, in: *ders.*, Europäische Grundrechte und Grundfreiheiten, § 7 Rz. 115; dort auch zur Frage, ob „Grundrechte" im Sinne der Rechtsprechung des EuGH nur Unionsgrundrechte oder auch nationale Grundrechte sind.

446 Siehe *von Danwitz*, in: FS Stern, S. 669, 676 f.

447 *Englisch*, in: Zukunftsfragen, S. 39, 45.

448 *Englisch*, in: Zukunftsfragen, S. 39, 45; *Kingreen*, in: Callies/Ruffert, EUV/AEUV, Art. 51 GRCh Rz. 20; *Sauer*, in: Grundrechte und Grundfreiheiten im Mehrebenensystem – Konkurrenzen und Interferenzen, S. 1, 28; *Cremer*, NVwZ 2003, 1452 ff.; *ders.*, EuGRZ 2011, 545, 551.

449 *Kokott/Dobratz*, in: Grundfragen des Europäischen Steuerrechts, S. 25, 30.

450 *Kokott/Dobratz*, in: Grundfragen des Europäischen Steuerrechts, S. 25, 30 f., die allerdings einräumen, dass eine solche Auslegung wohl für zu weitgehend gehalten werden könne, aber im Bereich einer möglichen Rechtsprechungsentwicklung liege.

451 *Engler*, Steuerverfassungsrecht im Mehrebenensystem, S. 104 ff.; 106 ff.

452 *Engler*, Steuerverfassungsrecht im Mehrebenensystem, S. 108 f.

cc) Abgrenzungskriterium: Vorliegen unionsrechtlicher Verpflichtung

Die nunmehr dargestellte „Einschränkungskonstellation“ unterscheidet sich in tatsächlicher Hinsicht von der bereits behandelten „Durchführungskonstellation“. Rechtlich geht es aber hier wie dort um die Frage, ob Unionsrecht im Sinne des Art. 51 Abs. 1 S. 1 GRCh durchgeführt wird. In jüngerer Zeit hat insoweit das Urteil des EuGH in der Rechtssache *Pfleger*[453], in dem der EuGH seine Rechtsprechung zur „Einschränkungskonstellation“ bestätigt, besondere Aufmerksamkeit erfahren. Der EuGH zitiert dort die in der Entscheidung *Åkerberg Fransson* aufgestellten Kriterien und beruft sich insoweit auf seine ständige Rechtsprechung.[454] Er rekurriert insbesondere auf die Formel des parallelen Anwendungsbereichs von Unionsrecht und Grundrechtecharta.[455] Wie oben bereits erarbeitet, ergibt sich aus der Rechtsprechung des EuGH, dass der Anwendungsbereich des Unionsrechts eröffnet ist, wann immer die Mitgliedstaaten unionalen Verpflichtungen unterliegen.[456] Dieses Verständnis überträgt der Gerichtshof in der Rechtssache *Pfleger* ausdrücklich auf die sog. „Einschränkungskonstellationen“. Viel deutet daher darauf hin, dass der Gerichtshof keine Unterscheidung zwischen Durchführungs- und Einschränkungsfällen vornimmt. Denn die Mitgliedstaaten sind bei der Regelung grenzüberschreitender Sachverhalte verpflichtet, Grundfreiheiten zu beachten.[457] Sie bewegen sich damit im Anwendungsbereich des Unionsrechts.[458] Daraus folgt zugleich, dass die Anwendbarkeit der Unionsgrundrechte bei grenzüberschreitenden Sachverhalten eine Beeinträchtigung der Grundfreiheiten voraussetzt. Eine Ausdehnung dieses Verständnisses auf jeden grenzüberschreitenden Sachverhalt unabhängig von der Beeinträchtigung einer Grundfreiheit lässt sich der Rechtsprechung des Gerichtshofs nicht entnehmen. Sie ist entgegen der Erwägung von *Kokott/Dobratz*[459] abzulehnen. Ein Mitgliedstaat, der eine Regelung trifft,

---

453 EuGH v. 30.4.2014 – C-390/12, EU:C:2014:281 (*Pfleger*).

454 EuGH v. 30.4.2014 – C-390/12, EU:C:2014:281, Rz. 33 f. (*Pfleger*).

455 EuGH v. 26.2.2013 – C-617/10, EU:C:2013:105, Rz. 21 (*Åkerberg Fransson*).

456 Ausdrücklich zur Rechtssache *ERT*: *Lenaerts*, ECLR 8 (2012), 375, 385.

457 Unsauber im Sinne eines Zirkelschlusses ist aber die Begründung des EuGH in der Rechtssache *Pfleger* (v. 30.4.2014 – C-390/12, EU:C:2014:281, Rz. 36 [*Pfleger*]): Dort begründet er die Anwendbarkeit der GRCh mit der Verpflichtung, die Chartagrundrechte einzuhalten. Trotz dieser Unsauberkeit hält der Gerichtshof das Vorliegen einer unionalen Verpflichtung für das entscheidende Kriterium.

458 In diesem Sinne *Kokott/Dobratz*, in: Grundfragen des Europäischen Steuerrechts, S. 25, 30.

459 *Kokott/Dobratz*, in: Grundfragen des Europäischen Steuerrechts, S. 25, 30 f.

die Grundfreiheiten nicht beeinträchtigt, bewegt sich gerade nicht im Anwendungsbereich des Unionsrechts, denn es besteht keine konkrete Unionsrechtsbestimmung, die ihm in einem solchen Fall Verpflichtungen auferlegt. Die Grundrechtecharta hat bei grenzüberschreitenden Sachverhalten daher keinen originären, sondern nur einen von den Grundfreiheiten abgeleiteten Anwendungsbereich.[460] Ebenso ist der von *Engler*[461] vertretene differenzierte Ansatz abzulehnen. Denn die Grundrechte dienen als individualschützende Normen nicht der Erweiterung der Souveränität der Mitgliedstaaten. Insbesondere ist es nicht einleuchtend, warum die Chartagrundrechte von den Mitgliedstaaten im Sinne der *Schmidberger*-Rechtsprechung genutzt werden, damit kollidierende Grundrechte aber nicht im Sinne der *ERT*-Rechtsprechung entgegengehalten werden können.[462]

Entscheidend ist also erneut, dass die Mitgliedstaaten unionsrechtlichen Verpflichtungen unterliegen, wenn sie Grundfreiheiten einschränken. Dies rechtfertigt eine Bindung an die Unionsgrundrechte, sodass ein Fall der „Durchführung von Unionsrecht" gegeben ist.

3. *Prüfungsmaßstab im Kollisionsfall – Die Rechtssache* Melloni

Während bislang nur die Frage behandelt wurde, unter welchen Voraussetzungen unionale Grundrechte Anwendung finden sollen, blieb unbeachtet, welche Rechtsfolge die Anwendung der Chartagrundrechte hat, wenn auch nationale Grundrechte auf den Fall anwendbar sind. Zu einer solchen Überschneidung kann es wie oben gezeigt nicht kommen, wenn die Rechtslage unionsrechtlich vollständig determiniert ist. Das Bundesverfassungsgericht nimmt dann seine Prüfungskompetenz zu Gunsten des EuGH zurück. Anders ist die Lage aber, wenn nationale Umsetzungsspielräume verbleiben oder das in Frage stehende nationale Recht kein Umsetzungsrecht, sondern umsetzungsneutral ist. Während das Bundesverfassungsgericht wie gezeigt in beiden Fällen nationale Grundrechte bemühen würde, sieht der EuGH sich ebenfalls berufen – eine entsprechende unionsrechtliche Verpflichtung des Mitgliedstaats im obigen Sinne vorausgesetzt – den Sachverhalt an Unionsgrundrechten zu messen.[463] In diesem

---

460 Im Ergebnis aber ebenso *Kokott/Dobratz*, in: Grundfragen des Europäischen Steuerrechts, S. 25, 30.

461 *Engler*, Steuerverfassungsrecht im Mehrebenensystem, S. 104 ff., 108 f.

462 So schon *Ohlendorf*, Grundrechte als Maßstab, S. 71.

463 *Masing*, JZ 2015, 477, 483 spricht von einer horizontalen Dreigliederung: ausschließlich Unionsgrundrechte bei vollständiger Determinierung, ausschließlich nationale Grundrechte, wenn keine „Durchführung von Unionsrecht" vorliegt und

Fall stellt sich also die Frage, welcher Grundrechtsstandard der Maßgebliche ist.[464]

Auch zu dieser Frage, hat sich der EuGH in der Rechtssache *Åkerberg Fransson* bezugnehmend auf das am gleichen Tag ergangene Urteil *Melloni*[465] geäußert. Dabei stellt der Gerichtshof zunächst fest, dass es den „nationalen Behörden und Gerichten weiterhin frei[stehe], nationale Schutzstandards für die Grundrechte anzuwenden"[466]. Stehen den Mitgliedstaaten also Ausgestaltungsspielräume zur Verfügung, geht der Gerichtshof im Grundsatz von einer doppelten Grundrechtsbindung aus. Dies entspricht in besonderer Weise einem Kooperationsverhältnis nationaler und unionaler Verfassungsgerichtsbarkeiten.[467] Damit bewegt sich der EuGH zunächst auch auf einer Linie mit dem Bundesverfassungsgericht, das in unionsrechtlich nicht determinierten Fällen eine Prüfung an nationalen Grundrechten vornimmt.[468] Diesen Ansatz schränkt der EuGH aber sogleich wieder darauf ein, dass „durch diese Anwendung weder das Schutzniveau der Charta, wie sie vom Gerichtshof ausgelegt wird, noch der Vorrang, die Einheit und die Wirksamkeit des Unionsrechts beeinträchtigt werden [dürfen]"[469]. Dabei hätte in der Rechtssache *Melloni* aus deutscher Sicht überhaupt kein Problem bestanden, da es in der Sache um den Vollzug eines europäischen Haftbefehls ging und damit um eine vollständig unionsrechtlich determinierte Materie. Der Gerichtshof misst den aufgestellten Kriterien aber über den entschiedenen Einzelfall hinaus Bedeutung bei. Dies zeigt allein die ausdrückliche Bezugnahme in der Rechtssache *Åkerberg Fransson*.[470]

---

konkurrierender Grundrechtsschutz, bei Durchführungsmaßnahmen mit Spielraum der Mitgliedstaaten.

464 Bildlich *Starke*, EU-Grundrechte und Vertragsrecht, S. 107: „Es schlagen in solchen Fällen zwei grundrechtliche Herzen in der Brust der Rechtsordnung, und es fragt sich, welches den Takt vorgibt."

465 EuGH v. 26.2.2013 – C-399/11, EU:C:2013:107 (*Melloni*).

466 EuGH v. 26.2.2013 – C-617/10, EU:C:2013:105, Rz. 29 (*Åkerberg Fransson*).

467 Dazu *Ludwigs*, EuGRZ 2014, 273, 281 f.

468 BVerfG v. 13.3.2007 – 1 BvF 1/05, BVerfGE 118, 79, Rz. 67 ff. (*Emissionshandel I*). Ab da ständige Rechtsprechung, siehe BVerfG v. 14.5.2007 – 1 BvR 2036/05, NVwZ 2007, 942 (*Emissionshandel II*); v. 11.3.2008 – 1 BvR 256/08, BVerfGE 121, 1, Rz. 135 f. (*Vorratsdatenspeicherung, eA*); v. 2.3.2010 – 1 BvR 256/08 u.a., BVerfGE 125, 260, Rz. 181 f. (*Vorratsdatenspeicherung*).

469 EuGH v. 26.2.2013 – C-399/11, EU:C:2013:107, Rz. 60 (*Melloni*); bestätigt von EuGH (Große Kammer) v. 5.12.2017 – C-42/17, EU:C:2017:936, Rz. 47 (*M.A.S. und M.B.*)

470 EuGH v. 26.2.2013 – C-617/10, EU:C:2013:105, Rz. 29 (*Åkerberg Fransson*); diesen Aspekt scheint *Masing*, JZ 2015, 477, 486 zu übersehen, wenn er die Bedeutung der Rechtssache *Melloni* auf den Bereich zwingender Unionsvorgaben beschränkt.

Als entscheidende Vorschrift zur Bestimmung des Verhältnisses nationaler und unionaler Grundrechte ist Art. 53 GRCh anzusehen, dem überwiegend ein Schutzverstärkungs- oder Meistbegünstigungsprinzip entnommen wurde.[471] Danach sollte bei parallelen Anwendungsbereichen der jeweils höhere Schutzstandard Anwendung finden. Von dieser Vorstellung weicht die Auffassung des Gerichtshofs nunmehr aber ab, indem auch die Anwendung höherer nationaler Schutzstandards von der Gewährleistung des Vorrangs, der Einheit und der Wirksamkeit des Unionsrechts abhängig gemacht wird. Unabhängig von divergierenden Schutzstandards ist die Grundrechtecharta dann alleiniger Prüfungsmaßstab. Art. 53 GRCh erhält damit eine ähnliche Funktion wie Art. 142 GG.[472]

Ausgehend von diesen Feststellungen kann eine Art *Solange*-Vorbehalt formuliert werden, dass nationale Grundrechtsgewährleistungen solange anwendbar sind, wie sie den europäischen Schutzstandard nicht unterschreiten und den Vorrang, die Einheit und die Wirksamkeit des Unionsrechts nicht beeinträchtigen. Dabei kann dieser *Solange*-Vorbehalt nicht als „umgekehrt“ bezeichnet werden,[473] da er dem vom Bundesverfassungsgericht begründeten *Solange*-Vorbehalt unabhängig vom Schutzstandard weitere Kriterien hinzufügt, die eine Prüfkompetenz des EuGH begründen. Vielmehr ist die Rechtsprechung des EuGH ein europarechtliches Analogon zum *Solange*-Vorbehalt ergänzt um die *Ultra-vires-* und Identitätskontrolle des Bundesverfassungsgerichts. Der Gerichtshof hat sich eine Reservekompetenz vorbehalten, um den Vorrang und die Einheitlichkeit des Unionsrechts zu gewährleisten. Kritisch zu betrachten ist insofern aber, dass die inhaltliche Bedeutung dieser Reservekompetenz weitestgehend konturenlos daherkommt.[474]

---

471 *Borowsky*, in: Meyer, GRCh, Art. 53 Rz. 2, 7; *Bühler*, Einschränkung, S. 419 ff.; *Calliess*, Kooperativer Grundrechtsschutz in der EU, S. 26; *Jarass*, in: GRCh, Art. 53 Rz. 11; ebenfalls eine Günstigkeitsregel annehmend *Brummund*, Kohärenter Grundrechtsschutz, S. 111 ff.; anderer Ansicht im Sinne einer Geltungserhaltungsklausel *Lindner*, EuR 2007, 160, 168 f.

472 So auch *Kingreen*, in: Callies/Ruffert, EUV/AEUV, Art. 53 AEUV Rz. 7; *Geiß*, DÖV 2014, 265, 271 unter Hinweis auf die Probleme, dies mit dem Wortlaut des Art. 53 GRCh in Einklang zu bringen; kritisch insoweit auch *Hahn*, ISR 2015, 25, 31.

473 So angedacht aber noch von *F. Kirchhof*, NJW 2011, 3681, 3686; ebenfalls *Ludwigs*, EuGRZ 2014, 273, 282.

474 Kritisch auch *Geiß*, DÖV 2014, 265, 272.

III. Konkretisierung: Prüfungsmaßstab bei umsatzsteuerlichen Zusagen

1. Einordnung des Prüfungsgegenstands als umsetzungsneutrales Recht

Zusagen sind Teil des nationalen Verfahrensrechts. Als solche sind sie gerade nicht geschaffen worden, um unionsrechtliche Umsetzungsverpflichtungen zu erfüllen. Sie sind daher kein Umsetzungsrecht. Insbesondere kann nicht davon gesprochen werden, dass die Mitgliedstaaten bei der Schaffung einer Zusage einen vom Unionsrecht gewährten Ausgestaltungsspielraum ausfüllen, da der Union eine Kompetenz zur umfassenden Regelung des Verfahrensrechts fehlt. Gleichwohl wird das nationale Verfahrensrecht auch auf das harmonisierte Umsatzsteuerrecht angewendet. Die auf diese Weise genutzten mitgliedstaatlichen Zusagen sind somit als umsetzungsneutrales Recht im oben definierten Sinne einzuordnen. Es ist daher zu untersuchen, ob bei der Schaffung und Anwendung mitgliedstaatlicher Zusageregeln unionale Grundrechte Anwendung finden. Das ist erneut dann der Fall, wenn von einer „Durchführung von Unionsrecht" im Sinne des Art. 51 Abs. 1 S. 1 GRCh gesprochen werden kann.

2. Standpunkte in der Literatur

Die in der Literatur vertretenen Standpunkte eint, dass sie sich auf generelle Aussagen in Bezug auf das steuerliche Verfahrensrecht beschränken und nur selten eine Prüfung im Einzelfall vornehmen.[475] So entnimmt *Dobratz* der Entscheidung *Åkerberg Fransson*, dass es keinen Bereich im Zusammenhang mit der Umsatzsteuer gebe, der nicht der Bindung an die Unionsgrundrechte unterliege.[476] Dies begründet er einerseits damit, dass die materielle Rechtslage unionsrechtlicher Natur sei und andererseits der Ausgestaltungsspielraum der Mitgliedstaaten auch im steuerlichen Verfahrensrecht erst durch das Unionsrecht gewährt werde.[477] In diese Richtung tendiert auch *Hahn*, der das materielle Umsatzsteuerrecht richtigerweise einer vollen Bindung unterlegen möchte, dies aber pauschal auch auf das unionsrechtlich nicht vorgegebene Verfahrensrecht erstreckt.[478] Er beruft sich dabei auf die in der Rechtssache *Åkerberg Fransson*

---

475 Allgemein zu „rein nationalen Gesetzgebungsakten", *Starke*, DVBl. 2017, 721, der zu dem Ergebnis kommt, dass die Anwendung der Grundrechtecharta „der absolute Ausnahmefall" sein müsse (724) und dieses Ergebnis konkretisierend auf den Regelungsbereich der nationalen Sicherheit anwendet (729).

476 *Dobratz*, UR 2014, 425, 426 f.

477 *Dobratz*, UR 2014, 425, 426 f.

478 *Hahn*, EWS 2015, 15, 17: „doppelte Beschränkung"; *ders.*, ISR 2015, 50, 52.

vom EuGH angeführten Normen des Unionsrechts. Schon konkreter nimmt *Thym* an, dass der unionsrechtliche Effektivitäts- und Äquivalenzgrundsatz auch im nationalen Verfahrensrecht eine Bindung an die Unionsgrundrechte begründe.[479] *Englisch* beschränkt eine Bindung der Mitgliedstaaten an Unionsgrundrechte zwar auf die „Durchführung materiellen Gemeinschaftsrechts"[480] oder den „Vollzug von harmonisiertem Steuerrecht"[481], prüft aber gleichwohl ohne nähere Begründung die Regelung der verbindlichen Auskunft nach § 89 Abs. 2 ff. AO an unionalen Vorgaben.[482] Ausdrücklich anders positioniert sich aber *Engler*, die eine Bindung der Mitgliedstaaten im Bereich des steuerlichen Verfahrensrechts entschieden zurückweist.[483] Sie geht aber mit Blick auf die Rechtssache *Åkerberg Fransson* davon aus, dass der EuGH das Verfahrensrecht gleichwohl einer umfassenden Bindung unterlegen wird.[484]

3. *Eigene Bewertung und Einordnung anhand des Bestehens unionaler Verpflichtungen*

a) Bewertung der bislang vertretenen Standpunkte

Eine pauschale Annahme der Bindung der Mitgliedstaaten bei der Ausgestaltung und Anwendung des Steuerverfahrensrechts ist auch bei einem Bezug zur Umsatzsteuer abzulehnen. Nicht gefolgt werden kann insbesondere der Begründung von *Dobratz*, wonach nationale Handlungsspielräume im Verfahrensrecht stets im Unionsrecht begründet sind. Einerseits missachtet er die auch vom EuGH anerkannte grundsätzlich bestehende Verfahrensautonomie.[485] Andererseits kann das Unionsrecht, das dem Prinzip der begrenzten Einzelermächtigung unterliegt, keine Ausgestaltungskompetenzen verleihen, die es zuvor nicht selbst verliehen bekommen hat. Auch ein pauschaler Verweis auf den Effektivitäts- und den Äquivalenzgrundsatz, der die Mitgliedstaaten im Bereich des nationalen Verfahrensrechts unzweifelhaft bindet,[486] kann nicht ausreichen,

---

479 *Thym*, DÖV 2014, 941, 950.

480 *Englisch*, Zukunftsfragen, S. 39, 49.

481 *Englisch*, Zukunftsfragen, S. 39, 74.

482 *Englisch*, Zukunftsfragen, S. 39, 72 ff.

483 *Engler*, Steuerverfassungsrecht im Mehrebenensystem, S. 96.

484 *Engler*, Steuerverfassungsrecht im Mehrebenensystem, S. 97.

485 Ausdrücklich EuGH v. 7.1.2004 – C-201/02, EU:C:2004:12, Rz. 67 (*Wells*); v. 19.9.2006 – C-392/04 u.a., EU:C:2006:586, Rz. 57 (*i-21 Germany*); v. 15.3.2007 – C-35/05, EU:C:2007:167, Rz. 40 (*Reemtsma*).

486 Vgl. insoweit die bereits in Fn. 485 zitierte Rechtsprechung des EuGH.

um eine Bindung an die Grundrechtecharta zu begründen. Denn wie bereits oben dargestellt, kann der unionsrechtliche Effektivitätsgrundsatz in Anlehnung an die Rechtssache *DEB*[487] nur dann eine Bindung an die Grundrechtecharta begründen, wenn darüber hinaus eine unionsrechtliche Verpflichtung besteht, die von diesem effektuiert wird.[488] Nichts anderes ergibt sich auch aus der Entscheidung des EuGH in der Rechtssache *SFI*[489]. So heißt es dort zwar, dass das Mehrwertsteuerrecht „unbestreitbar" unter das Gemeinschaftsrecht falle und sich an dieser Feststellung auch nichts dadurch ändere, „dass die Mitgliedstaaten in Ermangelung einer gemeinschaftsrechtlichen Regelung ihre Verfahrensvorschriften anwenden können".[490] Im zu entscheidenden Fall ging es aber um das nationale Verfahren zur Geltendmachung des Vorsteuerabzugsrechts, sodass das nationale Verfahren ein unmittelbar dem Unionsrecht entstammendes Recht effektuierte. Die Entscheidung *SFI* begründet daher keine Ausnahme-, sondern bestätigt die Regelrechtsprechung. Gleiches ergibt sich auch aus der Rechtssache *Steffensen*, wonach nationales Verfahrensrecht einer unionalen Grundrechtsbindung unterliegt, wenn unional garantierte Rechte gesichert werden sollen.[491] Der Effektivitätsgrundsatz begründet also nur dann die erforderliche Verpflichtung eines Mitgliedstaats, wenn er ein anderes Recht oder eine andere Pflicht aus dem Unionsrecht effektuiert. Letztlich geht auch der Ansatz von *Hahn* fehl, der sich pauschal in jeder verfahrensrechtlichen Konstellation auf die vom EuGH in der Rechtssache *Åkerberg Fransson* bemühten Unionsvorschriften beruft.

b) *Vorliegen einer unionsrechtlichen Verpflichtung bei umsatzsteuerlichen Zusagen*

Es kann also festgehalten werden, dass im Einzelfall[492] geprüft werden muss, ob die nationale Zusageregelung zumindest auch europarechtliche Ziele verfolgt

487 EuGH v. 22.12.2010 – C-279/09, EU:C:2010:811 (*DEB*).

488 Ebenso *Stotz*, in: FS Dauses, S. 409, 425; tendenziell auch *Engler*, Steuerverfassungsrecht im Mehrebenensystem, S. 95.

489 EuGH v. 19.11.1998 – C-85/97, EU:C:1998:552 (*SFI*).

490 EuGH v. 19.11.1998 – C-85/97, EU:C:1998:552, Rz. 31 (*SFI*).

491 EuGH v. 10.4.2004 – C-276/01, EU:C:2003:228, Rz. 71 (*Steffensen*); gleiches gilt nach EuGH v. 7.12.2006 – C-240/05, EU:C:2006:763, Rz. 50 ff. (*Eurodental*) auch, wenn eine Harmonisierung in dem gegenständlichen Bereich noch aussteht. Nationale Regelungen sind dann nicht Teil des Mehrwertsteuer- und damit des Unionsrechts.

492 Dass eine Einzelfallbetrachtung geboten ist, erkennt auch *Starke*, EU-Grundrechte und Vertragsrecht, S. 100, ohne aber – wohl bewusst (S. 99) – annährend handfeste Kriterien zu liefern.

und die Mitgliedstaaten in diesem Zusammenhang unionalen Verpflichtungen unterliegen. Unzweifelhaft ist dabei die Anwendung des materiellen Umsatzsteuerrechts im Rahmen einer Zusagenentscheidung unionsrechtlich vorgeprägt. Abzustellen ist jedoch nicht auf das materiell zugrunde liegende und vollzogene Umsatzsteuerrecht,[493] sondern auf den verfahrensrechtlichen Rahmen, der auf das Umsatzsteuerrecht angewendet wird. Dies zeigt auch die Entscheidung *Åkerberg Fransson*. Dort prüfte der EuGH, ob das Steuerstrafverfahrensrecht selbst - obwohl materiell umsatzsteuerliche Vorschriften entscheidend waren - unionsrechtliche Verpflichtungen effektuierte.

Schon aus der Entscheidung *Annibaldi*, deren Aussagen der EuGH insbesondere in seinen Entscheidungen *Åkerberg Fransson* und *Siragusa* neues Leben einhaucht,[494] ergibt sich, dass Unionsgrundrechte keine Anwendung finden, wenn die nationale Regelung ausschließlich Zielen dient, die unionsrechtlich nicht vorgesehen sind.[495] Es müssen daher zunächst die Ziele einer nationalen Zusageregelung herausgestellt werden, um sodann zu untersuchen, ob diese zumindest auch der Erfüllung unionaler Vorgaben und Verpflichtungen dienen.[496]

aa) Ziel nationaler Zusagen

Steuerrechtlichen Zusagen wird primär eine Planungs-[497] und Schutzfunktion zugeschrieben.[498] Sie sollen auf der einen Seite steuerliche Planungsunsicherheiten beseitigen, die sich anderweitig nicht ausräumen lassen. Denn hat der Steuerpflichtige den geplanten Sachverhalt erst verwirklicht, entsteht der

---

493 Anders anscheinend *Englisch*, Zukunftsfragen, S. 39, 49, 74.

494 EuGH v. 26.2.2013 - C-617/10, EU:C:2013:105, Rz. 19 (*Åkerberg Fransson*); EuGH v. 6.3.2014 - C-206/13, EU:C:2014:126, Rz. 25 (*Siragusa*).

495 EuGH v. 18.12.1997 - C-309/96, EU:1997:631, Rz. 21 ff. (*Annibaldi*); den gleichen Schluss zieht auch *Jarass*, in: GRCh, Art. 51 Rz. 26.

496 *Englisch*, Zukunftsfragen, S. 39, 75 nennt zutreffend das Beispiel der Umsatzsteuer-Nachschau, in dem Unionsgrundrechte Anwendung finden. Es handelt sich insofern um eine rein nationale Verfahrensregelung, die aber zumindest auch - ggf. sogar in erster Linie - der Umsetzung unionaler Verpflichtungen dient. Insofern kann wie schon bei *Åkerberg Fransson* auf Art. 2, 250 Abs. 1, 273 der MwStSystRL i.V.m. Art. 4 Abs. 3 EUV abgestellt werden, die eine Pflicht zur effektiven Erhebung der Mehrwertsteuer begründen.

497 *Hey*, Steuerplanungssicherheit, S. 695 f.; *Blanke*, Vertrauensschutz, S. 227; *Dalichau*, Auskünfte und Zusagen, S. 45; ähnlich im allgemeinen Verwaltungsrecht *Wolff/Bachof/Stober/Kluth*, Verwaltungsrecht I, § 53 Rz. 10 ff.

498 So die Differenzierung bei *Horst*, Verbindliche Auskunft, S. 11 ff., dort auch zum folgenden Text.

Steueranspruch gem. § 38 AO grundsätzlich unabänderlich.[499] Neben[500] dieser eher prospektiven Funktion von Zusagen dienen sie auf der anderen Seite auch einem retrospektiven Dispositionsschutz in Bezug auf betätigte Planungen. Ausfluss dieser Schutzfunktion ist insbesondere die Bindungswirkung von Zusagen.[501]

Allenfalls sekundär dienen steuerrechtliche Zusagen auch dem Interesse der Finanzverwaltung an einer lückenlosen Sachverhaltsoffenlegung durch den Steuerpflichtigen.[502] Ein Steuerpflichtiger, der seine Planungen freiwillig und lückenlos offenlegt, um eine Zusage zu erhalten, ist im Zweifel gesetzestreu. Mittelbar dienen Zusagen damit auch der Gesetz- und Gleichmäßigkeit der Besteuerung.

bb) Effektuierung unionsrechtlicher Verpflichtungen durch nationale Zusageregelungen

Dies festgestellt, muss in einem zweiten Schritt untersucht werden, ob die von nationalen Zusagen verfolgten Ziele auch konkrete unionsrechtliche Verpflichtungen effektuieren.

Dabei liegt zunächst nahe, die vom EuGH in der Rechtssache *Åkerberg Fransson* bemühten unionsrechtlichen Pflichten auch hier zu nutzen. Denn bei dem zugrundeliegenden Gegenstand handelt es sich wie im entschiedenen Fall um nationales Verfahrensrecht, dass auch auf umsatzsteuerliche Sachverhalte Anwendung finden kann.[503] Der EuGH nannte Art. 2, 250 Abs. 1, 273 der MwStSystRL in Verbindung mit Art. 4 Abs. 3 EUV und entnahm diesen Vorschriften „dass jeder Mitgliedstaat verpflichtet ist, alle Rechts- und Verwaltungsvorschriften zu erlassen, die geeignet sind, die Erhebung der gesamten in seinem Hoheitsgebiet geschuldeten Mehrwertsteuer zu gewährleisten und den Betrug zu bekämpfen."[504] Darüber hinaus bestünde gem. Art. 325 AEUV die

---

499 Vgl. zu möglichen Ausnahmen nur *Drüen*, in: Tipke/Kruse, AO/FGO, § 38 Rz. 28 ff. (Stand: Januar 2014)

500 Nach *Horst*, Verbindliche Auskunft, S. 14 dienen Zusagen „in erster Linie" der Planungsfunktion. Dies ist auch der in der Kommentierung angenommene Zweck der Regelung, siehe *Seer*, in: Tipke/Kruse, AO/FGO, § 89 Rz. 23 (Stand: Januar 2017); *Söhn*, in: HHSp, AO/FGO, § 89 Rz. 179 (Stand: August 2016); *Rätke*, in: Klein, AO[13], § 89 Rz. 14; *Wünsch*, in: Koenig, AO, § 89 Rz. 33; *Roser*, in: Gosch, AO/FGO, § 89 Rz. 27 (Stand: September 2016).

501 *Blanke*, Vertrauensschutz, S. 227 nennt dies „Verlässlichkeitswirkung" von Zusagen.

502 Birk, in: FS Pöllath, S. 161 spricht insofern von einer Vorleistung des Steuerpflichtigen.

503 So *Hahn*, EWS 2015, 15, 17; *ders.*, ISR 2015, 50, 52.

504 EuGH v. 26.2.2013 – C-617/10, EU:C:2013:105 Rz. 25 (*Åkerberg Fransson*).

Pflicht der Mitgliedstaaten, „zur Bekämpfung von rechtswidrigen Handlungen, die sich gegen die finanziellen Interessen der Union richten, abschreckende und wirksame Maßnahmen zu ergreifen.“[505] Daraus folgerte der Gerichtshof, dass das schwedische Strafverfahrensrecht Unionsrecht durchführe und damit einer Bindung an die Chartagrundrechte unterliege. Dies erscheint auch einleuchtend. Nationales Strafverfahrensrecht bezweckt die effektive Aufklärung und Sanktionierung von Straf- und damit auch von Steuerstraftaten.[506] Dieses zunächst rein nationale Ziel, dient damit zugleich auch einer effektiven Aufklärung und Sanktionierung von Umsatzsteuerhinterziehungen. Es handelt sich damit – im Duktus des EuGH – um Rechtvorschriften, die geeignet sind, die Erhebung der geschuldeten Mehrwertsteuer zu gewährleisten und den Betrug zu bekämpfen. Es bestehen in dieser Konstellation also konkrete Unionsrechtsnormen, deren Ziele auch von rein nationalen Vorschriften verfolgt und damit effektuiert werden.

Gleiches gilt im Grundsatz auch für das nationale Steuerverfahrensrecht. Auch dieses dient zunächst der gleich- und gesetzmäßigen Besteuerung.[507] Umfasst ist damit auch die Gleich- und Gesetzmäßigkeit der Umsatzbesteuerung. Soweit das Steuerverfahrensrecht also diesen Zwecken dient, effektuiert es im Anwendungsbereich der Umsatzsteuer die oben dargestellten unionalen Verpflichtungen ebenso wie das Steuerstrafverfahrensrecht.[508] Dieses Ergebnis darf aber nicht den Blick darauf verstellen, dass nicht jede Regelung, die sich im Steuerverfahrensrecht findet, auch primär einer effektiven Besteuerung dient. Dieser Befund wird auch nicht dadurch unschlüssig, dass nach mittlerweile wohl überwiegender Auffassung die Untersuchungsmaxime aus § 88 Abs. 1 S. 1 AO von der sog. Kooperationsmaxime ergänzt wird.[509] Denn Kooperation als Verfahrensmaxime darf nicht so verstanden werden, dass primäres Ziel des Steuerverfahrens nicht weiterhin die effektive Steuererhebung ist. Im Gegenteil. Gerade die Mitwirkungspflichten des Steuerpflichtigen als Ausdruck der Kooperationsmaxime belegen dies.[510]

505 EuGH v. 26.2.2013 – C-617/10, EU:C:2013:105 Rz. 26 (*Åkerberg Fransson*).

506 *Fischer*, in: KK, StPO, Einl. Rz. 3 f.; *Kudlich*, in: MüKo, StPO, Einl. Rz. 5 ff.

507 *Seer*, Verständigungen, S. 295 ff. spricht insofern von einem in § 85 Satz 1 AO verankerten „Optimierungsauftrag“.

508 Insofern ist *Hahn*, EWS 2015, 15, 17; *ders.*, ISR 2015, 50, 52 also zuzustimmen, wenn er das Steuerverfahrensrecht einer Bindung an die GRCh unterwirft.

509 Siehe bereits Einf. B. I. 3.

510 Vgl. zu den Mitwirkungspflichten als Ausdruck der Kooperationsmaxime nur *Seer*, in: Tipke/Kruse, AO/FGO, § 90 Rz. 1 f. (Stand: Januar 2017).

Zusagen sind zwar Bestandteil des Steuerverfahrensrechts, dienen aber wie erläutert nur sekundär dem Interesse des Staates an einer gleich- und gesetzmäßigen Besteuerung. Ein solcher Nebeneffekt ist aber nicht ausreichend, um von einer Effektuierung unionsrechtlicher Verpflichtungen zu sprechen. Diese Folgerung ist auch der Judikatur des EuGH nicht zu entnehmen. In *Åkerberg Fransson* war es der Hauptzweck des Steuerstrafverfahrens, unionale Verpflichtungen zu effektuieren. Und auch ein „hinreichender Zusammenhang von einem gewissen Grad, [der] darüber hinausgeht, dass die fraglichen Sachbereiche benachbart sind oder der eine von ihnen mittelbar Auswirkungen auf den anderen haben kann“[511] im Sinne der Rechtssache *Siragusa*, kann von einem bloßen Nebenzweck einer nationalen Regelung nicht begründet werden. Letztlich käme dies einer Lesart gleich, die „für eine Bindung der Mitgliedstaaten [...] jede[n] sachliche[n] Bezug einer Regelung zum bloß abstrakten Anwendungsbereich des Unionsrechts [...] ausreiche[n]“[512] ließe und an verfassungsrechtliche Grenzen stieße.

Erforderlich wäre vielmehr, dass das Unionsrecht verpflichtende Vorgaben enthält, Planungssicherheit auf umsatzsteuerlichem Gebiet zu gewährleisten. Insofern hat der EuGH in seiner Entscheidung *Netto Supermarkt* unter Verweis auf seine bisherige Rechtsprechung klargestellt, „dass die Mitgliedstaaten bei der Ausübung der Befugnisse, die ihnen die Gemeinschaftsrichtlinien übertragen, die allgemeinen Rechtsgrundsätze beachten müssen, die Bestandteil der Gemeinschaftsrechtsordnung sind, zu denen insbesondere die Grundsätze der Rechtssicherheit und der Verhältnismäßigkeit sowie des Vertrauensschutzes zählen“[513]. Die Mitgliedstaaten üben bei der Ausgestaltung von Zusagen aber keine Befugnisse aus, die ihnen Gemeinschaftsrichtlinien übertragen haben. Und auch, wenn man den vom EuGH genutzten Passus „Ausübung der Befugnisse“ in Anlehnung an Art. 51 Abs. 1 S. 1 GRCh auf die „Durchführung von Unionsrecht“ erweitern würde,[514] wären keine Erkenntnisse gewonnen. Wer daraus eine generelle Bindung der Mitgliedstaaten an den unionsrechtlichen Vertrauensschutzgrundsatz ableitet, unterliegt einem Zirkelschluss. Denn das gewünschte Ergebnis würde zugleich zur Grundannahme der Begründung. Wer begründen will, dass eine Durchführung von Unionsrecht vorliegt, kann keine

511 EuGH v. 6.3.2014 – C-206/13, EU:C:2014:126, Rz. 24 (*Siragusa*).
512 BVerfG v. 24.4.2013 – 1 BvR 1215/07, BVerfGE 133, 277, Rz. 91 (*Antiterrordatei*).
513 EuGH v. 21.2.2008 – C-271/06, EU:C:2008:105, Rz. 18 (*Netto Supermarkt*).
514 So EuGH v. 12.5.2011 – C-107/10, EU:C:2011:298, Rz. 29 (*Enel Maritsa*).

unionalen Verpflichtungen ins Feld führen, die ihrerseits eine Unionsrechtsdurchführung voraussetzen.

Wie oben bereits gezeigt,[515] wird Vertrauensschutz im Umsatzsteuerrecht nur an wenigen Stellen gewährt, sodass keinesfalls ein allgemeines umsatzsteuerliches Prinzip, das über die Implementierung und unmittelbare Anwendung des Umsatzsteuerrechts hinaus Pflichten der Mitgliedstaaten begründet, ausgemacht werden kann. Wie in den Entscheidungen *Hernandez* und *Deponiezweckverband Eiterköpfe* geht der mitgliedstaatliche Gesetzgeber bei der Schaffung von vertrauensschützenden Zusagen über das unionsrechtlich Erforderliche hinaus und unterliegt damit keiner Bindung an die Unionsgrundrechte.

Letztlich ist damit festzustellen, dass eine unionale Verpflichtung, die durch nationale Zusagen effektuiert wird, nicht existiert. Daraus folgt zugleich, dass keine „Durchführung von Unionsrecht" im Sinne des Art. 51 Abs. 1 S. 1 GRCh vorliegt und damit alleiniger Prüfungsmaßstab nationaler Zusageregeln nationale Grundrechte sind. Dieses Ergebnis darf nicht darüber hinwegtäuschen, dass eine Bindung an die Unionsgrundrechte unproblematisch bestünde, wenn eine durch die Organe der Europäischen Union harmonisierte Zusageregelung geschaffen würde.

IV. Konkretisierung: Prüfungsmaßstab bei kumulativen Gesamtbelastungen im Mehrebenensystem

Wie bereits im Rahmen dieser Arbeit dargestellt,[516] begründen die Pflichten, Obliegenheiten und Risiken des Unternehmers in seiner Rolle als Steuereinsammler eine Vielzahl von Belastungen. Diese Belastungen dürfen nicht isoliert betrachtet werden, sondern ergeben aus Sicht des Unternehmers eine einheitliche kumulative Gesamtbelastung. Solche Gesamtbelastungen nehmen insbesondere Einfluss auf die Rechtfertigung von Grundrechtsbeeinträchtigungen, sodass auch hier die Frage nach dem grundrechtlichen Prüfungsmaßstab zu stellen ist.

1. Problemlage: Kumulation von determinierten und nichtdeterminierten Belastungen im Umsatzsteuerrecht

Der „additive Grundrechtseingriff" ist seinem Wesen nach darauf angelegt, dass bei der grundrechtlichen Beurteilung nicht nur die Einzelbelastung, sondern die Gesamtbelastung des Bürgers betrachtet wird. Würde allein die Einzelbelastung

---

515 Einf. A. III. 2.

516 Einf. B. I. 5.

an Grundrechten gemessen werden, wäre auch die Frage nach dem grundrechtlichen Prüfungsmaßstab einfach zu beantworten: Handelt es sich um Umsetzungsrecht des nationalen Gesetzgebers im unionsrechtlich nicht (vollständig) determinierten Bereich, so sind die nationalen Grundrechte primärer Prüfungsmaßstab. Ist aber die national geregelte Materie unionsrechtlich vollständig determiniert, sind allein Unionsgrundrechte anzuwenden. So liegt es im Bereich des „additiven Grundrechtseingriffs" indes nicht. Möchte man sich von einer isolierten Betrachtung lösen, so ergeben sich Probleme bei der Bestimmung des grundrechtlichen Prüfungsmaßstabs: Es ist bereits festgestellt worden,[517] dass die Belastungen des Unternehmers teils unionsrechtlich genau vorgeschrieben, teils aber auch erheblich der Rechtsetzung der nationalen Gesetzgeber anheimgestellt sind. Die Gesamtbelastung des inanspruchgenommenen Unternehmers ergibt sich daher aus einem Konglomerat unionsrechtlich determinierter und nichtdeterminierter Einzelbelastungen. Die Untauglichkeit einer trennscharfen Abgrenzung liegt daher auf der Hand. Eine einheitliche Beurteilung der Gesamtbelastung wäre nicht möglich, da diese in einen determinierten und einen nichtdeterminierten Belastungsteil aufgeteilt werden müsste. Der unional vorgegebene Teil unterläge allein der Rechtsprechungsgewalt des EuGH, der nicht vorgegebene Teil – zumindest primär –[518] der des Bundesverfassungsgerichts. Keines der angerufenen Gerichte könnte die Gesamtbelastung hinreichend würdigen. Beide würden erneut nur einen Teilausschnitt der Belastungen des Unternehmers untersuchen. Der Zweck einer Gesamtbetrachtung wäre verfehlt. Die Frage des Prüfungsmaßstabs stellt sich somit in einer Weise, die nicht ohne Weiteres unter Rückgriff auf die bislang bekannten Abgrenzungsmaßstäbe beantwortet werden kann und – soweit ersichtlich – bislang noch nicht beantwortet wurde.

2. *Eigene Lösungsansätze*

a) *Schwerpunktbildung*

Zunächst ist eine Bildung von Schwerpunkten innerhalb des Belastungsbündels zu erwägen. So könnte der Schwerpunkt der Belastungen einerseits unionsrechtlich determiniert sein, sodass der EuGH das zur Entscheidung berufene Gericht wäre und die Gesamtbelastung an unionalen Grundrechten messen könnte. Andererseits könnte der Schwerpunkt der Belastungswirkung auch im

517 Einf. B. I. 4.

518 Vgl. dazu bereits die Ausführungen bei Erster Teil A. II. 3. zur Entscheidung des EuGH in der Rechtssache *Melloni*: EuGH v. 26.2.2013 – C-399/11, EU:C:2013:107 (*Melloni*).

unionsrechtlich nicht vorgeschriebenen Bereich liegen, sodass nationale Grundrechte vor dem Bundesverfassungsgericht gerügt werden müssten.

Im ersten Fall - Schwerpunkt beim determinierten Teil der Belastungen - sähe der EuGH sich, aller Voraussicht nach, dazu berufen, alle Pflichten - also auch die unionsrechtlich nichtdeterminierten - an Unionsgrundrechten zu prüfen.[519] Fraglich ist dann aber, ob der EuGH eine von nationalverfassungsrechtlicher Seite erforderliche Gesamtbetrachtung vornehmen würde.[520] Der EuGH kennt zwar eine sog. „multipolare Abwägung“[521], wenngleich es sich dabei nicht um eine Betrachtung von Belastungskumulationen handelt, sondern um eine Abwägung zwischen mehr als zwei betroffenen Schutzgütern.

Im zweiten Fall - Schwerpunkt beim nichtdeterminierten Teil der Belastungen - würde das Bundesverfassungsgericht in die Gesamtbewertung einsteigen müssen. Problematisch ist allerdings, dass das Bundesverfassungsgericht nicht nur nationale Umsetzungsspielräume, sondern im Rahmen einer Gesamtabwägung auch unionsrechtlich determinierte Belastungen prüfen müsste. Eine solche Vorgehensweise steht allerdings im Widerspruch zur bereits dargestellten ständigen Rechtsprechung des Bundesverfassungsgerichts.[522]

Zudem dürfte eine Differenzierung nach Belastungsschwerpunkten in der Praxis nur schwer durchführbar sein. Zum einen ist der Belastungsschwerpunkt beim einzelnen Unternehmer stets individueller Natur. Zum anderen fällt eine Abgrenzung zwischen determinierten und nichtdeterminierten Belastungen oftmals schwer.[523]

b) Partielle Vorlagepflicht unter Vorbehalt einer Gesamtbewertung

Zweitens bestünde die Möglichkeit, dass das Bundesverfassungsgericht ausgehend von einem unionsrechtlich nichtdeterminierten Prüfungsgegenstand ein Vorlageverfahren nach Art. 267 AEUV mit der Frage anstrengt, ob die konkrete Belastung im Zusammenhang mit den übrigen unionsrechtlich determinierten

---

519 Dazu Erster Teil A. II. 2. a) bb).

520 Zu einem generellen Abwägungsdefizit in der Rechtsprechung des EuGH, siehe *Koch*, Verhältnismäßigkeit, S. 259 ff.; 399 ff.; es ist auch fraglich, ob die objektiv-typisierende Prüfung des EuGH, die umfassend die beteiligten Interessen berücksichtigt (dazu *Koch*, Verhältnismäßigkeit, S. 256), dies auf eine Beurteilung von mehreren Einzeleingriffen erstrecken wird.

521 Dazu *Koch*, Verhältnismäßigkeit, S. 272 ff.

522 Dazu bereits Erster Teil A. II. 2. a) aa).

523 Siehe dazu *Matz-Lück*, in: Grundrechte und Grundfreiheiten im Mehrebenensystem - Konkurrenzen und Interferenzen, S. 161, 168 ff.

Belastungen noch als verhältnismäßig eingestuft werden kann. Nimmt der EuGH sodann eine Gesamtbetrachtung nach Maßgabe eines „additiven Grundrechtseingriffs" vor, erhält das Bundesverfassungsgericht eine anzuerkennende Antwort. Insofern wäre das Kooperationsverhältnis zwischen Bundesverfassungsgericht und EuGH ideal verwirklicht. Verweigert der EuGH aber eine substantiierte Betrachtung der Gesamtbelastung, so müsste das Bundesverfassungsgericht zur Sicherstellung des nationalen Grundrechtsstandards unter Einhaltung des im Rechtsstaatsprinzip verankerten Verhältnismäßigkeitsgrundsatzes, selbst in die Prüfung einsteigen und sich durch eine solche Identitätskontrolle in direkten Konflikt mit dem EuGH setzen. Das Bundesverfassungsgericht könnte auf diese Weise unter Androhung einer Identitätskontrolle zwar die Rechtsprechung auf europäischer Ebene fortentwickeln. Ein solches Vorgehen würde allerdings das zwischen Bundesverfassungsgericht und EuGH bestehende Kooperationsverhältnis gefährden und ist daher nicht zu erwarten.[524]

c) *Vorzugswürdig: Vorrang nationaler Grundrechte in den Grenzen der Melloni-Rechtsprechung*

Vorzugswürdig ist es, die Rechtsprechung des EuGH in der Rechtssache *Melloni*[525] auch auf die Kumulation von Belastungen anzuwenden.

Die Entscheidung *Melloni* des EuGH wurde im Rahmen dieser Arbeit bereits zur Bestimmung des Prüfungsmaßstabs bei bestehenden Umsetzungsspielräumen der Mitgliedstaaten fruchtbar gemacht.[526] Demnach steht es „nationalen Behörden und Gerichten weiterhin frei [...], nationale Schutzstandards für die Grundrechte anzuwenden"[527]. Dies aber unter der Einschränkung, dass „durch diese Anwendung weder das Schutzniveau der Charta, wie sie vom Gerichtshof ausgelegt wird, noch der Vorrang, die Einheit und die Wirksamkeit des Unionsrechts beeinträchtigt werden dürfen"[528]. Entscheidend für die Anwendung dieser Judikatur auf die Belastungskumulation ist, dass der Rechtssache *Melloni* ein Sachverhalt zu Grunde lag, der den Vollzug eines europäischen Haftbefehls und damit eine unionsrechtlich vollständig determinierte Materie zum Gegenstand

524 Siehe dazu auch die Entscheidung zum sog. OMT-Beschluss, aus der ersichtlich wird, dass das Bundesverfassungsgericht den zunächst angedrohten, direkten Konflikt mit den EuGH scheut, BVerfG v. 21.6.2016 – 2 BvE 13/13 u.a., BVerfGE 142, 123 (*OMT*).

525 EuGH v. 26.2.2013 – C-399/11, EU:C:2013:107 (*Melloni*).

526 Erster Teil A. II. 3.

527 EuGH v. 26.2.2013 – C-617/10, EU:C:2013:105, Rz. 29 (*Åkerberg Fransson*).

528 EuGH v. 26.2.2013 – C-399/11, EU:C:2013:107, Rz. 60 (*Melloni*).

hatte.[529] Der Gerichtshof nimmt also - anders als das Bundesverfassungsgericht - einen grundsätzlichen Vorrang der nationalen Grundrechte auch im determinierten Umsetzungsbereich an.[530] Zwar wird in diesem Bereich regelmäßig die Ausnahme - Anwendung von unionalen Grundrechten - vorliegen, da andernfalls die Wirksamkeit des Unionsrechts beeinträchtigt würde. Insofern kommt das Bundesverfassungsgericht also zu gleichen Ergebnissen. Der rechtliche Grundsatz wird aber nicht deshalb zur Ausnahme, weil er in der Praxis nur selten Anwendung findet. Kommen bei der Belastungskumulation also determinierte und nichtdeterminierte Prüfungsgegenstände zusammen, erscheint es nur konsequent auch in diesem Fall einen grundsätzlichen Vorrang der nationalen Grundrechte anzunehmen.

Entscheidend für das Bundesverfassungsgericht sollte daher sein, dass der punktuell vorgebrachte Prüfungsgegenstand[531] auf einem Umsetzungsspielraum des nationalen Gesetzgebers beruht. Die vom Bundesverfassungsgericht vorzunehmende zweistufige Prüfung entfaltet ihre Wirkung dann erst im Rahmen der Verhältnismäßigkeitsprüfung. Prozessuale Zulässigkeitsfragen richten sich allein nach dem vom Beschwerdeführer oder dem vorlegenden Gericht gerügten punktuellen Prüfungsgegenstand. Beruht dieser auf einem Umsetzungsspielraum, steigt das Bundesverfassungsgericht in die materielle Prüfung ein, ohne dass insoweit die selbstgesetzte Grenze des *Solange*-Vorbehalts greift. Im Rahmen der Verhältnismäßigkeitsprüfung ist es dem Bundesverfassungsgericht sodann erlaubt, eine Gesamtschau auch der unionsrechtlich determinierten Belastungen vorzunehmen, solange das Schutzniveau der Charta, der Vorrang, die Einheit und die Wirksamkeit des Unionsrechts nicht beeinträchtigt werden.

---

529 Zum Vollzug des europäischen Haftbefehls unter Berücksichtigung nationaler Grundrechte siehe BVerfG v. 15.12.2015 - 2 BvR 2735/14, BVerfGE 140, 317, Rz. 50 ff. (*Europäischer Haftbefehl*), wo das Bundesverfassungsgericht grundsätzlich keine eigene Prüfungskompetenz annimmt, da es sich um determiniertes Unionsrecht handele, aber eine sog. Identitätskontrolle andenkt (Rz. 51, 76), diese aber letztlich *noch* zurückhält, weil auch das Unionsrecht ausreichend Schutz gewähre (Rz. 84 ff.).

530 Gleichwohl ist zuzugeben, dass der Kontext der Rechtssache *Melloni* eher beschränkend in Bezug auf mitgliedstaatliche Kompetenzen zu verstehen ist. Denn im konkreten Fall ging es dem EuGH um die Anwendung der eigens formulierten Ausnahme und damit nicht um eine Erweiterung mitgliedstaatlicher Prüfungskompetenzen. Spanische Grundrechte sollten dem Vollzug eines europäischen Haftbefehls gerade nicht entgegenstehen. Es bleibt daher abzuwarten, ob das hier zu Grunde gelegte Grundsatz-Ausnahme-Verhältnis in der Rechtsprechung des Gerichtshofs nicht umgekehrt verstanden werden wird.

531 Dazu Einf. B. I. 5. a) cc).

Das Bundesverfassungsgericht prüft gerade nicht Unionsrecht an nationalen Grundrechten, sondern mitgliedstaatliches Recht im Zusammenwirken mit unionsrechtlichen Belastungen. Prüfungsgegenstand ist formal betrachtet daher stets ein Rechtsakt der dem nationalen Gesetzgeber zuzurechnen ist.

Ein solcher Ansatz steht daher sowohl im Einklang mit der Rechtsprechung des Bundesverfassungsgerichts als auch des Europäischen Gerichtshofs. Zudem wird er der Primärverantwortung der Mitgliedstaaten gerecht und kann als Verwirklichung des Kooperationsverhältnisses zwischen den Gerichtsbarkeiten verstanden werden. Letztlich ist diese Lösung auch eine Lösung zu Gunsten des Bürgers, dem auf europäischer Ebene kein der Verfassungsbeschwerde gleichwertiges Verfahren zur Seite gestellt ist.

V. Zwischenergebnis und Auswirkung auf die weitere Untersuchung

Das umsatzsteuerliche Mehrebenensystem hält neben den nationalen Grundrechten auch Vorgaben der Europäischen Menschenrechtskonvention und der Grundrechtecharta als grundrechtlichen Prüfungsmaßstab bereit. Als Problematisch stellt sich insbesondere das Verhältnis der Chartagrundrechte zu den mitgliedstaatlichen Grundrechten heraus. Entscheidend ist, ob eine „Durchführung von Unionsrecht" im Sinne des Art. 51 Abs. 1 S. 1 GRCh vorliegt. Ist dies der Fall, sind die Mitgliedstaaten an die Grundrechtecharta gebunden, können daneben aber nationale Grundrechte anwenden, solange sie den europäischen Schutzstandard nicht unterschreiten und den Vorrang, die Einheit und die Wirksamkeit des Unionsrechts nicht beeinträchtigen.

Die Rechtsprechung des Europäischen Gerichtshofs zur Frage, wann eine von Art. 51 Abs. 1 S. 1 GRCh vorausgesetzte Durchführung vorliegt, ist weniger weit und konturenlos, als dies zunächst den Anschein hat. Vielmehr stellt der Gerichtshof konsequent darauf ab, dass die nationalen Regeln zumindest auch unionsrechtliche Verpflichtungen erfüllen, die konkreten Unionsrechtsnormen entnommen werden.

Bei nationalen Zusagen handelt es sich um umsetzungsneutrales Recht. Eine solche Umsetzungsneutralität liegt immer dann vor, wenn der nationale Gesetzgeber eine Regelung erlässt, die nicht der Erfüllung einer unionalen Umsetzungsverpflichtung dient, aber gleichwohl auf unionsrechtlich geprägte Fallgestaltungen Anwendung findet. Auch solches mitgliedstaatliches Recht kann einer Bindung an die Unionsgrundrechte unterliegen, wenn deren Ziele zugleich unionsrechtliche Verpflichtungen erfüllen. Eine solche Verpflichtung kann dem Unionsrecht in Bezug auf die von Zusagen primär bezweckte Planungssicherheit nicht entnommen werden. Nationale Zusageregeln sind daher allein an nationalen

Grundrechten zu messen. Eine europaweit harmonisierte Zusage unterläge als Maßnahme der Union gleichwohl einer Bindung an die Unionsgrundrechte.

Sind die Belastungen des Unternehmers als Gesamtbelastung Gegenstand der Prüfung, finden nationale Grundrechte Anwendung, solange sie den europäischen Schutzstandard nicht unterschreiten und den Vorrang, die Einheit und die Wirksamkeit des Unionsrechts nicht beeinträchtigen.

B. Prüfungsgegenstand Inanspruchnahme: Der erforderliche Ausgleich einer kumulativen Gesamtbelastung

I. Die Inanspruchnahme gemessen an nationalen Freiheitsgrundrechten

Entsprechend des oben[532] aufgestellten Prüfungsmaßstabs für die kumulative Gesamtbelastung des Unternehmers, sind hier primär nationale Grundrechtsstandards zu prüfen. Dabei liegt das Hauptaugenmerk auf den freiheitsgrundrechtlichen Verbürgungen. In der Rechtsprechung des Bundesverfassungsgerichts[533] spielen die Freiheitsgrundrechte im steuerrechtlichen Kontext neben Art. 3 Abs. 1 GG zwar nur eine untergeordnete Rolle.[534] Problematisch an diesem gleichheitsrechtlichen Prüfungsschwerpunkt ist jedoch, dass die Feststellung einer Verletzung des Art. 3 Abs. 1 GG dem Bürger oftmals keinen Vorteil zu verschaffen vermag, da Art. 3 Abs. 1 GG ergebnisoffen[535] ist und einer Ungleichbehandlung auch durch den Wegfall der Begünstigung begegnet werden kann.[536] Betrachtet man darüber hinaus den Zweck des Art. 3 Abs. 1 GG, eine gerechte Steuerverteilung zu gewährleisten, so wird ersichtlich, dass dies für den Unternehmer nicht maßgebend sein kann, denn nicht er, sondern der Verbraucher ist intendierter Träger der Umsatzsteuer. Die Umsatzsteuer aber tangiert den Unternehmer gem. § 2 Abs. 1 S. 1 UStG aufgrund seiner wirtschaftlichen Betätigung. Dieser Betätigung in einem neutralen

---

532 Erster Teil A. IV.

533 Zum Umsatzsteuerrecht nimmt das BVerfG nur in BVerfG v. 11.2.1992 – 1 BvL 29/87, BVerfGE 85, 238, 246 f. neben Art. 3 Abs. 1 GG eine Prüfung an Art. 12 Abs. 1 GG vor; zur generell geringen Bedeutung der Freiheitsgrundrechte bei der Überprüfung steuerlicher Normen siehe überblicksweise *Kiehne*, Grundrechte und Steuerordnung, S. 62 f.

534 *Hohmann*, DÖV 2000, 406: „statt dessen wird eher die Zuflucht bei Art. 3 Abs. 1 GG genommen.“

535 *Zirkl*, Neutralität, S. 201 unter Verweis auf BVerfG v. 28.11.1967 – 1 BvR 515/63, BVerfGE 22, 349, 361 (*Verfahrensaussetzung*).

536 Dazu *Wernsmann*, DV 2003, 67, 72 f.

Markt nachzugehen, ist daher jedenfalls auch freiheitsgrundrechtlich und nicht nur gleichheitsrechtlich geschützt.[537]

1. *Die Inanspruchnahme als möglicher Eingriff in den Schutzbereich der grundrechtlichen Wirtschaftsfreiheiten*

Die in erster Linie maßgebenden Freiheitsgrundrechte, die der Inanspruchnahme des Unternehmers Grenzen setzen könnten, sind die sog. Wirtschaftsfreiheiten[538] der Art. 12 GG und Art. 14 GG. Wenngleich sich die Belastung des Unternehmers als eine kumulative Gesamtbelastung darstellt, ist die erforderliche Gesamtbetrachtung erst im Rahmen der Eingriffsrechtfertigung vorzunehmen. Denn verfahrensrechtlicher Gegenstand bleibt der jeweilige Einzelakt.[539] Die von diesem ausgehende Beeinträchtigung des Unternehmers muss daher vom Schutzbereich umfasst sein und einen Eingriff in denselben darstellen.[540] Dabei soll in der vorliegenden Untersuchung aber nicht jede Unternehmerpflicht gesondert geprüft werden, da eine solche Ausdifferenzierung keinen Mehrwert verspricht. Differenziert werden soll aber zwischen dem Steuerzugriff – also der Zahlpflicht des Unternehmers – und dessen sonstigen Pflichtdiensten.

a) *Berufsfreiheit: Art. 12 Abs. 1 GG*

aa) Pflichtdienste des Unternehmers

Staatliche Indienstnahmen prüft das Bundesverfassungsgericht und die überwiegende Literatur[541] seit der Entscheidung zur *Erdölbevorratung*[542] in erster

537 Ebenso *Englisch*, Wettbewerbsgleichheit, S. 526; *Zirkl*, Neutralität, S. 201; *Hohmann*, DÖV 2000, 406, 412, der auch darauf abstellt, dass Art. 3 Abs. 1 GG die restringierende Wirkung einer Steuer nicht sachgerecht abbilden könne und die Freiheitsgrundrechte genauere Differenzierungskriterien bereithielten; a.A. aber *Fischer*, Rechtfertigung der Umsatzsteuer, S. 199 ff.

538 Terminologie bei *Scholz*, in: Maunz/Dürig, GG, Art. 12 Rz. 131, 149 (Juni 2006); *Drüen*, in: Lohnsteuertag, S. 59, 61; *Seer*, DStJG 23 (2000), S. 88, 90, 95.

539 Vgl. bereits Einf. B. I. 5. cc).

540 *Klement*, AöR 134 (2009), 35, 62 ff. will allerdings „faktische Eingriffe" unter Umständen erst durch ihr Zusammenwirken zu einem Grundrechtseingriff erstarken lassen will.

541 In Bezug auf die Umsatzsteuer *Fischer*, Rechtfertigung der Umsatzsteuer, S. 150; für die Indienstnahme im allgemeinen *Strauß*, Verfassungsfragen, S. 142 f.; *Geißler*, Der Unternehmer im Dienste des Steuerstaats, S. 208; *Drüen*, Indienstnahme Privater, S. 217 ff., der eine parallele Anwendung von Art. 12 Abs. 1 GG und Art. 14 GG vorschlägt, gleichwohl aber die begrenzte Schutzwirkung von Art. 14 GG gegenüber der Indienstnahme erkennt.

542 BVerfG v. 16.3.1971 – 1 BvR 52/66 u.a., BVerfGE 30, 292, 312 (*Erdölbevorratung*); seit dem ständige Rechtsprechung, vgl. hier nur BVerfG v. 27.6.1972 – 1 BvL 34/70,

Linie an Art. 12 Abs. 1 GG. Nicht herangezogen werden kann das in Art. 12 Abs. 2 GG verankerte Zwangsarbeitsverbot. Dieses gewährleistet den Ausschluss von „im nationalsozialistischen System üblich gewordenen Formen der Zwangsarbeit mit ihrer Herabwürdigung der menschlichen Persönlichkeit“[543]. Eine solche herabwürdigende Verpflichtung der inanspruchgenommenen Unternehmer ist aber nicht zu erkennen.[544] Der teilweise gegen Art. 12 Abs. 1 GG angeführte Einwand, Hilfsorgan zu sein, sei nicht der Beruf des Betroffenen, sodass nur Art. 2 Abs. 1 GG heranzuziehen sei,[545] greift nicht durch. Denn die Pflichten des Unternehmers fußen unmittelbar in seiner beruflichen Stellung. Der Unternehmer wird mit Pflichtdiensten belastet, gerade weil er die Absicht hat, sich eine fortlaufende, auf gewisse Dauer angelegte Einnahmequelle zu erschließen.[546] Anknüpfungspunkt ist daher die Ausübung des Berufs.[547] Nur wenn dieser Zusammenhang der Pflichtdienste zur Berufsausübung im Einzelfall fehlt, ist Art. 2 Abs. 1 GG als einschlägig zu betrachten.[548]

Die Berufsfreiheit des Art. 12 Abs. 1 GG ist somit Prüfungsmaßstab für die Pflichtdienste des Unternehmers.

BVerfGE 33, 240, 244; v. 1.7.1980 – 1 BvR 349/75 u.a., BVerfGE 54, 251, 271 (*Berufsvormund*); v. 17.10.1984 – 1 Bvl 18/82 u.a., BVerfGE 68, 155, 170; v. 17.10.1990 – 1 BvR 283/85, BVerfGE 83, 1, 13.

543 BVerfG v. 13.1.1987 – 2 BvR 209/84, BVerfGE 74, 102, 116 (*Erziehungsmaßregel*).

544 Ebenso für die Umsatzsteuer ausführlich *Fischer*, Rechtfertigung der Umsatzsteuer, S. 148 f.; allgemein *Geißler*, Der Unternehmer im Dienste des Steuerstaats, S. 207 f.; *Strauß*, Verfassungsfragen, S. 142; kritisch auch *Drüen*, Indienstnahme Privater, S. 214 f.; für Art. 12 Abs. 2 GG als Maßstab für Indienstnahmen plädiert aber *G. Kirchhof*, Erfüllungspflichten, S. 145 ff.

545 *Trzaskalik*, DStJG 12 (1989), S. 157, 163; *Stadie*, in: R/D, UStG, Einf. Rz. 405 (Stand: März 2017); *Hummel*, in R/D, UStG, § 26 Rz. 47 (Stand: April 2015).

546 *Fischer*, Rechtfertigung der Umsatzsteuer, S. 155.

547 Ebenso das Bundesverfassungsgericht, das einen inneren Zusammenhang zur beruflichen Tätigkeit ausreichen lässt, vgl. BVerfG v. 26.5.1981 – 1 BvL 56/78 u.a., BVerfGE 57, 139, 158 (*Schwerbehindertenabgabe*).

548 So nennt *Drüen*, Indienstnahme Privater, S. 216 m.w.N. hauswirtschaftliche Beschäftigungsverhältnisse, als solche bei denen eine Indienstnahme des Arbeitgebers vorliege, es aber am Berufsbezug fehle und damit nur Art. 2 Abs. 1 GG Prüfungsmaßstab sei.

Die Inanspruchnahme des Unternehmers stellt allerdings keinen unmittelbaren Eingriff in die Berufsfreiheit dar, denn der Gesetzgeber verfolgt bei der Heranziehung des Unternehmers berufsneutrale Zwecke.[549] Ein mittelbarer Eingriff in die Berufsfreiheit liegt nach der Rechtsprechung des Bundesverfassungsgerichts nur vor, wenn ein enger Zusammenhang zur beruflichen Tätigkeit besteht und – objektiv – eine berufsregelnde Tendenz erkennbar ist.[550] Eine solche Restriktion des „Hauptgrundrechts jeder wirtschaftlichen Betätigung"[551] ist aber mit der überwiegenden Literatur abzulehnen.[552] Es besteht kein zwingender Grund, sich vom modernen Eingriffsverständnis im Rahmen des Art. 12 Abs. 1 GG zu lösen und eine materielle Betroffenheit des Grundrechtsträgers nicht mehr ausreichen zu lassen.[553] Ein solches Vorgehen führt allenfalls zu kaum nachvollziehbaren Ergebnissen.[554] Richtigerweise liegt ein Eingriff in Art. 12 Abs. 1 GG daher vor, wenn der Bürger in seiner beruflichen Tätigkeit beeinträchtigt ist.[555] Die vielfältigen Pflichten des umsatzsteuerlichen Unternehmers beeinträchtigen diesen daher in seiner beruflichen Betätigung, sodass ein Eingriff in Art. 12 Abs. 1 GG vorliegt.

bb) Steuerzugriff

Geht es um die grundrechtliche Beurteilung des Steuerzugriffs, so liegt nach gerade aufgestellten Maßstäben ebenfalls ein Eingriff in den Schutzbereich des Art. 12 Abs. 1 GG vor. Es bedarf insbesondere keiner objektiv berufsregelnden

---

549 So für die Pflicht nach § 110 Abs. 1 S. 1 Nr. 1 TKG auch *Strauß*, Verfassungsfragen, S. 144.

550 Ständige Rechtsprechung seit BVerfG v. 30.10.1961 – 1 BvR 833/59, BVerfGE 13, 181, 186 (*Schankerlaubnissteuer*).

551 *Seer*, DStJG 23 (2000), S. 87, 92.

552 So schon *Friauf*, DStJG 12 (1989), S. 3, 26; *Scholz*, in: Maunz/Dürig, GG, Art. 12 Rz. 301 f. (Juni 2006); *Papier*, Der Staat 11 (1972), 483, 493 ff.; *Fischer*, Rechtfertigung der Umsatzsteuer, S. 151; *Jachmann*, StuW 1996, 97, 101; *Seer*, DStJG 23 (2000), S. 87, 93 m.w.N.; a.A. *Strauß*, Verfassungsfragen, S. 144 Fn. 558, die aber eine objektiv berufsregelnde Tendenz bei der Indienstnahme eines TK-Anlagenbetreibers bejaht.

553 *Seer*, DStJG 23 (2000), S. 87, 94 m.w.N. unter anderem *Eckhoff*, Der Grundrechtseingriff, S. 228 ff., 236 ff.

554 Dazu *Geißler*, Der Unternehmer im Dienste des Steuerstaats, S. 119–122.

555 Ebenso *Schirra*, Indienstnahme Privater, S. 93; ähnlich BVerfG v. 26.6.2002 – 1 BvR 558/91 u.a., BVerfGE 105, 252, 265, 272 (*Glykolwarnung*) bei Warnungen der Bundesregierung gegenüber der Bevölkerung. Zuzugeben ist allerdings, dass das BVerfG noch keinen Verstoß eines Steuergesetzes gegen Art. 12 Abs. 1 GG bejaht hat, vgl. *Tipke*, StRO I, S. 438 mit Rechtsprechungsnachweisen in Fn. 59.

Tendenz, weshalb eine Beeinträchtigung der beruflichen Tätigkeit auch beim bloßen Steuerzugriff angenommen werden kann.[556] Die Belastungskonzeption der Umsatzsteuer ist jedoch darauf angelegt, dass der Unternehmer zwar Steuerschuldner, nicht aber auch Steuerträger ist. Die Verwirklichung dieser Konzeption stellt dabei den Regelfall dar und das Misslingen der Überwälzung auf den Verbraucher die Ausnahme.[557] Teilweise wird aus diesem Regel-Ausnahme-Verhältnis der Schluss gezogen, dass die Umsatzbesteuerung verfassungsrechtlich unbedenklich sei, selbst wenn im Einzelfall die Überwälzung nicht gelinge.[558] Es sei eine „strukturelle Erscheinung" erforderlich, um eine „Verfassungswidrigkeit" annehmen zu können.[559] Diesem Verständnis kann aber zum einen entgegengehalten werden, dass es die Eingriffs- und die Rechtfertigungsebene vermischt. Denn verortet man richtigerweise die Neutralität der Umsatzsteuer zumindest auch in Art. 12 Abs. 1 GG,[560] dann ist auch die singulär auftretende Nichtabwälzbarkeit eine Beeinträchtigung des grundrechtlich verbürgten Schutzes.[561] Diese Beeinträchtigung mag rechtfertigungsfähig sein, ist aber jedenfalls rechtfertigungsbedürftig. Zudem übersieht eine solchermaßen verengte Ansicht, dass der umsatzsteuerliche Unternehmer stets das Risiko der umsatzsteuerrechtlichen Erstbewertung trägt. Misslingt diese Bewertung, ist eine nachträgliche Abwälzung der getragenen Steuer auf den Verbraucher meist nicht mehr möglich.[562] Dieses Risiko ist auch geradezu typisch für die Inanspruchnahme des umsatzsteuerlichen Unternehmers. Richtig ist zwar, dass die fehlerhafte Erstbewertung der Sphäre des Unternehmers entstammt.[563] Die Bürde der umsatzsteuerlichen Erstbewertung und die damit einhergehenden Risiken werden dem Unternehmer aber einseitig vom Staat zugewiesen. Dabei handelt es sich auch

---

556 Siehe hier nur allgemein zum Steuerzugriff: *Seer*, DStJG 23 (2000), S. 87, 94.

557 *Fischer*, Rechtfertigung der Umsatzsteuer, S. 117.

558 *Fischer*, Rechtfertigung der Umsatzsteuer, S. 119 dort zu Art. 14 GG. *Fischer* überträgt diese Erwägungen aber auch auf Art. 12 Abs. 1 GG, siehe nur S. 156.

559 *Fischer*, Rechtfertigung der Umsatzsteuer, S. 121 ff.

560 *Englisch*, in: Zukunftsfragen, S. 39, 70; *Canz*, Umsatzbesteuerung der öffentlichen Hand, S. 107; *Zirkl*, Neutralität, S. 200 f.; *Becker*, Ortsbestimmung von sonstigen Leistungen, S. 62.

561 Ähnlich *Trzaskalik*, DStJG 12 (1989), S. 157, 170.

562 Dies sieht auch *Fischer*, Rechtfertigung der Umsatzsteuer, S. 119, der aber keine Folgerungen an diese Erkenntnis knüpft; zum Erstbewertungsrisiko *Seer*, StBJb 2012/2013, S. 557, 576.

563 *Fischer*, Rechtfertigung der Umsatzsteuer, S. 119, der inkonsequent aber einen Billigkeitserlass in Erwägung zieht und damit die Unverhältnismäßigkeit im Einzelfall anerkennt.

um eine strukturelle Erscheinung des Umsatzsteuerrechts, die als solche einen Eingriff in Art. 12 Abs. 1 GG darstellt.[564]

Von diesem Steuerzugriff im engeren Sinne muss die Art und Weise der Besteuerung nach dem sog. Soll-Prinzip[565] unterschieden werden. Muss der Unternehmer die Steuer abführen, ohne seinerseits das Entgelt erhalten zu haben, ist er entweder gezwungen, Eigenkapital aufzuwenden, sodass ihm ein Zinsertrag entgeht oder aber er muss die Vorauszahlung mit Fremdkapital finanzieren, sodass echter Zinsaufwand entsteht. Die entstehenden Kosten sind oftmals nur schwer kalkulierbar und können dem Vertragspartner damit in der Regel nicht ohne weiteres in Rechnung gestellt werden. Eine Abwälzung wird in diesem Fall meist misslingen, sodass ebenfalls eine Beeinträchtigung von Art. 12 Abs. 1 GG vorliegt.[566]

Es kann also festgehalten werden, dass die Inanspruchnahme des Unternehmers sowohl durch die auferlegten Pflichtdienste als auch durch den Steuerzugriff rechtfertigungsbedürftig in Art. 12 Abs. 1 GG eingreift.

b) Eigentumsfreiheit: Art. 14 GG

Neben Art. 12 Abs. 1 GG, könnte die Inanspruchnahme des Unternehmers auch in Art. 14 GG eingreifen. Erneut soll zwischen den Pflichtdiensten des Unternehmers und dem Steuerzugriff unterschieden werden.

aa) Pflichtdienste des Unternehmers

Schon das Bundesverfassungsgericht entschied in der Entscheidung zur *Erdölbevorratung*, dass die Pflichten der Indienstgenommenen „in erster Linie an Art. 12 Abs. 1 GG“[567] zu messen seien. Denn der Einzelne wird nicht in seiner Eigenschaft als Eigentümer, sondern als Unternehmer belastet.[568] Art. 14 GG sei nur dann betroffen, wenn die Pflichten in die Substanz des Gewerbebetriebs eingreifen.[569] Daraus kann zunächst gefolgert werden, dass ein Nebeneinander

564 Ebenso *Englisch*, in: Zukunftsfragen, S. 39, 73: „Verstoß“ gegen Art. 12 Abs. 1 GG.

565 Dazu schon Einf. B. I. 4. a) bb).

566 *Stadie*, UR 2004, 135, 140; *ders.*, UR 2011, 45, 48; teilweise anders aber *Fischer*, Rechtfertigung der Umsatzsteuer, S. 121 ff., 126 der zwar eine Verortung in Art. 14 GG vornimmt, gleichwohl aber den Betrachtungsschwerpunkt bei Art. 12 Abs. 1 GG sieht; auch *Frye*, UR 2013, 561, 566 f. stellt auf Art. 14 GG ab.

567 BVerfG v. 16.3.1971 – 1 BvR 52/66 u.a., BVerfGE 30, 292, 312 (*Erdölbevorratung*).

568 BVerfG v. 16.3.1971 – 1 BvR 52/66 u.a., BVerfGE 30, 292, 312 ff., 334 ff. (*Erdölbevorratung*).

569 BVerfG v. 16.3.1971 – 1 BvR 52/66 u.a., BVerfGE 30, 292, 335 (*Erdölbevorratung*).

von Art. 12 Abs. 1 GG und Art. 14 GG in der Regel ausscheiden solle. Diese strikte Trennung wurde in den Folgejudikaten des Bundesverfassungsgerichts aber aufgeweicht und ein Nebeneinander von Berufs- und Eigentumsfreiheit angenommen.[570] Meist liege neben einer Beeinträchtigung der Berufsfreiheit auch ein Eingriff in das Recht am eingerichteten und ausgeübten Gewerbebetrieb vor, das auch von Art. 14 GG geschützt werde.[571] Insofern wird vielerorts von einer einheitlich geschützten Wirtschaftsfreiheit gesprochen.[572] Gegen eine Beeinträchtigung des Art. 14 GG durch die Inanspruchnahme des umsatzsteuerlichen Unternehmers ist aber zum einen einzuwenden, dass die Anforderungen an die Beeinträchtigung des Rechts am eingerichteten und ausgeübten Gewerbebetrieb nur selten erreicht werden.[573] Und zum anderen kann - abgesehen von einem „erdrosselnden" Eingriff in den eingerichteten Gewerbebetrieb - eine Beeinträchtigung von bestehenden Eigentumspositionen kaum begründet werden. Mancherorts wird zwar argumentiert, dass die Inanspruchnahme dem Eigentümer die Art und Weise der Nutzung seines Eigentums vorschreibe und ihm daher seine Dispositionsfreiheit[574] nehme.[575] Die Freiheit über die Nutzung der eigenen Betriebsmittel zu entscheiden, ist aber vielmehr Art. 12 Abs. 1 GG zuzuordnen.[576] Im Vordergrund der Inanspruchnahme durch Auferlegung von Handlungspflichten steht die Nutzung der Unternehmerfunktionen und nicht das sachliche Substrat des eingerichteten und ausgeübten Gewerbetriebs.[577] Gleichwohl kann auch hier nicht geleugnet werden, dass der allzu vereinfachte Ansatz *Wittigs*[578], Art. 12 Abs. 1 GG schütze den Erwerb und Art. 14 Abs. 1

570 Vgl. nur BVerfG v. 27.6.1972 - 1 BvL 34/70, BVerfGE 33, 240, 247; v. 17.2.1977 - 1 BvR 33/76, BVerfGE 44, 103, 104; anders BVerfG v. 1.3.1978 - 1 BvR 786/70 u.a., BVerfGE 47, 285, 321 (*Notargebühren*); v. 1.7.1980 - 1 BvR 349/75 u.a., BVerfGE 54, 251, 266 ff. (*Berufsvormund*).

571 *Scholz*, in: Maunz/Dürig, GG, Art. 12 Rz. 130, 148 f. (Stand: Juni 2006).

572 *Scholz*, in: Maunz/Dürig, GG, Art. 12 Rz. 149 (Stand: Juni 2006); *Drüen*, in: Lohnsteuertag, S. 59, 61; *ders.*, Indienstnahme Privater, S. 219; *Seer*, DStJG 23 (2000), S. 87, 95; ähnlich *Strauß*, Verfassungsfragen, S. 154, wonach auf Art. 14 GG ein „gleichgewichtiges Augenmerk" zu legen sei.

573 Siehe dazu *Canz*, Umsatzbesteuerung der öffentlichen Hand, S. 108, der einen Eingriff in das REAG erst annimmt, wenn der Unternehmer zur Aufgabe seines Betriebs gezwungen wird; ebenso *Zirkl*, Neutralität, S. 203.

574 Dazu *Spindler*, Unternehmensorganisationspflichten, S. 459, 503 f.

575 *Strauß*, Verfassungsfragen, S. 156; ebenso *Hey*, FR 1998, 497, 504.

576 *Geißler*, Der Unternehmer im Dienste des Steuerstaats, S. 208 m.w.N.

577 BVerfG v. 16.3.1971 - 1 BvR 52/66 u.a., BVerfGE 30, 292, 335 (*Erdölbevorratung*).

578 *Wittig*, in: FS Müller, S. 575, 590 Fn. 67.

GG das Erworbene, allenfalls als Faustformel dienen kann.[579] Daher muss von einer einheitlichen Wirtschaftsfreiheit gesprochen werden,[580] die von Art. 12 Abs. 1 GG und Art. 14 GG gewährleistet wird. Jedenfalls für Prüfungszwecke ist jedoch auf das sachnähere Grundrecht abzustellen, sodass hier vorrangig Art. 12 Abs. 1 GG zu bemühen ist.[581]

bb) Steuerzugriff

Realisiert sich die Belastungskonzeption des Umsatzsteuerrechts, ist die Umsatzsteuer beim Unternehmer ein „durchlaufender Posten“, sodass eine Beeinträchtigung von Art. 14 Abs. 1 GG ausscheidet.[582] Gelingt die Abwälzung hingegen nicht, so wird teilweise gefolgert, dass Art. 14 Abs. 1 GG beeinträchtigt sei.[583] Ob die Besteuerung aber überhaupt das Eigentumsgrundrecht berührt, ist umstritten.

Während in der Literatur weitestgehend Einigkeit besteht,[584] dass sich die Besteuerung an Art. 14 Abs. 1 GG messen lassen muss, divergieren die Auffassungen der Senate des Bundesverfassungsgerichts. Der erste Senat misst den Steuerzugriff allein an Art. 2 Abs. 1 GG und nimmt eine Beeinträchtigung von Art. 14 Abs. 1 GG nur im Fall einer erdrosselnden Besteuerung an.[585] Allein diese

---

579 Siehe nur *Seer*, DStJG 23 (2000), S. 87, 95.

580 Wie bei *Scholz*, in: Maunz/Dürig, GG, Art. 12 Rz. 149 (Stand: Juni 2006); *Drüen*, in: Lohnsteuertag, S. 59, 61; *ders.*, Indienstnahme Privater, S. 219; *Seer*, DStJG 23 (2000), S. 87, 95; ähnlich *Strauß*, Verfassungsfragen, S. 154, wonach auf Art. 14 GG ein „gleichgewichtiges Augenmerk“ zu legen sei.

581 Ebenso *Geißler*, Der Unternehmer im Dienste des Steuerstaats, S. 209; *Fischer*, Rechtfertigung der Umsatzsteuer, S. 154 ff., der die Inanspruchnahme schon nur im Rahmen des Art. 12 Abs. 2 GG anspricht.

582 *Fischer*, Rechtfertigung der Umsatzsteuer, S. 116 ff.; *Zirkl*, Neutralität, S. 201.

583 *Fischer*, Rechtfertigung der Umsatzsteuer, S. 121 ff., der gleichwohl eine strukturelle Nichtabwälzbarkeit fordert; *Löhr*, Optionsrecht, S. 365.

584 *P. Kirchhof*, VVDStRL 39 (1981), S. 213, 226 ff.; *Friauf*, DÖV 1980, 480, 488; *ders.*, DStJG 12 (1989), S. 3, 22; ausführlich auch *Seer*, DStJG 23 (2000), S. 87, 96 ff.; *Hahn*, StuW 2004, 167, 177; *Mellinghoff*, UR 2013, 5, 14; differenzierend *Papier*, in: Maunz/Dürig, GG, Art. 14 Rz. 169 f. (Stand: Juli 2010); a.A. aber *Wernsmann*, in: HHSp, AO/FGO, § 4 Rz. 545 (Stand: August 2015).

585 BVerfG v. 8.4.1987 – 2 BvR 909/89 u.a., BVerfGE 75, 108, 154 (*Künstlersozialversicherung*); v. 31.5.1990 – 2 BvL 12/88 u.a., BVerfGE 82, 159, 190 (*Absatzfonds*); v. 8.4.1997 – 1 BvR 48/94, BVerfGE 95, 267, 300 f. (*Altschulden*); v. 17.7.2003 – 2 BvL 1/99 u.a., BVerfGE 108, 186, 233 f. (*Altenpflegeausbildungsumlage*).

Annahme ist aber widersprüchlich.[586] Die Rechtsprechung verlegt das Übermaßverbot von der Rechtfertigungs- auf die Schutzbereichsebene. Richtigerweise kann aber nur ein bestehender Eingriff in den Schutzbereich im Einzelfall auch übermäßig oder „erdrosselnd“ sein.

Anders entscheidet daher der zweite Senat des Bundesverfassungsgerichts, der eine Beeinträchtigung der Eigentumsfreiheit annimmt, wenn der Steuerzugriff tatbestandlich an das Innehaben von vermögenswerten Rechtspositionen anknüpft.[587]

Für das Umsatzsteuerrecht stellt sich also die Frage, ob mit dem zweiten Senat eine Anknüpfung an das Innehaben vermögenswerter Rechtspositionen vorliegt. Es ist insofern die Besonderheit zu beachten, dass der Unternehmer nicht der intendierte Steuerträger ist. Es soll gerade nicht seine Leistungsfähigkeit, sondern die Leistungsfähigkeit besteuert werden, die sich in den geldwerten Aufwendungen für den Konsum durch den Endverbraucher zeigt.[588] Die Umsatzbesteuerung knüpft tatbestandlich also nicht an vermögenswerte Rechtspositionen des Unternehmers an, sondern allenfalls an solche des Verbrauchers. Dessen Entgelt ist grundsätzlich die Bemessungsgrundlage der Umsatzsteuer, § 10 Abs. 1 S. 1 UStG. In Bezug auf den Unternehmer knüpft die Umsatzsteuer nur an dessen Ausübung einer gewerblichen oder beruflichen Tätigkeit im Sinne des § 2 Abs. 1 S. 1 UStG an. Die vermögenswerten Rechtspositionen des Unternehmers sind für den Steuerzugriff hingegen tatbestandlich irrelevant.[589] Gelingt die Überwälzung auf den Verbraucher nicht, ist die Umsatzbesteuerung daher in Übereinstimmung mit beiden Senaten des Bundesverfassungsgerichts nicht

---

586 So schon *Friauf*, JurA 1970, 299, 302 f.; *ders.*, DStJG 12 (1989), S. 3, 22; *Seer*, DStJG 23 (2000), S. 87, 99.

587 BVerfG v. 22.6.1995 – 2 BvL 37/91, BVerfGE 93, 121, 137 (*Vermögensteuer*); v. 18.1.2006 – 2 BvR 2194/99, BVerfGE 115, 97, 111 (*Halbteilungsgrundsatz*); kritisch *Wernsmann*, NJW 2006, 1169, 1170 ff.

588 *Stadie*, in: R/D, UStG, Einf. Rz. 141 ff. (Stand: April 2013); präziser *Englisch*, in: Tipke/Lang, Steuerrecht, § 17 Rz. 11, der die Umsatzsteuer als eine „allgemeine Vermögensverwendungssteuer“ versteht.

589 Eine vertiefte Auseinandersetzung mit der Divergenz in der Rechtsprechung der Senate des Bundesverfassungsgerichts ist im Rahmen dieser Arbeit also nicht notwendig. Siehe dazu aber ausführlich *Fischer*, Rechtfertigung der Umsatzsteuer, S. 113 ff. und *Seer*, DStJG 23 (2000), S. 87, 94 ff., die sich richtigerweise mit dem zweiten Senat entscheiden.

an Art. 14 Abs. 1 GG zu prüfen,[590] sondern an Art. 12 Abs. 1 GG.[591] Der Steuerzugriff beim Unternehmer greift nicht in den Schutzbereich des Art. 14 Abs. 1 GG ein.

Es zeigt sich also, dass die Pflichtdienste des Unternehmers in erster Linie und der Steuerzugriff beim Unternehmer ausschließlich in dessen Berufsfreiheit eingreifen. Diese stellt daher auch primär den Maßstab der Rechtfertigung auf, an dem sich die Inanspruchnahme des Unternehmers messen lassen muss.

2. *Verhältnismäßigkeit der Inanspruchnahme des Unternehmers*

Art. 12 Abs. 1 S. 2 GG sieht für Eingriffe in den Schutzbereich der Berufsfreiheit einen einheitlichen Regelungsvorbehalt vor, der wie ein einfacher Gesetzesvorbehalt zu verstehen ist.[592] Die so geschaffene Eingriffsmöglichkeit zu Gunsten des Staates stellt allerdings keinen Freibrief[593] dar. Denn Eingriffe des Staates in die Grundrechte müssen stets auch am Übermaßverbot – oder auch Verhältnismäßigkeitsprinzip –[594] gemessen werden. Dieses in den Grundrechten[595] und dem Rechtsstaatsprinzip[596] verankerte[597] Prinzip erfordert, dass der staatliche Eingriff einen legitimen Zweck verfolgt, zur Erreichung dieses Zwecks geeignet und erforderlich und letztlich angemessen (nicht übermäßig) ist.[598] Entsprechend

---

590 So aber *Fischer*, Rechtfertigung der Umsatzsteuer, S. 121 ff., der gleichwohl eine strukturelle Nichtabwälzbarkeit fordert und *Löhr*, Optionsrecht, S. 365.

591 So auch *Zirkl*, Neutralität, S. 202 f.; ähnlich *Papier*, in: Maunz/Dürig, GG, Art. 14 Rz. 169 (Stand: Juli 2010); *Jarass*, in: Jarass/Pieroth, GG, Art. 14 Rz. 29; *Wernsmann*, NJW 2006, 1169, 1173, der auf das „thematisch einschlägig[e]" Grundrecht abstellt.

592 Seit BVerfG v. 11.6.1958 – 1 BvR 596/56, BVerfGE 7, 377, 399 ff. (*Apothekenurteil*) allgemeine Meinung.

593 *Seer*, DStJG 23 (2000), S. 87, 102.

594 Grundlegend *Lerche*, Übermaß und Verfassungsrecht, S. 153.

595 Siehe hier nur BVerfG v. 11.6.1958 – 1 BvR 596/56, BVerfGE 7, 377, 404 ff. (*Apothekenurteil*) und BVerfG v. 15.12.1969 – 1 BvR 513/65, BVerfGE 19, 342, 348 f. (*Untersuchungshaft*), wonach der Grundsatz der Verhältnismäßigkeit sich „aus dem Rechtsstaatsprinzip, im Grunde bereits aus dem Wesen der Grundrechte selbst" ergibt, „die als Ausdruck des allgemeinen Freiheitsanspruchs des Bürgers gegenüber dem Staat von der öffentlichen Gewalt jeweils nur so weit beschränkt werden dürfen, als es zum Schutz öffentlicher Interessen unerläßlich ist".

596 Vgl. nur BVerfG v. 5.3.1968 – 1 BvR 579/67, BVerfGE 23, 127, 133 (*Zeugen Jehovas*); v. 1.6.1986 – 2 BvR 239/88, BVerfGE 80, 109, 120 (*Fahrzeughalter*); v. 9.3.1994 – 2 BvL 43/92 u.a., BVerfGE 90, 145, 173 (*Cannabis*).

597 Im einzelnen umstritten, dazu *Grzeszick*, in: Maunz/Dürig, GG, Art. 20 Rz. 108.

598 BVerfG v. 20.6.1984 – 1 BvR 1497/78, BVerfGE 67, 157, 173 (*G 10*).

der oben[599] vorgeschlagenen Prüfungsfolge bei kumulativen Grundrechtsbeeinträchtigungen, sind die Belastungen des Unternehmers zunächst punktuell zu betrachten. Erst in einem zweiten Schritt erfolgt eine Prüfung der Gesamtverhältnismäßigkeit.

a) Punktuelle Betrachtung

aa) Grundsatz: Einzelbelastungen des Unternehmers als angemessene Berufsausübungsregeln

Betrachtet man die einzelnen Pflichten und Obliegenheiten des Unternehmers[600] isoliert, so treffen sie diesen, weil er gem. § 2 Abs. 1 S. 1 UStG eine selbständige oder berufliche Tätigkeit ausübt. Die Einzelbelastungen des Unternehmers stellen sich damit als Berufsausübungsregelungen dar.[601] Eingriffe in die Berufsausübungsfreiheit lassen sich durch vernünftige Erwägungen des Gemeinwohls rechtfertigen.[602] Dabei werden Indienstnahmen Privater zumeist als zulässige Berufsausübungsregelungen verstanden, denen vernünftige Erwägungen des Gemeinwohls zugrunde liegen.[603] Wie oben bereits dargestellt, dient die Inanspruchnahme des Unternehmers zum Zwecke der Umsatzbesteuerung der effektiven Besteuerung des Letztverbrauchs, wobei der Verbraucher nicht ohne Inkaufnahme eines strukturellen Vollzugsdefizits selbst zum Schuldner der Umsatzsteuer erklärt werden könnte und daher in der „Anonymität des

599 Einf. B. I. 5. a) cc).

600 Dazu Einf. B. I. 4.

601 Zur Umsatzsteuer: *Fischer*, Rechtfertigung der Umsatzsteuer, S. 160 ff.; *Englisch*, in: Zukunftsfragen, S. 39, 71; allgemein zur Indienstnahme: BVerfG v. 30.10.1961 – 1 BvR 833/59, BVerfGE 13, 181, 187 (*Schankerlaubnissteuer*); v. 29.11.1967 – 1 BvR 175/66, BVerfGE 22, 380, 383 (*Kuponsteuer*); v. 16.3.1971 – 1 BvR 52/66 u.a., BVerfGE 30, 292, 315 (*Erdölbevorratung*); v. 1.4.1971 – 1 BvL 22/67, BVerfGE 31, 8, 29 (*Glücksspielautomat*); *Drüen*, Indienstnahme Privater, S. 216 f.; *Strauß*, Verfassungsfragen, S. 146.

602 Seit der Entscheidung des BVerfG v. 11.6.1958 – 1 BvR 596/56, BVerfGE 7, 377, 399 ff. (*Apothekenurteil*), in der das BVerfG die sog. Drei-Stufen-Theorie aufgestellt, anerkannte Rechtsprechung.

603 BVerfG v. 29.11.1967 – 1 BvR 175/66, BVerfGE 22, 380, 383 (*Kuponsteuer*); v. 16.3.1971 – 1 BvR 52/66 u.a., BVerfGE 30, 292, 312 (*Erdölbevorratung*); v. 13.1.1987 – 2 BvR 209/84, BVerfGE 74, 102, 120 (*Erziehungsmaßregel*); kritisch *Drüen*, Indienstnahme Privater, S. 217, der bemängelt, dass oftmals der bloße Hinweis auf Gemeinwohlbelange als pflichtenlegitimierend angesehen wird, ohne dass die Angemessenheit im Einzelfall überprüft wird.

Marktes“ verbleiben muss.[604] Insofern können die Einzelbelastungen des Unternehmers, die mit den unterschiedlichen Pflichten und Obliegenheiten einhergehen, als zwingend erforderlich und in ihrer Einzelwirkung auch als angemessen angesehen werden.[605]

bb) Ausnahme: Besteuerung nach dem sog. Soll-Prinzip

Auch die Besteuerung nach dem sog. Soll-Prinzip dient dem Zweck, die dargestellte Steuerbelastung technisch umzusetzen.[606] Daneben muss die Soll-Besteuerung aber auch geeignet sein, den verfolgten Zweck zu erreichen.[607] Das ist der Fall, wenn sie diesen zumindest fördert.[608] Eine Belastung des Verbrauchers tritt erst ein, wenn dieser das Entgelt gezahlt hat, sodass der Unternehmer dieses vereinnahmt hat. Bis zur Vereinnahmung des Entgelts ist allein der Unternehmer durch die von ihm vorzunehmende Vorfinanzierung belastet. Allerdings führt dies nicht zur generellen Ungeeignetheit der Sollbesteuerung.[609] Ausreichend ist bereits irgendeine Förderung des Belastungszwecks. Die Belastung des Unternehmers ist zwar eine vom Gesetzeszweck nicht erfasste Nebenfolge. Dennoch kann auch die Soll-Besteuerung die Besteuerung des Aufwands des Verbrauchers zumindest fördern, sodass diese noch als geeignet angesehen werden kann.[610] Die Besteuerung nach vereinbarten Entgelten muss allerdings nicht nur geeignet, sondern auch erforderlich sein. Das ist der Fall, wenn sie das von mehreren gleich geeigneten Mitteln, das am wenigsten Belastende ist.[611] Wird als Zweck die effektive Endverbrauchsbesteuerung zugrunde gelegt, so wird diese durch die Besteuerung nach vereinnahmten Entgelten ebenso erreicht, wie durch die Besteuerung nach vereinbarten Entgelten. Die Besteuerung nach dem Ist-Prinzip verpflichtet den Unternehmer aber nicht zur Vorfinanzierung

---

604 Einf. A. II. und Einf. B. I. 3.

605 Ebenso *Dürrschmidt*, in: USt-Kongressbericht 2014, S. 33, 69; *Fischer*, Rechtfertigung der Umsatzsteuer, S. 167.

606 *Frye*, in: R/D, UStG, § 20 Rz. 117 (Stand: Oktober 2016).

607 Dabei sind nationale Grundrechte auch für die Sollbesteuerung primärer Prüfungsmaßstab, da die vollumfängliche Besteuerung nach vereinbarten Entgelten im Ausgestaltungsermessen der Mitgliedstaaten liegt, siehe bereits Einf. B. I. 4. a) bb).

608 Siehe nur BVerfG v. 10.5.1972 – 1 BvR 286/65 u.a., BVerfGE 33, 171, 187 (*Honorarverteilung*).

609 So aber *Stadie*, in: R/D, UStG, Einf. Rz. 206, 412 f. (Stand: März 2017).

610 *Frye*, in: R/D, UStG, § 20 Rz. 118 (Stand: Oktober 2016); *ders.*, UR 2013, 561, 568.

611 Zum Erforderlichkeitsmaßstab siehe nur BVerfG v. 20.6.1984 – 1 BvR 1497/78, BVerfGE 67, 157, 177 (*G 10*).

der Steuer. Allein die Soll-Besteuerung begründet insofern eine Zusatzbelastung des Unternehmers. Die Besteuerung nach vereinbarten Entgelten ist daher nicht erforderlich und damit unverhältnismäßig.[612] Diese Beurteilung ändert sich auch nicht durch eine Anwendung des § 17 Abs. 2 Nr. 1 S. 1 UStG[613] oder den Vorsteuerabzug nach dem Sollprinzip[614]. Die Vorfinanzierungspflicht wäre durch eine Anwendung des § 17 Abs. 2 Nr. 1 S. 1 UStG nur dann vollständig ausgeglichen, wenn „uneinbringlich" interpretiert werde als „nichtvereinnahmt bis zum Zeitpunkt der Fälligkeit der Steuer".[615] Dann aber wäre ein ständiges Zurückberichtigen der Bemessungsgrundlage gem. § 17 Abs. 2 Nr. 1 S. 2 UStG erforderlich, wenn der Leistungsempfänger vertragskonform, aber nach Ablauf des Voranmeldungszeitraums zahlt. Eine solche Auslegung wird daher von der überwiegenden Ansicht in Rechtsprechung und Literatur auch mit Blick auf den weitest möglichen Wortsinn des § 17 Abs. 2 Nr. 1 S. 1 UStG im Normalfall abgelehnt. Eine Uneinbringlichkeit liege nur vor, wenn objektiv ersichtlich sei, dass der Leistende seine Entgeltforderung ganz oder teilweise zumindest auf absehbare Zeit rechtlich oder tatsächlich nicht durchsetzen könne.[616] Eine Anwendung des § 17 Abs. 2 Nr. 1 S. 1 UStG als Ausgleich der Besteuerung nach vereinbarten Entgelten würde daher eine gespaltene Auslegung des Merkmals „uneinbringlich" erforderlich machen und ist daher abzulehnen. Und auch der Vorsteuerabzug nach dem Sollprinzip, d.h. bereits vor Erbringung der eigenen Gegenleistung, kann die Vorfinanzierungsbelastung nicht ausgleichen. Da davon auszugehen ist, dass der vorsteuerabzugsberechtigte Unternehmer seinerseits einen Mehrwert schafft, der gerade bei Dienstleistungen erheblich sein kann, kann der Sofortabzug nur eine Abmilderung der Finanzierungsbelastung bewirken.[617]

Eine isolierte Betrachtung der Belastungen des Unternehmers zeigt also, dass die ihm auferlegten Pflichten grundsätzlich verhältnismäßig sind. Eine Ausnahme bildet insofern die Besteuerung nach dem sog. Soll-Prinzip, die

---

612 *Stadie*, UR 2004, 136, 140; *ders.*, UR 2011, 45, 51 f.; *Frye*, UR 2013, 561, 568; *Englisch*, in: T/L, § 17 Rz. 283.

613 So aber BFH v. 22.7.2010 – V R 4/09, BStBl. II 2013, 590, Rz. 44.

614 So aber der Finanzausschuss v. 30.3.1967, BT-Drs. V/1581, S. 2.

615 So *Stadie*, in: R/D, UStG, § 17 Rz. 371.1 (Stand: März 2018).

616 BFH v. 22.7.2010 – V R 4/09, BStBl. II 2013, 590, Rz. 44; *Englisch*, in: Tipke/Lang, Steuerrecht, § 17 Rz. 287; *Frye*, in: R/D, UStG, § 20 Rz. 66 ff. m.w.N. (Stand: Oktober 2016); eine Auslegung am Wortlaut des Gesetzes fordert auch *Fischer*, Rechtfertigung der Umsatzsteuer, S. 126.

617 *Frye*, in: R/D, UStG, § 20 Rz. 68 (Stand: Oktober 2016).

bereits isoliert betrachtet eine unverhältnismäßige Belastung des Unternehmers darstellt.

b) Die gebotene Gesamtbetrachtung

aa) Die Inanspruchnahme als „qualifizierte" Berufsausübungsregelung

Bevor die Frage nach dem legitimen Zweck der Inanspruchnahme als Gesamtbelastung gestellt werden kann, muss untersucht werden, welche Anforderungen die im *Apothekenurteil*[618] entwickelte Drei-Stufen-Theorie an die Eingriffsrechtfertigung stellt. Denn je intensiver der Eingriff, desto höher sind die an den rechtfertigenden Zweck zu stellenden Anforderungen. Diese allgemeine Formel wird im Rahmen des Art. 12 Abs. 1 GG durch die sog. Drei-Stufen-Theorie konkretisiert. Während – wie dargestellt – Berufsausübungsregelungen als Belastungen von geringer Intensität grundsätzlich jeden gemeinwohlbezogenen Zweck ausreichen lassen, unterliegen Beeinträchtigungen des „Obs" der Berufsausübung – also der Berufswahl – strengeren Anforderungen. Knüpft eine solche Berufswahlregelung besonders intensiv allein an objektive, vom Bürger nicht beeinflussbare Umstände an, so ist dies nur zur Abwehr nachweisbarer oder höchstwahrscheinlicher schwerer Gefahren für ein überragend wichtiges Gemeinschaftsgut zulässig.[619] Wird die Berufswahl von Umständen abhängig gemacht, auf die der Belastete Einfluss nehmen kann – sog. subjektive Berufswahlregelung –, muss dies der Schutz eines besonders wichtigen Gemeinschaftsguts zwingend erfordern.[620] Bei alledem sind die Grenzen der unterschiedlichen Stufen nicht starr, sondern stets an die Belastungsrealität flexibel anpassbar. Insbesondere kann eine Beeinträchtigung der Berufsausübungsfreiheit die Berufsfreiheit ebenso intensiv beeinträchtigen, wie eine Regelung der Berufswahlfreiheit. In einem solchen Fall kann von einer „qualifizierten" Ausübungsregelung[621] gesprochen werden, die grundsätzlich[622] den gleichen Rechtfertigungsanforderungen unterliegt, wie eine subjektive Berufswahlregelung.[623]

---

618 BVerfG v. 11.6.1958 – 1 BvR 596/56, BVerfGE 7, 377 (*Apothekenurteil*).

619 BVerfG v. 11.6.1958 – 1 BvR 596/56, BVerfGE 7, 377, 399 ff. (*Apothekenurteil*).

620 BVerfG v. 11.6.1958 – 1 BvR 596/56, BVerfGE 7, 377, 399 ff. (*Apothekenurteil*).

621 So *Hohmann*, DÖV 2000, 406, 412.

622 Auch diese Typisierung darf nicht starr verstanden werden, um die Belastungsrealität flexibel ausdrücken zu können.

623 BVerfG v. 23.3.1960 – 1 BvR 216/51, BVerfGE 11, 30, 42 f. (*Kassenarzt*).

Das Umsatzsteuerrecht enthält keine ausdrückliche Berufswahlregelung.[624] Es kommt also nur in Betracht, dass die einzelnen Belastungen des Unternehmers, die die Berufsausübungsfreiheit betreffen, in ihrer Gesamtwirkung bereits als „qualifizierte" Ausübungsregelung einzuordnen sind, die auf die Freiheit der Berufswahl zurückwirken. Dies wird teilweise unter Hinweis auf die fehlende generell erdrosselnde Wirkung der Umsatzsteuer beim Unternehmer verneint.[625] Erst „wenn die betroffenen Berufsangehörigen in aller Regel und nicht nur in Ausnahmefällen wirtschaftlich nicht mehr in der Lage sind, den gewählten Beruf ganz oder teilweise zur Grundlage ihrer Lebensführung oder – bei juristischen Personen – zur Grundlage ihrer unternehmerischen Erwerbstätigkeit zu machen"[626] wirke die Steuer auf die Berufswahl zurück.

Allerdings hängt die weitere Ausführbarkeit eines Gewerbes von der Zuverlässigkeit des Gewerbetreibenden ab, § 35 GewO. Die bei Unzuverlässigkeit mögliche Gewerbeuntersagung stellt eine berufswahlregelnde hoheitliche Maßnahme dar. Nicht jeder umsatzsteuerliche Unternehmer ist zwar Gewerbetreibender. Für eine überwiegende Anzahl der Unternehmen, bei denen sich umsatzsteuerliche Fragen von einiger Komplexität stellen, wird dies aber der Fall sein. Unzuverlässig ist nach § 35 GewO, wer nicht die Gewähr dafür bietet, dass er sein Gewerbe oder seinen Beruf in Zukunft ordnungsgemäß ausüben wird.[627] Dabei ist es nicht erforderlich, dass die Umstände, die eine Unzuverlässigkeit begründen im Zusammenhang mit der Ausübung des Berufs stehen.[628] In Betracht kommt insbesondere auch eine Unzuverlässigkeit aufgrund der Verletzung steuerlicher Pflichten.[629] Die Finanzbehörden sind intern bereits verpflichtet, das Steuergeheimnis zu durchbrechen und die entsprechenden Tatsachen an die Gewerbebehörden weiterzuleiten, wenn sich aus diesen die Unzuverlässigkeit des Gewerbetreibenden ergeben *kann*.[630] Dabei sei eine Beurteilung des Einzelfalls vorzunehmen, die sich unter anderem an folgenden Kriterien zu

---

624 *Fischer*, Rechtfertigung der Umsatzsteuer, S. 156.

625 *Fischer*, Rechtfertigung der Umsatzsteuer, S. 156 f.

626 BVerfG v. 30.10.1961 – 1 BvR 833/59, BVerfGE 13, 181, 187 (*Schankerlaubnissteuer*); v. 22.5.1963 – 1 BvR 78/56, BVerfGE 16, 147, 168 (*Werkfernverkehr*); v. 16.3.1971 – 1 BvR 52/66 u.a., BVerfGE 30, 292, 314 (*Erdölbevorratung*).

627 Siehe nur BVerwG v. 15.4.2015 – 8 C 6/14, BVerwGE 152, 39, Rz. 14.

628 *Landmann/Rohmer*, GewO, Bd. I, § 35 Rz. 29.

629 BVerwG v. 22.6.1994 – 1 B 114/94, juris, Rz. 7 ff.

630 BMF-Schreiben v. 14.12.2010 – IV A 3 – S 0130/10/10019, BStBl. I 2013, 1430, Rz. 1.2 unter Verweis auf BFH v. 10.2.1987 – VII R 77/84, BStBl. II, 545 und BFH v. 29.7.2003 – VII R 39/02, BStBl. II, 828.

orientieren habe:[631] Die Nichtabgabe von Steuererklärungen, wobei die Nichtabgabe von Umsatzsteuer-Voranmeldungen „besonderes Gewicht" habe. Die Nichtentrichtung von Steuern, wobei es ausreiche, wenn die Steuerforderung fällig sei. Dabei sei auch die Höhe der nicht entrichteten Steuer entscheidend. Aber auch ein „ständig schleppender" Zahlungseingang könne eine Unzuverlässigkeitsprognose begründen. Bei alledem komme es nicht auf ein Verschulden des Steuerpflichtigen an. Eine wirtschaftliche Zahlungsunfähigkeit sei insofern ausreichend.[632] Auch und insbesondere Straf- und Bußgeldverfahren nehmen Einfluss auf die Unzuverlässigkeitsprognose.[633]

Bezieht man diese allgemeinen Erwägungen auf die Umsatzsteuer, so ergibt sich, dass die umsatzsteuerliche Gesamtbelastung zwar die Wahl des Berufes nicht unmittelbar regelt, aber dennoch auf die Fortführbarkeit der Tätigkeit Einfluss nehmen kann.[634] Die umsatzsteuerlichen Pflichten und Obliegenheiten, deren Erfüllung stets eine eigene rechtliche und tatsächliche Bewertung des Unternehmers voraussetzen, bringen ein nicht unerhebliches Fehlerrisiko mit sich und begründen auch für den redlichen Unternehmer die Gefahr, Objekt eines Steuerstraf- oder Bußgeldverfahrens zu werden.[635] Bedenkt man, dass der Unternehmer seine Berechnungen und Erklärungen gegebenenfalls jeden Monat aufs Neue innerhalb von 10, 20 und 25 Tagen anzufertigen hat, wird erkennbar, wie schnell der Eindruck eines „ständig schleppenden" Zahlungseingangs entstehen kann. Da ausweislich des Schreibens des BMF umsatzsteuerliche Verfehlungen „besonderes Gewicht" haben, ist es keinesfalls ausgeschlossen, dass der Unternehmer zumindest in die Gefahr einer Gewerbeuntersagung gerät. Dieses Risiko kumuliert daher mit den der Umsatzsteuer inhärenten Risiken. Betrachtet man in Ergänzung dazu, dass die zur Unzuverlässigkeit führende Zahlungsunfähigkeit im Einzelfall durch die Vorfinanzierungsbelastung des Unternehmers aufgrund des (unverhältnismäßigen) Soll-Prinzips herbeigeführt werden kann,[636] ergibt sich, dass die Inanspruchnahme des Unternehmers

---

631 BMF-Schreiben v. 14.12.2010 - IV A 3 - S 0130/10/10019, BStBl. I 2013, 1430, Rz. 2 ff.

632 Unter Verweis auf BVerwG v. 2.2.1982 - 1 C 146/80, BVerwGE 65, 1 und BVerwG v. 11.11.1996 - 1 B 226/96, juris.

633 BMF-Schreiben v. 14.12.2010 - IV A 3 - S 0130/10/10019, BStBl. I 2013, 1430, Rz. 2.4.

634 Ähnlich in Bezug auf die Besteuerung im Allgemeinen *Hohmann*, DÖV 2000, 406, 413.

635 Dazu schon Einf. B. I. 4. c).

636 So stellt *P. Kirchhof*, Bundessteuergesetzbuch in der Diskussion, S. 63 f. fest, dass die Vorfinanzierungsbelastung bei „gefährdeten Unternehmen den letzten Anstoß zum Niedergang" gegeben habe.

als Summe der Einzelbelastungen nicht mehr mit der Intensität einer bloßen Berufsausübungsregelung vergleichbar ist. Die Inanspruchnahme des Unternehmers für Umsatzsteuerzwecke stellt daher eine „qualifizierte" Ausübungsregelung dar, die jedenfalls den Schutz besonders wichtiger Gemeinschaftsgüter zwingend erfordert und eine strengere Verhältnismäßigkeitsprüfung zur Folge hat, als eine einfache Berufsausübungsregelung.[637]

bb) Legitimer Zweck der Inanspruchnahme

Im Rahmen einer Gesamtbetrachtung von Belastungskumulationen muss die Schnittmenge der durch die Einzeleingriffe verfolgten Zwecke als Belastungszweck zugrunde gelegt werden, um in die relationale Verhältnismäßigkeitsprüfung einzusteigen.[638] Insofern genießt der Gesetzgeber eine Einschätzungsprärogative.[639] Der Zweck der Inanspruchnahme des Unternehmers besteht in der effektiven Erhebung der Umsatzsteuer, die beim Endverbraucher praktisch nicht erhoben werden könnte. Diese indirekte Erhebungsform ist in Art. 106 Abs. 1 Nr. 2 GG als grundsätzlich verfassungsgemäß vorausgesetzt. Da die Verfassung die Umsatzsteuer als solche voraussetzt, kann deren effektive Erhebung auch als legitimer Zweck verstanden werden.

cc) Geeignetheit der Inanspruchnahme

Die Gesamtbelastung des Unternehmers ist nur dann geeignet, wenn sie den verfolgten Zweck zumindest fördert.[640] Wirken mehrere Einzeleingriffe in einer Belastungskumulation zusammen, so kann dies einerseits die Geeignetheit des Belastungsbündels erhöhen. Denn durch das Zusammenwirken mehrerer Einzeleingriffe wird der Zweck unter Umständen erst zur Gänze erreicht. Eine Belastungskumulation kann aber auch genau das Gegenteil zur Folge haben. Ein isoliert betrachtet geeigneter Eingriff, kann im Zusammenwirken mit anderen Einzeleingriffen seiner zweckfördernden Wirkung beraubt werden, wenn die Einzeleingriffe ihre Wirkung gegenseitig aufheben und von einem Einzeleingriff keine fördernde Wirkung, sondern nur noch eine Belastung ausgeht.[641]

---

637 Im Ergebnis ebenso *Breuer*, in: HStR, Bd. VIII, § 71 Rz. 41; jüngst BVerfG v. 22.10.2017 – 1 BvR 1822/16, Rz. 20.

638 *Lee*, Umweltrechtlicher Instrumentenmix, S. 147 f.

639 Überzeugend *Scholz*, in: Maunz/Dürig, GG, Art. 12 Rz. 340.

640 Siehe nur BVerfG v. 10.5.1972 – 1 BvR 286/65 u.a., BVerfGE 33, 171, 187 (*Honorarverteilung*).

641 Dazu *Lee*, Umweltrechtlicher Instrumentenmix, S. 148 nahezu wortgleich zu *Klement*, AöR 134 (2009), 35, 66.

Für die Inanspruchnahme des Unternehmers im Umsatzsteuerrecht ist daher entscheidend, ob einzelne Belastungen gänzlich ungeeignet werden, wenn die übrigen Belastungen hinzukommen. Zwar könnte man die auch von der Richtlinie nicht zwingend vorgesehene Umsatzsteuer-Jahresanmeldung neben den monatlichen, vierteljährlichen oder jährlichen Voranmeldungen für entbehrlich halten. Sie fördert aber dennoch den Zweck einer umfassenden Erfassung der Umsätze des Unternehmers und ist damit auch geeignet, den durch die Inanspruchnahme verfolgten Zweck zu erreichen. Die Inanspruchnahme des Unternehmers ist also auch im Bündel zweckfördernd und somit geeignet.

dd) Erforderlichkeit der Inanspruchnahme

Damit die Inanspruchnahme insgesamt verhältnismäßig ist, muss sie in der konkreten Ausgestaltung auch erforderlich sein. Der verfolgte Zweck dürfte nicht durch weniger belastende Mittel ebenso effektiv erreicht werden können.

Bei der Überprüfung einer Belastungskumulation muss untersucht werden, ob ein anderes ebenso effektives Eingriffsbündel denkbar ist.[642] Dazu kann einerseits im Wege einer Gesamtbetrachtung ein gänzlich anderes Eingriffsarrangement erdacht und verglichen werden. Andererseits kann aber auch im Rahmen des bestehenden Eingriffsbündels eine Einzelbelastung hinweggedacht werden. Büßt das Eingriffsbündel dadurch keine Effektivität ein, weil die hinweggedachte Einzelbelastung durch eine „Reserveursache"[643] ausgeglichen wird, ist das Eingriffsbündel im Ganzen nicht erforderlich.[644] Denn Ergebnis des Hinwegdenkens ist ein ebenso effektives, aber weniger belastendes Eingriffsbündel.[645] Dabei ist allerdings zu beachten, dass eine erhöhte Wirksamkeit schon dann vorliegt, wenn die Wahrscheinlichkeit einer besseren Zweckförderung besteht.[646]

---

642 In Bezug auf umweltrechtliche Vorhabengenehmigungen *Klement*, AöR 134 (2009), 36, 68.

643 *Klement*, AöR 134 (2009), 35, 67.

644 Diese Überlegung ist vergleichbar mit strafrechtlichen Überlegungen zur Kausalität. Im Sinne der sog. *conditio sine qua non*-Formel ist eine Handlung nicht kausal, wenn sie hinweggedacht werden könnte, ohne dass der konkrete Erfolg entfiele. Ähnlich *Klement*, AöR 134 (2009), 35, 67, der noch auf Besonderheiten eingeht, die sich ergeben würden, wenn alle staatlichen Maßnahmen gleich wirksam wären.

645 Das übersehen *Klement*, AöR 134 (2009), 35, 67 und im Anschluss daran auch *Lee*, Umweltrechtlicher Instrumentenmix, S. 148 ff., wenn sie die Hinwegdenkkonstellation von der Gesamtalternative strikt unterscheiden.

646 *Klement*, AöR 134 (2009), 35, 67.

Hinweggedacht werden kann die Besteuerung nach vereinbarten Entgelten. Übrig bliebe die Ist-Besteuerung, die auch im Rahmen einer Belastungskumulation eine weniger intensive Beeinträchtigung der Berufsfreiheit darstellt.

Es stellt sich daneben die Frage, ob nicht ein vereinfachtes Erklärungssystem, das zumindest eine Vereinheitlichung der Abgabefristen vorsieht, die Steuerhebung in der gleichen Weise ermöglichen könnte. Das aktuelle System, in dem drei unterschiedliche Termine zur Erklärungsabgabe vorgesehen sind, verspricht keinen Mehrwert und ist überflüssige Bürokratie.[647] Auch sollte angestrebt werden, den Unternehmer nicht zusätzlich damit zu belasten, seine erforderlichen Erklärungen unter Umständen an unterschiedliche Adressaten schicken zu müssen. Dies wird zwar mit dem sog. MOSS-Verfahren für sonstige Leistungen mit Auslandsbezug bereits praktiziert. Dieser Ansatz sollte aber noch ausgeweitet werden. Es ist auch nicht zu erwarten, dass eine Vereinheitlichung des Erklärungssystems Effektivitätsnachteile mit sich bringen würde. Insofern wäre das Belastungsbündel eines alternativen Systems weniger intensiv, aber gleich effektiv.

Die Gesamtbelastung durch die Inanspruchnahme bewegt sich damit jedenfalls an den Grenzen des Erforderlichen.

ee) Angemessenheit der Inanspruchnahme

Im Rahmen der Angemessenheitsprüfung muss das Eingriffsinteresse mit dem Erhaltungsinteresse abgewogen werden. Die Beurteilung einer Belastungskumulation setzt dabei eine Gesamtabwägung voraus. Dabei ist das Eingriffsinteresse in der Regel der gemeinsame Zweck der kumulierenden Einzeleingriffe. Das Erhaltungsinteresse ist auf der anderen Seite das Interesse des Einzelnen an der Freiheit vor staatlichen Belastungen. Dabei hat der Einzelne nur einen Anspruch darauf, nicht übermäßig belastet zu werden. Insofern ist das Übermaßverbot von zentraler Bedeutung.[648] Die kumulierte Gesamtbelastung darf nicht so weit gehen, dass die Proportionalität zum Eingriffsinteresse nicht mehr gewahrt ist.

Betrachtet man die Inanspruchnahme des Unternehmers, so verfolgt diese den Zweck der effektiven Umsatzsteuererhebung und damit der Finanzierung des Staates. Dem Unternehmer werden Pflichten auferlegt, ohne die dieser Zweck größtenteils nicht erreicht werden könnte. Der Staat ist bei der Besteuerung und bei der Umsatzsteuer im besonderen Maße auf die Mithilfe seiner

---

647 Ebenso *Kemper*, UR 2015, 373, 378.

648 Grundlegend dazu *Lerche*, Übermaß und Verfassungsrecht.

Bürger angewiesen.[649] Dabei darf der Pflichtenkanon einerseits aber nicht über das erforderliche Maß – wie bei der Besteuerung nach dem Soll-Prinzip – hinausgehen und andererseits der Staat dem für fremde Rechnung Handelnden nicht einseitig das mit der Besteuerung einhergehende wirtschaftliche Risiko aufbürden.[650]

Bei der Umsatzsteuer trägt aber allein der Unternehmer das Risiko, dass die Abwälzung auf seinen Abnehmer gelingt und damit die Belastungskonzeption der Umsatzsteuer verwirklich wird. Dabei handelt es sich nicht um das Risiko des Unternehmers, im privatrechtlichen Vertragskampf seine Belange zum Ausdruck zu bringen. Denn insofern kann zivilrechtlich von einer gewissen Eigenverantwortlichkeit der Unternehmer ausgegangen werden, da das Steuerrecht auf die Entgeltgestaltung unmittelbar keinen Einfluss nimmt.[651] Vielmehr hat der Unternehmer im besten Fall bereits bevor es überhaupt zu Vertragsverhandlungen kommt und die Umsatzsteuer zu einem Kalkulationsfaktor werden kann, jedenfalls die Obliegenheit, die von ihm ausgeführten oder auszuführenden Umsätze rechtlich zu bewerten. Er oder sein Steuerberater, der seinen Aufwand aber vom Unternehmer vergütet bekommt, steht unter Umständen jeden Monat mehrfach vor rechtlichen Fragestellungen, die entscheidend für die umsatzsteuerrechtliche Bewertung seiner Umsätze sind. Ständig schwingt hinter ihm dabei das Beil des Fiskus, der die vorzunehmenden Bewertungen spätestens 10 Tage nach Ablauf des entsprechenden Besteuerungszeitraums erwartet und mit teilweise erheblichen Sanktionen droht. Dabei sind einige Rechtsprobleme mit einem hinnehmbaren Aufwand noch aus der Welt zu räumen. Andere aber können vom Unternehmer nicht ohne Weiteres gelöst werden, da möglicherweise sowohl die nationale Verwaltung als auch die nationale sowie unionale Rechtsprechung noch keine eindeutigen oder handhabbaren Lösungen formuliert hat. Exemplarisch sei an dieser Stelle nur auf die Anforderungen an die Rechnungsstellung oder die Bestimmung des Leistungsortes bei Reihengeschäften verwiesen. In einem solchen Fall muss der Unternehmer gleichwohl eine Erstbewertung vornehmen. Misslingt diese, kann es für eine vormals noch mögliche

649 Vgl. dazu schon Einf. B. I. 3.; insofern ist der Eingriff grundsätzlich auch gerechtfertigt, siehe hier nur *Drüen*, DStJG 31 (2008), S. 167, 184 f.; *Englisch*, in: Zukunftsfragen, S. 39, 71.

650 Diesen Maßstab legt auch *Englisch*, in: Zukunftsfragen, S. 39, 71 f. in Bezug auf Unionsgrundrechte an; siehe auch *Stadie*, in: R/D, UStG, Einf. Rz. 219 (Stand: März 2017); *ders.*, in: R/D, UStG, § 15 Rz. 882 ff. (Stand: Januar 2017).

651 Darauf stellt aber *Trzaskalik*, DStJG 12 (1989), S. 157, 175 ff. primär ab.

Überwälzung der Steuerbelastung auf seinen Abnehmer schon zu spät sein.[652] Selbst wenn man annähme, dass der Unternehmer zum Ausgleich des Abwälzungsrisikos jedenfalls bei zwischenunternehmerischen Umsätzen die Möglichkeit hätte, einer Belastung durch zivilrechtliche Gestaltungen – insbesondere durch sog. Steuerklauseln[653] – vorzubeugen, verkennt dies zweierlei: Zum einen setzt dies eine entsprechende Verhandlungsposition des Unternehmers voraus, die es ihm erlaubt, seine Interessen auch im zivilrechtlichen Verteilungskampf durchzusetzen. Und zum anderen bietet eine zivilrechtliche Vereinbarung keine Sicherheit vor einer möglichen Insolvenz des Schuldners. Stets muss der Unternehmer im Rahmen seiner Fremdhilfe also Selbsthilfe üben, um das vom Gesetzgeber vorgesehene Belastungskonzept zu verwirklichen. Zwar muss der Gesetzgeber keine Überwälzungsgarantien schaffen. Er muss aber dafür Sorge tragen, dass die Überwälzung typischerweise gelingt.[654] Nur auf diese Weise kann die Neutralität der Umsatzsteuer gewährleistet werden.

Jedenfalls dann, wenn der Unternehmer die im Geschäftsverkehr zu erwartende Sorgfalt hat walten lassen,[655] ist es nicht mit dem Neutralitätsprinzip vereinbar und nicht mehr angemessen, ihm einseitig das wirtschaftliche Risiko seiner Inanspruchnahme aufzubürden.[656]

Die Inanspruchnahme des Unternehmers für Umsatzsteuerzwecke ist somit übermäßig und damit unangemessen.[657]

---

652 Ebenso *Englisch*, in: Zukunftsfragen, S. 39, 73.

653 *Englisch*, Zukunftsfragen, S. 39, 73 spricht von „Preisanpassungsklauseln"; dazu und zu den sich daraus ergebenden zivilrechtlichen Problemen: *Wartenburger*, in: USt-Kongressbericht 2014, S. 145 ff.

654 *Englisch*, in: Zukunftsfragen, S. 39, 71 f.

655 Dazu *Englisch*, in: Zukunftsfragen, S. 39, 72 unter Verweis auf EuGH-Judikate, die bei fehlender subjektiver Vorwerfbarkeit davon ausgehen, dass eine Belastung des Unternehmers mit der Umsatzsteuer unverhältnismäßig ist.

656 Im Ergebnis ebenso *Reiß*, Stbg. 2004, 113, 117 f., der das Neutralitätsprinzip aber gleichheitsrechtlich verankert sieht.

657 Zu diesem Ergebnis kommt auch *Geißler*, Der Unternehmer im Dienste des Steuerstaats, S. 222, der allerdings primär auf die Pflichtdienste als solche abstellt; *Fischer*, Rechtfertigung der Umsatzsteuer, S. 167, bezieht nicht eindeutig Stellung, zeigt aber zumindest eine kritische Tendenz hin zur Unverhältnismäßigkeit, vgl. S. 170: „Diese Schwelle dürfte fast erreicht sein"; offenlassend mit Tendenz zur Verhältnismäßigkeit *Dürrschmidt*, in: USt-Kongressbericht 2014, S. 33, 75; auch die Europäische Kommission erkennt, dass das geltende Mehrwertsteuersystem aufgrund zusätzlicher Befolgungskosten und mangelnder Rechtssicherheit abschreckend wirken kann, siehe dazu den Vorschlag der Kommission zur Reform des Mehrwertsteuerrechts v. 4.10.2017, abgedruckt in BR-Drs. 660/17, S. 2, 3, 6.

3. *Rechtsfolge: Ausgleichspflichtige berufsbezogene Inhalts- und Schrankenbestimmung*

Das Ergebnis der Unangemessenheit der Inanspruchnahme des Unternehmers soll hier aber nicht als solches stehen bleiben. Vielmehr ist die weiterführende Frage zu stellen, ob der Gesetzgeber die Möglichkeit hat,[658] die eigentlich unangemessene Inanspruchnahme auszugleichen. Dabei soll gerade nicht wie andernorts[659] ein finanzieller Ausgleich im Zentrum der Betrachtung stehen. Denn die finanzielle Belastung des Unternehmers durch die Inanspruchnahme ist zwar ein Teil des Belastungsbündels. Entscheidend für die Unangemessenheit ist wie gezeigt aber die Pflicht des Unternehmers zur Selbsthilfe im Rahmen einer fremdnützigen Tätigkeit zu Gunsten des Staates.

Um einen Ausgleich der Belastungen des Unternehmers zu begründen, soll vorliegend die Rechtsprechung zu den ausgleichspflichtigen Inhalts- und Schrankenbestimmungen des Bundesverfassungsgerichts auf die Berufsfreiheit übertragen werden, sodass ein Ausgleich durch eine umsatzsteuerspezifische Zusageregelung begründet werden kann.

a) *Die ausgleichspflichtige Inhalts- und Schrankenbestimmung*

aa) Anerkennung

(1) … in der Rechtsprechung

Ausdrückliche Anerkennung erfuhr das Institut der ausgleichspflichtigen Inhalts- und Schrankenbestimmung im Rahmen von Art. 14 Abs. 1 S. 2 GG im *Pflichtexemplar-Beschluss*[660] des Bundesverfassungsgerichts. Demnach sei eine Inhaltsbestimmung des Eigentums in Einzelfällen nur dann verhältnismäßig, wenn sie gleichzeitig eine Entschädigungsregelung enthalte, da sie sonst zu unzumutbaren Härten führen könne. Insoweit bemühte das Bundesverfassungsgericht auch Art. 3 Abs. 1 GG, da das Fehlen einer Kompensation bei einem

---

658 Ein Anspruch im Sinne eines subjektiven Rechts des betroffenen Unternehmers kann sich aus einer „Ausgleichspflicht“ nicht ergeben. Vielmehr ist die Inanspruchnahme verfassungswidrig, wenn es an dem erforderlichen Ausgleich fehlt. Der Gesetzgeber macht die Inanspruchnahme also nicht nachträglich verfassungsgemäß, sondern trägt seinen von vornherein bestehenden verfassungsrechtlichen Bindungen Rechnung, indem er einen Ausgleich schafft, vgl. dazu *Schulze-Osterloh*, NJW 1981, 2537, 2542.

659 *Strauß*, Verfassungsfragen, S. 212 ff.; *Fischer*, Rechtfertigung der Umsatzsteuer, 168 ff.; *Drüen*, Indienstnahme Privater, S. 206 ff.; *Ferger*, Ausgleichsansprüche.

660 BVerfG v. 14.7.1981 – 1 BvL 24/78, BVerfGE 58, 137, 150 f. (*Pflichtexemplar*).

unzumutbar belasteten Eigentümer eine willkürliche Gleichbehandlung zu den übrigen Rechtsinhabern darstelle.[661]

Bereits zuvor hatte das Bundesverfassungsgericht bei der Entscheidung zum Bundes-Seuchengesetz die Erkenntnis, dass eine Grundrechtsbeeinträchtigung unter Umständen nur dann verhältnismäßig sei, wenn den Betroffenen eine Entschädigung gewährt werde.[662]

Auf Grundlage des *Pflichtexemplar-Beschlusses* entwickelte sich auch in der Fachgerichtsbarkeit eine immer genauere Spezifizierung der „ausgleichspflichtigen Inhaltsbestimmung",[663] die letztlich vom Bundesverfassungsgericht in der Entscheidung zum *Denkmalschutz*[664] aufgegriffen und weiter konkretisiert wurde.

(2) ... in der Literatur

In der Literatur ist das Institut der „ausgleichspflichtigen Inhalts- und Schrankenbestimmung" nach wie vor umstritten.[665] Das mag einerseits an der Komplexität der Eigentumsdogmatik liegen.[666] Teilweise finden sich aber auch Stimmen, die ausgleichspflichtige Inhalts- und Schrankbestimmung gänzlich ablehnen.[667] So wird insbesondere kritisiert, dass die Verfassung Entschädigungspflichten nur in Art. 14 Abs. 3 GG bei der Enteignung und nicht auch bei der Inhaltsbestimmung nach Art. 14 Abs. 1 S. 2, Abs. 2 GG regele und das Bundesverfassungsgericht in der *Nassauskiesungsentscheidung*[668] eine strikte Trennung dieser Eingriffsmöglichkeiten vorsehe. Die damit einhergehende Abstandnahme

---

661 BVerfG v. 14.7.1981 – 1 BvL 24/78, BVerfGE 58, 137, 150 f. (*Pflichtexemplar*).

662 BVerfG v. 29.4.1981 – 1 BvL 11/78, BVerfGE 57, 107, 117.

663 Siehe insbesondere BVerwG v. 22.5.1987 – 4 C 17/84 u.a., BVerwGE 77, 295, 297 f.; v. 7.9.1988 – 4 N 1/87, BVerwGE 80, 184, 191 f.; v. 15.2.1990 – 4 C 47/89, BVerwGE 84, 361, 368 ff.; v. 24.6.1993 – 7 C 26/92, BVerwGE 94, 1, 3 ff.; aus der Rechtsprechung des BGH siehe BGH v. 12.3.1987 – III ZR 216/85, BGHZ 100, 136, 144; v. 10.12.1987 – III ZR 220/8, BGHZ 102, 350, 359 f.; v. 16.7.1993 – III ZR 60/92, BGHZ 123, 242, 244 ff.; v. 15.12.1994 – III ZB 49/94, BGHZ 128, 204, 205 f.; v. 19.9.1996 – III ZR 82/95, BGHZ 133, 271, 274 ff.

664 BVerfG v. 2.3.1999 – 1 BvL 7/91, BVerfGE 100, 226 (*Denkmalschutz*).

665 Umfassend dazu *Jaschinski*, Der Fortbestand des Anspruchs aus enteignendem Eingriff, S. 129 ff.

666 *Ossenbühl*, JZ 1991, 89, 91 spricht vom „Verwirrspiel um den Eigentumsschutz".

667 *J. Ipsen*, Allgemeines Verwaltungsrecht, § 23 Rz. 1383 ff.; *Wieland*, in: Dreier, GG, Art. 14 Rz. 154; *Eschenbach*, Jura 1998, 401, 403; kritisch zum Problem salvatorischer Entschädigungsklauseln *Melchinger*, NJW 1991, 2524, 2531; *Schmid*, Zur Verfassungsmäßigkeit salvatorischer Entschädigungsklauseln, S. 152 ff.

668 BVerfG v. 15.7.1981 – 1 BvL 77/78, BVerfGE 58, 300 (*Nassauskiesung*).

von quantitativen Abgrenzungskriterien, werde durch die ausgleichpflichtige Inhalts- und Schrankenbestimmung nun auf die Frage des Bestehens einer Ausgleichspflicht verschoben.

Nach richtiger Ansicht ist das Institut aber auf Grundlage der *Pflichtexemplarentscheidung* anzuerkennen.[669] Es kann nicht geleugnet werden, dass auch abstrakt generelle Regelungen zu individuellen – wie auch generellen – Härten führen können, die ausgeglichen werden müssen, um die Regelung in ihrer Gesamtheit verhältnismäßig auszugestalten. Auch der Vorrang des Primärrechtsschutzes im Sinne der insoweit grundlegenden *Nassauskiesungsentscheidung* bleibt dabei erhalten. Fehlt eine Ausgleichsregelung, kann allein gegen die Belastung als solche vorgegangen werden, die dann unter Umständen unverhältnismäßig ist. Dem *argumentum ad absurdum*, dass eine ausgeglichene Belastung stets ein milderes Mittel auf Ebene der Erforderlichkeit und eine Belastung ohne Ausgleich daher stets unverhältnismäßig sei,[670] muss mit dem Bundesverfassungsgericht entgegengehalten werden, dass die Kostenfrage bei der Erforderlichkeitsprüfung ausgeblendet werden muss.[671] Erst im Rahmen der Angemessenheitsprüfung findet eine Abwägung statt, bei der auch die Kostenfolge mit einzubeziehen ist.[672]

Im Ergebnis ist das Institut der „ausgleichspflichtigen Inhalts- und Schrankenbestimmung“ daher anzuerkennen.

---

669 *Maurer*, DVBl. 1991, 781, 783; *Ossenbühl*, in: FS Friauf, S. 391, 393 ff., 398 ff.; *Steinberg/Lubberger*, Aufopferung, Enteignung und Staatshaftung, S. 211 ff.; *Schink*, DVBl. 1990, 1375, 1383 f.; *Drüen*, Indienstnahme Privater, S. 213; schon vor der Nassauskiesungsentscheidung grundlegend *Schulze-Osterloh*, Das Prinzip der Eigentumsopferentschädigung, S. 235 ff.

670 So noch *Ossenbühl*, VVDStRL 29 (1971), S. 137, 181.

671 BVerfG v. 18.11.2003 – 1 BvR 302/96, BVerfGE 109, 64, Rz. 199 (*Mutterschaftsgeld*) wonach „die Erforderlichkeit nicht schon deshalb [entfalle], weil eine Finanzierung der Aufgabe aus Steuermitteln für die Betroffenen ein milderes Mittel wäre“; ebenso BVerfG v. 2.3.2010 – 1 BvR 256/08 u.a., BVerfGE 125, 260, Rz. 298 (*Vorratsdatenspeicherung*): „Mildere Mittel sind nicht solche, die eine Kostenlast lediglich verschieben“; *Drüen*, Indienstnahme Privater, S. 210 nennt dies eine „gestufte Interpretation des Verhältnismäßigkeitsgrundsatzes“.

672 *Drüen*, Indienstnahme Privater, S. 210 f.

bb) Voraussetzungen: Abgrenzung ausgleichspflichtiger von nicht-ausgleichspflichtiger Inhalts- und Schrankenbestimmung

(1) Schwellen-, Sonderopfer- und Schweretheorie

Zur Abgrenzung der ausgleichspflichtigen von der nicht-ausgleichspflichtigen Inhalts- und Schrankbestimmung wird von einigen Literaturstimmen vorgeschlagen, auf die zur Abgrenzung von Inhaltsbestimmung und Enteignung vor der *Nassauskiesungsentscheidung* herangezogenen „Schwellentheorien"[673] abzustellen.[674] Die Abgrenzungssituationen seien insofern vergleichbar, als dass es auch bei der Abgrenzung von nicht entschädigungspflichtiger Inhaltsbestimmung und entschädigungspflichtiger Enteignung in der Sache um die Abgrenzung von Entschädigungspflichten gehe.[675] Zudem bestehe der praktische Vorteil, auf eine jahrzehntelange Rechtsprechung zurückgreifen zu können.[676]

(2) Figur der „Situationsgebundenheit des Eigentums"

Teilweise wird auch in der vom BGH entwickelten Figur der „Situationsgebundenheit des Eigentums" eine taugliche Abgrenzungsmöglichkeit erblickt.[677] Diese besagt – insbesondere in Bezug auf Grundstückseigentum –, dass jedes Grundstück durch seine Lage und Beschaffenheit (dies ist die „Situation" des Grundstücks) geprägt werde. Auf jedem Grundstück laste daher eine aus der Situationsgebundenheit abzuleitende immanente Beschränkung der Eigentümerrechte. Es sei eine wertende Beurteilung der Kollision von Gemeinwohlbelangen und Eigentümerinteressen vorzunehmen, wobei eine zulässige Belastung vorliege, wenn ein „vernünftiger und einsichtiger Eigentümer, der auch das Gemeinwohl nicht aus dem Auge verliert, von sich aus [...] von bestimmten Formen der Nutzung absehen würde."[678]

---

673 Eine umfassende Darstellung vieler Feinströmungen findet sich bei *Sass*, Art. 14 GG und das Entschädigungserfordernis, S. 331 ff.

674 *Melchinger*, NJW 1991, 2524, 2526 ff.; *Pietzcker*, NVwZ 1991, 418, 426; *Ossenbühl*, in: FS Friauf, S. 391, 402 f.; *Papier*, DVBl. 2000, 1398, 1403.

675 Zusammenfassend mit weiteren Nachweise aus der Literatur *Kischel*, JZ 2003, 604, 606, der jedoch an späterer Stelle (607 f.) noch richtig darauf verweist, dass Entschädigung und Ausgleich gerade nicht gleichzusetzen seien.

676 *Papier*, in: Maunz/Dürig, GG, Art. 14 Rz. 362 (Stand: Juli 2010): „können hilfreich sein".

677 *Heinz/Schmitt*, NVwZ 1992, 513, 517.

678 BGH v. 9.10.1986 – III ZR 2/85, BGHZ 99, 24, 31; v. 23.6.1988 – III ZR 8/87, BGHZ 105, 15, 17 f.

(3) Verhältnismäßigkeit

Ein Teil der Literatur[679] sowie das Bundesverwaltungsgericht[680] stellt allein auf den Verhältnismäßigkeitsgrundsatz ab. Dem ist unter der Prämisse zuzustimmen, dass die Schwellentheorien und die Situationsgebundenheit die Abwägung im Einzelfall mit zusätzlichen Kriterien aufladen können.[681] Ausgangspunkt bleibt aber die Prüfung der Verhältnismäßigkeit. Denn Grundlage der ausgleichspflichtigen Inhalts- und Schrankenbestimmung soll die *Pflichtexemplarentscheidung* des Bundesverfassungsgerichts bleiben, in der das Gericht auf die Grenzen verhältnismäßiger und noch zumutbarer[682] Belastung abgestellt hat. Eine Maßnahme ist daher ohne Ausgleich hinzunehmen, wenn sie verhältnismäßig ist. Ist sie aber unverhältnismäßig, ist ein Ausgleich zu gewähren.

Im Kontext des Art. 14 GG setzt die Ausgleichs*pflichtigkeit* daher eine vermögenswerte Rechtsposition voraus, die durch eine Inhalts- und Schrankenbestimmung in unzumutbarer Weise beeinträchtigt wird.[683] In der Sache handelt es sich dabei um einen unverhältnismäßigen Eingriff in den Schutzbereich des Art. 14 GG. Die *Gewährung* des Ausgleichs setzt zusätzlich voraus, dass der Gesetzgeber eine entsprechende gesetzliche Ausgleichsregelung geschaffen hat.[684] Fehlt eine solche Regelung ist die Beeinträchtigung wie bei der *Pflichtexemplarentscheidung* verfassungswidrig.

b) Übertragbarkeit auf Art. 12 Abs. 1 GG

Diese Grundsätze sollen nun auf Beeinträchtigungen von Art. 12 Abs. 1 GG übertragen werden. Insofern könnte eine unverhältnismäßige Berufsausübungsregelung eine ausgleichspflichtige Inhalts- und Schrankenbestimmung der Berufsausübungsfreiheit darstellen.

---

679 *Rozek*, Die Unterscheidung von Eigentumsbindung und Enteignung, S. 33 ff.; 262 f., 272 f.; *Strauß*, Verfassungsfragen. S. 224 f.; *Dörr*, NJW 1988, 1049, 1050 f.; *Kischel*, JZ 2003, 604; jedenfalls im Ergebnis ebenso *König*, DVBl. 1999, 954, 957 ff.

680 BVerwG v. 22.5.1987 – 4 C 17/84 u.a., BVerwGE 77, 295, 298; v. 7.9.1988 – 4 N 1/87, BVerwGE 80, 184, 191 f.; v. 15.2.1990 – 4 C 47/89, BVerwGE 84, 361, 366 ff.

681 *Ossenbühl*, in: FS Friauf, S. 391, 402 f.; diese Möglichkeit sieht auch *Kischel*, JZ 2003, 604, 606; *Papier*, in: Maunz/Dürig, GG, Art. 14, Rz. 362 (Stand: Juli 2010) spricht davon, dass die Schwellentheorien „hilfreich" sein können.

682 Dazu *Ossenbühl*, in: FG Trier, S. 351 ff.

683 Im Sinne einzelner Voraussetzungen *Maurer*, Allgemeines Verwaltungsrecht, § 27 Rz. 86.

684 BVerfG v. 2.3.1999 – 1 BvL 7/91, BVerfGE 100, 226 Rz. 93 (*Denkmalschutz*).

aa) Historischer Begründungsansatz

Betrachtet man die historische Entwicklung der ausgleichspflichtigen Inhalts- und Schrankbestimmung, so fällt auf, dass ein unter Umständen erforderlicher Ausgleich nicht erst im Rahmen von Art. 14 Abs. 1 S. 2 GG erörtert wurde, sondern bereits zuvor – auch und insbesondere in der Rechtsprechung des Bundesverfassungsgerichts – Erwähnung fand. So zieht das Gericht in der Entscheidung zum *Berufsvormund*[685] allgemein Art. 2 Abs. 1 GG als Schranke einer Indienstnahme Privater und im konkreten Fall Art. 12 Abs. 1 GG heran. Es konkretisiert davon ausgehend die Schranken der Indienstnahme und führt an, dass es unverhältnismäßig sei, wenn der Staat den Einzelnen beruflich in Anspruch nehme, ohne eine angemessene Entschädigung zu zahlen.[686] Konkret könne ein Anwalt als Inhaber zahlreicher Vormundschaften seine Pflichten nur im Rahmen seiner Anwaltstätigkeit erfüllen, sodass innerhalb eines allgemeinen entschädigungsrechtlichen Abwägungsgebots die Frage nach dem grundrechtlichen Wertschutz zu stellen sei.[687] Dieses Abwägungsgebot sei im Übermaßverbot und im Gleichheitssatz verankert.[688]

Diesen im Rahmen von Art. 12 Abs. 1 GG entwickelten Gedanken übertrug das Gericht sodann auf Art. 14 Abs. 1 GG bei der Beurteilung von Tätigkeitsverboten durch das Bundes-Seuchengesetz. Die Eingriffe in Art. 12 Abs. 1 GG und Art. 14 Abs. 1 GG seien „im Interesse der Allgemeinheit sicherlich zulässig, aber unter Umständen nur dann verhältnismäßig, wenn den Betroffenen eine Entschädigung gewährt wird."[689] Kurz darauf erkannte das Bundesverfassungsgericht die ausgleichspflichtige Inhalts- und Schrankenbestimmung im Rahmen der *Pflichtexemplarentscheidung* ausdrücklich an.[690]

In der Literatur wurde das Übermaßverbot schon früh zur Begründung von Entschädigungspflichten herangezogen.[691] Auch bei der Beurteilung der Zulässigkeit unentgeltlicher Indienstnahmen spielte das Übermaßverbot seit jeher eine zentrale Rolle.[692]

---

685 BVerfG v. 1.7.1980 – 1 BvR 349/79 u.a., BVerfGE 54, 251 (*Berufsvormund*).

686 BVerfG v. 1.7.1980 – 1 BvR 349/79 u.a., BVerfGE 54, 251, 271 (*Berufsvormund*); andeutungsweise bereits zuvor in BVerfG v. 17.7.1974 – 1 BvR 51/69 u.a., BVerfGE 38, 61, 82 (*Leberpfennig*).

687 Dazu *Schulze-Osterloh*, NJW 1981, 2537, 2541 f.

688 *Schulze-Osterloh*, NJW 1981, 2537, 2541 f.

689 BVerfG v. 29.4.1981 – 1 BvL 11/78, BVerfGE 57, 107, 117.

690 BVerfG v. 14.7.1981 – 1 BvL 24/78, BVerfGE 58, 137, 150 f. (*Pflichtexemplar*).

691 Grundlegend *Lerche*, Übermaß und Verfassungsrecht, S. 181 ff.

692 Siehe nur *Ipsen*, AöR 90 (1965), 393, 433 ff; *Ossenbühl*, VVDStRL 29 (1971), 137, 180 f.

Historisch hat die ausgleichspflichtige Inhalts- und Schrankbestimmung damit ihren Ursprung bei Art. 12 Abs. 1 GG,[693] sodass eine Rückübertragung der später für Art. 14 Abs. 1 S. 2 GG entwickelten Grundsätze naheliegt.

bb) Grundrechtsdogmatischer Begründungsansatz

Auch wenn die (Rück-)Übertragung der Grundsätze über die ausgleichspflichtigen Inhalts- und Schrankenbestimmungen auf Art. 12 Abs. 1 GG historisch betrachtet durchaus in Frage kommt, darf nicht der Blick darauf verstellt werden, dass sich eine solche Ausgleichspflicht auch grundrechtsdogmatisch in den Regelungsbereich der Berufsfreiheit einfügen muss. Denn es erscheint zunächst – praktisch und auch rechtsdogmatisch – verlockend, dass unverhältnismäßige Grundrechtseingriffe stets durch Entschädigungen als *ultima ratio* verfassungskonform gemacht werden können.[694] Rechtspraktisch erscheint dies sowohl für den einzelnen Bürger als auch für den Gesetzgeber durchaus reizvoll. Zum einen erweitert ein solcher Ansatz die Handlungsmöglichkeiten des Gesetzgebers erheblich. Und zum anderen könnte auch der Bürger es bevorzugen, unkompliziert eine Entschädigung in Anspruch zu nehmen, ohne – ungleich komplizierter und risikoreicher – Rechtsschutz in Anspruch nehmen zu müssen. Pointiert stellt *Haack* daher die Frage: „Warum sollte es sich lohnen, gegen diese oder jene Freiheitsbeschränkung zu prozessieren, wenn deren Hinnahme finanziell so lukrativ ist, dass sie eine andere, vielleicht sogar deutlich attraktivere Perspektive eröffnet?"[695] Scheinbar passt dieser Ansatz auch rechtsdogmatisch zum Verhältnismäßigkeitsgrundsatz, da die Eingriffsintensität durch die Entschädigung regelmäßig abgemildert wird.

Dem muss aber entschieden entgegengehalten werden, dass die Freiheitsgrundrechte in der Regel nicht das hinter ihnen stehende Vermögens-, sondern das Freiheitsinteresse an sich schützen.[696] Vermögensinteressen sind zwar

---

693 Siehe auch *Schulze-Osterloh*, NJW 1981, 2537, 2543 f., die – soweit ersichtlich – als erste – insbesondere vor der Entscheidung des Bundesverfassungsgerichts zu den Pflichtexemplaren – Überlegungen anstellt, die Grundsätze von Art. 12 Abs. 1 GG auf die Inhaltsbestimmung des Eigentums zu übertragen; anschaulich auch *Dörr*, NJW 1988, 1049, 1051 f., der die Entwicklung retrospektiv betrachtet.

694 Diesen Gedanken kritisch beleuchtend *Haack*, DVBl. 2010, 1475, 1477 ff.

695 *Haack*, DVBl. 2010, 1475, 1477.

696 *Haack*, DVBl. 2010, 1475, 1478; a.A. wohl *Schulze-Osterloh*, NJW 1981, 2537, 2542, die schreibt, dass „das durch Abwehransprüche geschützte Freiheitsinteresse und das zugleich grundrechtliche geschützte Interesse am Vermögenswert der Freiheitsausübung" getrennt werden könnten.

gleichwohl im Rahmen einer Interessensabwägung zu berücksichtigen. Es ist aber nicht sichergestellt, dass diese Berücksichtigung zu Gunsten des Betroffenen ausfällt. So kann das eigene Vermarktungsinteresse den Schutz durch das allgemeine Persönlichkeitsrecht durchaus vermindern. Es ist gerade das Wesen der Freiheitsgrundrechte, nicht auf die Motivation des Geschützten abzustellen, sodass die durch die Freiheitsgrundrechte gesicherten Gewährleistungen grundsätzlich nicht valutierbar sind und eine finanzielle Kompensation daher grundsätzlich nicht in der Lage ist, einen unverhältnismäßigen Eingriff verhältnismäßig zu machen.[697]

Die erste zentrale Ausnahme dieses Grundsatzes stellt die Eigentumsfreiheit nach Art. 14 Abs. 1 GG dar. Denn das Grundrecht des Art. 14 Abs. 1 GG hat unzweifelhaft ein wirtschaftliches Schutzgut zum Gegenstand. Beeinträchtigungen von vermögenswerten Rechten werden von Art. 14 Abs. 1 GG tatbestandlich sogar vorausgesetzt. Gleiches gilt dann aber auch für Art. 12 Abs. 1 GG. Für den Schutz durch Art. 12 Abs. 1 GG ist es keinesfalls gleichgültig, ob der Betroffenen wirtschaftlich motiviert handelt oder nicht. Die wirtschaftliche Motivation wird auch hier definitorisch vorausgesetzt, wenn es darum geht, dass eine Tätigkeit der Schaffung und Erhaltung einer Lebensgrundlage dienen muss.[698] Nur soweit also die Freiheitsausübung einen Marktwert hat, können Beeinträchtigungen dieser Freiheit ausgeglichen werden. Im Ergebnis eröffnen die Wirtschaftsfreiheiten der Art. 12 Abs. 1 GG und Art. 14 Abs. 1 GG dem Gesetzgeber somit die Möglichkeit, Grundrechtsbeeinträchtigungen zu kompensieren.[699]

Auch grundrechtsdogmatisch können die Grundsätze der ausgleichspflichtigen Inhalts- und Schrankenbestimmung daher von Art. 14 Abs. 1 S. 2 GG auf Art. 12 Abs. 1 GG rückübertragen werden.

Eine Ausgleichs*pflicht* im Rahmen des Art. 12 Abs. 1 GG besteht daher, sofern ein Beruf in unzumutbarer Weise beeinträchtigt wird. Die *Gewährung* eines Ausgleichs setzt ergänzend eine entsprechende gesetzliche Regelung voraus.[700]

---

697 Ebenso *Haack*, DVBl. 2010, 1475, 1478.

698 Siehe auch *Schenke*, NJW 1991, 1777, 1781, der feststellt: „Da in beiden Fällen [Art. 12 Abs. 1 GG und Art. 14 Abs. 1 GG] typischerweise Vermögensinteressen tangiert werden und es um die Sicherung der wirtschaftlichen Lebensgrundlagen der Betroffenen geht, ist eine Privilegierung des Produktionsfaktors Kapital gegenüber dem Produktionsfaktor Arbeit sachlich nicht vertretbar."

699 So auch *Haack*, DVBl. 2010, 1475, 1478 f.

700 *Strauß*, Verfassungsfragen, S. 951.

Es kann also festgehalten werden, dass die Inanspruchnahme des Unternehmers als unverhältnismäßige und damit unzumutbare Beeinträchtigung seiner Berufsfreiheit eine Ausgleichs*pflicht* zur Folge hat.

c) Möglicher Inhalt der Ausgleichspflicht

Weiter ist aber zu fragen, wie ein solcher Ausgleich bei der Inanspruchnahme des Unternehmers im Umsatzsteuerrecht auszusehen hat. Es sollen an dieser Stelle nur Rahmenvorgaben gemacht werden, die an späterer Stelle dieser Arbeit als Prüfungs- und als Ausgestaltungsmaßstab dienen können. Bei der Aufstellung solcher Mindestvorgaben ist stets zu berücksichtigen, dass die konkrete Ausgestaltung einer Ausgleichsregelung im gesetzgeberischen Ermessen liegt.[701]

Im Mittelpunkt der Betrachtungen steht zumeist der finanzielle Ausgleich des Belasteten.[702] Sieht man den Belastungsschwerpunkt richtigerweise aber im einseitigen Risiko der umsatzsteuerrechtlichen Erstbewertung und dem damit einhergehenden Abwälzungsrisiko, so kann ein finanzieller Ausgleich diese Belastung allenfalls abmildern, ohne aber dass damit das Problem an sich gelöst wäre. Dies gilt umso mehr, als dass auch das Bundesverfassungsgericht festgestellt hat, dass Ausgleichsregelungen unzulänglich sind, wenn sie sich auf die Zubilligung eines Entschädigungsanspruchs beschränken. „In erster Linie [müssten] Vorkehrungen getroffen werden, die die unverhältnismäßige Belastung des Eigentümers [des Unternehmers] real vermeiden."[703] Als mögliche Instrumente des Gesetzgebers nennt das Gericht Übergangsregelungen, Ausnahme- und Befreiungsvorschriften und den Einsatz sonstiger administrativer und technischer Vorkehrungen. Erst wenn diese Maßnahmen nicht oder nur mit unverhältnismäßigem Aufwand möglich seien, sei ein finanzieller Ausgleich zu gewähren. Diese Vorgabe ergibt sich letztlich bereits aus dem Begriff „Ausgleich", der zwar auch den „finanziellen Ausgleich" und damit die „Entschädigung" umfasst, aber eben nicht mit diesem gleichsetzt.[704] Der finanzielle Ausgleich ist gegenüber der Beseitigung der realen Belastung daher stets subsidiär.[705] Wenn

---

701 BVerfG v. 2.3.1999 – 1 BvL 7/91, BVerfGE 100, 226, Rz. 93, 95 (*Denkmalschutz*); *Dörr*, NJW 1988, 1049, 1051.

702 Für einen finanziellen Ausgleich des umsatzsteuerlichen Unternehmers nur aus rechtspolitischen Gründen: *Fischer*, Rechtfertigung der Umsatzsteuer, S. 169.

703 BVerfG v. 2.3.1999 – 1 BvL 7/91, BVerfGE 100, 226, Rz. 94 (*Denkmalschutz*).

704 So auch *Kischel*, JZ 2003, 604, 607.

705 Ebenso *Drüen*, Indienstnahme Privater, S. 211; *Rozek*, Die Unterscheidung von Eigentumsbindung und Enteignung, S. 33; *Ossenbühl*, JZ 1999, 899, 900; *Kischel*, JZ 2003, 604, 605, 607; *Papier*, DVBl. 2000, 1398, 1403, der dort von der „Subsidiarität der

in der Literatur für unverhältnismäßige Eingriffe in Art. 12 Abs. 1 GG teilweise allein der allgemeine Aufopferungsanspruch herangezogen und somit allenfalls ein finanzieller Ausgleich im Sinne einer Entschädigung gewährt wird,[706] verengt dies den gesetzgeberischen Gestaltungsspielraum unnötig und wird damit den realen Belastungen des Unternehmers nicht gerecht.[707]

Soll das Risiko der umsatzsteuerrechtlichen Erstbewertung wirksam ausgeglichen werden, ist eine Informationstätigkeit des Staates erforderlich,[708] die dieses Risiko minimiert.[709] Entscheidend ist dabei, dass diese Hilfe durch den Staat nicht ihrerseits Belastungen des Unternehmers schafft. Die erforderliche Sicherheit kann nur eine Zusage[710] leisten, die dem Unternehmer bindend Sicherheit dahingehend verschafft, dass die zugesagte rechtliche Würdigung des Umsatzgeschäftes diejenige ist, die er bei seiner Erstbewertung zu Grunde legen kann.[711] Insofern muss „Grundrechtsschutz durch Verfahren" gewährleistet werden. Eine solche Zusage müsste für den Unternehmer jedenfalls begünstigend ausgestaltet sein. Zwar obliegt die genaue Ausgestaltung dem einfachen Gesetzgeber, sodass aus der bloßen Ausgleichsverpflichtung keine konkreten Ausgestaltungsinhalte abgeleitet werden können. Es ist allerdings erforderlich, dass die Hilfestellung tatsächlich einen Ausgleich der Belastung darstellt und als solche auch ohne weiteres in Anspruch genommen werden kann.[712] Der Inanspruchnahme der

---

Gewährung finanziellen Ausgleichs, an anderer Stelle (1401) aber widersprüchlich von „geldwerte[r] Ausgleichs- und Entschädigungsleistung" spricht; jedenfalls unsauber insofern auch *Albrod*, Entschädigungsbedürftige Inhalts- und Schrankbestimmungen, der den Fehler bereits im Titel seiner Dissertation trägt; generell a.A. *Schirra*, Indienstnahme Privater, S. 144, der keine Alternative zur Entschädigung sieht.

706 *Wolff/Bachof/Stober/Kluth*, Verwaltungsrecht II, § 71 Rz. 4; *Ossenbühl/Cornils*, Staatshaftungsrecht, S. 135 ff.

707 Insofern sprechen *Wolff/Bachof/Stober/Kluth*, Verwaltungsrecht II, § 71 Rz. 4 aber auch unsauber vom Entschädigungsanspruch aus ausgleichspflichtiger Inhalts- und Schrankenbestimmung.

708 Ebenso *Halldorn*, Der Unternehmer als Erfüllungsgehilfe, S. 231.

709 Auch *Seer*, Verständigungen, S. 310 f. spricht davon, dass die Zusage die Last des Bürgers „kompensiert".

710 Zum Begriff bereits Einf. B. II. 1. a).

711 Ähnlich spricht *Thiele*, Auskünfte und Zusagen, S. 177 davon, dass eine formelle Zusageregelung in einem Selbstveranlagungssystem „zwingen notwendig [sei], um die dem Steuerpflichtigen aufgebürdete Belastung der Steuerschuldermittlung ausgleichen zu können", ohne diese Aussage aber verfassungsrechtlich zu verankern oder anderweitig dogmatisch zu stützen.

712 Dieser Grundgedanke liegt auch dem Zusagesystem des Vereinigten Königreichs zu Grunde, das eng mit dem dortigen Selbstveranlagungssystem verknüpft ist und die

so auszugestaltenden Zusage dürfen insbesondere keine Hindernisse entgegenstehen, die einen Antrag unökonomisch erscheinen lassen oder abschreckende Wirkung entfalten.[713] Daher wird insbesondere angenommen, dass eine Gebührenpflicht, die an die Antragsbearbeitung oder die Zusagenerteilung anknüpft, nicht zu rechtfertigen ist.[714]

Für die weiteren Ausgestaltungsvorgaben kann hier nur die Mindestanforderung formuliert werden, dass die dem Unternehmer zu erteilende Zusage ihrem Charakter als verfassungsrechtlich gebotenem, hilfestellendem Ausgleich einer unverhältnismäßigen Gesamtbelastung gerecht werden muss. Diese Ausgestaltungsdirektive ist im Laufe der weiteren Untersuchung stets zu beachten und als verfassungsrechtlicher Prüfungsmaßstab heranzuziehen.

4. *Zwischenergebnis*

Die Inanspruchnahme des Unternehmers stellt einen unverhältnismäßigen Eingriff in die Berufsausübungsfreiheit des Unternehmers dar, da sie dem Unternehmer (insbesondere) einseitig das Risiko der umsatzsteuerrechtlichen Bewertung aufbürdet. Diese unzumutbare Beeinträchtigung kann jedoch durch eine (Rück-)Übertragung der Grundsätze der ausgleichspflichtigen Inhalts- und Schrankenbestimmung von Art. 14 Abs. 1 S. 2 GG auf Art. 12 Abs. 1 GG ausgeglichen werden. Eine finanzielle Kompensation im Sinne einer Entschädigung ist dabei gegenüber der Beseitigung der realen Belastung subsidiär. Die zentrale Belastung des Unternehmers durch das steuerliche Erstbewertungs- und dem damit einhergehenden Abwälzungsrisiko, kann durch eine Zusage ausgeglichen werden. Diese Zusage ist gebührenfrei auszugestalten. Im Übrigen muss eine umsatzsteuerspezifische Zusage stets ihrem Charakter als verfassungsrechtlich gebotenem, hilfestellendem Ausgleich einer unverhältnismäßigen Gesamtbelastung gerecht werden.

Verpflichtungen des Steuerpflichtigen ausgleichen soll, dazu *Thiele*, Auskünfte und Zusagen, S. 149. Die Notwendigkeit einer obrigkeitlichen Hilfestellung in Selbstveranlagungssystemen erkennt auch *Romano*, Advance Tax Rulings, S. 218 f., der in Fn. 19 beispielhaft auf das italienische Selbstveranlagungssystem bei der Einkommensteuer abstellt.

713 So auch *Englisch*, in: Zukunftsfragen, S. 39, 73.

714 Ebenso *Seer*, in: Tipke/Kruse, AO/FGO, § 89 Rz. 66 (Stand: Januar 2017); *ders./ Hardeck*, StuW 2016, 366, 368 f.; kritisch auch *Blömer*, DStR 2008, 1866, 1867; a.A. *Horst*, Verbindliche Auskunft, S. 177 f.; *Söhn*, in: HHSp, AO/FGO, § 89 Rz. 325c (Stand: August 2016).

II. Gewährleistung des Vorrangs, der Einheit und der Wirksamkeit des Unionsrechts

Wie im Rahmen dieser Arbeit bereits festgestellt, ist die Inanspruchnahme des Unternehmers als kumulative Gesamtbelastung vornehmlich an den Gewährleistungen zu prüfen, die das nationale Verfassungsrecht bereithält. Dies gilt allerdings nur solange das Schutzniveau der Charta, der Vorrang, die Einheit und die Wirksamkeit des Unionsrechts nicht beeinträchtigt werden.[715] Während eine Nichtigkeitserklärung der betreffenden umsatzsteuerlichen Vorschriften durch das Bundesverfassungsgericht dazu führen würde, dass die Umsatzsteuer in Deutschland nicht mehr effektiv erhoben werden könnte, liegt der Fall bei der hier gewählten Rechtsfolge anders. Bei kumulativen Gesamtbelastungen obliegt die Entscheidung, welche Einzelbelastung abzumildern, welche Maßnahme zu unterlassen und/oder welche Leistung zu gewähren ist, dem demokratisch legitimierten Gesetzgeber. Das Bundesverfassungsgericht kann daher nur eine Unvereinbarkeitserklärung nach § 31 Abs. 2 S. 2, 3 BVerfGG aussprechen,[716] sodass die Wirksamkeit des Unionsrechts durch die nationale Rechtsprechungstätigkeit nicht beeinträchtigt wird. Der Gesetzgeber wiederum findet mit der hier vorgeschlagenen Kompensationsmöglichkeit ein Instrument vor, mit dem er einerseits verfassungsrechtlichen Vorgaben gerecht wird und andererseits die effektive Unionsrechtsdurchführung fördert. Denn eine Zusage wird allenfalls zu einem Mehr an Rechtsrichtigkeit führen, sodass die Wirksamkeit des Unionsrechts an keiner Stelle beeinträchtigt wird. Der Vorrang, die Einheit und die Wirksamkeit des Unionsrechts stehen dem gefundenen Ergebnis daher nicht entgegen.

III. Der Schutz des Unternehmers durch Art. 16 GRCh als Mindestmaßstab

Zu beachten bleibt daher nur, dass auch das Schutzniveau der Grundrechtecharta nicht unterschritten werden darf. Die Betätigung des Unternehmers ist insbesondere durch Art. 16 GRCh geschützt, sodass untersucht werden muss, welche Grenzen diese Gewährleistung der Gesamtbelastung setzt.

---

715 Dazu schon Erster Teil A. IV. 2. c) unter Bezugnahme auf die Entscheidung des EuGH v. 26.2.2013 – C-399/11, EU:C:2013:107, Rz. 60 (*Melloni*).

716 Siehe schon Einf. B. I. 5. a) cc).

1. Abgrenzung zu anderen Wirtschaftsgrundrechten der Grundrechtecharta

Der Schutz der unternehmerischen Freiheit durch Art. 16 GRCh stellt neben der Berufsfreiheit (Art. 15 GRCh) und der Eigentumsfreiheit (Art. 17 GRCh) das zentrale europäische Wirtschaftsgrundrecht dar.[717] Die Unternehmerfreiheit des Art. 16 GRCh ist eine Ausprägung der Berufsfreiheit nach Art. 15 GRCh[718] und geht dieser als das speziellere Grundrecht vor.[719] Während Art. 15 GRCh die Berufsfreiheit der Nichtselbständigen schützt, gewährleistet Art. 16 GRCh die Freiheit, selbständig tätig zu werden.[720] Die Abgrenzung der Unternehmerfreiheit zur Eigentumsfreiheit nach Art. 17 GRCh erfolgt nach der auch in Deutschland grundsätzlich[721] anerkannten Formel, dass das Eigentumsrecht das Erworbene und die unternehmerische Freiheit den Erwerbsvorgang als solchen schützt,[722] wenngleich der Europäische Gerichtshof beide Grundrechte anwendet, ohne eine trennscharfe Abgrenzung vorzunehmen.[723] Die Pflicht, Abgaben zu zahlen, könne nicht als Verstoß gegen das Eigentumsrecht des Art. 17 GRCh angesehen werden.[724] Unklar ist, ob Art. 17 GRCh das Recht am eingerichteten

---

717 *Schwarze*, EuZW 2001, 517 ff.; *Ruffert*, in: Callies/Ruffert, AEUV/EUV, Art. 15 GRCh Rz. 1; *Jarass*, in: GRCh, Art. 16 Rz. 2; *Engler*, Steuerverfassungsrecht im Mehrebenensystem, S. 247.

718 Darauf wies schon das Präsidium des Grundrechtskonvents in seinen Erläuterungen (v. 14.12.2007, ABl. 2007/C 303/23) hin, indem es auf die bis dahin gleichlautende Rechtsprechung des EuGH verwies: EuGH v. 14.5.1974 - C-4/73, EU:C:1974:51, Rz. 14 (*Nold*); v. 27.9.1979 - C-230/78, EU:C:1979:216, Rz. 20, 31 (*Eridania*); v. 16.1.1979- C-151/78, EU:C:1979:4, Rz. 19 (*Sukkerfabrikken Nykoebing*); v. 5.10.1999 - C-240/97, EU:C:1999:479, Rz. 99 (*Spanien/Kommission*); so auch die überwiegende Literatur, vgl. hier nur *Bernsdorff*, in: Meyer, GRCh, Art. 16 Rz. 1; *Jarass*, in: GRCh, Art. 16 Rz. 2.

719 *Jarass*, in: GRCh, Art. 16 Rz. 4 f.; *Schmidt*, Die unternehmerische Freiheit im Unionsrecht, S. 185, 192; anders aber *Bernsdorff*, in: Meyer, GRCh, Art. 16 Rz. 10, der Art. 15 GRCh bei persönlichkeitsbezogenen und Art. 16 GRCh bei wirtschaftsbezogenen Aspekten heranzieht.

720 *Jarass*, in: GRCh, Art. 15 Rz. 4 und Art. 16 Rz. 8.

721 Dazu bereits Erster Teil B. I. 1. b) aa).

722 Siehe nur *Ruffert*, in: *Ehlers*, Europäische Grundrechte und Grundfreiheiten, § 19 Rz. 14; *Bernsdorff*, in: Meyer, GRCh, Art. 15 Rz. 12; *Jarass*, in: GRCh, Art. 17 Rz. 4.

723 EuGH v. 12.7.2005 - C-154/04, EU:C:2005:449, Rz. 126 (*Alliance for Natural Health*).

724 Insoweit eindeutig EuGH v. 21.2.1991 - C-143/88 u.a., EU:C:1991:65, Rz. 74 (*Zuckerfabrik Süderdithmarschen*); *Jarass*, in: GRCh, Art. 17 Rz. 22; *Callies*, in: Callies/Ruffert, EUV/AEUV, Art. 17 GRCh Rz. 8; a.A. *Frenz*, Handbuch Europarecht, Bd. 4, Rz. 2857 ff.; richtigerweise kritisch auch *Engler*, Steuerverfassungsrecht im Mehrebenensystem, S. 248 ff., die darauf verweist, dass aus den Formulierungen des EuGH

und ausgeübten Gewerbebetrieb schützt.[725] Jedenfalls wäre Art. 16 GRCh dann aber spezieller und vorrangig.[726]

2. *Eingriff in den Schutzbereich der Unternehmerfreiheit des Art. 16 GRCh*

Der Schutzbereich der Unternehmerfreiheit wird vom EuGH in Einzelgewährleistungen unterteilt. Zum einen ist gewährleistet, einer Wirtschafts- und Geschäftstätigkeit nachzugehen. Zum anderen ist auch die Vertragsfreiheit und der freie Wettbewerb von Art. 16 GRCh geschützt.[727] Die Freiheit einer Wirtschafts- und Geschäftstätigkeit nachzugehen, umfasst die Unternehmensgründung, die eigene Organisation der Unternehmensabläufe, die freiverantwortliche Unternehmenslenkung sowie über den Umfang und die Art der Produktion selbst bestimmen zu können.[728] Geschützt ist also die wirtschaftliche Tätigkeit in all ihren Ausprägungen.[729] In persönlicher Hinsicht sind selbständig tätige natürliche sowie juristische Personen geschützt.[730]

Ein Eingriff in den Schutzbereich liegt vor, wenn die Maßnahme des Grundrechtsverpflichteten im Hinblick auf die unternehmerische Tätigkeit des Berechtigten Nachteile bezweckt oder unmittelbar bewirkt.[731] Das ist stets dann der Fall, soweit „hinreichend direkte und bedeutsame Auswirkungen auf die freie Berufsausübung" vorliegen.[732]

---

nicht zwingend auf die fehlende Eingriffsqualität geschlossen werden könne und stellt dabei die teils „uneinheitliche" Rechtsprechung des EuGH dar. Für die Eingriffsqualität von Abgabenpflichten sprächen insbesondere die Urteile des EuGH v. 17.7.1997 – C-248/95 und C- 249/95, EU:C:1997:377, Rz. 72 (*SAM Schiffahrt*) und v. 14.5.1996 – C-153/94 und C-204/94, EU:C:1996: Rz. 116 (*Faroe Seafood*).

725 Keine Schlüsse können aus EuGH v. 6.12.1984 – C-59/83, EU:C:1984:380, Rz. 21 f. (*Biovilac*) gezogen werden; gegen den Schutz des REAG *Jarass*, in: GRCh, Art. 17 Rz. 13; dafür *Frenz*, Handbuch Europarecht, Bd. 4, Rz. 2843 ff.

726 *Schmidt*, Die unternehmerische Freiheit im Unionsrecht, S. 192.

727 EuGH v. 22.1.2013 – C-283/11, EU:C:2013:28, Rz. 42 (*Sky Österreich*), der auf die Erläuterungen zu Art. 16 GRCh v. 14.12.2007, ABl. 2007/C 303/23 Bezug nimmt.

728 *Schmidt*, Die unternehmerische Freiheit im Unionsrecht, S. 185 f.; *Frenz*, Handbuch Europarecht, Bd. 4, Rz. 2691 ff.: „weit zu verstehen".

729 *Ruffert*, in: Callies/Ruffert, EUV/AEUV, Art. 16 GRCh Rz. 1.

730 *Jarass*, in: GRCh, Art. 16 Rz. 10 f.; *Frenz*, Handbuch Europarecht, Bd. 4, Rz. 2671; *Bernsdorff*, in: Meyer, GRCh Art. 16 Rz. 16.

731 EuGH v. 28.4.1998 – C-200/96, EU:C:1998:172, Rz. 28 (*Metronome*); *Frenz*, Handbuch Europarecht, Bd. 4, Rz. 2734 ff.

732 EUGH v. 23.9.2004 – C-435/02 u.a., EU:C:2004:552, Rz. 49 (*Springer*).

Die umsatzsteuerlichen Pflichten des Unternehmers fußen unmittelbar in dessen beruflicher Stellung. Insofern nehmen die Pflichten des Umsatzsteuerrechts direkt Einfluss auf die unternehmerische Betätigung des Unternehmers.[733] Insbesondere verbürgt die Unternehmerfreiheit auch, dass der „Steuereinnehmer für Rechnung des Staates im Interesse der Staatskasse“[734] vor unverhältnismäßigen Risiken und Belastungen geschützt werden muss.[735] Da, wie oben festgestellt, allein der Unternehmer das steuerliche Bewertungs- und Abwälzungsrisiko trägt, sind die Belastungen auch von einiger Erheblichkeit[736], sodass von einer bedeutsamen Auswirkung auf die freie Unternehmenstätigkeit ausgegangen werden kann. Knüpfen daneben Abgabepflichten – wie bei der Umsatzsteuer – an die unternehmerische Tätigkeit an, so erkennt der EuGH auch diese als Beeinträchtigung der Berufsausübungsfreiheit an.[737] Die Pflichtdienste des Unternehmers und dessen Zahlpflicht greifen somit in den Schutzbereich der unternehmerischen Freiheit des Art. 16 GRCh ein.

3. *Eingriffsrechtfertigung*

Ebenso wie die Rechtfertigung nationaler Grundrechtseingriffe setzt auch die Rechtfertigung von Eingriffen in unionale Grundrechte gem. Art. 52 Abs. 1 S. 1 GRCh das Vorliegen einer Rechtsgrundlage voraus. Darüber hinaus muss stets der Wesensgehalt des Grundrechts und der Verhältnismäßigkeitsgrundsatz beachtet werden, Art. 52 Abs. 1, 2 GRCh. Die Kontrolle des EuGH beschränkt sich jedoch oftmals auf eine bloße Evidenzprüfung.[738] Sie erreicht in den meisten Fällen damit nicht die Strenge einer Verhältnismäßigkeitsprüfung nach

---

733 Einen Eingriff bei indirekter Steuererhebung bejahend EuGH v. 11.7.1989 – C-265/87, EU:C:1989:303, Rz. 18 (*Schräder*), wenngleich die freie Berufsausübung „allenfalls am Rande“ berührt sei.

734 EuGH v. 21.2.2008 – C-271/06, EU:C:2008:105, Rz. 21 (*Netto Supermarkt*).

735 *Englisch*, in: Zukunftsfragen, S. 39, 71; zur Risikoverteilung zwischen Fiskus und Unternehmer auch EuGH v. 27.9.2007 – C-409/04, EU:C:2007:548, Rz. 58 (*Teleos*); v. 21.2.2008 – C-271/06, EU:C:2008:105, Rz. 22 (*Netto Supermarkt*); in den genannten Entscheidungen stellt der EuGH allerdings abstrakt auf den Grundsatz der Verhältnismäßigkeit ab, ohne dies an ein konkretes Grundrecht anzuknüpfen.

736 Siehe dazu Erster Teil B. I. 2. b) aa) und ee).

737 EuGH v. 11.7.1989 – C-265/87, EU:C:1989:303, Rz. 18 (*Schräder*); v. 21.2.1991 – C-143/88 u.a., EU:C:1991:65, Rz. 76 (*Zuckerfabrik Süderdithmarschen*).

738 Dazu kritisch *Ruffert*, in: Callies/Ruffert, AEUV/EUV, Art. 15 GRCh Rz. 17 f.; zum generellen Abwägungsdefizit in der Rechtsprechung des EuGH, siehe *Koch*, Verhältnismäßigkeit, S. 259 ff.; 399 ff.

deutscher Dogmatik.[739] Insbesondere finden die Belastungen des Einzelnen weit weniger Beachtung, als dies nach nationalem Recht zumindest möglich ist. Das liegt zum einen daran, dass der Europäische Gerichtshof oftmals im Rahmen eines Vorabentscheidungsverfahrens entscheidet, in dem es auf die konkrete Betroffenheit nicht ankommt.[740] Andererseits ist nach der Rechtsprechung des Gerichtshofs ein Verstoß gegen den Verhältnismäßigkeitsgrundsatz nur dann anzunehmen, wenn die Maßnahme „zur Erreichung des von den zuständigen Organen verfolgten Ziels offensichtlich ungeeignet ist."[741] Die Prüfung der Verhältnismäßigkeit orientiert sich daher an anderen Maßstäben. Allerdings hat der EuGH die Belastungen des Inanspruchgenommenen bei indirekter Steuererhebung bereits konkreter am Grundsatz der Verhältnismäßigkeit überprüft.[742] Insofern zeichnet sich insbesondere in der jüngeren Rechtsprechung des EuGH eine Tendenz ab, eine „Mäßigung der Wirkungen beim Pflichtadressaten"[743] herbeizuführen.[744] Während die Entscheidungen *Teleos*[745] und *Netto Supermarkt*[746] die Risikoverteilung zwischen Fiskus und Unternehmer zum Gegenstand hatten, setzte die Entscheidung *Sosnowska*[747] Kontrollen zur Verhinderung von Steuerhinterziehungen Grenzen. Auch Maßnahmen zur Sicherung des Steueranspruches des Staates sind demnach verhältnismäßig auszugestalten.[748]

Möglich ist nach der Rechtsprechung des Gerichtshofs auch, dass es im unzumutbaren Einzelfall einer Entschädigung bedarf,[749] wobei konkrete Voraussetzungen für eine Entschädigungspflicht noch nicht aufgestellt wurden. Ebenfalls kann es geboten sein, dass aus Gründen der Verhältnismäßigkeit ein Ausgleich

---

739 *Engler*, Steuerverfassungsrecht im Mehrebenensystem, S. 256.

740 *Jarass*, in: GRCh, Art. 16 Rz. 25.

741 Siehe nur EuGH v. 18.7.2011 – C-309/10, EU:C:2011:531, Rz. 43 f. (*Agrana Zucker*).

742 Zur Getreideabgabe, die vom Verarbeiter geschuldet, aber allein den Getreideerzeuger treffen sollte: EuGH v. 11.7.1989 – C-265/87, EU:C:1989:303, Rz. 18 (*Schräder*), der allerdings in erster Linie auf die finanzielle Belastung der Pflichtdienste abstellt.

743 *Drüen*, DStJG 31 (2008), S. 167, 201.

744 *Engler*, Steuerverfassungsrecht im Mehrebenensystem, S. 255, die allerdings zu Recht darauf hinweist, dass der EuGH in den entsprechenden Verfahren die Pflichtdienste nicht an der Berufsfreiheit, sondern unmittelbar an den Grundsätzen der Verhältnismäßigkeit und der Rechtssicherheit gemessen hat.

745 EuGH v. 27.9.2007 – C-409/04, EU:C:2007:548, Rz. 58 (*Teleos*).

746 EuGH v. 21.2.2008 – C-271/06, EU:C:2008:105, Rz. 22 (*Netto Supermarkt*).

747 EuGH v. 10.7.2008 – C-25/07, EU:C:2008:395, Rz. 23 (*Sosnowska*).

748 EuGH v. 11.5.2006 – C-384/04, EU:C:2006:309, Rz. 30 (*Federation of Technological Industries*); v. 26.4.2017 – C-564/15, EU:C:2017:302, Rz. 60 (*Farkas*).

749 EuGH v. 9.9.2008 – C-120/06 P u.a., EU:C:2008:476, Rz. 184 (*FIAMM*).

im Sinne einer Übergangsregelung zu schaffen ist, um die Eingriffsintensität abzumildern.[750] Damit dürfte zumindest dem Grunde nach auch in der Rechtsprechung des EuGH anerkannt sein, dass manche Eingriffe nur dann verhältnismäßig sind, wenn eine entsprechende Ausgleichsregelung vorliegt.

Sofern man die einseitige Risikoverteilung zu Lasten des Unternehmers ebenso wie in Bezug auf Art. 12 Abs. 1 GG als unzumutbar einordnet,[751] kann sich damit auch aus unionsrechtlicher Sicht eine Verpflichtung des nationalen wie auch des unionalen Gesetzgebers ergeben, die Unzumutbarkeit durch einen Ausgleich der realen Belastung zu kompensieren. Sieht man den Belastungsschwerpunkt erneut im einseitigen Risiko der umsatzsteuerrechtlichen Erstbewertung und dem damit einhergehenden Abwälzungsrisiko, kann die erforderliche Sicherheit in erster Linie eine Zusage leisten, die jedenfalls keine weiteren Belastungen schaffen darf und damit unentgeltlich sein muss.

IV. Zwischenergebnis: National sowie unionsrechtlich gebotener Ausgleich unter Maßgeblichkeit nationaler Vorgaben

Es ist festzuhalten, dass das Schutzniveau der nationalen Grundrechte dem der Grundrechtecharta mit Blick auf die Inanspruchnahme des Unternehmers in jeder Hinsicht entspricht. Die nationalen Vorgaben gehen in Bezug auf die Intensität der Verhältnismäßigkeitsprüfung und den Detailgrad der Vorgaben für eine erforderliche Ausgleichsregelung über die unionsrechtlichen Vorgaben noch hinaus. Entsprechend dem oben aufgestellten Prüfungsmaßstab für die Inanspruchnahme des Unternehmers als kumulative Gesamtbelastung, ist also in erster Linie das nationale Verfassungsrecht maßgebend.

National können die Grundsätze der ausgleichspflichtigen Inhalts- und Schrankenbestimmung von Art. 14 Abs. 1 S. 2 GG auf Art. 12 Abs. 1 GG (rück-) übertragen werden. Die zentrale Belastung des Unternehmers durch das steuerliche Erstbewertungs- und dem damit einhergehenden Abwälzungsrisiko, kann dabei durch eine Zusage ausgeglichen werden. Im Übrigen muss eine umsatzsteuerspezifische Zusage stets ihrem Charakter als verfassungsrechtlich gebotenem, hilfestellendem Ausgleich einer unverhältnismäßigen Gesamtbelastung gerecht werden. Dies stellt damit zugleich einen Prüfungsmaßstab für bereits bestehende Zusageregelungen dar, die auf umsatzsteuerliche Fragestellungen Anwendung finden.

---

750 EuGH v. 13.12.1994 – C-306/93, EU:C:1994:407, Rz. 28 (*Winzersekt*); v. 26.6.1996 – C-68/95, EU:C:1996:452, Rz. 40 ff. (*T. Port*).

751 So auch *Englisch*, in: Zukunftsfragen, S. 39, 71 ff.; *ders.*, DStJG 32 (2009), S. 165, 174 ff.

C. Prüfungsgegenstand Zusage: Die verbindliche Auskunft als unzureichende Zusageregelung *de lege lata*

Die prüfungsgegenständliche Zusage ist die verbindliche Auskunft nach § 89 Abs. 2 ff. AO. Diese soll im Folgenden in ihrer derzeitigen Ausgestaltung dargestellt werden, um herauszuarbeiten, welche Fragestellungen auch eine umsatzsteuerspezifische Zusage regeln müsste.

Einerseits soll dabei stets ein Rückblick darauf genommen werden, dass die verbindliche Auskunft *de lege lata* den Ausgleich der ansonsten unverhältnismäßigen Inanspruchnahme des Unternehmers sicherstellen muss. Insofern ist also – soweit geboten – zu beurteilen, ob die verbindliche Auskunft dieser verfassungsrechtlich gebotenen Ausgleichsfunktion gerecht wird. Andererseits muss die Regelung der verbindlichen Auskunft auch ausgestaltungsspezifischen verfassungsrechtlichen Anforderungen gerecht werden. Dabei ist – soweit möglich – stets eine umsatzsteuerspezifische Beurteilung vorzunehmen.

I. Grundkoordinaten der Ausgestaltung *de lege lata*

1. *Zweck der verbindlichen Auskunft*

Die Steuerschuld kann meist nicht unmittelbar aus den Steuergesetzen abgelesen werden.[752] Vielmehr bestehen oftmals konkretisierungsbedürftige Beurteilungsspielräume, über deren Ausfüllung die Finanzbehörde erst im Zeitpunkt der Steuerfestsetzung und damit nach den Dispositionen des Steuerpflichtigen entscheidet.[753] Ziel jedes Steuerpflichtigen ist es aber, die Steuerbelastung erstens zu minimieren und zweitens zu einer Kalkulationsgröße zu machen, die bereits im Vorfeld einer Disposition abgeschätzt werden kann.[754] Um dem Steuerpflichtigen die freiheitsbeschränkende Belastung durch Steuern so erträglich wie möglich zu machen und in gewisser Weise zu „kompensieren"[755], muss – wie gezeigt –[756]

---

752 *Seer*, Verständigungen, S. 167 ff. zum (irreführenden) Dogma der einzig richtigen Entscheidung.

753 *Seer*, in: Tipke/Kruse, AO/FGO, § 89 Rz. 23 (Stand: Januar 2017). Diese Interpretationsunsicherheiten führen nicht zugleich zur verfassungsrechtlich bedenklichen Unbestimmtheit der Steuernorm. Vielmehr bedarf das Steuerrecht einer gewissen Komplexität, um der komplexer werdenden Lebenswirklichkeit gerecht zu werden, siehe Birk, in: FS Pöllath, S. 161, 169, 174.

754 *Seer*, in: FS Korn, S. 707, 708 f.; *Söhn*, in: HHSp, AO/FGO, § 89 Rz. 179 (Stand: August 2016).

755 *Seer*, Verständigungen, S. 310 f.

756 Siehe bereits Erster Teil B.

der Steuerpflichtige bindend abgesichert sein. Dies muss insbesondere dann gelten, wenn er Dispositionen auf vermögensrechtlichem Gebiet im Rahmen seiner eigenverantwortlichen Lebensgestaltung, die vorliegend insbesondere von Art. 12 Abs. 1 GG geschützt ist,[757] tätigt. Bereits im Zeitpunkt der Vornahme einer Disposition muss die spätere Entscheidung der Finanzbehörde daher vorhersehbar sein.[758] Das gilt in besonderem Maße für den umsatzsteuerlichen Unternehmer, der die Steuer gem. § 168 S. 1 AO gegen sich selbst festsetzt und die abstrakt generellen Regelungen des Umsatzsteuergesetzes auslegen und den Sachverhalt der Norm subsumieren muss. Er trägt daher sowohl das Norminterpretations- als auch das Subsumtionsrisiko.[759] Zusagen und damit auch die verbindliche Auskunft verfolgen also in erster Linie eine Planungsfunktion,[760] die für den umsatzsteuerlichen Unternehmer von besonderer Wichtigkeit ist.

Neben dieser prospektiv ausgerichteten Planungsfunktion, erfüllen Zusagen auch eine retrospektive Schutzfunktion.[761] Ist eine Zusage einmal erteilt, so kann sich der Steuerpflichtige (grundsätzlich) auf deren Bindungswirkung verlassen.[762] Seine einmal getroffene Disposition ist also durch die Bindungswirkung der Zusage geschützt.[763]

2. *Genese der verbindlichen Auskunft*

Die Abgabenordnung 1977 regelte die verbindliche Auskunft nicht. Der detaillierte Entwurf im AOÄG 1966 (§§ 227a ff. RAO-E),[764] der Angaben zu Voraussetzungen, Inhalt, Gebühren, Bindungswirkung und Änderungsmöglichkeiten einer verbindlichen Auskunft enthielt, wurde nicht umgesetzt. Dennoch war bereits in der Rechtsprechung und Literatur anerkannt, dass ein Institut der „Zusicherung" existiert.[765] Schon 1949 legte *Bubenzer* ausgehend von der verbindlichen Zolltarifauskunft einen vollständigen Gesetzentwurf vor.[766] Man

757 Erster Teil B. I. 1.; mit Blick auf Art. 12 Abs. 1 GG und Art. 14 GG: BVerfG v. 22.6.1995 – 2 BvL 37/91, BVerfGE 93, 121, 165 (*Vermögensteuer*); *Seer*, DStJG 23 (2000), S. 87, 90 ff.

758 *Hey*, Steuerplanungssicherheit, S. 695 f.

759 Allgemein *Horst*, Verbindliche Auskunft, S. 11.

760 *Hey*, Steuerplanungssicherheit, S. 695 f.

761 *Horst*, Verbindliche Auskunft, S. 14 f.

762 *Blanke*, Vertrauensschutz, S. 227 spricht von der „Verlässlichkeitswirkung".

763 Ähnlich *Fiedler*, Zusagen, S. 209; dazu noch detailliert unter Erster Teil C. I. 3. d).

764 BT-Drs. V/885.

765 Grundlegend BFH v. 4.8.1961 – VI 269/60 S, BFHE 73, 813, 818 ff.; *Monreal*, Auskünfte und Zusagen, S. 126 ff.

766 *Bubenzer*, StuW 1949, 390, 391 ff.

bangte aber um die Flexibilität der bislang bestehenden Praxis und sah deshalb von einer Kodifizierung ab.[767] Die weitere Entwicklung der verbindlichen Auskunft sollte der Rechtsprechung und der Wissenschaft überlassen werden in der Hoffnung auf eine großzügige Handhabung der ungeschriebenen Grundsätze durch die Verwaltung.[768]

Nach einer Aufforderung des Bundestages an die Bundesregierung, eine gesetzliche Regelung der verbindlichen Auskunft anzustreben,[769] erließ das Bundesministerium der Finanzen (BMF) ein Schreiben, das die verbindliche Auskunft regeln sollte.[770] Dieser sogenannte „Auskunftserlass“[771] – ersetzt und verfeinert durch das spätere BMF-Schreiben vom 29.12.2003 –[772] regelte außerhalb des Gesetzes das, was schon vorher in Rechtsprechung und Verwaltung anerkannt war.[773]

Schließlich gesetzlich geregelt wurde die verbindliche Auskunft durch das Föderalismusreform-BegleitG vom 5.9.2006[774] mit Wirkung zum 12.9.2006. Die Normierung sollte die bisherige Verwaltungspraxis klarstellen.[775] Da §§ 89 Abs. 2 ff. AO nur eine Regelung in Teilbereichen enthält, ermächtigt § 89 Abs. 2 S. 5 AO zum Erlass einer Rechtsverordnung. Aufgrund dieser Ermächtigung wurde zum 8.12.2007 die Steuerauskunftsverordnung (StAuskV)[776] erlassen, die Form und Inhalt des Antrags auf Erlass einer verbindlichen Auskunft und deren Bindungswirkung regelt. Der insoweit „denkfaule“[777] Gesetzgeber regelte durch das Jahressteuergesetz 2007[778] sodann gesetzlich (!)[779] die Gebührenpflicht

767 Vgl. *Fiedler*, Zusagen, S. 206 ff.; exemplarisch sei hier auf die von *Haver*, BB 1967, 1201, 1203 vorgebrachten Bedenken zum AOÄG 1966 verwiesen, wonach „der Steuerzahler etwas, was er heute meist schnell, kostenlos und recht gut bekommt, nach dem Gesetz langsam, teuer und weniger gut erhalten würde.“

768 BT-Drs. VI/1982, S. 95.

769 BT-Drs. X/4498, S. 5.

770 „Auskunft mit Bindungswirkung nach Treu und Glauben (verbindliche Auskunft)“, BMF v. 24.6.1987, IV A 5 – S 0430 – 9/87, BStBl. I 1987, 474.

771 Begrifflichkeit u.a. bei *Seer*, in: FS Korn, S. 707; *Hey*, Steuerplanungssicherheit, S. 703 Fn. 41 und *Birkenfeld*, in: HHSp, AO/FGO, § 365 Rz. 71 Fn. 2 (Stand: Februar 2015) sprechen korrekterweise vom „Zusagenerlaß“.

772 BMF v. 29.12.2003, IV A 4 – S 0430 – 7/03, BStBl. I 2003, 742.

773 *Seer*, in: FS Korn, S. 707, 711.

774 BGBl I 2006, S. 2098, 2106.

775 BT-Drs. 16/814, S. 23 f.

776 Verordnung vom 30.11.2007, BGBl I 2007, S. 2783; zuletzt geändert durch ÄnderungsVO v. 18.7.2016, BGBl. I 2016, 1722, 1724.

777 *Seer*, StBJb 2012/2013, S. 557, 562; *ders.*, FR 2017, 161, 162.

778 Gesetz v. 13.12.2006, BGBl I 2006, S. 2878, 2902.

779 Kritisch *Seer*, in: Symposium Pelka, S. 33, 42.

für verbindliche Auskünfte.[780] Zuletzt geändert wurde das Regelungsregime der §§ 89 Abs. 2 ff. AO durch das Gesetz zur Modernisierung des Besteuerungsverfahrens vom 18.7.2016[781]. Eingeführt wurde eine 6-Monats-Entscheidungsfrist[782], eine Gebührenbeschränkung[783] und eine mögliche Zuständigkeitskonzentration[784] bei einheitlichen Entscheidungen in Mehrpersonen-Konstellationen.

3. *Rechtsnatur und Bindungswirkung der verbindlichen Auskunft*

Die Wirkungen der verbindlichen Auskunft hängen maßgeblich mit ihrer Rechtsnatur zusammen. Dem Gesetz lassen sich keine Anhaltspunkte entnehmen, sodass die verbindliche Auskunft entweder als „schlichtes Verwaltungshandeln", als Verwaltungsakt oder als eigenständige Rechtsform qualifiziert werden kann.

a) *Bedeutung von Handlungs- und Rechtsformen im Verwaltungsrecht*

Bei verwaltungsrechtlichen Handlungsformen handelt es sich um Zweckschöpfungen,[785] die es der Verwaltung erlauben, nach außen in Erscheinung zu treten. Die Verwaltungsrechtslehre entnimmt diesen Handlungsformen einzelne Rechtsformen und knüpft an diese Rechtsfolgen.[786] Insbesondere die Handlungsformen des Verwaltungsakts und des Verwaltungsvertrags sind dabei zu Rechtsformen entwickelt worden, sodass an diese typisierte Rechtsfolgen geknüpft werden können.[787] Diese typisierten Rechtsfolgen bewirken, dass die Frage nach der Rechtsform kein rein akademisches Problem ist, das „Verwirrung in der Klarheit"[788] schafft.

Die Einordnung der verbindlichen Auskunft als Verwaltungsvertrag scheidet dabei von vornherein aus, da die Behörde eine verbindliche Auskunft stets einseitig erteilt.[789]

---

780 Modifiziert durch StVereinfG v. 1.11.2011, BGBl I 2011, S. 2131, 2139.

781 BestVModG, BGBl. I 2016, 1679, 1684.

782 Dazu Erster Teil C. III. 3.

783 Dazu näher Erster Teil C. IV.

784 Dazu noch Erster Teil C. II. 1.

785 BVerwG v. 3.5.1956 – 1 C 89.55, BVerwGE 3, 258, 262 zum Verwaltungsakt.

786 *Wolff/Bachof/Stober/Kluth*, Verwaltungsrecht I, § 44 Rz. 17 f.

787 *Seer*, Verständigungen, S. 50.

788 So *Thiele*, Auskünfte und Zusagen, S. 72.

789 *Horst*, Verbindliche Auskunft, S. 100, dort auch zum folgenden Text.

Ordnet man die verbindliche Auskunft als Verwaltungsakt im Sinne der §§ 118 ff. AO ein, hätte dies unmittelbare Auswirkungen insbesondere auf die Bindungswirkung, die Bestandskraft und die Rechtsbehelfsmöglichkeiten. Die Bindungswirkung wäre der verbindlichen Auskunft als Verwaltungsakt dann immanent. Abstrakter Vertrauensschutz wäre die Folge. Sie würde darüber hinaus gem. § 124 Abs. 1 AO durch Bekanntgabe wirksam werden und auch im Falle ihrer Rechtswidrigkeit wirksam bleiben, solange und soweit keine Korrekturvorschrift eingreift. Der Einspruch (§ 347 Abs. 1 AO) und die Anfechtungs- und Verpflichtungsklage (§ 40 Abs. 1 FGO) wären dann die statthaften Rechtsbehelfe.

In Abgrenzung dazu würde eine Einordnung der verbindlichen Auskunft als schlichtes Verwaltungshandeln bewirken, dass dem Bürger nur die Feststellungs- und Leistungsklage (§ 41 FGO) als Rechtsbehelf zur Verfügung stünden. Entscheidend wäre daneben, dass einem schlichten Verwaltungshandeln keine immanente Bindung zukäme und eine Bindungswirkung also nur unter Rückgriff auf die Grundsätze von Treu und Glauben erreicht werden könnte.[790] Materiellrechtlich setzte die Bindung nach Treu und Glauben dann voraus, dass bereits eine Vertrauensbetätigung stattgefunden hätte.[791] Die verbindliche Auskunft würde dann nur konkreten Vertrauensschutz bieten.

Die Einordnung der verbindlichen Auskunft als eigenständige Rechtsform ließe zunächst keine Rechtsfolgenschlüsse zu. Insbesondere wäre zunächst ungeklärt, ob die verbindliche Auskunft aus sich heraus oder nur nach erfolgter Vertrauensbetätigung aufgrund von Treu und Glauben bindet.

Die Zuordnung der verbindlichen Auskunft kann daher zweistufig erfolgen. Zunächst ist die Frage nach dem Grund der Bindungswirkung zu stellen. Ausgegrenzt werden kann damit das schlichte Verwaltungshandeln. Daraufhin kann die Frage nach der Verwaltungsaktqualität gestellt werden.[792]

---

790 Allgemein dazu *Seer*, Verständigungen, S. 449 ff.; in Bezug auf Zusagen *Fiedler*, Zusagen, S. 31 ff.

791 Siehe erneut nur *Seer*, Verständigungen, S. 465; aus der Rechtsprechung vor Erlass des § 89 Abs. 2 AO siehe nur BFH v. 16.11.2005 – X R 3/04, BFHE 211, 30, 36.

792 Die gewählte Darstellungsweise orientiert sich an *Horst*, Verbindliche Auskunft, S. 107 ff., der an dieser Stelle systematisch überzeugend vorgeht.

b) *Verbindliche Auskunft nach §§ 89 Abs. 2 ff. AO als selbstverpflichtender Verwaltungsakt*

aa) Abkehr von der Bindung nach Treu und Glauben

Wie dargestellt, ist die Frage nach dem Grund der Bindungswirkung eng mit der Frage nach der Rechtsnatur der verbindlichen Auskunft verknüpft. Ohne die Bindungswirkung wäre die verbindliche Auskunft ein bloßes „Muster ohne Wert“[793]. Dabei kommt eine der verbindlichen Auskunft immanente Bindung oder eine Bindung nach Treu und Glauben in Betracht.

Der Wortlaut des § 89 Abs. 2 S. 1 AO liefert keine eindeutige Antwort auf diese Frage. Die Bezeichnung als „verbindliche Auskünfte“ kann hier nur als Indiz dienen. Kaum mehr Anhaltspunkte lassen sich der Entstehungsgeschichte entnehmen: Der neue Absatz 2 des § 89 regele „die Befugnis der Finanzämter, im Einzelfall Auskünfte mit Bindungswirkung nach Treu und Glauben zu erteilen.“[794] Dies entspricht der Auslegungsvariante, die von der Rechtsprechung,[795] der Finanzverwaltung[796] und Teilen der Literatur[797] zur Rechtslage vor Kodifizierung der verbindlichen Auskunft bevorzugt wurde. Insbesondere die Rechtsprechung erkannte zwar, dass Zusagen die Voraussetzungen des § 118 Abs. 1 AO erfüllen können.[798] Die Abgabenordnung sehe aber nur Regelungen über bereits entstandene Steueransprüche durch Steuerbescheid und Feststellungsbescheid vor. Dies werde durch die ausdrücklich normierte Ausnahme des § 204 AO bestätigt.[799] Doch bereits die Begründung zur Steuer-Auskunftsverordnung verwirft diesen Ansatz und knüpft die Bindungswirkung unmittelbar an die verbindliche Auskunft.[800] Die Genese vermag daher allenfalls eine Entwicklung weg von der Treu-und-Glauben-Bindung und hin zu einer immanenten Bindung zu begründen. Aufschlussreicher ist in systematischer Hinsicht zweierlei: Der Gesetzgeber verlangt zur Erteilung einer verbindlichen Auskunft die Geltendmachung eines

793 *Seer*, in: Symposium Pelka, S. 33, 43.

794 BT-Drs. 16/814, S. 23.

795 Vgl. nur BFH v. 16.11.2005 - X R 3/04, BFHE 211, 30, 36.

796 Tz. 4.1 des „Auskunftserlasses“, BMF v. 24.6.1987, IV A 5 - S 0430 - 9/87, BStBl. I 1987, 474.

797 *Rüsken*, in: Klein, AO[9], § 204 Rz. 20, 29; *Hahn*, DStZ 2003, 69, 71; entgegen der schon damals überwiegenden Auffassung im Schrifttum: *Tipke*, StuW 1962, 697, 704; *Mayer*, Zusage, S. 55 ff.; *von Bomhard*, Auskunft und Zusage, S. 113 f.

798 BFH v. 13.12.1989 - X R 208/87, BStBl. II 1990, 274, 275, wonach nur gesetzlich normierte Zusagen Verwaltungsakte seien.

799 BFH v. 13.12.1989 - X R 208/87, BStBl. II 1990, 274, 275.

800 BR-Drs. 725/07, S. 3.

Dispositions*interesses*, § 89 Abs. 2 S. 1 AO. Gerade nicht gefordert ist die Disposition selbst. Das Tätigen einer Disposition im Sinne eines konkreten Vertrauensschutzes ist jedoch Voraussetzung für die Bindung nach Treu und Glauben.[801] Die verbindliche Auskunft soll daher ausweislich des Gesetzes abstrakten Vertrauensschutz bieten.[802] Ob die Disposition letztlich getätigt wird, hat allein Einfluss auf die Bestandskraft der verbindlichen Auskunft.[803] Darüber hinaus spricht § 89 Abs. 2 S. 5 AO davon, dass in der Steuerauskunftsverordnung die „Reichweite der Bindungswirkung" näher bestimmt werden kann. Das Gesetz setzt an dieser Stelle das Vorliegen der Bindungswirkung also voraus.[804] Dies ist verfassungsrechtlich auch geboten, da Art. 80 Abs. 1 S. 2 GG verlangt, dass Wesentliches vom Gesetzgeber selbst entschieden wird.[805] Teleologisch ergibt sich nichts anderes mehr. Denn während die Annahme von abstraktem Vertrauensschutz dazu führt, dass die Bindung bei fehlender Disposition auf Bestandskraftebene aufgehoben werden kann, entsteht diese bei konkretem Vertrauensschutz erst gar nicht. Konstruktiv sind die Ansätze daher unterschiedlich, teleologisch kommen sie aber zu ähnlichen Ergebnissen, sodass der Telos hier nicht ins Gewicht fällt.[806] Der zum Ausdruck gebrachte Wille des Gesetz- und Verordnungsgebers ist somit erstens widersprüchlich (s.o.) und zweitens unbeachtlich, da er im Gesetzeswortlaut nicht zum Ausdruck kommt.[807] Es lässt sich also festhalten, dass die verbindliche Auskunft bereits aus sich heraus bindet.[808] Ausgegrenzt werden kann also die Annahme schlichten Verwaltungshandelns.[809] Die festgestellte immanente Bindungswirkung setzt somit voraus, dass die verbindliche Auskunft entweder einen Verwaltungsakt oder eine eigenständige Rechtsform darstellt.

---

801 *Horst*, Verbindliche Auskunft, S. 108.

802 *Seer*, Verständigungen, S. 461; *Hey*, Steuerplanungssicherheit, S. 714 ff.

803 *Fiedler*, Zusagen, S. 238; *v. Bomhard*, Auskunft und Zusage, S. 153.

804 So auch *Horst*, Verbindliche Auskunft, S. 108, dort auch zum folgenden Text.

805 Dazu etwa *Nierhaus*, in: FS Stern, S. 717, 720 ff.; BVerfG v. 23.10.1951 – 2 BvG 1/51, BVerfGE 1, 14, 60 (*Südweststaat*); v. 13.6.1956 – 1 BvL 54/55, BVerfGE 5, 71, 77 (*Verordnungsermächtigung*).

806 *Hey*, Steuerplanungssicherheit, S. 718; *Horst*, Verbindliche Auskunft, S. 107.

807 *Horst*, Verbindliche Auskunft, S. 109.

808 So schon *Tipke*, StuW 1962, 697, 704; *Seer*, Verständigungen, S. 61 f.; *Hey*, Steuerplanungssicherheit, S. 18, Birk, in: FS Pöllath, S. 161, 168; *Söhn*, in: HHSp, AO/FGO, § 89 Rz. 252 (Stand: August 2016).

809 So aber auch zum neuen Recht *Lahme/Reiser*, BB 2007, 408, 409, *Bruschke*, DStZ 2007, 267, 271, der allerdings fälschlicherweise davon ausgeht, dass die verbindliche Auskunft nur eine Wissenserklärung sei.

Bis 2009 vertrat die Rechtsprechung die Auffassung, es liege eine bloße Wissenserklärung und gerade kein Verwaltungsakt vor.[810] Diesen Standpunkt hat der BFH in einer Entscheidung zur Lohnsteueranrufungsauskunft im Wege eines *obiter dictums* auch für die verbindliche Auskunft aufgegeben.[811] Insbesondere sei ihr Regelungsgehalt die Zusicherung einer künftigen steuerlichen Behandlung. Es liege demnach ein Verwaltungsakt besonderer Art vor. Dem hat sich die Finanzverwaltung in Nr. 3.5.5. AEAO zu § 89 angeschlossen.[812] Auf eine Einordnung als Verwaltungsakt deutet auch die Regelung in § 2 Abs. 3 StAuskV hin, wonach die §§ 129–131 AO auf die verbindliche Auskunft Anwendung finden sollen. Die überwiegende Literatur ordnet die verbindliche Auskunft daher ebenfalls als Verwaltungsakt ein.[813]

bb) Bloße Selbstverpflichtung der Verwaltung

Nach *Seer* weisen Zusagen hingegen die Besonderheit auf, dass sie nur die Behörde, nicht aber zugleich auch den Steuerpflichtigen binden.[814] Demgegenüber leitet *Söhn* aus dem Wortlaut des § 2 Abs. 1 S. 1 StAuskV auch eine Fremdbindung her.[815] Tatsächlich kann *Söhn* insoweit zugestimmt werden, als dass der Passus „ …ist für die Besteuerung bindend, wenn…“ keine Differenzierung zwischen bloßer Selbst- und zusätzlicher Fremdbindung erlaubt. Auch eine Fremdbindung wäre ausweislich dieses Wortlauts möglich. Nach *Söhns* Verständnis handelt es sich bei der verbindlichen Auskunft um einen aufschiebend bedingten Vorbescheid. *Söhn* ordnet die verbindliche Auskunft damit aber (ausdrücklich)[816] einer Sonderdogmatik im Bereich der Zusagen zu. Insbesondere knüpft *Söhn* an den nahezu gleichlautenden Wortlaut des § 206 Abs. 1 AO („Die verbindliche Zusage ist für die Besteuerung bindend,

---

810 BFH v. 9.3.1979 – VI R 185/76, BFHE 127, 376, 379; v. 9.10. 1992 – VI R 97/90, BFHE 169, 202, 207 f.

811 BFH v. 30.4.2009 – VI R 54/07, BFHE 225, 50, 55 f.

812 Kritisch dazu *Jochum*, DStZ 2013, 544, 547 f., wonach der Finanzverwaltung keine Definitionshoheit zukomme.

813 Siehe nur Birk, in: FS Pöllath, S. 161, 168; *Wagner*, in: KvW, AO, § 89 Rz. 18; *Borggrefe*, AO-StB 2008, 108, 109; *Horst*, Verbindliche Auskunft, S. 111; *Thiele*, Auskünfte und Zusagen, S. 90; a.A. *Bruschke*, DStZ 2007, 267, 271.

814 *Seer*, Verständigungen, S. 61 ff., dort auch zum folgenden Text.

815 *Söhn*, in: HHSp, AO/FGO, § 89 Rz. 246 (Stand: August 2016).

816 *Söhn*, in: HHSp, AO/FGO, § 89 Rz. 246 (Stand: August 2016): „Dass [nur eine Fremdbindung vorliege,] mag für Auskünfte außerhalb des [§ 89] Absatz 2 richtig sein, für Auskünfte nach Absatz 2 trifft dies jedenfalls nicht zu.“

wenn…") keine entsprechende Rechtsfolge.[817] Es ist nicht davon auszugehen, dass der Gesetz- und Verordnungsgeber bei der Ausgestaltung der verbindlichen Auskunft eine von der bisherigen Handhabe abweichende Sonderdogmatik schaffen wollte.[818] Dass eine vom Grundsatz der Zusagen abweichende, beiderseitige Bindungswirkung dabei vom Verordnungs- und nicht vom Gesetzgeber entschieden worden sein soll, kann ebenso wenig überzeugen.[819] Eine solche Entscheidung obliegt allein dem Gesetzgeber. Der Unionsgesetzgeber hat dies mit Wirkung zum 1.5.2016 für die verbindlichen Zolltarif- und Ursprungsauskünfte nach Art. 33 Abs. 2 UZK entsprechend entschieden. Eine Übertragung auf die verbindliche Auskunft ist jedoch *de lege lata* nicht möglich.[820] Die verbindliche Auskunft bindet daher allein die Finanzbehörde. Der Steuerpflichtige kann sich auf die Zusage berufen, muss sich aber nicht an dieser festhalten lassen. Er erhält also nur eine Art Option.[821] Daraus folgerte *Seer*, dass eine für Zusagen typische „Selbstbindung ohne Fremdbindung" dazu führe, dass es an der Hoheitlichkeit der Maßnahme fehle, die stets auch eine Fremdbindung voraussetze. Im Ergebnis seien Zusagen demnach als eigenständige Handlungsform einzuordnen.[822]

Entgegen *Seer* bejaht *Dalichau* die Hoheitlichkeit einer Maßnahme,[823] verneint aber gleichwohl die Einordnung der Zusage als Verwaltungsakt, da es an der erforderlichen *unmittelbaren* Außenwirkung fehle.[824] Zwar verlasse die Zusage den verwaltungsinternen Bereich. Die Wirkung für den Steuerpflichtigen trete jedoch erst mit Sachverhaltsverwirklichung und damit gerade nicht unmittelbar ein. Auch *Dalichau* verneint die Verwaltungsaktqualität in der Sache daher wegen einer fehlenden Bindung des Antragstellers.

817 Ebenso *Seer*, in: Tipke/Kruse, AO/FGO, § 89 Rz. 29 (Stand: Januar 2017).
818 *Seer*, in: Tipke/Kruse, AO/FGO, § 89 Rz. 29 (Stand: Januar 2017).
819 Insofern generell kritisch *Jochum*, DStZ 2013, 544, 547 f., dies sei „indiskutabel".
820 *Seer*, in: Tipke/Kruse, AO/FGO, § 89 Rz. 29 (Stand: Januar 2017).
821 *Seer*, Verständigungen, S. 62; *Horst*, Verbindliche Auskunft, S. 110 ff.; *Thiele*, Auskünfte und Zusagen, S. 86.
822 Ebenso *Hey*, Steuerplanungssicherheit, S. 718; *Blumers*, IFA, Advance rulings, S. 380, 391; nunmehr aber *Seer*, StBJb 2012/2013, S. 557, 563; *Seer*, in Tipke/Kruse, AO/FGO, § 89 Rz. 29 (Stand: Januar 2017): Verwaltungsakt.
823 *Dalichau*, Auskünfte und Zusagen, S. 207; dagegen *Seer*, in: Tipke/Kruse, AO/FGO, § 89 Rz. 29 (Stand: Januar 2017).
824 *Dalichau*, Auskünfte und Zusagen, S. 208 ff.

Letztlich entscheidend ist eine Prüfung der Voraussetzungen des § 118 AO.[825] Einzig problematisch sind dabei die von *Seer* und *Dalichau* negierten Voraussetzungen der Hoheitlichkeit und der unmittelbaren Außenwirkung.[826] Das Merkmal der Hoheitlichkeit dient der Abgrenzung zu Handlungen, die auch von Privaten vorgenommen werden können.[827] Maßgeblich für das Merkmal der unmittelbaren Außenwirkung ist, dass die Handlung darauf *gerichtet* ist, verwaltungsexterne verbindliche Regelungen zu treffen.[828] Es ist also Finalität in Bezug auf den Regelungseintritt ausreichend.[829] *Seer* verneint das Vorliegen einer hoheitlichen Maßnahme, weil es an der Fremdbindung fehle, da dem Steuerpflichten bloß eine Option eingeräumt werde. *Dalichau* knüpft ebenfalls an dieses Optionsrecht und damit die fehlende Fremdbindung an und verneint deswegen die Unmittelbarkeit der Außenwirkung. Sie stellen damit beide auf den Zeitpunkt der Sachverhaltsverwirklichung durch den Steuerpflichtigen und nicht auf den Erlasszeitpunkt ab. Im Ergebnis verneinen sie die Verwaltungsaktqualität, weil der Eintritt der Regelungswirkung von einer Bedingung – der Sachverhaltsverwirklichung –[830] abhängt. § 120 Abs. 2 Nr. 2 AO regelt aber gerade den Fall, dass ein Verwaltungsakt mit einer Bedingung versehen ist. Es ist daher gesetzlich vorausgesetzt, dass eine Bedingung weder die unmittelbare Außenwirkung noch die Hoheitlichkeit ausschließt, sodass auch die verbindliche Auskunft als Verwaltungsakt[831] im Sinne einer Einräumung eines bedingten Erfüllungsanspruchs qualifiziert werden kann.[832]

---

825 Siehe dezidiert *Thiele*, Auskünfte und Zusagen, S. 74 ff.

826 *Horst*, Verbindliche Auskunft, S. 109 ff. m.w.N., dort ergänzend auch zum folgenden Text.

827 *Stelkens*, in: Stelkens/Bonk/Sachs, VwVfG, § 35 Rz. 104.

828 *Stelkens*, a.a.O., Rz. 146.

829 *Stelkens*, a.a.O., Rz. 147.

830 Ausführlich dazu *Thiele*, Auskünfte und Zusagen, S. 77 ff., der zu dem Ergebnis kommt, dass es sich bei der noch ausstehenden Sachverhaltsverwirklichung nicht um eine Bedingung, sondern um eine Inhaltsbestimmung des Hauptverwaltungsakts handele. Dies ändere seiner Ansicht nach aber nichts daran, dass dem Antragsteller ein aufschiebend bedingter Erfüllungsanspruch eingeräumt werde (*Thiele*, a.a.O., S. 84).

831 Es handelt sich insofern um einen gestaltenden Verwaltungsakt; siehe näher *Thiele*, Auskünfte und Zusagen, S. 90 ff.; *Horst*, Verbindliche Auskunft, S. 111 f.

832 So schon *Zeidler*, Gutachten, S. 47 ff.; *Horst*, Verbindliche Auskunft, S. 110 f.; *Thiele*, Auskünfte und Zusagen, S. 90, 92; dies anerkennt nunmehr auch *Seer*, StBJb 2012/2013, S. 557, 563; *Seer*, in Tipke/Kruse, AO/FGO, § 89 Rz. 29 (Stand: Januar 2017); im Ergebnis ebenso *Söhn*, in: HHSp, AO/FGO, § 89 Rz. 246 (Stand: August 2016); kritisch aber *Roser*, in: Gosch, AO/FGO, § 89 Rz. 58 (Stand: September 2016), weil dem Steuerpflichtigen in der AO kein Umsetzungsrecht an die Hand gegeben

c) *Verhältnis der verbindlichen Auskunft zum Steuerbescheid*

Wie bislang festgestellt werden konnte, ist die verbindliche Auskunft ein Verwaltungsakt, der aus sich heraus abstrakten Vertrauensschutz bietet. Dem Steuerpflichtigen wird durch die verbindliche Auskunft ein bedingter Erfüllungsanspruch eingeräumt. Damit bildet die verbindliche Auskunft den Rechtsgrund für den nachfolgenden Steuerverwaltungsakt.[833] Dies führt dazu, dass die verbindliche Auskunft – ihre Wirksamkeit vorausgesetzt – die Gesetzeslage konkretisierend überlagert.[834] Das Vertrauensschutzprinzip überwiegt in diesem Fall das Gesetzmäßigkeitsprinzip.[835] Ein Steuerbescheid, der dem Inhalt der Zusage widerspricht, ist damit rechtswidrig,[836] selbst wenn die verbindliche Auskunft zu Gunsten des Steuerpflichtigen rechtswidrig ist.[837] Die Rechtsgrundfunktion führt im Rechtsbehelfsverfahren daher dazu, dass sich die materiell-rechtliche Prüfung zunächst auf die Wirksamkeit der Zusage beschränkt. Nur bei Unwirksamkeit der Zusage muss der Steuerbescheid als solcher geprüft werden. Das gilt aber nicht, wenn der Steuerpflichtige von seiner „Option", sich zusagekonform

---

werde und er bezweifelt, dass das Rechtsstaatsprinzip und die Gesetzmäßigkeit der Verwaltung ausreichend Gewähr für eine Anspruchsdurchsetzung bieten. Richtigerweise muss der Steuerpflichtige in einem Rechtsstaat aber darauf vertrauen können, dass er Ansprüche gegen den Staat „allein" aufgrund dessen Gesetzesbindung geltend machen kann. Die Bedenken *Rosers* schlagen daher nicht durch; kritisch spricht *Jochum*, DStZ 2013, 544 ff. von einem kupierten Verwaltungsakt. Sie weist zu Recht auf die Probleme hin, die die Einordnung der verbindlichen Auskunft mit sich bringt und verweist sogleich auf rechtsdogmatische Ungereimtheiten. Schlüssig fordert sie daher, dass der Gesetzgeber ähnlich wie in § 38 Abs. 2 VwVfG die Folgen der verbindlichen Auskunft selbst und ausdrücklich regeln sollte, sodass es auf die genaue Zuordnung zu einer einzelnen Handlungs- und Rechtsform nicht mehr ankomme.

833 Statt vieler *Seer*, Verständigungen, S. 398 ff. (zu Verpflichtungsverträgen), 468 ff. (zur Zusage); *Horst*, Verbindliche Auskunft, S. 113; anders nur in der Begründung *Söhn*, in: HHSp, AO/FGO, § 89 Rz. 298 (Stand: August 2016), wonach die verbindliche Auskunft wie ein „vorweg durchgeführter Teil" des Steuerfestsetzungs- und -feststellungsverfahrens wirkt.

834 *Steinberg*, Selbstbindung, S. 124; *Seer*, Verständigungen, S. 468 m.w.N.

835 *Seer*, in: Tipke/Kruse, AO/FGO, § 206 Rz. 1 (Stand: Februar 2018).

836 *Steinberg*, Selbstbindung, S. 128; *Seer*, in: Tipke/Kruse, AO/FGO, § 89 Rz. 52 (Stand: Januar 2017); *Söhn*, in: HHSp, AO/FGO, § 89 Rz. 299 (Stand: August 2016).

837 Vgl. § 2 Abs. 1 S. 2 StAuskV; *Seer*, in: Tipke/Kruse, AO/FGO, § 89 Rz. 55 (Stand: Januar 2017); *Roser*, in: Gosch, AO/FGO, § 89 Rz. 63 (Stand: September 2016); die verbindliche Auskunft wirkt daher nur zu Gunsten des Steuerpflichtigen, siehe auch BFH v. 17.9.2015 – III R 49/13, BFHE 252, 17 Rz. 69.

behandeln zu lassen, keinen Gebrauch machen will.[838] Ähnlichkeiten bestehen zwar zum Verhältnis Grundlagen- und Folgebescheid.[839] Anders als die genannten stellt die verbindliche Auskunft aber nicht teilweise Besteuerungsgrundlagen mit Bindung auch für den Steuerpflichtigen fest.[840] Ändert sich die verbindliche Auskunft, ist der auf ihr beruhende Steuerbescheid mithin nicht gem. § 175 Abs. 1 Nr. 1 AO zu korrigieren.[841] Damit die verbindliche Auskunft ihre Rechtsgrundfunktion erlangt, ist aber erforderlich, dass ihr Bindungswirkung in Bezug auf den konkreten Fall zukommt und dass sie diese noch innehat, sodass der Umfang der Bindungswirkung zu untersuchen ist.

d) Umfang der Bindungswirkung

Betrachtet man den Umfang der Bindungswirkung, so ist zwischen dem sachlichen, dem persönlichen und dem zeitlichen Umfang zu unterscheiden. Der zeitliche Umfang als „Verbindlichkeit in der Zeit“[842] ist dabei mit der Bestandskraft der verbindlichen Auskunft gleichzusetzen.[843]

aa) Sachlicher Umfang der Bindungswirkung

Eine verbindliche Auskunft nimmt in sachlicher Hinsicht immer auf den im Antrag vorgetragenen Sachverhalt Bezug. Selbsterklärend kann die verbindliche Auskunft die Behörde, die eine Vorabsubsumtion in Bezug auf einen konkreten Sachverhalt vornimmt, daher nur binden, wenn der beurteilte Sachverhalt dem verwirklichten Sachverhalt entspricht. Dieses Erfordernis der Sachverhaltsidentität ist in § 2 Abs. 1 S. 1 a.E. StAuskV normiert. Dabei sind unwesentliche

---

838 Vgl. nur *Seer*, Verständigungen, S. 468 f.

839 Dies veranlasst *Schick*, in: FS Obermayer, S. 135, 138 f. einen „Teilsteuerbescheid“ anzunehmen.

840 Siehe bereits oben Erster Teil C. I. 3. b) bb).

841 Siehe nur *Seer*, in: Tipke/Kruse, AO/FGO, § 89 Rz. 59a (Stand: Januar 2017); *Roser*, in: Gosch, AO/FGO, § 89 Rz. 62 (Stand: September 2016); *Söhn*, in: HHSp, AO/FGO, § 89 Rz. 298 (Stand: August 2016).

842 *Fiedler*, Zusagen, S. 222.

843 *Thiele*, Auskünfte und Zusagen, S. 93 unterscheidet zusätzlich das „Ob“ der Bindung und meint damit die Wirksamkeit der verbindlichen Auskunft. Die verbindliche Auskunft wird als Verwaltungsakt gem. § 124 AO mit Bekanntgabe wirksam. Inwieweit dies Relevanz für den Umfang (das „Wie“) der Bindungswirkung haben soll, leuchtet nicht ein. Ebenso wenig können die Ausführungen auf S. 94 (*Thiele*, a.a.O.) überzeugen. Ein möglicher Wegfall der Bindungswirkung hat entgegen *Thiele* keinen Einfluss auf die Bestandskraft der verbindlichen Auskunft.

Sachverhaltsabweichungen unschädlich. Es handelt sich dabei um die klarstellende[844] Regelung der „*clausula rebus sic stantibus*“[845], die sich inhaltsgleich auch in § 206 AO sowie in § 38 Abs. 3 VwVfG findet. Dass vorgetragener und verwirklichter Sachverhalt vollkommen identisch sind, ist aber meist unwahrscheinlich. Daher ist es relevant, wesentliche von unwesentlichen Abweichungen zu unterscheiden. Dabei muss beurteilt werden, ob Änderungen vorliegen, die den Steuertatbestand „in seinem Kern“[846] betreffen. Ist dies der Fall, so entfällt die Bindungswirkung. Betrachtet werden müssen dazu die Rechtsfolgen des geplanten und des tatsächlich verwirklichten Sachverhalts. Die Abweichungen sind dann wesentlich, wenn die Finanzverwaltung in Kenntnis des tatsächlich verwirklichten Sachverhalts zu einer anderen Beurteilung gekommen wäre.[847] Sinnvoll ist daher eine Festlegung kritischer und unkritischer Annahmen in Kooperation mit dem FA, um die (Un-)Wesentlichkeit und damit den Umsetzungsspielraum bei der Sachverhaltsverwirklichung zu konkretisieren.[848] Besteht ein geplanter Sachverhalt aus mehreren Teilsachverhalten und wird nur einer der Teile verwirklicht, so ist die verbindliche Auskunft soweit bindend, wie die steuerliche Würdigung in Bezug auf diesen Teilsachverhalt reicht.[849]

Von der „*clausula rebus sic stantibus*“ ist die in § 2 Abs. 3 StAuskV geregelte „*clausula legibus sic stantibus*“ zu unterscheiden,[850] wonach die Bindungswirkung bei Aufhebung oder Änderung der der verbindlichen Auskunft zu Grunde liegenden Rechtsvorschriften *ipso iure* entfällt.[851] Die geltende Rechtslage wird dabei als konkludenter Erklärungsinhalt verstanden.[852] Bei der „*clausula legibus*“ handelt es sich um einen gesetzlich geregelten Fall der Erledigung nach

844 *Seer*, in: Tipke/Kruse, AO/FGO, § 89 Rz. 56 (Stand: Januar 2017).

845 Dazu ausführlich *Fiedler*, Zusagen, S. 257 ff.

846 *Seer*, in: FS Korn, S. 707, 719.

847 Dies voraussetzend schon AEAO zu § 89 Nr. 3.2.3. S. 4; siehe auch *Horst*, Verbindliche Auskunft, S. 121 f.

848 *Seer*, in: FS Korn, S. 707, 718 f.

849 *Horst*, Verbindliche Auskunft, S. 122; ebenso zu § 206 AO: *Seer*, in: Tipke/Kruse, AO/FGO, § 206 Rz. 7 (Stand: Februar 2018); zum alten Recht schon *Mayer*, Zusage, S. 132 f.; a.A. *Steinberg*, Selbstbindung, S. 127; *Fischer*, DÖV 1979, 773, 774.

850 Vgl. erneut die Übereinstimmung mit § 207 Abs. 1 AO und § 38 Abs. 3 VwVfG.

851 Zu einigen Zweifelsfragen die *clausula legibus* betreffend, siehe *Horst*, Verbindliche Auskunft, S. 124 ff.

852 Siehe nur *Hey*, Steuerplanungssicherheit, S. 724 f.; *Franke/v. Cölln*, BB 2008, 584, 587 sprechen von einer auflösenden Bedingung.

§ 124 Abs. 1 AO.[853] Eine Rechtsänderung im Sinne der *„clausula legibus"* liegt bei Entscheidungen des Bundesverfassungsgerichts, nicht aber bei sonstigen Judikativakten oder Verwaltungsanweisungen vor.[854] Die Finanzbehörde trägt insofern das Risiko des Rechtsirrtums.[855] Im Fall einer rückwirkenden Gesetzesänderung wurde bereits entschieden, dass die Bindungswirkung auch bei bereits getätigter Disposition rückwirkend entfalle.[856] Unberücksichtigt blieb dabei aber, dass § 2 Abs. 3 StAuskV für den Entfall der Bindungswirkung auf den Zeitpunkt der Änderung und nicht auf den Zeitpunkt, ab dem die Änderung wirkt, abstellt.[857] § 2 Abs. 3 StAuskV enthält daher eine Rückwirkungssperre für Gesetze.[858]

bb) Persönlicher Umfang der Bindungswirkung

In persönlicher Hinsicht ist die Finanzbehörde nur gegenüber dem Antragsteller gebunden, § 2 Abs. 1 S. 1 StAuskV. Im Fall der Gesamtrechtsnachfolge bindet die verbindliche Auskunft analog § 45 AO auch gegenüber dem Rechtsnachfolger.[859] Bei Einzelrechtsnachfolge steht es dem Nachfolger frei, eine eigene verbindliche Auskunft zu beantragen, sodass es im Ergebnis nicht zu einer Bindung der Finanzbehörde kraft Einzelrechtsnachfolge kommt.[860]

cc) Zeitlicher Umfang der Bindungswirkung – Bestandskraft

Als Verwaltungsakt wird die verbindliche Auskunft mit dem Inhalt wirksam, mit dem sie bekanntgegeben ist, § 124 Abs. 1 S. 1, 2 AO. Sofern die verbindliche Auskunft nicht nichtig ist (§ 124 Abs. 3 AO), bleibt sie wirksam, solange und soweit sie nicht zurückgenommen, widerrufen, anderweitig aufgehoben oder erledigt ist, § 124 Abs. 2 AO.[861] Auch eine rechtswidrige verbindliche Auskunft bleibt damit wirksam. Die Bindungswirkung entfällt jedoch, sofern die verbindliche Auskunft zu Ungunsten des Antragstellers rechtswidrig ist, § 2 Abs. 1

853 *Söhn*, in: HHSp, AO/FGO, § 89 Rz. 278 (Stand: August 2016), der aber – wohl versehentlich – § 124 Abs. 3 AO zitiert.

854 AEAO zu § 89 Nr. 3.6.6; statt vieler *Hey*, Steuerplanungssicherheit, S. 728 f.

855 *Hey*, Steuerplanungssicherheit, S. 728 f.; *Horst*, Verbindliche Auskunft, S. 129.

856 FG Hamburg v. 17.5.2013 – 6 K 199/12, EFG 2013, 1458.

857 § 2 Abs. 3 StAuskV: „Die Bindungswirkung der verbindlichen Auskunft entfällt ab dem Zeitpunkt, in dem die Rechtsvorschriften, auf denen die Auskunft beruht, aufgehoben oder geändert werden."

858 Ähnlich *Werder/Dannecker*, BB 2014, 926, 931.

859 Vgl. AEAO § 89 Nr. 3.6.2; *Franke/v. Cölln*, BB 2008, 584, 587.

860 Im einzelnen umstritten, vgl. dazu *Franke/v. Cölln*, BB 2008, 584, 588 f. m.w.N.

861 AEAO zu § 89 Nr. 3.5.6. sieht aber ein „Ablaufdatum" vor.

S. 2 StAuskV.[862] Die verbindliche Auskunft ist somit ein bloß begünstigender Verwaltungsakt.[863] In allen anderen Fällen bleibt die Finanzbehörde an die verbindliche Auskunft gebunden, sofern nicht ein Fall von § 124 Abs. 2 AO vorliegt. Die Finanzbehörde kann sich nur von ihrer Bindung lösen, indem sie die verbindliche Auskunft korrigiert.[864] Das Gesetz gibt ihr dabei die §§ 129–131 AO[865] und § 2 Abs. 4 StAuskV an die Hand.

Eine Berichtigung nach § 129 AO ist bei Vorliegen einer offenbaren Unrichtigkeit unzweifelhaft möglich.[866] Die Rücknahme einer rechtswidrigen verbindlichen Auskunft *ex-tunc* richtet sich wegen ihres begünstigenden Charakters nach § 130 Abs. 2 AO.[867] Allerdings werden die in § 130 Abs. 2 AO genannten Nrn. 1–4 nur in wenigen Fällen je erfüllt sein. In den Fällen der Nummer 1 (sachlich unzuständige Behörde) liegt in der Regel bereits Nichtigkeit nach § 125 Abs. 1 AO vor.[868] Im Fall der Nummer 2 (Erwirkung durch unlautere Mittel) ist insbesondere eine Täuschung über das „besondere Interesse“ an der verbindlichen Auskunft denkbar.[869] Die Fälle der Nummer 3 (unvollständige oder unrichtige Angaben) werden meist schon von § 2 Abs. 1 S. 1 StAuskV erfasst, wonach die Bindungswirkung bei wesentlichen Sachverhaltsabweichungen entfällt.[870] Auch die Nummer 4 wird praktisch nicht einschlägig sein, da der Antragsteller in der Situation der verbindlichen Auskunft gerade keine Kenntnis von der Rechtslage hat.[871] Ebenso selten wird der Widerruf einer rechtmäßigen verbindlichen Auskunft nach § 131 Abs. 2 AO zu einer Aufhebung führen. Ein Widerrufsvorbehalt nach § 131 Abs. 2 S. 1 Nr. 1 AO widerspricht dem zukunftssichernden Zweck der verbindlichen Auskunft und ist daher nicht zulässig.[872] Nachträglich eintretende Tatsachen nach § 131 Abs. 2 S. 1 Nr. 3 AO werden bereits von § 2 Abs. 1 S. 1, Abs. 3

862 Ausführlich *Jochum*, in: FS Fiedler, S. 793, 798 ff.; nach AEAO zu § 89 Nr. 3.6.3. ist ein Vergleich zwischen zugesagter und rechtmäßiger Behandlung vorzunehmen, um die Auswirkungen auf den Antragsteller zu bewerten.

863 *Seer*, StBJb 2012/2013, S. 557, 570; *Franke/v. Cölln*, BB 2008, 584, 585; *Jochum*, in: FS Fiedler, S. 793, 798 f.

864 Zur Terminologie vgl. *Seer*, in: Tipke/Lang, Steuerrecht, § 21 Rz. 385.

865 Klarstellend § 2 Abs. 4 StAuskV; vgl. auch *Horst*, Verbindliche Auskunft, S. 133 m.w.N.

866 *Franke/v. Cölln*, BB 2008, 584, 585.

867 *Horst*, Verbindliche Auskunft, S. 134 m.w.N.

868 *Horst*, Verbindliche Auskunft, S. 114; im Ergebnis ebenso AEAO § 89 Nr. 3.6.5.

869 *Horst*, Verbindliche Auskunft, S. 135 f.

870 *Franke/v. Cölln*, BB 2008, 584, 585.

871 *Seer*, StBJb 2012/2013, S. 557, 571; *Bodden*, KÖSDI 2016, 19652, 19661; *Horst*, Verbindliche Auskunft, S. 137: nur „Extremfälle“.

872 *Seer*, StBJb 2012/2013, S. 557, 571; *Horst*, Verbindliche Auskunft, S. 135.

StAuskV erfasst, wonach die Bindungswirkung entfällt. Allein denkbar sind Fälle fehlender Auflagenerfüllung nach § 131 Abs. 2 S. 1 Nr. 2 AO.

Einen besonderen Korrekturtatbestand enthält § 2 Abs. 4 StAuskV. Danach können „unrichtige" verbindliche Auskünfte *pro futuro* aufgehoben werden. Unrichtigkeit heißt dabei Rechtswidrigkeit.[873] Der Verordnungsgeber will damit der Gleich- und Gesetzmäßigkeit der Besteuerung dienen.[874] Bei bereits verwirklichten Sachverhalten bleibt die Bindungswirkung bestehen, da § 2 Abs. 4 StAuskV nur eine Aufhebung *ex-nunc* vorsieht. Die Disposition begründet hier also eine Aufhebungssperre.[875] Eine Änderung einer Verwaltungsanweisung begründet entgegen AEAO zu § 89 Nr. 3.6.6. keine Unrichtigkeit im Sinne des § 2 Abs. 4 StAuskV, da diese in den Risikobereich der Finanzverwaltung fällt.[876] Im Fall einer Rechtsprechungsänderung ist eine auf den Einzelfall bezogene Güterabwägung zwischen Rechtsrichtigkeit und Rechtssicherheit vorzunehmen.[877] Teilweise wird angenommen, dass die Regelung des § 2 Abs. 4 StAuskV nicht mehr von der Ermächtigung des § 89 Abs. 2 S. 4 AO gedeckt sei, da nicht der Umfang der Bindungswirkung, sondern eine Korrekturvorschrift geregelt werde.[878] Richtigerweise ist jedoch eine Vorschrift zur Aufhebung der Bindungswirkung als Vorschrift über deren Reichweite zu verstehen, denn die

---

873 AEAO zu § 89 Nr. 3.6.6.; *Horst*, Verbindliche Auskunft, S. 138; *Franke/v. Cölln*, BB 2008, 584, 586; zu Recht kritisch ob der ungenauen Begriffsverwendung *Lichtinghagen/Verpoorten*, StuB 2008, 753, 757.

874 BR-Drs. 725/07, S. 6.

875 AEAO zu § 89 Nr. 3.6.6. sowie Nr. 3.6.8.; ähnlich *Horst*, Verbindliche Auskunft, S. 140, der daran zweifelt, dass die *ex-nunc*-Wirkung ausreichenden Vertrauensschutz gewährleistet. Er fordert wie *Seer*, in: Tipke/Kruse, AO/FGO, § 207 Rz. 10 ff. (Stand: Februar 2018) eine Interessensabwägung. Ebenso *Thiele*, Auskünfte und Zusagen, S. 159.

876 *Seer*, Verständigungen, S. 475; *ders.*, StBJb 2012/2013, S. 557, 572; *Horst*, Verbindliche Auskunft, S. 142 ff.; *Lichtinghagen/Verpoorten*, StuB 2008, 753, 759: rechtsstaatlich nicht vertretbar.

877 *Seer*, Verständigungen, S. 475; gegen jedweden Einfluss von Rechtsprechungsänderungen *Lichtinghagen/Verpoorten*, StuB 2008, 753, 758; differenzierend *Horst*, Verbindliche Auskunft, S. 146 f., der zumindest bei höchstrichterlichen Entscheidungen, nicht aber bei FG-Entscheidungen eine Änderungsmöglichkeit anerkennt. Letztlich wird dieser Streit in der Praxis nur von geringer Bedeutung sein, da die Verwaltung verpflichtet ist, die Rechtsprechung schonend zu implementieren, siehe *Horst*, Verbindliche Auskunft, S. 147 m.w.N.

878 *Franke/v. Cölln*, BB 2008, 584, 586; *Jochum*, DStZ 2013, 544, 547 f.

Bestandskraft regelt die Reichweite der Bindung in zeitlicher Hinsicht.[879] Die Maßstäbe des Art. 80 Abs. 1 S. 2 GG werden somit beachtet.

4. *Zwischenergebnis und Folgerungen für die Ausgestaltung* de lege ferenda

Die verbindliche Auskunft nach §§ 89 Abs. 2 ff. AO stellt sich also als Generalzusage dar, die *de lege lata* auch bei umsatzsteuerlichen Fragestellungen Anwendung findet. Sie ist als Zusage ein selbstverpflichtender Verwaltungsakt, der dem Antragsteller Planungs- und Dispositionssicherheit verschaffen soll. Die so bestehende einseitige Bindungswirkung ist dabei grundsätzlich geeignet, die auch im Umsatzsteuerrecht erforderliche Sicherheit zu leisten. Allerdings dürfen bloße Verwaltungsinterna die Rechtsgrundfunktion der verbindlichen Auskunft nicht in Frage stellen.

Für die weiteren Überlegungen kann festgehalten werden, dass die Rechtsnatur der verbindlichen Auskunft und die *de lege lata* bestehende Bindungswirkung auch bei umsatzsteuerlichen Fragestellungen, Planungs- und damit Abwälzungssicherheit leisten kann und damit konzeptionell in der Lage ist, die Belastungen des Unternehmers zu kompensieren. Nichtsdestotrotz darf die vorzunehmende Untersuchung *de lege ferenda* bei dieser Erkenntnis nicht stehen bleiben. Insbesondere die Bindungswirkung als Kernstück jeder Zusageregelung kann als Stellschraube genutzt werden, um eine zu entwickelnde Zusage für das Umsatzsteuerrecht sachgerecht auszugestalten. Anforderungen, die darüber hinausgehen, dass eine umsatzsteuerspezifische Zusage ihrem Charakter als verfassungsrechtlich gebotenem, hilfestellendem Ausgleich einer unverhältnismäßigen Gesamtbelastung gerecht werden muss, bestehen für die Frage der Bindungswirkung und damit einhergehend der Rechtsnatur aber nicht.

II. Antrag bei der zuständigen Finanzbehörde

Die Erteilung einer verbindlichen Auskunft setzt gem. § 1 Abs. 1 S. 1 StAuskV einen schriftlichen oder elektronischen Antrag bei der zuständigen Finanzbehörde voraus.

---

879 *Misera/Baum*, Ubg 2008, 221, 226; *Söhn*, in: HHSp, AO/FGO, § 89 Rz. 287 Fn. 3 (August 2016); *Horst*, Verbindliche Auskunft, S. 141 f.; *Fiedler*, Zusagen, S. 222 spricht von „Verbindlichkeit in der Zeit“. Umgekehrt hat aber der Wegfall der Bindungswirkung keinen Einfluss auf die Bestandskraft der verbindlichen Auskunft, so aber *Thiele*, Auskünfte und Zusagen, S. 94.

1. Zuständigkeit für verbindliche Auskünfte

Die Zuständigkeit der Finanzbehörden für verbindliche Auskünfte ist in § 89 Abs. 2 S. 2, 3 AO geregelt.[880]

Gem. § 89 Abs. 2 S. 2 AO ist das bei späterer Sachverhaltsverwirklichung örtlich zuständige FA auch sachlich zuständig.[881] Man kann insofern von einer Annexkompetenz sprechen.[882] Auf diese Weise führt der Gesetzgeber die Zusage- und die Veranlagungsbehörde zusammen, sodass oftmals sogar derselbe Bearbeiter den gesamten Steuerfall bearbeitet.[883] Bei der Bestimmung der Zuständigkeit nach § 89 Abs. 2 S. 2 AO kann nur eine hypothetische ex-ante Betrachtung zum Antragszeitpunkt vorgenommen werden,[884] sodass sich eine spätere Zuständigkeitsveränderung nicht auf die Wirksamkeit der Zusage auswirkt.[885] Dann fallen zwar Zusage- und Veranlagungsbehörde ausnahmsweise auseinander. Die Veranlagungsbehörde ist gleichwohl an die Entscheidung der Zusagebehörde gebunden.[886] Man könnte zwar insbesondere mit Blick auf die ausdrücklich geregelte Bindungserstreckung in § 89 Abs. 2 S. 3 Hs. 2 AO an der Bindung eines anderen Finanzamts bei § 89 Abs. 2 S. 2 AO zweifeln. Mit der Einordnung der verbindlichen Auskunft als Verwaltungsakt geht aber zugleich deren Tatbestandswirkung einher,[887] sodass es einer ausdrücklichen Erstreckung der Bindungswirkung auf andere Behörden als der Zusagebehörde nicht bedarf.[888] Um Doppelzuständigkeiten zu vermeiden, sollen die FÄ auf eine Zuständigkeitsvereinbarung nach § 27 AO hinwirken.[889] Nach Nr. 3.3.2.3. AEAO zu § 89 sollen die FÄ für den Fall, dass eine solche Vereinbarung nicht zustande kommt, jedenfalls eine inhaltliche Abstimmung vornehmen, um widersprüchliche Auskünfte

---

880 Ausführlich *Baum*, NWB 2007, 1681 ff.

881 AEAO zu § 89 Nr. 3.3.2.2 sowie *Bodden*, KÖSDI 2016, 19652, 19655 ff.

882 *Seer*, in: Tipke/Kruse, AO/FGO, § 89 Rz. 34 (Stand: Januar 2017).

883 So *Horst*, Verbindliche Auskunft, S. 86.

884 AEAO zu § 89 Nr. 3.3.2.2; *Söhn*, in: HHSp, AO/FGO, § 89 Rz. 207 f. (Stand: August 2016).

885 *Seer*, in: Tipke/Kruse, AO/FGO, § 89 Rz. 34 (Stand: Januar 2017).

886 *Horst*, Verbindliche Auskunft, S. 87, wenngleich ohne nähere Begründung und unter dem wenig weiterführendem Verweis auf *Seer*, in: Tipke/Kruse, AO/FGO, § 89 Rz. 34 (Stand: Januar 2017) und *Söhn*, in: HHSp, AO/FGO, § 89 Rz. 208 (Stand: August 2016).

887 Siehe dazu nur *Starski*, Verwaltungsakt, S. 57 ff.

888 Ebenso *Seer*, in: Tipke/Kruse, AO/FGO, § 89 Rz. 39 (Stand: Januar 2017): § 89 Abs. 2 S. 3 Hs. 2 AO „stellt klar“.

889 AEAO zu § 89 Nr. 3.3.2.3; zu Mehrfachzuständigkeiten im Fall von Umwandlungsfällen siehe *Hendricks/Rogall/Schönfeld*, Ubg 2009, 197, 202 f., *Hageböke/Hendricks*, Der Konzern 2013, 106 sowie *Seer/Geitmann*, SteuerStud 2015, 8, 10.

zu vermeiden. Wurde die verbindliche Auskunft von einer örtlich oder sachlich unzuständigen Stelle erteilt, regelt AEAO zu § 89 Nr. 3.6.5. Satz 3, dass die verbindliche Auskunft nicht bindet.[890]

Von der dezentralen Zuständigkeit der örtlichen FÄ unterscheidet § 89 Abs. 2 S. 3 AO die zentrale Zuständigkeit des Bundeszentralamts für Steuern. Nach dem sog. one-stop-agency-Prinzip[891] kommt dem Bundeszentralamt für im Auftrag des Bundes verwaltete Steuern (Gemeinschaftsteuern nach Art. 106 Abs. 2 GG; unter anderem die Umsatzsteuer) nach Art. 108 Abs. 2, Abs. 3 GG eine Auffangzuständigkeit zu, wenn nicht sicher ermittelt werden kann, welches örtliche Finanzamt für die Erteilung der verbindlichen Auskunft gem. §§ 18–21 AO zuständig ist. § 89 Abs. 2 S. 3 AO erfasst damit zunächst reine Inlandsfälle, in denen allein der Ort der Sachverhaltsverwirklichung noch nicht feststeht.[892] Erfasst werden aber insbesondere auch ausländische Investoren, die in Deutschland noch keinen steuerrechtlichen Tatbestand verwirklicht haben und/oder bei denen noch nicht feststellbar ist, an welchem Ort ihre Investitionen getätigt werden.[893] Die im Rahmen des § 89 Abs. 2 S. 3 AO vorzunehmende Beurteilung, ist gem. Nr. 3.3.1.3 AEAO zu § 89 für jede Steuerart gesondert vorzunehmen. § 89 Abs. 2 S. 3 AO stellt dabei anders als § 89 Abs. 2 S. 2 AO auf die gegenwärtigen Verhältnisse des Antragstellers im Antragszeitpunkt ab.[894] Um widersprüchliche Auskünfte bei geteilter Zuständigkeit zu vermeiden, sollen sich die beteiligten Finanzbehörden untereinander abstimmen, Nr. 3.3.1.7. AEAO zu § 89. § 89 Abs. 2 S. 3 Hs. 2 AO bestimmt, dass die später zuständige örtliche Finanzbehörde an die Auskunft des Bundeszentralamts gebunden ist. Eine darüber hinausgehende Zentralzuständigkeit besteht nicht.

Die Wirksamkeit der verbindlichen Auskunft im Außenverhältnis hängt nicht davon ab, ob innerbehördlich der zeichnungsberechtigte Beamte handelt,

---

890 Kritisch *Seer*, in: Tipke/Kruse, AO/FGO, § 89 Rz. 36 (Stand: Januar 2017).

891 So *Seer*, in: Tipke/Kruse, AO/FGO, § 89 Rz. 38 (Stand: Januar 2017).

892 Differenzierend zwischen „Inlands-" und „Auslandsfällen" *Horst*, Verbindliche Auskunft, S. 82.

893 *Seer*, in: Tipke/Kruse, AO/FGO, § 89 Rz. 38 (Stand: Januar 2017); zur verfassungsrechtlichen Zulässigkeit der Übertragung der Zuständigkeit auf den Bund aus Vereinfachungsgründen, siehe *Seer*, in: BK, GG, Art. 108 Rz. 132, 142 (Stand: April 2011); bezogen auf die verbindliche Auskunft: *Horst*, Verbindliche Auskunft, S. 82 ff.

894 AEAO zu § 89 Nr. 3.3.1.2.

da der Antragsteller keinen Einblick und keine Einflussnahmemöglichkeit auf die innerbehördliche Geschäftsverteilung nehmen kann.[895]

Speziell für die Umsatzsteuer ist zu klären, in welchen Fällen eine Zuständigkeit des Bundeszentralamts für Steuern begründet wird oder in welchen Fällen es beim Grundsatz der dezentralen Zuständigkeit der örtlichen FÄ verbleibt. Auch dabei soll eine Unterscheidung von Inlands- und Auslandsfällen vorgenommen werden.

Dafür kann zunächst festgehalten werden, dass die Umsatzsteuer eine der von § 89 Abs. 2 S. 3 AO in Bezug genommenen, im Auftrag des Bundes verwalteten Steuern im Sinne des Art. 108 Abs. 2, 3 GG ist. Fraglich ist damit allein, in welcher Konstellation die Bestimmung der örtlichen Zuständigkeit nach § 21 AO nicht möglich ist. § 21 AO regelt insofern nicht die örtliche Zuständigkeit der Einfuhrumsatzsteuer, die gem. § 21 Abs. 1 UStG eine Verbrauchsteuer im Sinne der Abgabenordnung darstellt, sodass sich die örtliche Zuständigkeit aus § 23 AO ergibt.[896] Darüber hinaus umfasst § 21 AO aber das gesamte umsatzsteuerliche Besteuerungsverfahren und damit auch die Zuständigkeit zur Erteilung verbindlicher Auskünfte.[897]

Nach § 21 Abs. 1 S. 1 AO kommt es bei der Bestimmung der örtlichen Zuständigkeit des Finanzamts nicht auf den Ort der Verwirklichung des Sachverhalts, sondern allein auf den Ort an, von dem aus der Unternehmer sein Unternehmen betreibt. Das ist in der Regel der Ort der Geschäftsleitung.[898] In Inlandsfällen, in denen allein der Ort der Sachverhaltsverwirklichung im Antragszeitpunkt noch unklar sein kann, ist daher stets das nach § 21 Abs. 1 S. 1 AO zuständige örtliche Finanzamt für die Auskunftserteilung zuständig.

Für Auslandsfälle, d.h. für Fälle in denen der Unternehmer sein Unternehmen nicht im Geltungsbereich der Abgabenordnung betreibt, enthält § 21 Abs. 1 S. 2 AO eine Ermächtigung zur Regelung einer Zentralzuständigkeit durch Rechtsverordnung. Von dieser Ermächtigung wurde durch Erlass der UStZustVO[899]

---

895 *Seer*, in: Tipke/Kruse, AO/FGO, § 89 Rz. 37 (Stand: Januar 2017); *Söhn*, in: HHSp, AO/FGO, § 89 Rz. 211 (Stand: August 2016); *Roser*, in: Gosch, AO/FGO, § 89 Rz. 45 (Stand: September 2016); *Dalichau*, Auskünfte und Zusagen, S. 217 ff.

896 *Drüen*, in: Tipke/Kruse, AO/FGO, § 21 Rz. 1 (Stand: Januar 2017).

897 *Drüen*, in: Tipke/Kruse, AO/FGO, § 21 Rz. 2a (Stand: Januar 2017); in Bezug auf die Annexzuständigkeit ist allerdings zu beachten, dass das UStG spezieller und damit vorrangig für bestimmte Fragestellungen eigene Zuständigkeitsregelungen trifft: §§ 16 Abs. 5, 5a, 18 Abs. 5, 5a, 4c, 9 S. 1, 12, 18a Abs. 1, 18e, 22d UStG.

898 BFH v. 24.4.2014 – IV R 25/11, BStBl. II 2014, 819, Rz. 28.

899 V. 22.12.2001, BGBl. I 2001, 3794; zuletzt geändert durch Art. 6 VO v. 18.7.2016, BGBl. I 2016, 1722.

Gebrauch gemacht. Diese greift bereits dann ein, wenn entweder der Wohnsitz, der Sitz oder die Geschäftsleitung des Unternehmers nicht im Geltungsbereich der Abgabenordnung liegen. In einem solchen Fall regelt § 1 Abs. 1 Nrn. 1–34 UStZustVO die örtliche Zuständigkeit in Abhängigkeit vom Herkunftsland.[900] Für „ausländische" Unternehmer im obigen Sinne besteht daher eine „herkunftsabhängige" Zentralzuständigkeit. Wenn keine Zuständigkeit nach § 1 Abs. 1 UStZustVO besteht, richtet sich die örtliche Zuständigkeit nach § 1 Abs. 2 UStZustVO. Zuständig ist dann das Finanzamt Berlin-Neukölln.

Es ist somit weder ein Inlandsfall noch ein Auslandsfall vorstellbar, bei dem § 21 AO zu keiner eindeutigen Zuständigkeitszuweisung bei rein umsatzsteuerlichen Fragestellungen gelangt. Insofern liegen die Voraussetzungen des § 89 Abs. 2 S. 3 AO bei der Umsatzsteuer nicht vor. Das Bundeszentralamt für Steuern als Zentralzuständigkeit bei der Erteilung verbindlicher Auskünfte kommt bei der Umsatzsteuer daher *de lege lata* nicht in Betracht.[901] Der Verweis auf § 21 AO ist jedenfalls irreführend, da § 21 AO stets zu einer örtlichen Zuständigkeit gelangt.

Die Zuständigkeit für die verbindliche Auskunft in Umsatzsteuerfällen ergibt sich daher stets aus §§ 89 Abs. 2 S. 1, 21 Abs. 1 S. 1, 2 AO gegebenenfalls in Verbindung mit § 1 der UStZustVO. Inländische Unternehmer müssen die verbindliche Auskunft daher bei dem Finanzamt ihrer Geschäftsleitung beantragen.

---

900 Nachfolgend die von § 1 Abs. 1 UStZustVO vorgenommene „Herkunftsland"-Finanzamt-Zuordnung: Belgien Trier, Bulgarien Neuwied, Dänemark Flensburg, Estland Rostock, Finnland Bremen, Frankreich Offenburg, Großbritannien und Nordirland Hannover-Nord, Griechenland Berlin-Neukölln, Irland Hamburg-Nord, Italien München, Kroatien Kassel-Hofgeismar, Lettland Bremen, Liechtenstein Konstanz, Litauen Mühlhausen, Luxemburg Saarbrücken-Am Stadtgraben, Mazedonien Berlin-Neukölln, Niederlande Kleve, Norwegen Bremen, Österreich München, Polen Oranienburg (Anfangsbuchstabe Nach- oder Firmenname A bis M) bzw. Cottbus (N bis Ż) und alle Verfahren nach § 18 Abs. 4e UStG), Portugal Kassel-Hofgeismar, Rumänien Chemnitz-Süd, Russische Föderation Magdeburg, Schweden Hamburg-Nord, Schweiz Konstanz, Slowakei Chemnitz-Süd, Slowenien Oranienburg, Spanien Kassel-Hofgeismar, Tschechien Chemnitz-Süd, Türkei Dortmund-Unna, Ukraine Magdeburg, Ungarn Zentral-FA Nürnberg, Weißrussland Magdeburg, Vereinigte Staaten von Amerika Bonn-Innenstadt.

901 Dies wird zumeist wohl übersehen, siehe nur: *Horst*, Verbindliche Auskunft, S. 83; *Thiele*, Auskünfte und Zusagen. S. 125; *Seer*, in: Tipke/Kruse, AO/FGO, § 89 Rz. 38 (Stand: Januar 2017), wenngleich die genannten Autoren eine Auseinandersetzung mit der Umsatzsteuer im speziellen schlicht nicht vornehmen.

Ausländische Unternehmer haben je nach Herkunftsland eine zentrale Anlaufstelle zur Verfügung.

2. *Anforderungen an den zu stellenden Antrag*

Der Antrag auf Erteilung einer verbindlichen muss zur genaueren Gebührenberechnung[902] gem. § 89 Abs. 4 S. 2 AO Angaben zum Gegenstandswert der verbindlichen Auskunft und die in § 1 Abs. 1 S. 2 Nr. 1–7 StAuskV genannten Angaben enthalten.

a) Antragsteller

§ 1 Abs. 1 S. 2 Nr. 1 StAuskV fordert die genaue Bezeichnung des Antragstellers.[903] Antragsteller ist nach Nr. 3.2.1. des AEAO zu § 89 derjenige, in dessen Namen der Antrag gestellt wird. Mit der Antragstellung entsteht zugleich seine Beteiligtenstellung gem. § 78 Nr. 1 AO.[904] Grundsätzlich kann ein Antrag nur in eigenen Angelegenheiten gestellt werden. Dass es einer solchen Antragsbefugnis bedarf, ergibt sich aus den §§ 1 Abs. 2, 3 StAuskV, die zusätzliche Antragsvoraussetzungen für den Fall aufstellen, dass Personenmehrheiten und Dritte betroffen sind.[905] Antragsbefugt ist im Umkehrschluss somit zunächst der Steuerpflichtige selbst.[906] In den Fällen einer gesonderten oder einheitlichen Feststellung nach § 179 Abs. 2 S. 2 AO sind gem. § 1 Abs. 2 StAuskV die Feststellungsbeteiligten nur gemeinsam antragsbefugt.[907] In sog. Gründungsfällen,

902 Dazu noch Erster Teil C. IV. 1.

903 Es müssen angegeben werden: Name, bei natürlichen Personen Wohnsitz oder gewöhnlicher Aufenthalt, bei Körperschaften, Personenvereinigungen und Vermögensmassen Sitz oder Ort der Geschäftsleitung, soweit vorhanden Steuernummer.

904 *Horst*, Verbindliche Auskunft, S. 38.

905 Überzeugend auf dieses Regel-Ausnahme-Verhältnis abstellend *Horst*, Verbindliche Auskunft, S. 38 f. Er unterscheidet insofern eigene und (auch-)fremde Steuerangelegenheiten. Nicht gänzlich zu überzeugen vermag an dieser Stelle das Argument von *Horst*, dass das von § 89 Abs. 2 S. 1 AO und § 1 Abs. 1 S. 2 Nr. 3 StAuskV geforderte besondere steuerliche Interesse die Antragsbefugnis regele. Zwar strengt er einen Vergleich zum Einspruchs- und zum Klageverfahren an. Konsequenterweise müsste er aber dann zu dem Schluss kommen, dass die Normierung eines besonderen Interesses als Zulässigkeitsvoraussetzung einer Feststellungsklage nach § 41 FGO, die Klagebefugnis gerade nicht entbehrlich macht, siehe nur *Levedag*, in: Gräber, FGO, § 41 Rz. 7, 28 ff.

906 AEAO zu § 89 Nr. 3.2.2.

907 Siehe zu gesetzgeberischen Alternativkonzepten *Horst*, Verbindliche Auskunft, S. 41 f.

in denen die den Sachverhalt verwirklichende Person, Personenvereinigung oder Vermögensmasse noch nicht existiert, normiert § 1 Abs. 4 StAuskV, dass auch ein Dritter, der ein eigenes steuerliches Interesse nachweist, antragsbefugt ist. Der Anwendungserlass zu § 89 AO regelt für Kapitalgesellschaften konkretisierend in Nr. 3.2.3., dass ein solches Interesse ab einer Beteiligung von 50 % vorliegt. Abweichungen in den späteren tatsächlichen Beteiligungsverhältnissen sind unschädlich, soweit sich die steuerrechtliche Beurteilung dadurch nicht ändert.[908] Da § 1 Abs. 4 StAuskV gegenüber § 1 Abs. 2 StAuskV als *lex specialis* vorgeht, ist in Gründungsfällen kein gemeinsamer Antrag nach § 1 Abs. 2 StAuskV erforderlich.[909]

Nach § 89 Abs. 2 S. 6 AO ist die Verordnungsermächtigung dahingehend erweitert worden, dass in der Steuerauskunftsverordnung auch die Voraussetzungen und Zuständigkeiten für die einheitliche Erteilung gegenüber Mehreren bestimmt werden können. Von dieser Ermächtigung ist mit Wirkung zum 20.7.2017 Gebrauch gemacht worden.[910] Geregelt worden sind in § 1 Abs. 2 Nrn. 2–4 StAuskV die Voraussetzungen für die einheitliche Antragstellung in Organschaftsfällen und in § 1 Abs. 3 StAuskV die entsprechenden Zuständigkeiten der Finanzbehörden.

Über die bislang geregelten Fälle hinaus, ist die Antragsbefugnis Dritter hingegen zu verneinen.[911] Insbesondere müssen Beteiligte eines „verbundenen Sachverhalts“[912] jeweils eine eigene verbindliche Auskunft beantragen.[913] Gleiches gilt für ähnlich gelagerte Sachverhalte, die eine Vielzahl von Antragstellern gleichermaßen betrifft. Eine „Gruppenzusage“ ist vom Gesetz- beziehungsweise Verordnungsgeber nicht vorgesehen.[914]

---

908 AEAO zu § 89 Nr. 3.2.3.; die Regelung im Anwendungserlass hat insoweit nur klarstellende Wirkung, da sich Selbiges bereits aus der *clausula rebus sic stantibus* ergibt.

909 AEAO zu § 89 Nr. 3.2.4.

910 Geändert durch Art. 4 der Verordnung vom 12. Juli 2017, BGBl. I S. 2360.

911 AEAO zu § 89 Nr. 3.4.3.

912 Zum Beispiel Käufer und Verkäufer beim Kaufvertrag, einbringender und aufnehmender Rechtsträger bei einer Einbringung nach §§ 20, 24 UmwStG, Anteilseigner und Kapitalgesellschaft bei einer Gewinnausschüttung, vgl. dazu *Horst*, Verbindliche Auskunft, S. 46 f.

913 Materiellrechtlich ist dies bei Einbringungen nach §§ 20 Abs. 3 S. 1, 24 Abs. 3 S. 1 UmwStG allerdings auch nicht notwendig, da der beim Übernehmer angesetzte Wert zugleich der Veräußerungspreis des Einbringenden ist.

914 *Horst*, Verbindliche Auskunft, S. 47 f., der als Alternative vorschlägt bei übergeordneten Behörden vorstellig zu werden, um je nach Fall ein BMF-Schreiben zu initiieren, dass zumindest eine Selbstbindung der Verwaltung (Art. 3 Abs. 1 GG) auslöst.

b) Genau bestimmter zukünftiger Sachverhalt

Wie bereits dargestellt, ist die Bindungswirkung ausweislich der sog. *clausula rebus sic stantibus* stets sachverhaltsbezogen. Von besonderer Bedeutung ist daher, dass der Antragsteller gem. § 89 Abs. 2 S. 1 AO und § 1 Abs. 1 S. 2 Nr. 2 StAuskV eine umfassende und in sich abgeschlossene Darstellung des im Antragszeitpunkt noch nicht verwirklichten Sachverhalts vornehmen muss.

Erforderlich ist daher zunächst, dass ein darstellbarer Sachverhalt vorliegt. Sachverhalt in diesem Sinne kann nur ein steuertatbestandsbezogener Sachverhalt sein.[915] Präzisierend ist ein dispositionsbezogenes Sachverhaltsverständnis zugrunde zu legen. Der von § 89 Abs. 2 S. 1 AO und § 1 Abs. 1 S. 2 Nr. 2 StAuskV gemeinte Sachverhalt umfasst damit stets die „Gesamtheit der Tatsachen"[916], von denen die Disposition des Antragstellers im Einzelfall abhängt. Der Begriff Sachverhalt kann daher im konkreten Fall bezogen auf ein Tatbestandsmerkmal, einen ganzen Tatbestand, aber auch auf mehrere Steuertatbestände im Sinne des § 38 AO verstanden werden.[917]

Die Sachverhaltsdarstellung durch den Antragsteller muss so genau bestimmt sein, dass die Finanzbehörde keine eigenen Sachverhaltsermittlungen vornehmen muss, AEAO zu § 89 Nr. 3.5.1. Da nur bei späterer Sachverhaltsidentität die gewünschte Bindungswirkung eintritt, § 2 Abs. 1 S. 1 StAuskV, muss der Sachverhalt mit großer Sorgfalt aufbereitet und dargestellt werden.[918] Der Antragsteller wird also auch und insbesondere im eigenen Interesse tätig, da er durch eine möglichst genaue Sachverhaltsdarstellung die durch die Antragsbearbeitung entstehenden Gebühren in Grenzen halten kann.[919] Die Rechtsfolgengleichheit zu § 204 AO legt dabei einen Präzisierungsgrad nahe, der dem eines Außenprüfers nahe kommt.[920] Besonders hervorzuheben sind in diesem Zusammenhang sog. Dauersachverhalte. Dabei bereiten in diesem Zusammenhang Sachverhalte mit Dauerwirkung nur wenige Probleme, denn diese werden nur einmal verwirklicht, sodass auch die Erfüllung des Steuertatbestands nur einmalig beurteilt

---

915 Dazu *Horst*, Verbindliche Auskunft, S. 49 ff.

916 So die allgemeine Definition des Sachverhaltsbegriffs, siehe nur *Schuster*, in: HHSp, AO/FGO, § 38 Rz. 27 (Stand: Juni 2005).

917 *Horst*, Verbindliche Auskunft, S. 52.

918 *Seer*, StBJb 2012/2013, S. 557, 564 spricht von „höchster Akribie"; *Bruns*, DStR 2017, 2360, 2362 sieht in qualitativ unzulänglichen Auskunftsanträgen einen Grund für eine verzögerte Auskunftserteilung.

919 *Seer*, in: Tipke/Kruse, AO/FGO, § 89 Rz. 31 (Stand: Januar 2017).

920 *Oppel/Elling*, SteuerStud 2016, 88, 89.

werden muss.[921] Relevanter sind aber Sachverhalte mit Dauerwiederkehr, bei denen sich die Frage stellt, ob ein Antrag auf verbindliche Auskunft ausreichend ist, oder ob jede Sachverhaltswiederholung eines eigenen Auskunftsantrags bedarf. Erneut ist dabei eine dispositionsbezogene Beurteilung vorzunehmen.[922] Ist die Sachverhaltswiederholung im Antragszeitpunkt bereits geplant, so muss dies im Antrag kenntlich gemacht werden. In diesem Fall wirkt die verbindliche Auskunft auch für zukünftige Sachverhaltswiederholungen.[923] Ein anderes Ergebnis wäre mit Blick auf die bestehende Gebührenpflicht[924] auch kaum vertretbar, da die rechtliche Beurteilung durch die Finanzbehörde nur einmalig vorgenommen werden muss. Unzulässig ist demgegenüber die Darstellung alternativer Sachverhalte mit dem Ziel, die günstigste Gestaltungsmöglichkeit absichern zu lassen. Dies ergibt sich bereits daraus, dass alternative Sachverhalte nicht dem Erfordernis eines „genau bestimmten Sachverhalts" entsprechen.[925]

Letztlich muss der Sachverhalt unverwirklicht sein.[926] Dabei sollen unwesentliche Vorbereitungshandlungen unschädlich sein.[927] Die Finanzverwaltung räumt sich dabei selbst eine Wertungsmöglichkeit ein, indem sie auf die Wesentlichkeit der Vorbereitungshandlung abstellt. Dadurch schafft sie vermeidbare Unsicherheiten zu Lasten des Steuerpflichtigen, dem die Abgrenzung von schädlichen zu unschädlichen Vorbereitungshandlungen damit nahezu unmöglich gemacht wird. Vielmehr sollten Vorbereitungshandlungen generell unschädlich sein. Der Steuerpflichtige befindet sich so lange im Vorbereitungsstadium, wie er den Steuertatbestand noch nicht verwirklicht hat. Denn genau vor der ungewollten endgültigen[928] Verwirklichung eines Steuertatbestandes soll die verbindliche Auskunft schützen.[929] Bei Sachverhalten mit Dauerwirkung beschränkt die Finanzverwaltung die Zusagefähigkeit auf geplante Umgestaltungen von bereits verwirklichten Sachverhalten.[930] Tatsächlich handelt es sich insofern aber

---

921 Ähnlich *Misera/Baum*, Ubg 2008, 221, 224.

922 *Horst*, Verbindliche Auskunft, S. 54 f.

923 Vorausgesetzt ist aber natürlich auch hier, dass die Sachverhaltswiederholungen nicht wesentlich von dem im Antrag angegebenen Sachverhalt abweichen.

924 Dazu noch Erster Teil C. IV. 1.

925 *Horst*, Verbindliche Auskunft, S. 56; AEAO zu § 89 Nr. 3.5.1.

926 AEAO zu § 89 Nr. 3.5.2.; zu den Einschränkungen dieser Voraussetzung *Seer*, in: Tipke/Kruse, AO/FGO, § 89 Rz. 33 m.w.N. (Stand: Januar 2017).

927 AEAO zu § 89 Nr. 3.4.2.

928 *Drüen*, in: Tipke/Kruse, AO/FGO, § 38 Rz. 29 (Stand: Januar 2014).

929 *Horst*, Verbindliche Auskunft, S. 58 f., 60.

930 AEAO zu § 89 Nr. 3.5.3.; zu Recht kritisch *Horst*, Verbindliche Auskunft, S. 62.

um keine Ausnahme, sondern um eine Bestätigung des Grundsatzes. Denn die Umgestaltung stellt einen noch nicht verwirklichten Sachverhalt dar, der ohne Weiteres Gegenstand einer verbindlichen Auskunft sein kann.[931]

c) Besonderes Interesse im Hinblick auf erhebliche steuerliche Auswirkungen

§ 89 Abs. 2 S. 1 AO und § 1 Abs. 1 S. 2 Nr. 3 StAuskV fordern, dass der Antragsteller ein besonderes Interesse an der verbindlichen Auskunft darlegt. Ein solches Interesse fehlt immer dann, wenn keine rechtliche Unsicherheit vorliegt, der Sachverhalt steuerlich nur unbedeutende Auswirkungen hat und der Steuerpflichtige in seiner Dispositionsentscheidung bereits festgelegt ist[932].[933]

In Abgrenzung zur tatsächlichen Verständigung muss der Antragsteller ein Interesse an der Klärung einer Rechtsfrage haben. Ob eine rechtliche Unsicherheit vorliegt, ist dabei aus Verwaltungssicht zu beurteilen. Abzustellen ist dabei auf die im Innenverhältnis der Finanzverwaltung verbindlichen Verwaltungsanweisungen im Bundessteuerblatt Teil I und die im Bundessteuerblatt Teil II veröffentlichten und damit von der Finanzverwaltung anerkannten[934] BFH-Entscheidungen.[935]

In Bezug auf die geforderten erheblichen steuerlichen Auswirkungen ist ein individueller Maßstab anzulegen, sodass insbesondere keine Bagatellgrenze existiert.[936] Die Erheblichkeitsgrenze ist erreicht, wenn der Steuerpflichtige von der Zusage seine zukünftigen Dispositionen abhängig macht.[937]

---

931 Ähnlich *Horst*, Verbindliche Auskunft. S. 61.

932 Zum letzten Punkt bereits *Kienemund*, DB 1984, 1433, 1436.

933 Verengt stellt *Thiele*, Auskünfte und Zusagen. S. 128 f. allein auf die finanziellen Auswirkungen einer möglichen Disposition ab. Darauf, dass auch eine ungeklärte Rechtsfrage vorliegen muss, komme es demnach nicht an. Ebenso *Bruschke*, DStZ 2007, 267, 270.

934 *Seer*, Verständigungen, S. 395.

935 Zum Ganzen erneut *Horst*, Verbindliche Auskunft, S. 67 f.

936 *Seer*, in: Tipke/Kruse, AO/FGO, § 89 Rz. 32 (Stand: Januar 2017); *Söhn*, in: HHSp, AO/FGO, § 89 Rz. 202 (Stand: August 2016); anderer Ansicht *Bruschke*, DStZ 2007, 267, 270.

937 *Horst*, Verbindliche Auskunft, S. 69; *Seer*, in: Tipke/Kruse, AO/FGO, § 89 Rz. 32 (Stand: Januar 2017).

d) *Formulierung einer konkreten Rechtsfrage und Darstellung des eigenen Rechtsstandpunktes*

Nach § 1 Abs. 1 S. 2 Nr. 4, Nr. 5 StAuskV ist der Antragsteller verpflichtet, die rechtliche Ungewissheit in einer Rechtsfrage zu konkretisieren. Die Rechtsprobleme und vertretenen Ansichten[938] müssen vom Antragsteller selbst recherchiert und dargestellt werden. Er muss dabei einen eigenen rechtlichen Standpunkt einnehmen und diesen „eingehend" begründen. Die Rechtsfrage ist dabei so konkret wie möglich zu formulieren, um die gewünschte Bindungswirkung zu erhalten.[939] Der Antragsteller ist daher in der Regel auf die Mitwirkung eines Steuerberaters angewiesen. Umgekehrt sollte der Steuerberater seinem Mandanten bei ungeklärter Rechtslage zur Beantragung einer verbindlichen Auskunft raten, um eine spätere Haftung zu vermeiden.[940]

Nach § 1 Abs. 1 S. 2 Nr. 6 und 7 StAuskV muss der Antragsteller schließlich versichern, dass er keine verbindliche Auskunft bei anderen Finanzbehörden beantragt hat und dass seine gemachten Angaben vollständig sind und der Wahrheit entsprechen.

3. *Zwischenergebnis und Folgerungen für die Ausgestaltung* de lege ferenda

Die verbindliche Auskunft wird nur auf schriftlichen Antrag hin erteilt, der neben einem genau bestimmten zukünftigen Sachverhalt, die Darlegung eines besonderen steuerlichen Interesses und die Formulierung einer konkreten Rechtsfrage unter Darstellung des eigenen Rechtsstandpunkts enthalten muss. Der steuerjuristische Laie wird bereits mit diesen Anforderungen in der Regel überfordert sein. *De lege ferenda* ist daher zu untersuchen, wie weit die Antragsvoraussetzungen zurückgenommen werden können damit eine Zusage bei umsatzsteuerlichen Fragestellungen ihrem hilfestellendem Ausgleichscharakter gerecht wird, ohne dass die Finanzverwaltung außer Stande gesetzt wird, den Auskunftsantrag sachgerecht zu bearbeiten. Darüber hinaus muss thematisiert werden, ob der Anwendungsbereich einer Zusage für das Umsatzsteuerrecht auf bereits vollendete Sachverhalte erweitert werden sollte, um nicht nur zukünftige Dispositionen des Unternehmers abzusichern, sondern ihm auch die nachträgliche Selbstveranlagung zu erleichtern.

938 Nach OFD Frankfurt v. 12.12.2007 - S 0224 A - 3 - St 23 soll der Antragsteller auch abweichende rechtliche Beurteilungen darstellen.

939 Dazu BFH v. 18.12.2014 - IV R 22/12, BStBl. II 2015, 606, Rz. 20 f.

940 Vgl. dazu nur BGH v. 8.2.2007 - IX ZR 188/05, DStR 2007, 1098.

Für inländische Unternehmer ist bei umsatzsteuerlichen Fragestellungen stets das bei Sachverhaltsverwirklichung zuständige örtliche Finanzamt zuständig. Ausländische Unternehmer haben eine herkunftslandabhängige zentrale Anlaufstelle zur Verfügung. *De lege ferenda* ist zu untersuchen, ob eine Zentralzuständigkeit geschaffen werden kann und geschaffen werden sollte. Eine Zentralzuständigkeit würde jedenfalls Zuständigkeitsüberschneidungen vermeiden und damit zusätzliche Sicherheit für den umsatzsteuerlichen Unternehmer bieten. Es stellt sich dann aber die Frage, auf welcher Verwaltungsebene eine solche Zuständigkeit angesiedelt sein sollte.

III. Behandlung des Antrags durch die Finanzbehörde – Ermessen und Entscheidungsfrist

1. *Entschließungsermessen*

Das Gesetz räumt der Finanzbehörde in § 89 Abs. 2 S. 1 AO Ermessen ein. Es handelt sich daher um eine Koppelungsvorschrift, die unbestimmte Rechtsbegriffe auf Tatbestandsseite („besonderes Interesse") und Ermessen auf Rechtsfolgenseite enthält.[941] Konkretisierend regelt der AEAO zu § 89 Nr. 3.5.4., dass die Behörde den Antrag in bestimmten Fällen ablehnen soll. Dem ist im Umkehrschluss[942] zu entnehmen, dass die verbindliche Auskunft – sollten alle Antragsvoraussetzungen erfüllt sein und ist insbesondere das „besondere Interesse" hinreichend dargelegt – in der Regel erteilt werden muss. Insbesondere darf angesichts der bestehenden Gebührenpflicht keine Abwägung zwischen dem Dispositionsinteresse des Antragstellers und den zur Verfügung stehenden Verwaltungskapazitäten vorgenommen werden.[943] Das Entschließungsermessen ist damit in konsequenter Anwendung des § 5 AO auf null reduziert.[944] Es besteht somit grundsätzlich ein Auskunftsanspruch. Der Katalog der möglichen Ablehnungsgründe in Nr. 3.5.4. AEAO zu § 89 nennt unter anderem die Erzielung eines Steuervorteils und eine anstehende Rechtsänderung. In der Situation

---

941 *Seer*, in: Tipke/Kruse, AO/FGO, § 89 Rz. 40 (Stand: Januar 2017); *Söhn*, in: HHSp, AO/FGO, § 89 Rz. 236 Fn. 2 (Stand: August 2016); *Horst*, Verbindliche Auskunft, S. 72.

942 So schon *Dalichau*, Auskünfte und Zusagen, S. 214 f.

943 *Seer*, in: Tipke/Kruse, AO/FGO, § 89 Rz. 40 (Stand: Januar 2017); *Söhn*, in: HHSp, AO/FGO, § 89 Rz. 237a (Stand: August 2016); *Horst*, Verbindliche Auskunft, S. 79.

944 *Hey*, Steuerplanungssicherheit, S. 711 f.; *Horst*, Verbindliche Auskunft, S. 79 f.; *Söhn*, in: HHSp, AO/FGO, § 89 Rz. 237a (Stand: August 2016); *Seer*, in: Tipke/Kruse, AO/FGO, § 89 Rz. 40 (Stand: Januar 2017); *Werder/Dannecker*, BB 2011, 2903, 2904; zum früheren Recht schon *Seer*, in: FS Korn, S. 707, 713.

einer anstehenden Rechtsänderung besteht aber eine besondere Unsicherheit,[945] ob eine Disposition getätigt werden soll oder nicht, sodass der Steuerpflichtige insoweit erst recht schützenswert ist.[946] Allein deshalb ist eine solche Ermessenserwägung als zweckwidrig abzulehnen. Bedenklich ist aber jedenfalls die Ablehnung des Antrags, wenn eine gesetzgeberische Ausbesserung eines für verfassungswidrig erklärten Gesetzes ansteht. Wird dem Gesetzgeber vom Bundesverfassungsgericht eine „Gnadenfrist" eingeräumt, so darf sich der gesetzgeberische Fehler nicht nachteilig für den Steuerpflichtigen auswirken. Daher waren entgegen der Verwaltungspraxis auch verbindliche Auskünfte in Bezug auf das Vorliegen begünstigten Betriebsvermögens nach dem ErbStG zu erteilen.[947] Ebenso bedenklich ist die Ablehnung eines Auskunftsantrags unter Verweis auf einen „bald" erscheinenden Verwaltungserlass. Das Warten auf einen solchen Erlass kann sich über Monate oder sogar Jahre hinziehen.[948] Den Steuerpflichtigen hinsichtlich seiner Dispositionen über einen solchen Zeitraum zu vertrösten, wird dem Zweck der verbindlichen Auskunft nicht gerecht. Eine Antragsablehnung kommt allenfalls dann in Betracht, wenn ein Aufschieben der Dispositionen zumutbar ist.[949] Ebenfalls kritisch zu betrachten ist der an erster Stelle genannte Ablehnungsgrund der Erzielung eines Steuervorteils. Denn erstens steht es dem Steuerpflichtigen frei, seine Angelegenheiten möglichst steuersparend zu planen.[950] Und zweitens nennt der Auskunftserlass als Ausschlussfall ausdrücklich die „Feststellung der Grenzpunkte für das Handeln eines ordentlichen Geschäftsleiters"[951]. In Bezug genommen ist damit die Ungewissheit, die stets bei verdeckten Gewinnausschüttungen und verdeckten Einlagen nach § 8 Abs. 3 S. 2, 3 KStG besteht. Gerade in diesem Fall geht es aber schlicht um ein

---

945 Unkritisch insoweit *Mayer*, Zusage, S. 103, der in diesem Fall eine Ungleichbehandlung der Zusageadressaten mit den übrigen Steuerpflichtigen erkennt, da Erstere bereits vor allen anderen Planungssicherheit erhalten. Überzeugend dagegen *Hey*, Steuerplanungssicherheit, S. 704, die anführt, dass die Zusage den sog. „Dummensteuereffekt" beseitige und insofern materialer Gerechtigkeit diene.

946 *Hey*, Steuerplanungssicherheit, S. 703 f. wonach die Ziele der Zusage „ad absurdum" geführt würden; kritisch auch *Thiele*, Auskünfte und Zusagen, S. 131.

947 So auch *Oppel/Eiling*, SteuerStud 2016, 88, 91 f.

948 *Seer*, in: Tipke/Kruse, AO/FGO, § 89 Rz. 44 (Stand: Januar 2017) nennt beispielhaft den UmwSt.-Erlass v. 11.11.2011, BStBl. I 2011, 1314.

949 So schon *Seer*, in: FS Korn, S. 707, 714.

950 BVerfG v. 14.4.1959 – 1 BvL 34/57, BVerfGE 9, 237, 250.

951 AEAO zu § 89 Nr. 3.5.4. S. 1.

„Mehr“ an Planungssicherheit und nicht um „Steuersparmodelle“.[952] Dass das Abstecken von Dispositionsgrenzen eine zulässige Leistung einer Finanzbehörde ist, zeigt schon § 178a AO.[953] Eine Ablehnung des Auskunftsantrags kann daher nur rechtmäßig erfolgen, wenn der Steuerpflichtige in Anlehnung an § 42 Abs. 2 S. 1, 2 AO versucht, offensichtliche Gesetzeslücken zu nutzen, um gesetzlich nicht vorgesehene Steuervorteile zu erreichen.[954]

2. *Auswahlermessen*

Dass es inhaltlich nicht nur eine richtige Entscheidung gibt,[955] heißt für die Finanzbehörde nicht, dass sie sich nicht zu einer von ihr als richtig angesehenen Entscheidung bekennen muss.[956] Sie hat insofern kein Auswahlermessen.[957] Im Ergebnis kann aber auch die „gebundene“ Entscheidung für den Steuerpflichtigen wertlos sein, wenn die Justiziabilität der Entscheidung stark eingeschränkt ist.[958] Letztlich muss die für richtig erachtete Entscheidung des FA dem Antragsteller schriftlich als verbindliche Auskunft bekannt gegeben werden.[959]

Festzuhalten ist also, dass dem Antragsteller im Regelfall ein Anspruch auf die Erteilung einer verbindlichen Auskunft zusteht.

3. *Entscheidungsfrist*

Mit Wirkung zum 1.1.2017[960] regelt § 89 Abs. 2 S. 4 AO, dass die Finanzbehörde eine verbindliche Auskunft innerhalb von 6 Monaten erteilen soll.[961] Ist sie dazu

---

952 *Seer*, StBJb 2012/2013, S. 557, 568 m.w.N. zur „gebetsmühlenhaften Kritik“ in Fn. 65; siehe insbesondere *Söhn*, in: HHSp, AO/FGO, § 89 Rz. 240 (Stand: August 2016), der eine gesetzliche Grundlage für einen solchen Ablehnungsgrund fordert.

953 *Seer*, StBJb 2012/2013, S. 557, 568.

954 So auch *Joisten/Bergmann*, FR 2014, 923, 927; im Ergebnis ähnlich *Seer*, in: Tipke/Kruse, AO/FGO, § 89 Rz. 43 (Stand: Januar 2017): „eng zu verstehen“; *Werder/Dannecker*, BB 2011, 2903, 2905 gehen sogar weiter, indem sie sagen, dass das FA auch über das Vorliegen eines Missbrauchs Auskunft erteilen muss.

955 *Seer*, Verständigungen, S. 213.

956 *Krumm*, DStR 2011, 2429, 2431.

957 Siehe hier nur BFH v. 29.2.2012 – IX R 11/11, BFHE 237, 9, 12.

958 Dazu noch Erster Teil C. V.

959 AEAO zu § 89 Nr. 3.5.5. S. 2; zum Streit über das Erfordernis der Schriftform siehe *Horst*, Verbindliche Auskunft, S. 91 f.

960 BestVModG v. 18.7.2016, BGBl. I 2016, 1679, 1684.

961 Bereits zuvor hatte das BMF mitgeteilt, dass eine zeitnahe Antragsbearbeitung auch im Interesse der Finanzverwaltung liege, v. 27.6.2008, IV A 3 – S 0224/08/10005, veröffentlicht in DStR 2008, 1883.

nicht in der Lage, muss sie dies dem Antragsteller gegenüber begründen. Der Gesetzgeber hat ausdrücklich klargestellt, dass ein Fristablauf darüber hinaus keine Rechtsfolgen haben soll.[962] Insbesondere solle die verbindliche Auskunft nach Fristablauf nicht als im beantragten Sinne erteilt gelten.[963] Als Rechtsfolge der Normierung der Entscheidungsfrist in § 89 Abs. 2 S. 4 AO kommt allenfalls die Statthaftigkeit eines Untätigkeitseinspruchs nach § 347 Abs. 1 S. 2 AO in Betracht.[964] Auf Primärebene hat der Antragsteller aber keinen Anspruch darauf, dass sein Auskunftsantrag innerhalb einer bestimmten Frist beschieden wird. Denkbar ist allenfalls, dass der Antragsteller auf Sekundärebene geltend machen kann, dass ihm durch die nicht-fristgerechte Entscheidung ein Schaden entstanden ist. Dem Steuerpflichtigen steht zu diesem Zwecke der Amtshaftungsanspruch nach § 839 Abs. 1 BGB in Verbindung mit Art. 34 GG zur Seite. Dieser setzt neben einem schuldhaft[965] handelnden Hoheitsträger[966] voraus, dass ein Schaden gerade durch die Verletzung einer drittbezogenen Amtspflicht entstanden ist. Amtspflichten sind dabei zunächst die persönlichen Handlungspflichten des Beamten in Bezug auf seine Amtsführung.[967] Diese können sich – anders als Rechtspflichten – auch aus dem Innenverhältnis der Verwaltung ergeben. Neben der allgemeinen Pflicht, rechtmäßig zu handeln, trifft den haftungsrechtlichen Beamten insbesondere auch eine Beschleunigungspflicht mit dem Inhalt, Anträge mit der gebotenen Beschleunigung unverzüglich zu bearbeiten.[968] Auch in diesem Zusammenhang kann eine Arbeitsüberlastung innerhalb der Behörde

---

962 BT-Drs. 18/8434, S. 109; kritisch u.a. *Seer*, FR 2017, 161, 168; *Brühl/Süß*, DStR 2016, 2617, 2632, die der Frist aber zumindest ein positives Signal entnehmen; ausdrücklich anders *Seer*, in: Tipke/Kruse, AO/FGO; § 89 Rz. 45 (Stand: Januar 2017); ebenfalls kritisch *Thiele*, FR 2016, 947, 951; *Söhn*, in: HHSp, AO/FGO, § 89 Rz. 248a (Stand: August 2016); aus Sicht der Finanzverwaltung *Bruns*, DStR 2017, 2360, 2361 ff.

963 Aufgenommen auch in AEAO zu § 89 Nr. 3.5.9.

964 Ebenso *Werder/Dannecker*, BB 2017, 284, 285; darauf deutet auch die Gesetzesbegründung hin, wonach die Bearbeitungsfrist an § 347 Abs. 1 S. 2 AO „angelehnt" ist, BT-Drs. 18/8434, S. 109.

965 Dazu und zu möglichen Privilegierungen *Papier*, in: Maunz/Dürig, GG, Art. 34 Rz. 217 ff. (Stand: Januar 2009).

966 Erforderlich ist insofern ein vom Beamten im statusrechtlichen Sinne abzugrenzender Beamter im haftungsrechtlichen Sinne, was eine deutliche Haftungserweiterung bedeutet, dazu *Papier*, in: Maunz/Dürig, GG, Art. 34 Rz. 104 ff. (Stand: Januar 2009).

967 Kritisch *Papier*, in: Maunz/Dürig, GG, Art. 34 Rz. 156 ff. m.w.N. (Stand: Januar 2009), dort auch zum Folgenden Text.

968 BGH v. 23.3.1959 – III ZR 207/57, BGHZ 30, 19, 26; BGH v. 23.9.1993 – III ZR 54/92, WM 1994, 430.

einen Verstoß gegen die Beschleunigungspflicht nicht rechtfertigen, da es Ausfluss dieser Pflicht ist, dass Behörden mit entsprechenden Ressourcen ausgestattet werden, die eine fristgemäße Antragsbearbeitung ermöglichen.[969] Insofern kann – in gegenteiliger Abgrenzung zu den im AEAO zu § 89 Nr. 3.5.4. geregelten Ermessenserwägungen – eine bevorstehende Gesetzesänderung sogar eine besondere Eilbedürftigkeit der Antragsbearbeitung begründen.[970] Konkretisiert der Gesetzgeber nunmehr in § 89 Abs. 2 S. 4 AO, dass eine angemessene Frist sechs Monate lang sein soll,[971] so liegt es an der Behörde, den Fristablauf zu rechtfertigen. Zwar können aus einer fehlenden Rechtfertigung auf Primärebene ausweislich der eindeutigen Gesetzesbegründung keine Rechtsfolgen hergeleitet werden. Amtshaftungsrechtlich sind die von der Finanzbehörde angestrengten Erwägungen aber gleichwohl relevant. Die Nichterteilung innerhalb der Sechs-Monats-Frist bleibt damit zwar auskunftsrechtlich folgenlos. Das schließt allerdings nicht aus, dass die ordentlichen Gerichte (Art. 34 S. 3 GG) die seitens der Behörde angeführte Begründung als nicht rechtfertigend ansehen und eine Amtspflichtverletzung bejahen können.

Die verletzte Amtspflicht müsste letztlich auch drittbezogen sein. Das heißt sie müsste gerade gegenüber dem Geschädigten bestehen und dessen Schutz bezwecken.[972] Hier soll die Sechs-Monats-Frist der „zügigen Bearbeitung von Auskunftsanträgen künftig einen höheren Stellenwert einräumen“[973] und damit dem Interesse des Steuerpflichtigen an einer zeitnahen Antragsbearbeitung dienen. Die Amtspflicht ist daher auch drittbezogen.

Wird die Sechs-Monats-Frist daher nicht eingehalten und kann die Begründung den Fristablauf nicht hinreichend rechtfertigen, kann der Antragsteller – vorbehaltlich etwaiger Ausschlussgründe –[974] einen durch den Fristablauf

---

969 BGH v. 29.11.1954 – III ZR 84/53, BGHZ 15, 305, 309.

970 BGH v. 25.10.1990 – III ZR 167/89, NVwZ 1991, 298.

971 Kritisch in Bezug auf die Länge der Frist: *Thiele*, FR 2016, 947, 950; berechtigte Bedenken äußern auch *Werder/Dannecker*, BB 2017, 284, 285, die befürchten, dass ansonsten zügig bearbeitete Auskunftsanträge nunmehr erst unter Ausreizung der Sechs-Monats-Frist erteilt werden, was oftmals zu spät sein könnte. Für solche Bedenken spricht auch, dass laut einer KPMG-Studie bezüglich der Besteuerung von Familienunternehmen 92 % der Anträge auf verbindliche Auskunft schon ohne gesetzliche Regelung innerhalb von 6 Monaten beschieden wurden und in 60 % der Fälle sogar eine Bearbeitung innerhalb von 3 Monaten erfolgte, KPMG 2016, S. 29.

972 *Papier*, in: Maunz/Dürig, GG, Art. 34 Rz. 180, 183 (Stand: Januar 2009).

973 BT-Drs. 18/8434, S. 109.

974 Dazu *Papier*, in: Maunz/Dürig, GG, Art. 34 Rz. 235 ff. (Stand: Januar 2009).

entstandenen Schaden geltend machen. Auf diese Weise kann die Finanzbehörde mittelbar angehalten werden, fristgerecht zu entscheiden.

4. *Zwischenergebnis und Folgerungen für die Ausgestaltung* de lege ferenda

De lege lata liegt die Entscheidung über das „Ob" der verbindlichen Auskunft im Ermessen der zuständigen Finanzbehörde. Das Ermessen ist allerdings in der Regel auf Null reduziert, sodass ein Auskunftsanspruch besteht. Nicht sachgerecht sind allerdings die im AEAO festgehaltenen Ermessenserwägungen, die in zweckwidriger Weise verhindern, dass der Steuerpflichtige bei besonderen Planungsunsicherheiten Dispositionssicherheit erhält. Dies gilt umso mehr für den umsatzsteuerlichen Unternehmer, dessen Stellung von Verfassungs wegen eines Ausgleichs seiner Gesamtbelastung bedarf. Die Ermessenserwägungen der Finanzverwaltung werden diesem Ausgleichsbedarf nicht gerecht. *De lege ferenda* stellt sich darüber hinaus die Frage, ob es bei dem Grundsatz einer Ermessensreduktion bleiben oder aber eine gebundene Entscheidung zu Gunsten eines Zusageanspruchs geschaffen werden sollte.

In zeitlicher Hinsicht soll die Finanzbehörde *de lege lata* innerhalb von sechs Monaten entscheiden, wenngleich der Fristablauf keine Rechtsfolgen nach sich zieht. In Anbetracht dessen, dass der umsatzsteuerliche Unternehmer bereits deshalb auf zeitnahe Rechtssicherheit angewiesen ist, um seine administrativen Pflichten zu erfüllen, ist eine solche Fristenregelung für eine Zusage im Umsatzsteuerrecht nicht sachgerecht. Sie wird der verfassungsrechtlich gebotenen Ausgleichsfunktion einer Zusage nicht gerecht. *De lege ferenda* ist also zum einen die Frage nach der Länge einer Entscheidungsfrist und zum anderen nach den Rechtsfolgen eines Fristablaufs zu stellen.

IV. Gebührenpflicht

1. *Rechtslage*

Die im Jahr 2006 eingeführte Regelung der verbindlichen Auskunft in § 89 Abs. 2 AO war zunächst - entsprechend ihrem gesetzlich nicht geregelten Vorgänger - gebührenfrei.[975] Auf Betreiben des Bundesrates[976] sollte der zusätzliche Arbeitsaufwand der Finanzbehörden, der eine Dienstleistung für den

975 BGBl I 2006, S. 2098, 2106; zu früheren Planungen, eine Gebührenpflicht einzuführen vgl. Fn. 764.

976 BR-Drs. 622/1/06 S. 32 f.; die Länder befürchteten eine Flut von Anträgen.

Steuerpflichtigen darstelle, auch vergütet werden. Die im JStG 2007[977] umgesetzte Regelung enthielt sodann eine Bearbeitungsgebühr[978], die in § 89 Abs. 3–7 AO detailliert geregelt wurde.[979] Die Gebühr entsteht demnach mit Bearbeitung eines Antrags auf verbindliche Auskunft, § 89 Abs. 3 S. 1, 4 AO. Primär wird die Höhe der Gebühr nach dem Wert, den sie für den Antragsteller hat (Gegenstandswert),[980] bemessen, § 89 Abs. 4 S. 1 AO. Der Gesetzgeber und die Finanzverwaltung setzen diesen Wert mit den steuerlichen Auswirkungen für den Antragsteller gleich.[981] Maßgeblich soll insoweit die „effektive Steuerersparnis“[982] sein.[983] Mittelbare steuerliche Auswirkungen sind bei der Bestimmung des Gegenstandswerts aber außer Acht zu lassen.[984] Gem. AEAO zu § 89 Nr. 4.2.3. soll bei Dauersachverhalten auf einen Jahresdurchschnitt der steuerlichen Auswirkungen abgestellt werden. Nach § 89 Abs. 4 S. 2 AO soll der Antragsteller den Gegenstandswert in seinem Antrag selbst angeben. Die Finanzbehörde unternimmt dann nur noch eine Evidenzkontrolle, § 89 Abs. 4 S. 3 AO.[985] Die Gebühr berechnet sich zahlenmäßig gem. § 89 Abs. 5 S. 1 AO entsprechend § 34 GKG. Der Gegenstandswert ist analog § 39 Abs. 2 GKG auf € 30 Mio. begrenzt, sodass die Gebühr höchstens € 109.736 betragen kann.[986] Der Verweis auf das GKG legt nahe, dass der Gesetzgeber das Auskunftsverfahren einem Gerichtsverfahren gleichstellt.[987] Dem Antragsteller soll antizipierter Rechtsschutz zur Seite gestellt werden. Anders als im Gerichtsverfahren, in dem der Arbeitsaufwand deutlich größer sein kann, kann gem. § 89 Abs. 5 S. 1 AO nur eine statt maximal vier Gebühren[988] erhoben werden. Insofern hält die Gebührenregelung den

---

977 Gesetz v. 13.12.2006, BGBl I 2006, S. 2878, 2902.

978 So ausdrücklich der Gesetzeswortlaut und AEAO zu § 89 Nr. 4.1.2.

979 Aktualisiert durch das StVEinfG 2011, BGBl 2011, S. 2131, 2139.

980 Zur Bestimmung des Gegenstandswerts BFH v. 22.4.2015 – IV R 13/12, BFHE 250, 295.

981 BT-Drs. 16/3036, 15; 16/3368, 24; AEAO zu § 89 Nr. 4.2.2.

982 *Horst*, Verbindliche Auskunft, S. 193.

983 AEAO zu § 89 Nr. 4.2.2.; also die Differenz zwischen den Steuerbeträgen, die bei Anwendung der vom Antragsteller vorgetragenen und der entgegengesetzten Rechtsauffassung entstehen würden.

984 BFH v. 22.4.2015 – IV R 13/12, BFHE 250, 295, Rz. 29.

985 Kritisch insoweit *Bruns*, DStR 2017, 2360, 2364, der darin eine Beschränkung der Amtsermittlungspflicht nach § 88 AO erkennt.

986 AEAO zu § 89 Nr. 4.2.4; Gebührentabelle bei *Brandis*, in: Tipke/Kruse, AO/FGO, Vor. § 135 ff. FGO Rz. 48 (Stand: Oktober 2016).

987 So auch Birk, in: FS Pöllath, S. 161, 171.

988 Gem. § 3 Abs. 2 GKG i.V.m. Anl. 1, Nr. 6110.

gebotenen Abstand zum Gerichtsverfahren ein.[989] Sekundär kommt eine Berechnung nach Zeiteinheiten in Betracht, § 89 Abs. 6 S. 1 AO, wenn ein Gegenstandswert weder bestimm- noch schätzbar ist.[990] Die Zeitgebühr beträgt dann € 50 je angefangener halber Stunde, die zwar den Höchstbetrag von € 46 pro Stunde des § 13 S. 2 StGebV übersteigt, aber durch die behördenseitige Bindungswirkung zusätzliche Vorteile bringt.[991] Entgegen AEAO zu § 89 Nr. 4.3.2. darf der zeitliche Abstimmungsaufwand zwischen unterschiedlichen Finanzbehörden nicht angesetzt werden, da dies dem Risikobereich der Finanzbehörde zuzurechnen ist.[992] Ebenso wenig darf der zeitliche Aufwand, der seitens der Finanzbehörde für informelle Vorgespräche gebraucht worden ist, der Gebührenberechnung zu Grunde gelegt werden. Denn der insoweit eindeutige Wortlaut des § 89 Abs. 3 S. 1 AO setzt eine Antragsbearbeitung voraus.[993] Bei einem Gegenstandswert unter € 10.000 (§ 89 Abs. 5 S. 3 AO) oder einem Zeitaufwand von weniger als 2 Stunden (§ 89 Abs. 6 S. 2 AO) wird keine Gebühr erhoben. Nach § 89 Abs. 3 S. 2 AO fällt bei einer gegenüber Mehreren erteilten einheitlichen Auskunft nur noch eine Gebühr an, sodass es insbesondere in Organschaftsfällen nicht mehr zu Gebührenkumulationen kommen kann.[994] Ausweislich der Nr. 4.1.2. des AEAO zu § 89 gilt dies nicht für die in der Praxis relevanten Umwandlungsfälle.[995] Ist die Gebühr betrieblich oder beruflich veranlasst, so kann sie gem. §§ 4 Abs. 4, 9 Abs. 1 EStG als Betriebsausgabe oder Werbungskosten geltend

---

989 BFH v. 30.3.2011 – I B 136/10, BFHE 232, 395, 404.

990 *Bruns*, DStR 2017, 2360, 2364 meint, dass jedenfalls eine „überschlägige Schätzung" in der Praxis meist möglich ist.

991 *Seer*, in: Tipke/Kruse, AO/FGO, § 89 Rz. 76 (Stand: Januar 2017); *Söhn*, in: HHSp, AO/FGO, § 89 Rz. 331 (Stand: August 2016); BFH v. 30.3.2011 – I R 61/10, BStBl. II 2011, 536, Rz. 32.

992 *Simon*, DStR 2007, 557, 561; *Lahme/Reiser*, BB 2007, 1361, 1362.

993 Ebenso *Bruns*, DStR 2017, 2360, 2365.

994 Anders noch BFH v. 9.3.2016 – I R 66/14, BFHE 253, 199; der neuen Rechtslage entsprechend schon *Seer*, StBJb 2012/2013, S. 557, 576 f. sowie *Werder/Dannecker*, BB 2015, 1687, 1691 f. zur erstinstanzlichen Entscheidung des FG Köln v. 28.10.2014 – 8 K 731/12, EFG 2015, 530.

995 Kritisch schon *Seer*, in: Tipke/Kruse, AO/FGO, § 89 Rz. 67 (Stand: Januar 2017), der darauf hinweist, dass der Wortlaut „einheitlich" auf die bei Umwandlungen beteiligten Rechtsträger unter Umständen nicht passe. Eindeutig nun AEAO zu § 89 Nr. 4.1.2. S. 6. Notwendig wäre eine aufgrund von § 89 Abs. 2 S. 6 AO im Verordnungswege geregelte Zuständigkeitskonzentration. Eine solche fehlt bislang in § 1 Abs. 3 StAuskV. Kritisch daher auch *Bültmann-Hinz*, DStR 2018, 49, 52.

gemacht werden.[996] Die für die Erteilung der verbindlichen Auskunft zuständige Finanzbehörde setzt die Gebühr in einem schriftlichen Verwaltungsakt (Gebührenbescheid) fest.[997] Der Gebührenbescheid ist gem. § 121 Abs. 1 AO zu begründen. Gem. § 89 Abs. 3 S. 2 i.V.m. § 220 Abs. 1 AO wird die Gebühr einen Monat nach Bekanntgabe fällig. Die Finanzbehörde hat gem. § 89 Abs. 3 S. 4 AO die Möglichkeit, die Entscheidung über den Auskunftsantrag bis zur Entrichtung der Gebühr zurückzustellen.[998] Der Antragsteller hat keinen Anspruch auf Ausweis der Umsatzsteuer im Gebührenbescheid, denn die Finanzbehörde erbringt eine Leistung, die kein Privater erbringen könnte. Insbesondere könnte kein Steuerberater seiner Mandantschaft eine hoheitliche Bindungswirkung verschaffen. Daher liegen die Voraussetzungen des § 2b UStG nicht vor.[999] § 89 Abs. 7 S. 1 AO enthält einen Billigkeitstatbestand, der einen vollständigen oder teilweisen Verzicht auf die Gebühr vorsieht. Nicht ausgeschlossen ist damit aber ein Erlass aus Billigkeitsgründen nach § 227 AO.[1000] Eine Ermäßigung auf den bisherigen Arbeitsaufwand[1001] der Finanzbehörde ist möglich, wenn der Antragsteller seinen Antrag gem. § 89 Abs. 7 S. 2 AO zurücknimmt.

2. *Allgemein: Gebührenrechtfertigung*

Eine Gebühr ist eine öffentlich-rechtliche Geldleistung, die aus Anlass einer individuell zurechenbaren öffentlichen Leistung dem Gebührenschuldner durch hoheitliche Maßnahme auferlegt wird, um die Kosten für die Leistung jedenfalls teilweise zu decken.[1002] Die bei verbindlichen Auskünften zu erhebende Gebühr erfüllt unproblematisch diesen Gebührenbegriff.[1003] Gebühren dürfen aber nicht für beliebige Zwecke erhoben werden, da insbesondere der Finanzbedarf

---

996 *Fatouros*, DStZ 2007, 382, 391; *Lahme/Reiser*, BB 2007, 408, 412; Birk, in: FS Pöllath, S. 161, 175 f.; zur abweichenden Verwaltungs- und Literaturmeinung *Söhn*, in: HHSp, § 89 Rz. 408 ff. (Stand: August 2016).

997 AEAO zu § 89 Nr. 4.4.1; dazu *Lahme/Reiser*, BB 2007, 1361, 1362.

998 Ist der Zahlungseingang ungewiss ist sie nach AEAO zu § 89 Nr. 4.4.2. dazu angehalten.

999 FG München v. 17.3.2010 – 3 K 3055/07, EFG 2010, 1452, 1454 f.; anderer Ansicht *Küffner/Zugmaier*, UR 2007, 327 ff.

1000 *Seer*, in: Tipke/Kruse, AO/FGO; § 89 Rz. 79 (Stand: August 2013).

1001 AEAO zu § 89 Nr. 4.5.2.

1002 St. Rspr. des BVerfG, siehe nur: BVerfG v. 11.10.1966 – 2 BvR 179/64, BVerfGE 20, 257, 269 (*Bundesrecht in Berlin*); v. 19.3.2003 – 2 BvL 9/98 u.a., BVerfGE 108, 1, 18 (*Rückmeldegebühr Baden-Württemberg*).

1003 Vgl. auch *Horst*, Verbindliche Auskunft, S. 159, 161: „Verwaltungsgebühr"; dazu auch *Wienbracke*, NVwZ 2007, 749, 750.

des Staates nur durch Steuern gedeckt werden muss („Steuerstaatsprinzip“).[1004] Nichtsteuerliche Abgaben, zu denen auch Gebühren als sog. „Vorzugslasten“ gehören,[1005] müssen daher von Steuern scharf abgegrenzt werden.[1006] Dies kann das Merkmal der Gegenleistungsabhängigkeit leisten, da Steuern gem. § 3 Abs. 1 AO unabhängig von einer Gegenleistung zu zahlen sind.[1007] Aus der Schutzfunktion des Finanzverfassungsrechts und der von Art. 3 Abs. 1 GG geschützten Belastungsgleichheit ergibt sich daher eine Begrenzung nichtsteuerlicher Abgaben sowohl dem Grunde als auch der Höhe nach:[1008] Jede Gebühr ist eine Ungleichbehandlung einzelner Steuerpflichtiger im Vergleich zu allen anderen Steuerpflichtigen[1009] und bedarf daher einer besonderen Rechtfertigung.[1010] Dabei ergeben sich aus dem jeder Gebühr zugrunde liegenden Äquivalenzprinzip jedenfalls[1011] die Rechtfertigungsgründe der Kostendeckung und des Vorteilsausgleichs.[1012] Zweck des Kostendeckungsprinzips ist es, bei der Verwaltungsleistung entstandene Kosten auf den Betroffenen abzuwälzen. Es muss sich dabei aber um Sonderkosten handeln, die konkret dem potentiellen Gebührenschuldner zuzurechnen sind.[1013] Das Prinzip des Vorteilsausgleichs soll den durch

1004 Dazu *Wienbracke*, Bemessungsgrenzen, S. 68 ff.

1005 *Wienbracke*, Bemessungsgrenzen, S. 58.

1006 *P. Kirchhof*, in: HStR, Bd. V, § 119 Rz. 10.

1007 Dazu *Wienbracke*, Bemessungsgrenzen, S. 43 f. und 145 ff. zur Deckung des einfachgesetzlichen und des verfassungsrechtlichen Steuerbegriffs.

1008 BVerfG v. 19.3.2003 – 2 BvL 9/98 u.a., BVerfGE 108, 1, 17 ff.; insbesondere auf die Belastungsgleichheit abstellend BFH v. 30.3.2011 – I R 61/10, BStBl. II 2011, 536, Rz. 10; dazu auch *Wienbracke*, Bemessungsgrenzen, S. 154 ff.

1009 Der Steuerpflichtige ist der Oberbegriff für die allgemeine Prüfung einer Gebühr an Art. 3 Abs. 1 GG, aus der Rechtsprechung: BVerfG v. 10.12.1980 – 3 BvF 3/77, BVerfGE 55, 274, 302 (*Berufsausbildungsabgabe*); v. 7.11.1995 – 2 BvR 413/88 u.a., BVerfGE 93, 319, 343 (*Wasserpfennig*); v. 10.3.1998 – 1 BvR 178/97, BVerfGE 97, 332, 346 (*Kindergartenbeiträge*); aus der Literatur: *P. Kirchhof*, in: HStR, Bd. V, § 119 Rz. 19 f.; *Drömann*, Nichtsteuerliche Abgaben, S. 214 f.

1010 BVerfG v. 19.3.2003 – 2 BvL 9/98 u.a., BVerfGE 108, 1, 16.

1011 Daneben kann auch die „Sachzweckverfolgung“ (Lenkungs- und soziale Zwecke) ergänzend (!) zur Rechtfertigung von Gebühren herangezogen werden, so *Wienbracke*, Bemessungsgrenzen, S. 123; bei der verbindlichen Auskunft wird ein solcher Lenkungszweck unter anderem in der Vermeidung nicht ernst gemeinter und wenig fundierter Auskunftsanträge gesehen, so *Misera/Baum*, Ubg 1008, 221, 227.

1012 Siehe nur BVerfG v. 19.3.2003 – 2 BvL 9/98 u.a., BVerfGE 108, 1, 18; *Wienbracke*, Bemessungsgrenzen, S. 121 ff.; *Seer*, in: Tipke/Lang, Steuerrecht, § 2 Rz. 20.

1013 *Wienbracke*, Bemessungsgrenzen, S. 157 ff. m.w.N.

die Verwaltungsleistung entstandenen Sondervorteil abschöpfen.[1014] Zu Prüfen ist daher, ob der Finanzbehörde Sonderkosten entstehen und ob der Antragsteller einen Sondervorteil erlangt. Beides ist bei der verbindlichen Auskunft dem Grunde nach zu bejahen.[1015] Der Finanzbehörde entsteht durch die im Auskunftsverfahren[1016] erbrachte Dienstleistung zusätzlicher Aufwand, der abgegolten werden soll. Zudem erhält der Steuerpflichte durch die verbindliche Auskunft in der Regel Planungs- und Dispositionssicherheit und damit einen ausgleichsfähigen Vorteil.[1017] Der dem Gesetzgeber zustehende Typisierungsspielraum[1018] ist dabei auch der Höhe nach durch die Anknüpfung an den Gegenstandswert und zweitrangig an den Zeitaufwand grundsätzlich sachgerecht ausgeschöpft worden.[1019] Die anfänglichen Zweifel an der Verfassungsmäßigkeit der Auskunftsgebühr,[1020] die teilweise mit fehlender Gesetzgebungskompetenz[1021] oder Rechtsstaatswidrigkeit[1022] begründet wurden, konnten sich nicht verfestigen. Insbesondere ist der Staat nicht verpflichtet, die eigens geschaffene normative Unsicherheit gebührenfrei wieder zu beseitigen. Denn selbst in einem perfekten Steuerrecht bestehen im jeweiligen Einzelfall noch zu beseitigende Unsicherheiten, sodass die Gebühr im Allgemeinen verfassungsrechtlichen Anforderungen standhält.[1023]

1014 *Wienbracke*, Bemessungsgrenzen, S. 165 ff. m.w.N.

1015 BFH v. 30.3.2011 – I R 61/10, BStBl. II 2011, 536, Rz. 8 f. zum Kostenausgleich und Rz. 10 ff. zum Vorteilsausgleich.

1016 BFH v. 30.3.2011 – I R 61/10, BStBl. II 2011, 536, Rz. 8: „eigenständiges Verfahren"; anderer Ansicht *Hans*, DStZ 2007, 421, 423: unselbständiger Teil des Besteuerungsverfahrens.

1017 *Werder/Dannecker*, BB 2011, 1447 weisen zu Recht darauf hin, dass die Vorteilsausgleichsfunktion vom Gesetzgeber in den Gesetzesmaterialien nicht genannt wird, was aber durch die Bezugnahme in § 89 Abs. 4, 5 AO auf den individuellen Wert der verbindlichen Auskunft hinreichend deutlich wird, dazu *Seer*, in: Tipke/Kruse, AO/FGO, § 89 Rz. 64 (Stand: Januar 2017).

1018 Dazu allgemein BVerfG v. 6.11. 2012 – 2 BvL 51/06, BVerfGE 132, 334, 350 (*Hochschulrückmeldegebühr*).

1019 BFH v. 30.3.2011 – I R 61/10, BStBl. II 2011, 536, Rz. 24 f.; *Seer*, in: Tipke/Kruse, AO/FGO, § 89 Rz. 64 (Stand: Januar 2017).

1020 *Hans*, DStZ 2007, 421, 423 f.; *Stark*, DB 2007, 2333, 2335 ff.; *Simon*, DStR 2007, 557, 563 f.; *Lahme/Reiser*, BB 2007, 408, 411 f.; *Keß/Zillmer*, DStR 2008, 1466, 1467.

1021 *Wienbracke*, NVwZ 2007, 749, 750 f.

1022 *Borggrefe*, AO-StB 2008, 108, 110; *Spilker*, StuW 2013, 19, 26 f. spricht von einer behördlichen Nebenpflicht.

1023 *Seer*, in: Tipke/Kruse, AO/FGO, § 89 Rz. 64 f. (Stand: Januar 2017); *Söhn*, in: HHSp, AO/FGO, § 89 Rz. 321 ff. (Stand: August 2016); *Horst*, Verbindliche Auskunft, S. 169 f.; Birk, in: FS Pöllath, S. 161, 172 ff.; *ders.*, NJW 2007, 1325, 1328 f.; *Fatouros*,

Dieser Auffassung schloss sich auch die Rechtsprechung an.[1024] Zwar steht eine Entscheidung des Bundesverfassungsgerichts noch aus, doch kann die Rechtslage hier mittlerweile als befriedet betrachtet werden.

3. *Gebührenrechtfertigung in Sonderfällen*

a) *Gebührenrechtfertigung bei Ablehnung und Negativauskunft*

Interessanter ist die Beurteilung der Rechtslage in dem Fall, in dem die Erteilung der verbindlichen Auskunft aus formellen Gründen abgelehnt wird oder der Antrag zwar beschieden wird, aber der Inhalt der Auskunft nicht den Vorstellungen des Antragstellers entspricht (Negativauskunft).[1025]

aa) Rechtfertigung im Fall der Ablehnung

Beantragt der Steuerpflichtige eine verbindliche Auskunft, muss das FA eine Prüfung des Einzelfalls vornehmen, sodass Ressourcen genutzt werden, die der konkreten Antragsbearbeitung zuzurechnen sind. Selbst wenn also die Prüfung ergibt, dass die verbindliche Auskunft nicht erteilt wird, sind zu deckende Kosten entstanden, sodass das Kostendeckungsprinzip die Verwaltungsgebühr sowohl dem Grunde als auch der Höhe nach legitimiert.[1026] Dem kann auch nicht entgegengehalten werden, dass die Finanzverwaltung im späteren Veranlagungsverfahren Kosten sparen wird.[1027] Denn zum einen ist nicht sichergestellt, dass der Antragsteller den geplanten Sachverhalt überhaupt verwirklichen wird. Dann läge bereits im Auskunftsverfahren ein echter Mehraufwand und nicht bloße „Sowieso-Kosten" vor. Und zum anderen entsteht auch bei späterer Sachverhaltsverwirklichung echter Mehraufwand durch die Überprüfung der für die Bindung erforderlichen Sachverhaltsidentität.[1028]

DStZ 2007, 382, 391 f.; *Stemplewski*, BB 2012, 2220, 2222 f.; a.A. *Bültmann-Hinz*, DStR 2018, 49, 52.

1024 Zuerst BFH v. 30.3.2011 – I R 61/10, BStBl. II 2011, 536, Rz. 8 f.; zuletzt BFH v. 9.3.2016 – I R 66/14, BStBl. II 2016, 706, Rz. 12.

1025 Vgl. AEAO zu § 89 Nr. 3.7.

1026 *Seer*, in: Tipke/Kruse, AO/FGO, § 89 Rz. 64 (Stand: Januar 2017); *Söhn*, in: HHSp, AO/FGO, § 89 Rz. 322 (Stand: August 2016); *Horst*, Verbindliche Auskunft, S. 169 f.; Birk, in: FS Pöllath, S. 161, 172 ff.; *Wienbracke*, NVwZ 2007, 749, 753.

1027 So aber *Roser*, in: Gosch, AO/FGO, § 89 Rz. 79 (Stand: September 2016).

1028 BFH v. 30.3.2011 – I R 61/10, BStBl. II 2011, 536, Rz. 14; *Horst*, Verbindliche Auskunft, S. 164; *Birk*, NJW 2007, 1325, 1328; nicht vollends einzuleuchten vermag der vom BFH a.a.O. angeführte zusätzliche Arbeitsaufwand, der dadurch entsteht, dass die Finanzbehörde im Veranlagungsverfahren auch überprüfen muss, ob die verbindliche

Die dem Auskunftsantrag zuzurechnenden Kosten sind auch nicht gebührenfeindlich,[1029] da insbesondere kein Anspruch auf eine kostenfreie verbindliche Auskunft besteht.[1030]

Allerdings kann im Fall der Ablehnung einer Erteilung der verbindlichen Auskunft nicht davon gesprochen werden, dass dem Antragsteller ein Sondervorteil zukommt. Er weiß weder, wie das FA seinen Fall beurteilen wird, noch, wie es ihn nicht beurteilen wird. Eine Gebühr darf daher der Höhe nach nur als Äquivalent zu den entstandenen Kosten nach dem Kostendeckungsprinzip verlangt werden.[1031] Ein pauschaler Verweis auf die Möglichkeit, den Antrag mit der Folge der Gebührenermäßigung gem. § 89 Abs. 7 S. 2 AO zurückzunehmen,[1032] rechtfertigt die volle Gebührenerhebung nicht, da sich der Antragsteller damit seiner Rechtsschutzmöglichkeiten beraubt.[1033] Eine in voller Höhe erhobene Bearbeitungsgebühr ist daher verfassungswidrig. Der Antragsteller soll „kein Geld für eine Musik entrichten müssen, die er niemals hören wird“[1034]. Taugliches Mittel, um diesen Missstand in der Praxis zu beseitigen, wäre eine großzügige Anwendung der Erlassvorschrift aus Billigkeitsgründen gem. § 89 Abs. 7 S. 1 AO.[1035]

bb) Rechtfertigung im Fall der Negativauskunft

Im Fall einer Negativauskunft greift das Kostendeckungsprinzip auf gleiche Weise wie im Fall der Ablehnung ein.

Problematisch ist aber, ob dem Antragsteller auch dann ein – zumindest partieller – Sondervorteil zukommt, wenn in der verbindlichen Auskunft seine eigene Rechtsauffassung nicht geteilt wird. Dies ist zu bejahen. Anders als bislang nach

---

Auskunft zu Ungunsten des Antragstellers rechtswidrig ist. Ein solcher Aufwand wird nämlich in der Regel nicht entstehen, da der Antragsteller in diesem Fall nicht von seiner „Option“, sich zusagekonform behandeln zu lassen, Gebrauch macht.

1029 Dazu *Wienbracke*, Bemessungsgrenzen, S. 161 f.

1030 *Söhn*, in: HHSp, AO/FGO, § 89 Rz. 325 (Stand: August 2016); *Seer*, in: Tipke/Kruse, AO/FGO, § 89 Rz. 64 (Stand: Januar 2017); anders *Lahme/Reiser*, BB 2007, 408 ff.; *Simon*, DStR 2007, 557, 564; *Spilker*, StuW 2013, 19, 26 f.

1031 So auch *Horst*, Verbindliche Auskunft, S. 169; *Seer*, in: Tipke/Kruse, AO/FGO, § 89 Rz. 70 (Stand: Januar 2017); *Söhn*, in: HHSp, AO/FGO, § 89 Rz. 391f (Stand: August 2016); *Wienbracke*, NVwZ 2007, 749, 754.

1032 Hessisches FG v. 6.7.2011 – 4 K 3139/09, EFG 2011, 1938, 1940.

1033 Einleuchtend *Seer*, in: Tipke/Kruse, AO/FGO, § 89 Rz. 70 (Stand: Januar 2017).

1034 So plastisch *Lichtinghagen/Verpoorten*, StuB 2007, 381, 382.

1035 Ebenso *Seer*, in: Tipke/Lang[22], Steuerrecht, § 21 Rz. 18.

Seer, der in einem solchen Fall den Zufluss eines individuellen Vorteils generell verneint hatte,[1036] erlangt der Antragsteller auch hier eine gesicherte Rechtsposition. Als Vorteil nennt *Seer* selbst den „antizipierten Rechtsschutz"[1037]. Damit ist gemeint, dass durch die bindende Vorabklärung Rechtsstreitigkeiten vermieden und Prozessrisiken vermindert werden. Eine solche Funktion erfüllt auch die Negativauskunft. Zwar wird der Antragsteller seine ehemals geplante Disposition gegebenenfalls anheimstellen. Die verbindliche Auskunft der Finanzbehörde hat ihm aber dennoch Dispositionssicherheit verschafft. Der Antragsteller weiß nun, wie das FA seinen Fall *nicht* beurteilen wird. Ohne diese Information hätte der Steuerpflichtige seine Disposition womöglich getätigt und hätte sich dann auf das Risiko einer nachträglichen Beurteilung seines Falles einlassen müssen. Dieses Risiko kann er nunmehr (besser) abschätzen. Überdies besteht richtigerweise die Möglichkeit, die inhaltliche Rechtmäßigkeit der Negativauskunft gerichtlich überprüfen zu lassen.[1038] Der Antragsteller kann aber zunächst nicht damit rechnen, dass sein Antrag seinen Wünschen entsprechend beschieden wird. Er trägt das Risiko einer Negativauskunft. Wer nachfragt, muss auch mit einem „Nein" rechnen. Zuzugeben ist aber, dass der Wert einer Negativauskunft - also die Kenntnis davon, wie das FA einen Fall *nicht* beurteilt - unter dem Wert einer Positivauskunft, die dem Steuerpflichtigen den beschriebenen bedingten Erfüllungsanspruch einräumt, deutlich zurückbleibt. Eine Gebühr, die den vollen Wertansatz zugrunde legt, ist daher nicht verhältnismäßig.[1039] Entsprechend diesem Missverhältnis ist daher auch die Gebühr festzusetzen, die in jeder Hinsicht eine Kostenausgleichsfunktion erfüllt, der aber nur ein begrenzter Vorteilsausgleich zugrunde liegen kann. Da der Gegenstandswert nunmehr nur noch schwer zu bestimmen ist, sollte die Gebühr in Fällen einer Negativauskunft gem. § 89 Abs. 6 S. 1 AO nach Zeiteinheiten berechnet werden, was im Ergebnis auf eine bloße Kostendeckung hinausläuft.

Nach alledem ist die Erhebung der vollen Auskunftsgebühr in reinen Bearbeitungsfällen verfassungswidrig, in allen Erteilungsfällen aber - bei Berechnung der Gebühr nach Zeiteinheiten - verfassungsgemäß.[1040] Unabhängig davon

---

1036 *Seer*, in: Tipke/Lang, Steuerrecht, § 21 Rz. 142, wo er von der *Nichterteilung* und der *abschlägigen Erteilung* (hier: Negativauskunft) spricht; wie hier aber in Tipke/Kruse, AO/FGO, § 89 Rz. 70 (Stand: Januar 2017) erkennt *Seer* an, dass dem Steuerpflichtigen im Fall einer Negativauskunft allenfalls ein begrenzter Vorteil zukommt, der eine „volle" Wertgebühr nicht rechtfertigen könne.

1037 *Seer*, Verständigungen, S. 286; dies hebt auch BFH v. 30.3.2011 - I R 61/10, BStBl. II 2011, 536, Rz. 13 hervor.

1038 Dazu Erster Teil C. V.

1039 Ebenso *Seer*, in: Tipke/Kruse, AO/FGO, § 89 Rz. 70 am Ende (Stand: Januar 2017).

1040 So im Ergebnis auch *Horst*, Verbindliche Auskunft, S. 169 f.

kommt auch hier ein Erlass aus Billigkeitsgründen gem. § 89 Abs. 7 S. 1 AO in Betracht.[1041]

b) Gebührenrechtfertigung bei der Umsatzsteuer

Fraglich bleibt allerdings, ob die grundsätzlich durch die Prinzipien der Kostendeckung und des Vorteilsausgleichs gerechtfertigte Auskunftsgebühr, diesem Maßstab auch bei der Umsatzsteuer gerecht wird.

aa) Vereinbarkeit mit dem Kostendeckungsprinzip

Betrachtet man die genannten Rechtfertigungsgründe, so ergibt sich zunächst, dass die Bearbeitung des Auskunftsantrags unabhängig von der Fragestellung und damit auch unabhängig von der Steuerart Verwaltungsressourcen in Anspruch nimmt und Kosten verursacht, die über sog. „Sowieso-Kosten" hinausgehen. Auch ein Antrag auf Erteilung einer verbindlichen Auskunft, die eine umsatzsteuerliche Fragestellung betrifft, nimmt finanzbehördliches Personal und Sachmittel in Anspruch, die ohne den Antrag in der konkreten Art und Weise nicht in Anspruch genommen worden wären. Dies könnte man nur dann anders sehen, wenn man annähme, dass der Staat nicht zur Aufgabenübertragung auf die Unternehmer berechtigt sei. Denn dann würde der Staat bei einer Tätigkeit Hilfe leisten, die ohnehin auf ihn entfallen müsste, sodass die entstehenden Kosten den sog. Sowieso-Kosten zugeordnet werden könnten. Zwar ist die staatliche Aufgabenübertragung auf Private nicht generell zulässig.[1042] Sie ist vielmehr rechtfertigungsbedürftig und in den verfassungsrechtlich gezogenen Grenzen auch rechtfertigungsfähig.[1043] Insofern kann aber das „Ob" der staatlichen Inanspruchnahme von dem „Wie" derselben getrennt werden.[1044] Auch im Rahmen dieser Arbeit ist bereits mehrfach angeklungen,[1045] dass das „Ob" der Inanspruchnahme des Unternehmers keinen verfassungsrechtlichen Zweifeln unterliegt, weil nur dessen Mitwirkung das betriebene „gigantische Nullsummenspiel"[1046] möglich macht und eine Besteuerung des Letztverbrauchs auf andere Weise praktisch nicht umsetzbar wäre. Die für eine staatliche

1041 Vgl. BFH v. 5.2.2014 – I R 34/12, BFH/NV 2014, 1014, 1016.

1042 So nachgewiesen für die Indienstnahme des Arbeitgebers von *Drüen*, Indienstnahme Privater, S. 186.

1043 Siehe erneut nur *Drüen*, Indienstnahme Privater, S. 186 m.w.N.

1044 *Drüen*, Indienstnahme Privater, S. 187 f.

1045 Siehe nur Einf. A. II. und Einf. B. I. 3. b).

1046 *Widmann*, DStJG 32 (2009), S. 103, 111.

Inanspruchnahme notwendige Sachnähe des Unternehmers zum Besteuerungsziel liegt daher vor und rechtfertigt die Inanspruchnahme dem Grunde nach.[1047] Die Art und Weise der Inanspruchnahme des Unternehmers für Umsatzsteuerzwecke kann zwar unausgeglichen verfassungsrechtlichen Anforderungen *de lege lata* nicht standhalten. Die Aufgabenübertragung als solche ist aber auch von der verfassungsrechtlichen Warte aus betrachtet zulässig. Die durch einen Auskunftsantrag entstehenden Kosten sind daher keine „Sowieso-Kosten" des Staates, sondern echter Mehraufwand. Die Gebühr ist damit zunächst dem Grunde und der Höhe nach auch bei umsatzsteuerlichen Fragestellungen durch das Kostendeckungsprinzip gerechtfertigt.

bb) Vereinbarkeit mit dem Vorteilsausgleichsprinzip

Anders könnte aber eine Beurteilung nach dem Vorteilsausgleichsgedanken ausfallen. Es ist zu untersuchen, ob dem umsatzsteuerlichen Unternehmer durch die verbindliche Auskunft ein Vorteil verschafft wird. Nicht ausreichend ist mit Blick auf die Rechtfertigungsanforderungen des Art. 3 Abs. 1 GG ein rein formeller Vorteil im Sinne irgendeiner (Gegen-)Leistung der Behörde, der die Gebühr von der Steuer abgrenzt. Vielmehr ist ein materieller Vorteil erforderlich, der es rechtfertigt, neben der ohnehin bestehenden allgemeinen Steuerlast eine individuelle Gebührenlast zu schaffen.[1048] In diesem Zusammenhang erläutert *Wienbracke* schlüssig am Beispiel einer Baugenehmigung, dass deren Erteilung nur den ohnehin verfassungsrechtlich von Art. 14 Abs. 1 S. 1 GG vorgegebenen Schutz des „freien Bauens" realisiere.[1049] Was daher verfassungsrechtlich bereits zum Rechtskreis des Einzelnen gehöre, könne einfachrechtlich denselben nicht erweitern.[1050] Eine Verwaltungsgebühr für die Erteilung einer Baugenehmigung wäre daher mangels materiellem Vorteil nicht gerechtfertigt.[1051] Erforderlich ist also eine Rechtskreiserweiterung, die nur dann vorliegt, wenn über das grundrechtlich ohnehin schon Bestehende ein Mehr an Rechten verschafft wird.[1052] Der Staat darf mit Blick auf den Grundrechtsschutz nicht die Möglichkeit haben,

1047 Allgemein zur notwendigen „bereichsspezifischen Sachverantwortung" siehe *Drüen*, Indienstnahme Privater, S. 201 f.

1048 Siehe nur *Wienbracke*, Bemessungsgrenzen, S. 165 f. m.w.N. gleicher Ansicht.

1049 *Wienbracke*, Bemessungsgrenzen, S. 166 f.

1050 *Maurer*, Allgemeines Verwaltungsrecht, § 9 Rz. 53; *P. Kirchhof*, in: HStR, Bd. V, § 119 Rz. 53.

1051 *Wienbracke*, Bemessungsgrenzen, S. 168.

1052 *Wienbracke*, Bemessungsgrenzen, S. 169; *Heimlich*, Verleihungsgebühr, S. 258 f.; *Ritgen*, AöR 127 (2002), 351, 386 ff.

ein grundrechtlich geschütztes Verhalten zu beschränken, um für die Entschränkung eine Gebühr verlangen zu können.[1053]

Bezogen auf die Inanspruchnahme des Unternehmers für umsatzsteuerliche Zwecke wurde bereits festgestellt, dass es sich insoweit um einen grundsätzlich unverhältnismäßigen Eingriff in die Berufsausübungsfreiheit des Unternehmers handelt, der eines Ausgleichs bedarf.[1054] Der verfassungsrechtlich gebotene Ausgleich soll den Nachteil – insbesondere die einseitige Risikoverteilung zu Lasten des Unternehmers – kompensieren. *De lege lata* ist die verbindliche Auskunft nach §§ 89 Abs. 2 ff. AO eine solche Kompensationsregelung. Wird allerdings ein auf Verfassungsebene bestehender Nachteil kompensiert, so kann darin nicht zugleich ein dem Unternehmer zuzuordnender Vorteil erblickt werden.[1055] Materiell steht der Unternehmer durch die Zusage nämlich nur so, wie er von Verfassungs wegen ohnehin stehen müsste. Der formell durch die Zusage bestehende Vorteil, der in der Einräumung eines bedingten Erfüllungsanspruchs gesehen werden kann, führt materiell nur dazu, dass die Nettobelastung des Unternehmers „auf null" gestellt wird.

Horst begründet, dass sich eine solche „freiheitsrechtlich geprägte Auffassung" nicht unmittelbar auf das Steuerrecht übertragen ließe.[1056] Er stützt sich dabei auf die zutreffende Grundannahme, dass das Steuerrecht anders als das Baurecht keine Handlungen ge- oder verbiete. Dem ist zunächst zuzustimmen. Schon § 38 AO zeigt, dass „lediglich"[1057] steuerliche Rechtsfolgen an die Sachverhaltsverwirklichung geknüpft werden. Nicht übertragen werden kann dieser Gedanke aber auf die Inanspruchnahme des Unternehmers. Die Steuerzahlpflicht ist nur eine Pflicht im Bündel der Pflichten des Unternehmers. Wird die Berufsausübungsfreiheit durch eine aus Zahl- und Handlungspflichten und unterschiedlichen Risiken zusammengesetzte kumulative Gesamtbelastung beeinträchtigt, so entsteht ein ausgleichspflichtiger Nachteil, dessen Kompensation keinesfalls einem Vorteil gleichgesetzt werden kann. Dies scheint letztlich auch *Horst* zu erkennen. Er führt an anderer Stelle an, dass eine Gebühr bei der Lohnsteueranrufungsauskunft betreffend der Pflichten des vom Staat indienstgenommenen

---

1053 *Manssen*, DÖV 1996, 12, 16: „ 'Erst verbieten, dann verkaufen' ist aber kein zulässiger Weg zur staatlichen Einnahmeerzielung."

1054 Dazu Erster Teil B.

1055 Allgemein *Wienbracke*, Bemessungsgrenzen, S. 169; auch *Thiele*, Auskünfte und Zusagen, S. 151, 153 spricht davon, dass eine Zusage als „tragende Säule" eines Selbstveranlagungssystems keine Gebührenzahlung voraussetzen dürfe.

1056 *Horst*, Verbindliche Auskunft, S. 169 f.

1057 So auch *Horst*, Verbindliche Auskunft, S. 170.

Arbeitgebers, nicht durch das Prinzip des Vorteilsausgleichs zu rechtfertigen sei.[1058] Insofern unterscheidet sich die hier vertretene Auffassung auch von dem von *Borggreve* vertretenen Ansatz, wonach die Zusage allein die durch den Staat selbst geschaffenen Unsicherheiten ausgleiche und dieser Ausgleich daher keinen Vorteil begründe.[1059] Denn die rechtlichen Unsicherheiten sind anders als die Inanspruchnahme des Unternehmers nicht ohne weiteres staatlichem Handeln zuzurechnen. Denn selbst in einem perfekten Steuerrecht bestünden im jeweiligen Einzelfall noch zu beseitigende Unsicherheiten.[1060]

Es kann daher festgehalten werden, dass die Gebühr in umsatzsteuerlichen Fallgestaltungen allein einem Kostenausgleich dienen darf, nicht aber einen beim Unternehmer entstandenen Vorteil auszugleichen vermag.

c) *Ergebnis: Beschränkung der Höhe nach auf die entstandenen Verwaltungskosten*

Im Ergebnis kann die Auskunftsgebühr grundsätzlich durch die allgemeinen Rechtfertigungsgründe der Kostendeckung und des Vorteilsausgleichs gerechtfertigt werden. In Fällen der Nichterteilung, der Negativauskunft sowie der Umsatzsteuer vermag allerdings nur das Kostendeckungsprinzip die Gebühr sowohl dem Grunde, als auch der Höhe nach zu rechtfertigen. Eine Auskunftsgebühr muss daher bereits aus diesen Gründen in umsatzsteuerlichen Fallgestaltungen auf die Deckung der Verwaltungskosten beschränkt sein.

4. *Spezifisch gleichheitsrechtliche Beurteilung der Auskunftsgebühr*

Während bislang nur eine Überprüfung der Verwaltungsgebühr anhand der allgemeinen Gebührenzwecke vorgenommen wurde, stellt sich darüber hinaus die Frage, ob die Auskunftsgebühr – neben diesen allgemeinen gleichheitsrechtlich fundierten Anforderungen – auch bei spezifisch vergleichender Betrachtung den Anforderungen des allgemeinen Gleichheitssatzes genügt.

1058 *Horst*, Verbindliche Auskunft, S. 176 f., der an dieser Stelle ohne nähere Begründung die Belastungen des Arbeitgebers stärker gewichten zu scheint, als die des umsatzsteuerlichen Unternehmers.

1059 *Borggreve*, AO-StB 2008, 108, 110.

1060 *Seer*, in: Tipke/Kruse, AO/FGO, § 89 Rz. 64 f. (Stand: Januar 2017); *Söhn*, in: HHSp, AO/FGO, § 89 Rz. 321 ff. (Stand: August 2016); *Horst*, Verbindliche Auskunft, S. 169 f.; Birk, in: FS Pöllath, S. 161, 172 ff.; *ders.*, NJW 2007, 1325, 1328 f.; *Fatouros*, DStZ 2007, 382, 391 f.; *Stemplewski*, BB 2012, 2220, 2222 f.

Horst scheint eine solche spezifische Betrachtung bei der Auskunftsgebühr ausschließen zu wollen. Für die gleichheitsrechtliche Prüfung seien allein die „anerkannten Gebührenzwecke" maßgeblich.[1061] Er begründet dies damit, dass die Gebührenpflicht der verbindlichen Auskunft anderen Zwecken (Kostendeckung und Vorteilsausgleich), als die Gebührenfreiheit der Lohnsteueranrufungsauskunft (Ausgleich von Verfahrens- und Haftungspflichten) diene und verneint damit bereits die Vergleichbarkeit der Sachverhalte. Ein Vergleich der verbindlichen Auskunft mit der Lohnsteueranrufungsauskunft scheitere bereits daran, dass eine Gebührenpflicht bei Lohnsteueranrufungsauskünften nicht gerechtfertigt wäre.[1062]

Ein solcher Ansatz greift aber zu kurz. *Horst* stellt bereits im Rahmen der Feststellung einer Ungleichbehandlung auf die möglicherweise rechtfertigenden Unterschiede der Zusageinstrumente ab. Tatsächlich sind diese Ebenen aber strikt zu trennen. Auf der ersten Ebene ist ein Oberbegriff zu bilden, unter den die unterschiedlich behandelten Sachverhalte zusammengefasst werden können. Auf zweiter Ebene ist sodann nach Gründen zu suchen, die diese Ungleichbehandlung rechtfertigen können. Anders als bei der allgemeinen Rechtfertigung von Gebühren, bei der Steuerpflichtige mit und Steuerpflichtige ohne Gebührenbelastung als „Steuerpflichtige" die ungleichbehandelte Obergruppe bilden,[1063] kann diese Vergleichsgruppenbildung auch spezifischer vorgenommen werden. Der Gesetzgeber unterliegt insofern einem doppelten gleichheitsrechtlichen Rechtfertigungsdruck: Um die Ungleichbehandlung von Steuerpflichtigen mit und Steuerpflichtigen ohne Gebührenbelastung zu rechtfertigen, muss er sich einerseits im Rahmen der allgemeinen Gebührenzwecke der Kostendeckung und des Vorteilsausgleichs bewegen. Insofern hat der Gesetzgeber einen weiten Ausgestaltungsspielraum.[1064] Andererseits muss der Gesetzgeber aber auch sicherstellen, dass innerhalb der Gruppe aller Steuerpflichtigen, keine

---

1061 *Horst*, Verbindliche Auskunft, S. 174, 177: Kostendeckung und Vorteilsausgleich als „entscheidungserhebliche Kriterien".

1062 *Horst*, Verbindliche Auskunft, S. 176 f.

1063 Aus der Rechtsprechung: BVerfG v. 10.12.1980 – 3 BvF 3/77, BVerfGE 55, 274, 302 (*Berufsausbildungsabgabe*); v. 7.11.1995 – 2 BvR 413/88 u.a., BVerfGE 93, 319, 343 (*Wasserpfennig*); v. 10.3.1998 – 1 BvR 178/97, BVerfGE 97, 332, 346 (*Kindergartenbeiträge*); aus der Literatur: *P. Kirchhof*, in: HStR, Bd. V, § 119 Rz. 19 f.; *Drömann*, Nichtsteuerliche Abgaben, S. 214 f.

1064 *Wienbracke*, Bemessungsgrenzen, S. 155 spricht insofern davon, dass „regelmäßig [...] lediglich das Willkürverbot mit seinen eher geringen Anforderungen [zur Anwendung kommt]".

spezifischeren Vergleichsgruppen bestehen, die in wesentlich gleich gelagerten Sachverhalten in ungerechtfertigter Weise ungleich behandelt werden. Eine solche Ungleichbehandlung ist dann unabhängig von den allgemeinen Gebührenzwecken rechtfertigungsbedürftig.

a) Die Lohnsteueranrufungsauskunft gem. § 42e EStG als Referenzzusage

Um eine ungerechtfertigte Ungleichbehandlung im Sinne des Art. 3 Abs. 1 GG feststellen zu können, sind somit zunächst Vergleichsgruppen zu bilden, denn nur Gleiches muss auch gleich behandelt werden.[1065] Dabei ist eine „wesentliche" Gleichheit ausreichend.[1066] Vorliegend soll insbesondere geprüft werden, ob die Auskunftsgebühr bei Quellensteuern außerhalb der Lohnsteuer und bei der Umsatzsteuer gleichheitsrechtlich zulässig ist. Referenzzusage ist dabei die kostenfreie Lohnsteueranrufungsauskunft gem. § 42e EStG, deren wesentlichen Ausgestaltungsmerkmale hier zunächst in der gebotenen Kürze dargestellt werden sollen.

aa) Zweck der Lohnsteueranrufungsauskunft

Mit der Lohnsteueranrufungsauskunft nach § 42e EStG steht dem Arbeitgeber ein Instrument zur Verfügung, mit dem er feststellen lassen kann, ob und inwieweit im Einzelfall lohnsteuerrechtliche Vorschriften Anwendung finden. Ausgeglichen wird damit die Stellung des Arbeitgebers als indienstgenommener Steuerentrichtungspflichtiger und das damit einhergehende Haftungsrisiko gem. § 42d EStG.[1067] Führt der Arbeitgeber den Lohnsteuerabzug der Auskunft entsprechend aus, so haftet er nicht nach § 42d EStG.[1068] Die Lohnsteueranrufungsauskunft ist *lex specialis* zur allgemeinen verbindlichen Auskunft nach §§ 89 Abs. 2 ff. AO.[1069]

bb) Genese, Rechtsnatur und Bindungswirkung

Die erste Regelung der Lohnsteueranrufungsauskunft findet sich bereits in § 79 des EStG 1925.[1070] Das EStG 1934[1071] regelte kein vergleichbares

---

1065 Siehe nur BVerfG v. 24.3.1976 – 2 BvR 804/75, BVerfGE 42, 64, 72.

1066 St. Rspr., siehe nur BVerfG v. 9.12.2008 – 2 BvL/07 u.a., BVerfGE 122, 210, 230.

1067 BFH v. 13.11.1959 – VI 124/59 U, BStBl. III 1960, 108; v. 9.10.1991 – VI R 97/90, BStBl. II 1993, 166, 168; *Gersch*, in: H/H/R, EStG/KStG, § 42e EStG Rz. 3 (Stand: Juni 2016); *Heuermann*, in: Blümich, EStG, § 42e Rz. 2 (Stand: März 2016).

1068 *Seer*, in: Tipke/Kruse, AO/FGO, § 89 Rz. 97 (Stand: Januar 2017).

1069 *Heuermann*, in: Blümich, EStG, § 42e Rz. 6 (Stand: März 2016).

1070 Gesetz v. 10.8.1925, RGBl. I 1925, 189.

1071 Gesetz v. 16.10.1934, RGBl. I 1934, 1005.

Auskunftsverfahren. Ein solches fand sich allein in § 56 der LStDV.[1072] Erst mit dem EStReformG 1975[1073] wurde die Anrufungsauskunft wieder in das Gesetz aufgenommen. Um die Erteilung von Anrufungsauskünften bei Unternehmen mit mehreren Betriebsstätten zu zentralisieren,[1074] wurden 1999 die Sätze 2 bis 4 angefügt.[1075]

Bei der Lohnsteueranrufungsauskunft handelt es sich um einen feststellenden Verwaltungsakt.[1076] Die gegenteilige Auffassung, dass es sich um eine bloße Wissenserklärung handele, hat mit der Läuterung[1077] der Rechtsprechung ihre Bedeutung vollständig verloren.[1078] Sie bindet daher bereits aus sich heraus und ist somit keine Auskunft, sondern eine Zusage.[1079]

In sachlicher Hinsicht ist die Bindungswirkung der Lohnsteueranrufungsauskunft auf das Lohnsteuerabzugsverfahren beschränkt und erstreckt sich daher gerade nicht auf das Veranlagungsverfahren.[1080] Die Lohnsteueranrufungsauskunft bindet nur bei Identität des in der Anrufungsauskunft beurteilten und dem letztlich verwirklichten Sachverhalt (sog. *clausula rebus sic stantibus*).[1081] Im Falle einer Änderung des der Auskunft zugrunde gelegten Gesetzes, entfällt die Bindungswirkung *ipso iure* analog § 207 AO (sog. *clausula legibus sic stantibus*).[1082]

Umstritten ist, ob die Finanzbehörde in persönlicher Hinsicht nur gegenüber dem Anfragenden selbst gebunden ist, oder ob der Anrufungsauskunft

---

1072 RStBl. 1934, 1489.

1073 Gesetz v. 5.8.1974, BGBl. I 1974, 1769.

1074 BR-Drs. 475/99, S. 61.

1075 StBerG 1999 v. 22.12.1999, BGBl. I 1999, 2601.

1076 Erstmals BFH v. 30.04.2009 – VI R 54/07, BFHE 225, 50, 54 ff.; siehe auch BFH v. 27.02.2014 – VI R 23/13, BFHE 244, 572, 573 f.; so schon lange *Drenseck*, DStJG 9 (1986), S. 377, 394; *Heuermann*, in: Blümich, EStG, § 42e Rz. 26 (Stand: März 2016); *Gersch*, in: H/H/R, EStG, § 42e Rz. 23 (Stand: Juni 2016); BMF v. 18.2.2011, BStBl. I 2011, 213.

1077 *Seer*, in: Tipke/Kruse, AO/FGO, § 89 Rz. 98 (Stand: Januar 2017).

1078 So *Gersch*, in: H/H/R, EStG, § 42e Rz. 23 (Stand: Juni 2016); allein aufgrund des Wortlauts „Auskunft" von einer Wissenserklärung ausgehend noch *Eisgruber*, in: Kirchhof, EStG[15], § 42e Rz. 6.

1079 *Seer*, in: Tipke/Kruse, AO/FGO, § 89 Rz. 98 (Stand: Januar 2017).

1080 St. Rspr.: BFH v. 9.10.1992 – VI R 97/90, BStBl. II 1993, 166; v. 16.11.2005 – VI R 23/02, BStBl. II 2006, 210; v. 13.1.2011 – IV R 61/09, BStBl. II 2011, 479; aus der Literatur siehe nur *Gersch*, in: H/H/R, EStG, § 42e Rz. 25 (Stand: Juni 2016).

1081 *Gersch*, in: H/H/R, EStG, § 42e Rz. 24 (Stand: Juni 2016); *Seer*, in: Tipke/Kruse, AO/FGO, § 89 Rz. 111 (Stand: Januar 2017).

1082 *Seer*, in: Tipke/Kruse, AO/FGO, § 89 Rz. 112 (Stand: Januar 2017).

Drittwirkung zukommt. Ersteres hätte zur Folge, dass das FA nicht gehindert wäre, gegenüber dem Arbeitnehmer eine entgegen ihrer dem Arbeitgeber erteilten Auskunft ungünstigere Rechtsauffassung einzunehmen.[1083] Der BFH geht nunmehr aber davon aus, dass die Bindungswirkung alle Beteiligten in gleicher Weise betrifft.[1084] Der Anrufungsauskunft kommt somit Drittwirkung zu.[1085] Andernfalls wäre nämlich das eigene Anfragerecht des Arbeitnehmers nahezu wertlos. Arbeitgeber und Arbeitnehmer wären zur Stellung einer gemeinsamen Anfrage gezwungen, um die gewünschte Bindungswirkung zu erhalten. Die Anrufungsauskunft wirkt nur zu Gunsten der Beteiligten und entfaltet keine Fremdbindung, sondern nur eine Selbstbindung der Verwaltung.[1086]

Die zeitliche Bindungswirkung richtet sich nach den allgemeinen Regeln für Verwaltungsakte gem. §§ 118 ff. AO. Eine Änderung oder Aufhebung der Anrufungsauskunft kommt nur für noch nicht abgeschlossene Sachverhalte analog § 207 AO in Betracht.[1087] Dabei muss das Finanzamt aber insbesondere das Dispositions- und Vertrauensinteresse in die Ermessensentscheidung mit einbeziehen.[1088] Die §§ 130 ff. AO finden keine Anwendung.[1089]

1083 So die frühere Rechtsprechung vgl. BFH v. 22.7.2007 – VI B 143/06, DStRE 2007, 1098 f. m.w.N., Teile der Literatur: *Eisgruber*, in: Kirchhof, EStG[15], § 42e Rz. 7 und die Finanzverwaltung: BMF v. 18.2.2011, BStBl. I 2011, 213.

1084 BFH v. 17.10.2013 – VI R 44/12, BFHE 243, 266, Rz 14 m.w.N.

1085 So schon *Drenseck*, DStJG 9 (1986), S. 377, 394; *Heuermann*, in: Blümich, EStG, § 42e Rz. 31 (Stand: März 2016); *Gersch*, in: H/H/R, EStG, § 42e Rz. 25 (Stand: Juni 2016); *Seer*, in: Tipke/Kruse, AO/FGO, § 89 Rz. 109 (Stand: Januar 2017), dort auch zum folgenden Text.

1086 BFH v. 5.6.2014 – VI R 90/13, BFHE 246, 383, Rz. 11; *Gersch*, in: H/H/R, EStG, § 42e Rz. 25 (Stand: Juni 2016); *Seer*, in: Tipke/Kruse, AO/FGO, § 89 Rz. 110 (Stand: August 2013); a.A. *Heuermann*, in: Blümich, EStG, § 42e Rz. 35 (Stand: März 2016).

1087 BFH v. 2.9.2010 – VI R 3/09, BFHE 230, 500, Rz. 14 ff.; BMF v. 18.2.2011, BStBl. I 2011, 213; *Gersch*, in: H/H/R, EStG, § 42e Rz. 26 (Stand: Juni 2016); *Seer*, in: Tipke/Kruse, AO/FGO, § 89 Rz. 112 (Stand: Januar 2017); nicht möglich ist die Änderung oder Aufhebung der Lohnsteueranrufungsauskunft bei bereits abgeschlossenen Sachverhalten, BFH v. 9.2.1979 – VI R 185/76, BFHE 127, 376, Rz. 20.

1088 BFH v. 2.9.2010 – VI R 3/09, BFHE 230, 500, Rz. 17 ff.; *Heuermann*, in: Blümich, EStG, § 42e Rz. 40 (Stand: März 2016); *Seer*, in: Tipke/Kruse, AO/FGO, § 89 Rz. 112 (Stand: Januar 2017).

1089 *Seer*, in: Tipke/Kruse, AO/FGO, § 89 Rz. 112 (Stand: Januar 2017) mit Verweis auf obergerichtliche Rechtsprechung und ein BMF-Schreiben.

cc) Anfrage auf Erteilung einer Lohnsteueranrufungsauskunft

Ausweislich des § 42e EStG wird die Lohnsteueranrufungsauskunft nur auf Anfrage eines Beteiligten erteilt. Anfrageberechtigt sind alle am Lohnsteuerabzugsverfahren Beteiligten. Dabei handelt es sich grundsätzlich um Arbeitgeber und Arbeitnehmer, aber auch um Dritte, denen Arbeitgeberpflichten gem. § 38 Abs. 3, 3a EStG obliegen, sowie nach überwiegender Ansicht um Beteiligte, die ohne für den Lohnsteuerabzug zuständig zu sein, für die Lohnsteuer z.B. gem. §§ 34, 69 AO haften.[1090]

Der Anfragende muss kein besonderes Auskunftsinteresse geltend machen, da sich diese bereits aus seiner Beteiligtenstellung ergibt.[1091] Einzige Anforderung an die Anfrage ist eine möglichst genaue Beschreibung des zu beurteilenden Sachverhalts.[1092]

dd) Zuständigkeit, Rechtsfolge und Gebührenfreiheit

In sachlicher und funktioneller Hinsicht zuständig ist alleine das Betriebsstätten-FA des Arbeitgebers, auch wenn die Anfrage nicht vom Arbeitgeber gestellt wird.[1093] Hat der Arbeitgeber mehrere Betriebsstätten, so sind die Sätze 2 bis 4 des § 42e EStG maßgeblich. Demnach erteilt zentralisiert das Finanzamt, in dem der Arbeitgeber seine Geschäftsleitung (§ 10 AO) hat, die Anrufungsauskunft (S. 2). Sollte sich bei der Geschäftsleitung nicht auch eine Betriebsstätte befinden, so ist gem. S. 3 das Betriebsstätten-FA der Betriebsstätte mit den meisten Arbeitnehmern zuständig. Der Arbeitgeber muss in seiner Anfrage die betroffenen Betriebsstätten-FÄ, das Geschäftsleitungs-FA und die Betriebsstätte mit den meisten Arbeitnehmern angeben, § 42e S. 4 EStG. Die beteiligten Finanzämter müssen sich gegebenenfalls untereinander abstimmen.[1094] Die insoweit erteilte Anrufungsauskunft bindet dann auch die anderen betroffenen Finanzämter.[1095]

1090 BFH v. 9.2.1992 – VI R 97/90, BFHE 169, 202, Rz 17; *Gersch*, in: H/H/R, EStG, § 42e Rz. 16 (Stand: Juni 2016); *Heuermann*, in: Blümich, EStG, § 42e Rz. 11 (Stand: März 2016); *Seer*, in: Tipke/Kruse, AO/FGO, § 89 Rz. 100 (Stand: Januar 2017).

1091 *Seer*, in: Tipke/Kruse, AO/FGO, § 89 Rz. 101 (Stand: Januar 2017); *Gersch*, in: H/H/R, EStG, § 42e Rz. 16 (Stand: Juni 2016); *Heuermann*, in: Blümich, EStG, § 42e Rz. 17 (Stand: März 2016).

1092 *Heuermann*, in: Blümich, EStG, § 42e Rz. 13 (Stand: März 2016); *Gersch*, in: H/H/R, EStG, § 42e Rz. 16 (Stand: Juni 2016).

1093 *Gersch*, in: H/H/R, EStG, § 42e Rz. 10 (Stand: Juni 2016).

1094 Vgl. dazu *Heuermann*, in: Blümich, EStG, § 42e Rz. 20 (Stand: März 2016).

1095 *Seer*, in: Tipke/Kruse, AO/FGO, § 89 Rz. 102 (Stand: Januar 2017).

Sind die Vorschriften über die Zuständigkeit nicht eingehalten, führt dies allenfalls zur Rechtswidrigkeit, nicht aber zur Unwirksamkeit.[1096]

Das zuständige Finanzamt hat bei der Erteilung der Anrufungsauskunft kein Ermessen. Es liegt insofern ein Rechtsanspruch auf Erteilung der Lohnsteueranrufungsauskunft vor. Es besteht auch ein Rechtsanspruch auf eine richtige Auskunft,[1097] was nach neuerer BFH-Rechtsprechung allerdings nur eingeschränkt überprüfbar ist.[1098]

Entscheidend ist hier, dass die Lohnsteueranrufungsauskunft, anders als die verbindliche Auskunft nach §§ 89 Abs. 2 ff. AO, gebührenfrei erteilt wird.

b) Gebührenpflicht bei anderen Quellensteuern

Ein der Lohnsteuer vergleichbarer Quellensteuerabzug wird insbesondere[1099] auch bei der Kapitalertragsteuer nach den §§ 43 ff. EStG vorgenommen. Möchte beispielsweise das abführende Kreditinstitut Auskunft über das Abzugsverfahren erhalten, steht ihm nur der kostenpflichtige Weg über die verbindliche Auskunft nach §§ 89 Abs. 2 ff. AO offen. Das BMF sieht diese Ungleichbehandlung durch die Besonderheiten im Lohnsteuerabzugsverfahren als gerechtfertigt an.[1100] Dem ist entgegenzuhalten, dass es keine die Ungleichbehandlung rechtfertigenden Unterschiede zwischen einzelnen Quellensteuern gibt und es höchst bedenklich ist, den von der Finanzverwaltung in Anspruch genommenen Abzugsverpflichteten zusätzlich mit Gebühren zu belasten.[1101] Dieser Rechtszustand kann auch nicht – wie *Horst* meint – auf befriedigende Weise durch eine Anwendung der „alten" Grundsätze über „Zusagen mit Bindungswirkung nach Treu und Glauben"[1102] beseitigt werden, da insoweit nur ein konkreter Vertrauensschutz gewährleistet wird, der gerade keine Gleichstellung mit der kostenfreien Lohnsteueranrufungsauskunft nach § 42e EStG bewirkt.

1096 *Seer*, in: Tipke/Kruse, AO/FGO, § 89 Rz. 102 (Stand: Januar 2017).

1097 Vgl. nur *Heuermann*, in: Blümich, EStG, § 42e Rz. 6 (Stand: März 2016).

1098 BFH v. 27.02.2014 – VI R 23/13, BFHE 244, 572, 574 f.; dazu noch im Rahmen der Darstellung der verbindlichen Auskunft, wo sich das Problem in gleicher Weise stellt; zur Kritik siehe hier nur *Werder/Dannecker*, BB 2015, 1687, 1688.

1099 Ebenso: Steuerabzug bei beschränkt Steuerpflichtigen sowie bei der Bauabzugsteuer.

1100 BMF-Schreiben v. 27.6.2008 – IV A 3 – S 0224/08/10005, veröffentlicht in DStR 2008, 1833.

1101 So auch *Borggrefe*, AO-StB 2008, 272, 273 f.; *Blömer*, DStR 2008, 1866, 1867; *Seer*, StBJb 2016/2017, S. 539, 568.

1102 *Horst*, Verbindliche Auskunft, S. 177; BMF-Schreiben v. 27.6.2008 – IV A 3 – S 0224/08/10005, DStR 2008, 1833.

c) *Gebührenpflicht bei der Umsatzsteuer*

aa) Vergleichbarkeit von Umsatz- und Lohnsteuer

Etwas anders liegt es bei der Umsatzsteuer. Die Umsatzsteuer ist als indirekte Steuer ausgestaltet, d.h. der Unternehmer ist formal Steuerschuldner, materiell aber nur „Steuereinsammler“ im Dienste und für Rechnung des Staates.[1103] Der Arbeitgeber im Lohnsteuerabzugsverfahren ist demgegenüber Steuerentrichtungspflichtiger, der die Steuer für den Arbeitnehmer, der Steuerschuldner bleibt, von dessen Arbeitslohn abzieht und an das Finanzamt abführt. Der Arbeitgeber erfüllt also auch nach der gesetzlichen Ausgestaltung fremde Aufgaben, indem er die Steuerschuld des Arbeitnehmers begleicht. Er ist daher unstreitig als sog. Indienstgenommener einzuordnen. Eine solche Einordnung wird beim umsatzsteuerlichen Unternehmer aber nicht vorgenommen, da der Unternehmer eine eigene Steuerschuld begleiche.[1104] Fraglich ist aber, ob sich daraus auch gleichheitsrechtlich ergibt, dass die Umsatzsteuer und die Lohnsteuer nicht vergleichbar sind.

Trzaskalik führt in diesem Zusammenhang an, dass das Gelingen der Abwälzung der Umsatzsteuer auf den Verbraucher eine Frage des vertraglichen Verteilungskampfes sei und der Schuldner der Umsatzsteuer daher nur sehr bedingt mit dem Entrichtungspflichtigen im Quellenabzugsverfahren vergleichbar sei.[1105] An anderer Stelle[1106] stellt *Trzaskalik* aber die Überlegung an, ob sich die umsatzsteuerrechtliche Ausgestaltung wesentlich ändern würde, würde man den Unternehmer nicht als Schuldner der Umsatzsteuer, sondern als Steuerentrichtungspflichtigen ansehen, wie es bei der Versicherungsteuer ausgestaltet sei. Dann sei aber auch für die Umsatzsteuer eine Abwälzungsgarantie seitens des Gesetzgebers zu schaffen, wie sie dem Umsatzsteuerrecht fremd ist.[1107]

Nichtsdestotrotz ist die Umsatzsteuer grundsätzlich auf Neutralität und damit wie die Lohnsteuer auf Abwälzung angelegt. Bei wirtschaftlicher Betrachtung darf es keinen Unterschied machen, auf welche Weise der Staat den Privaten für seine Zwecke nutzt.[1108] Sowohl der Unternehmer als auch der Arbeitgeber

---

1103 EuGH v. 20.10.1993 – C-10/92, EU:C:1993:846, Rz. 25 (*Balocchi*); v. 21.2.2008 – C-271/06, EU:C:2008:105, Rz. 21 (*Netto Supermarkt*).

1104 Siehe zur Abgrenzung nur *Drüen*, Indienstnahme Privater, S. 118 ff., 125 f.

1105 *Trzaskalik*, DStJG 12 (1989), S. 157, 176.

1106 *Trzaskalik*, DStJG 12 (1989), S. 157, 158 f.

1107 *Trzaskalik*, DStJG 12 (1989), S. 157, 169 ff., 174 ff.

1108 So wohl auch *Horst*, Verbindliche Auskunft, S. 177; ebenfalls eine wirtschaftliche Betrachtung vornehmend *Seer/Hardeck*, StuW 2016, 366, 369; *Seer*, SteuerStud 2016, 601, 607; dort wird auch von einer „Inkassofunktion“ gesprochen.

werden vom Staat in Anspruch genommen. In beiden Fällen ist intendierter Steuerträger ein Anderer. Unternehmer wie Arbeitgeber stehen dabei vor rechtlichen Fragestellungen, über die sie sich verbindliche Klärung erhoffen. Der umsatzsteuerliche Unternehmer und der Arbeitgeber sind daher unter dem Oberbegriff der Inanspruchgenommenen des Staates zusammenzufassen und damit vergleichbar.

bb) Ungleichbehandlung

Eine Ungleichbehandlung ist bereits darin zu erkennen, dass dem Arbeitgeber anders als dem umsatzsteuerlichen Unternehmer neben der verbindlichen Auskunft eine weitere Zusage, die Lohnsteueranrufungsauskunft, zur Verfügung steht, die insbesondere gebührenfrei erteilt wird.

cc) Rechtfertigung

Diese Ungleichbehandlung könnte allerdings gerechtfertigt sein. Dabei kann dahinstehen, ob die sog. Willkür-Formel oder die sog. neue Formel den Maßstab der Rechtfertigung bildet,[1109] wenn schon ein Differenzierungsgrund im Sinne der Willkür-Formel nicht gefunden werden kann.

Horst führt als rechtfertigenden Sachgrund an, dass die Lohnsteueranrufungsauskunft dem Arbeitgeber allein einen korrekten Lohnsteuerabzug ermöglichen (inhaltliche Komponente) und ihn von seinem Haftungsrisiko nach § 42d EStG befreien solle (teleologische Komponente). Anders als die verbindliche Auskunft, sei die Lohnsteueranrufungsauskunft auf Fragen betreffend des Lohnsteuerabzugsverfahrens beschränkt. Eine Gebühr sei bei einem solchermaßen beschränkten Anwendungsbereich, nicht zu rechtfertigen. Insbesondere greife der Vorteilsausgleichsgedanke nicht ein.[1110]

Damit aber diese Überlegungen Bestand haben könnten, wäre zum einen erforderlich, dass die verbindliche Auskunft in Umsatzsteuerfällen tatsächlich inhaltlich von dem abweicht, was die Lohnsteueranrufungsauskunft in Lohnsteuerfällen leistet. Denn dann wären Arbeitgeber und Unternehmer zwar als vom Staat Inanspruchgenommene wesentlich gleich. Die inhaltlichen Unterschiede der verglichenen Zusagensysteme würden aber einen rechtfertigenden Sachgrund darstellen. Ist dies nicht der Fall – sind also verbindliche Auskünfte

---

1109 Dazu umfassend *P. Kirchhof*, in: Maunz/Dürig, GG, Art. 3 Abs. 1 Rz. 264 ff. (Stand: Dezember 2016); *Machado*, Verhältnismäßigkeitsprinzip vs. Willkürverbot, S. 86 ff., 138 ff.

1110 *Horst*, Verbindliche Auskunft, S. 176 f.

bei Umsatzsteuerbezug inhaltlich mit dem vergleichbar, was der Arbeitgeber durch die Lohnsteueranrufungsauskunft erhält –, fehlt es an einem rechtfertigenden Sachgrund, sodass auch Zusagen in Bezug auf umsatzsteuerliche Fragestellungen gebührenfrei erteilt werden müssten. Es ist also die *Inhaltsgleichheit* der unterschiedlichen Zusagen bezogen auf die Steuerentrichtungspflicht des Arbeitsgebers und die Steuerschuldnerschaft des Unternehmers zu untersuchen.

Zum anderen könnte die teleologische Komponente des von *Horst* vorgebrachten Sachgrunds nicht durchgreifen, wenn umsatzsteuerrechtliche Fragestellungen des Unternehmers aus denselben Gründen beantwortet werden müssen, die auch der Lohnsteueranrufungsauskunft zu Grunde liegen. Sind diese Gründe deckungsgleich, so verfolgt die verbindliche Auskunft in Umsatzsteuerfällen denselben Zweck, den die Lohnsteueranrufungsauskunft in Lohnsteuerfällen verfolgt. Dann dürfen verbindliche Auskunft und Lohnsteueranrufungsauskunft nicht unterschiedlich behandelt werden. Insofern kann davon gesprochen werden, dass eine *Zweckgleichheit* der beiden Zusagen vorliegen müsste. Oder umgekehrt: Die Ungleichbehandlung ist gerechtfertigt, wenn eine *Zweckungleichheit* vorliegt.

Die Ungleichbehandlung ist also insgesamt – wie *Horst* meint – gerechtfertigt, wenn sowohl *Inhalts-* als auch *Zweckungleichheit* vorliegen. Wenn die verbindliche Auskunft in Umsatzsteuerfällen und die Lohnsteueranrufungsauskunft aber *inhalts-* und *zweckgleich* sind, sind sie auch gleich zu behandeln. Denn in diesem Fall fehlt ein sachliches Differenzierungsmerkmal. Die Ungleichbehandlung der vom Staat Inanspruchgenommenen wäre dann nicht gerechtfertigt.

(1) Inhaltsgleichheit von verbindlicher Auskunft und Lohnsteueranrufungsauskunft

Inhaltlich erstreckt sich die Lohnsteueranrufungsauskunft auf das gesamte Lohnsteuerabzugsverfahren, ist aber auch auf dieses beschränkt.[1111] Insbesondere die Frage, ob und inwieweit Arbeitslohn vorliegt, ist oft Gegenstand einer Anrufungsauskunft.[1112] Fragen, die für den Abzug der Lohnsteuer nicht relevant sind (zum Beispiel betreffend des Werbungskostenabzugs), werden von der Lohnsteueranrufungsauskunft nicht erfasst. Vereinfacht ausgedrückt beantwortet die Finanzverwaltung nur solche Fragen, die mit der staatlichen Inanspruchnahme des Arbeitgebers zusammenhängen.

1111 BFH v. 28.8.1991 – I R 3/89, BStBl. II 1992, 107; v. 9.10.1991 – VI R 97/90, BStBl. II 1993, 166, 168; v. 16.11.2005 – VI R 23/02, BStBl. II 2006, 210, 211.

1112 *Seer*, in: Tipke/Kruse, AO/FGO, § 89 Rz. 99 (Stand: Januar 2017): „vor allem".

Die verbindliche Auskunft kennt eine solche Begrenzung nicht. Gegenstand kann jede Rechtsfrage sein, an deren Klärung der Antragsteller ein besonderes Interesse nachweist. Ein solches Interesse liegt vor, wenn eine rechtliche Unsicherheit nachgewiesen ist, der Sachverhalt steuerlich bedeutende Auswirkungen hat und der Steuerpflichtige in seiner Dispositionsentscheidung noch nicht festgelegt ist.[1113] Im Zusammenhang mit der Umsatzsteuer können sich dabei aber nur Fragestellungen ergeben, die die staatliche Inanspruchnahme des Unternehmers betreffen. Denn jede umsatzsteuerliche Rechtsfrage ist für die Selbstveranlagung des Unternehmers entscheidend. Dies fängt bei der Beurteilung der Steuerbarkeit und den damit zusammenhängenden Einzelproblemen an und reicht bis zu Fragen zum korrekten Vorsteuerabzug oder den Anforderungen an eine ordnungsgemäße Rechnung. Die verbindliche Auskunft betrifft bei umsatzsteuerlichen Fragestellungen mithin stets die Stellung des vom Staat in Anspruch genommenen Unternehmers. Inhaltlich ist damit sowohl die Lohnsteueranrufungsauskunft als auch die verbindliche Auskunft in Umsatzsteuerfällen darauf gerichtet, das „Ob" und das „Wie" der staatlichen Pflichtaufgaben der Privaten zu konkretisieren.

Es liegt in diesem Zusammenhang daher Inhaltsgleichheit der verbindlichen Auskunft und der Lohnsteueranrufungsauskunft vor. Der beschränkte Anwendungsbereich der Lohnsteueranrufungsauskunft kann die Ungleichbehandlung von Lohn- und Umsatzsteuer daher nicht rechtfertigen. Die verbindliche Auskunft regelt bei der Umsatzsteuer inhaltlich dasselbe, wie die Lohnsteueranrufungsauskunft bei der Lohnsteuer.

(2) Zweckgleichheit von verbindlicher Auskunft und Lohnsteueranrufungsauskunft

Möglicherweise lässt sich die Ungleichbehandlung aber rechtfertigen, wenn die Lohnsteueranrufungsauskunft andere Zwecke verfolgt als die verbindliche Auskunft in Umsatzsteuerfällen.

Mit Hilfe der Lohnsteueranrufungsauskunft nach § 42e EStG kann der Arbeitgeber verbindlich klären, ob und inwieweit im Einzelfall lohnsteuerrechtliche Vorschriften Anwendung finden. Damit soll die Stellung des Arbeitgebers als Steuerentrichtungspflichtiger und das damit einhergehende Haftungsrisiko nach § 42d EStG ausgeglichen werden.[1114] Eine Haftung kommt nämlich nicht

1113 Dazu schon Erster Teil C. II. 2. c).

1114 BFH v. 13.11.1959 – VI 124/59 U, BStBl. III 1960, 108; v. 9.10.1991 – VI R 97/90, BStBl. II 1993, 166, 168; *Gersch*, in: H/H/R, EStG/KStG, § 42e EStG Rz. 3 (Stand: Juni 2016); *Heuermann*, in: Blümich, EStG, § 42e Rz. 2 (Stand: März 2016).

in Betracht, wenn der Arbeitgeber den Lohnsteuerabzug der Auskunft entsprechend ausführt.[1115]

Die verbindliche Auskunft nach §§ 89 Abs. 2 ff. AO bezweckt bestehende konkretisierungsbedürftige Beurteilungsspielräume, über deren Ausfüllung die Finanzbehörde erst im Zeitpunkt der Steuerfestsetzung und damit nach den Dispositionen des Steuerpflichtigen entscheidet, bereits im Vorfeld bindend abzusichern und so Planungssicherheit zu schaffen.[1116] Der verbindlichen Auskunft kommt dabei ebenso wie der Lohnsteueranrufungsauskunft eine Kompensationsfunktion zu,[1117] die insbesondere bei der Umsatzsteuer verfassungsrechtlich geboten ist.[1118] Die verbindliche Auskunft muss die an sich unverhältnismäßige Inanspruchnahme[1119] und dabei insbesondere[1120] die einseitige Risikoverteilung zu Lasten des Unternehmers ausgleichen. Rechtlich geht es bei der Umsatzsteuer zwar um die Minimierung des Abwälzungs- und bei der Lohnsteuer um die Minimierung des Haftungsrisikos. Die auch insoweit gebotene wirtschaftliche Betrachtung führt aber zu dem Ergebnis, dass es sowohl bei der verbindlichen Auskunft in Umsatzsteuerfällen als auch bei der Lohnsteueranrufungsauskunft darum geht, das Risiko des Inanspruchgenommenen, die Steuer entgegen der Belastungskonzeption selbst tragen zu müssen, beherrschbar zu machen.

Es liegt damit auch Zweckgleichheit vor.[1121] Eine Rechtfertigung der Ungleichbehandlung kommt daher auch unter diesem Gesichtspunkt nicht in Betracht.

Letztlich kann auch nicht darauf abgestellt werden, dass sich eine Gebühr für die Lohnsteueranrufungsauskunft nicht durch das Vorteilsausgleichsprinzip rechtfertigen ließe. Gleiches gilt nämlich auch für die Auskunftsgebühr in Umsatzsteuerfällen.[1122]

1115 *Seer*, in: Tipke/Kruse, AO/FGO, § 89 Rz. 97 (Stand: Januar 2017).

1116 Siehe schon Erster Teil C. I. 1.

1117 Allgemein *Seer*, Verständigungen, S. 310 f.

1118 Dazu Erster Teil B.

1119 Siehe Erster Teil B. I. 2. b).

1120 Zu den Plichten, Obliegenheiten und den weiteren Risiken des Unternehmers, die gemeinsam die Unverhältnismäßigkeit der Inanspruchnahme begründen, Einf. B. I. 4.

1121 Anders die Finanzverwaltung in BMF v. 27.6.2008, IV A 3 – S 0224/08/10005, DStR 2008, 1883.

1122 Erster Teil C. IV. 3. b) bb).

d) Ergebnis der spezifisch gleichheitsrechtlichen Beurteilung

Der Vergleich mit der Lohnsteueranrufungsauskunft führt daher zu dem Ergebnis, dass die verbindliche Auskunft in Umsatzsteuerfällen gebührenfrei auszugestalten ist.[1123]

5. Europarechtliche Beurteilung der Gebühr

a) Keine Beeinträchtigung von Grundfreiheiten

Anders als die Chartagrundrechte, die – wie bereits im Rahmen der Arbeit herausgearbeitet worden ist – nur in sog. Durchführungskonstellationen eine unmittelbare Bindung der Mitgliedstaaten begründen, binden die im Vertrag über die Arbeitsweise der europäischen Union (AEUV) geregelten Grundfreiheiten die Mitgliedstaaten als europäisches Primärrecht und beanspruchen als solche Anwendungsvorrang.[1124] Während das europäische Sekundärrecht zumeist Instrument einer direkten Harmonisierung ist, sind die Grundfreiheiten Vehikel indirekter Harmonisierung. Diese dienen durch Diskriminierungs- und Beschränkungsverbote der Verwirklichung des von Art. 3 Abs. 3 S. 1, 2 EUV vorausgesetzten wettbewerbsfähigen sozialen Marktes durch einen ungestörten Binnenmarkt.[1125] Die in Art. 34 AEUV (Warenverkehrsfreiheit), Art. 45 AEUV (Arbeitnehmerfreizügigkeit), Art. 49 AEUV (Niederlassungsfreiheit), Art. 56 AEUV (Dienstleistungsfreiheit) und Art. 63 AEUV (Freiheit des Kapital- und Zahlungsverkehrs) geregelten Grundfreiheiten weisen dabei eine einheitliche Struktur auf. Diese unterscheidet zwischen Anwendungsbereich, Gewährleistungsgehalt, Beeinträchtigung desselben und Rechtfertigungsmöglichkeiten. Es wird insofern auch von der „Konvergenz" der Grundfreiheiten gesprochen.[1126] Der Gewährleistungsgehalt der Grundfreiheiten wird daher einheitlich zunächst als Diskriminierungsverbot verstanden. In Steuersachen nimmt der EuGH meist

---

1123 Ebenso *Seer*, in: Tipke/Kruse, AO/FGO, § 89 Rz. 66 (Stand: Januar 2017); *Seer/Hardeck*, StuW 2016 366, 368 f.; Stadie, UStG, Vor. § 1 Rz. 24, der allerdings die Anwendbarkeit von § 89 Abs. 2 AO verneint; anderer Ansicht: *Horst*, Verbindliche Auskunft, S. 177 f.; *Söhn*, in: HHSp, AO/FGO, § 89 Rz. 325c (Stand: August 2016) allerdings unter Verneinung einer Kompensationsverpflichtung des Gesetzgebers; anders auch die Finanzverwaltung in BMF v. 27.6.2008, IV A 3 – S 0224/08/10005, DStR 2008, 1883.

1124 Zum Anwendungsvorrang grundlegend EuGH v. 5.2.1963 – C-26/62, Slg. 1963, 1, 24 f. (*Van Gend & Loos*); v. 15.7.1964 – C-6/64, Slg. 1964, 1253, 1269. (*Costa ./. ENEL*).

1125 *Schroeder*, in: Streinz, EUV/AEUV, Art. 34 AEUV Rz. 1.

1126 Siehe nur *Englisch*, Wettbewerbsgleichheit, S. 195 m.w.N.

einen Vergleich der steuerlichen Belastung innerstaatlicher Vorgänge und der steuerlichen Belastung grenzüberschreitender Vorgänge vor.[1127] Dabei bezieht der EuGH auch steuerverfahrensrechtliche Belastungen in die Prüfung mit ein.[1128]

Gegenstand der Prüfung ist hier die Gebührenpflicht der verbindlichen Auskunft nach §§ 89 Abs. 3 ff. AO. Der Tatbestand der verbindlichen Auskunft knüpft in keiner Weise an die Herkunft des Steuerpflichtigen an. Auch die einseitige Bindung der Finanzbehörde und die Gebührenpflicht als Rechtsfolgen der Regelung der §§ 89 Abs. 2 ff. AO treten unabhängig davon ein, wer Antragsteller ist und ob die geplante Disposition rein innerstaatlich oder grenzüberschreitend vorgenommen werden soll.[1129] Plant insbesondere ein Investor aus dem EU-Ausland eine Investition im deutschen Inland, hat er die gleiche Möglichkeit, eine verbindliche Auskunft zu beantragen und ist auch in gleicher Weise den positiven (einseitige Bindungswirkung) und negativen Rechtsfolgen (Gebührenpflicht) ausgesetzt. Anzudenken wäre allenfalls, dass sich die Gebührenpflicht faktisch nachteilhafter für einen ausländischen Investor, als für einen inländischen Investor auswirkt. Insofern könnte von einer Benachteiligung grenzüberschreitender Vorgänge gesprochen werden. Ob aber eine solche faktische Benachteiligung durch unterschiedslos geltende Regelungen den Gewährleistungsgehalt der Grundfreiheiten beeinträchtigt, ist umstritten. Mit Blick auf den Zweck der Grundfreiheiten, einheitliche Wettbewerbsbedingungen zu schaffen, wird die Tatbestandsmäßigkeit bloßer faktischer Beeinträchtigungen von einigen Literaturstimmen abgelehnt.[1130] Gleiche Wettbewerbsbedingungen bestünden in der beschriebenen Situation bereits und müssten nicht erst durch die Grundfreiheiten hergestellt werden. Andere hingegen beanstanden auch unterschiedslos geltende Regelungen, die den grenzüberschreitend Tätigen nur faktisch beeinträchtigen.[1131] Der EuGH hat angedeutet, dass er faktische Beeinträchtigungen nur bei gravierenden Belastungsunterschieden zu

---

1127 Siehe nur EuGH v. 25.2.2010 – C-337/08, EU:C:2010:89, Rz. 18 ff. (*X Holding*); v. 12.6.2014 – C-39/13, EU:C:2014:1758, Rz. 48 (*SCA Group Holding*).

1128 Exemplarisch EuGH v. 11.6.2009 – C-155/08, EU:C:2009:368, Rz. 34 ff. (*Passenheim-van Schoot*); v. 15.9.2011 – C-132/10, EU:C:2011:586, Rz. 23 ff. (*Halley*).

1129 Wenngleich die Bindung der nationalen Finanzbehörde sich naturgemäß nur auf innerstaatliche Dispositionen beziehen kann.

1130 *Englisch*, Wettbewerbsgleichheit, S. 265 f.; *Strassburger*, Dogmatik der EU-Grundfreiheiten, S. 58.

1131 *Ehlers*, in: *ders.*, Europäische Grundrechte und Grundfreiheiten, § 7 Rz. 28.

beanstanden gedenkt.[1132] Möglicherweise kann die Streitigkeit für den hier in Rede stehenden Prüfungsgegenstand der Auskunftsgebühr aber dahinstehen. Denn fraglich ist bereits, ob die Gebühr nach §§ 89 Abs. 3 ff. AO überhaupt eine faktische Benachteiligung grenzüberschreitend tätiger Personen oder Personenmehrheiten schafft. Eine solche faktische Benachteiligung könnte allenfalls darin erblickt werden, dass in einem sog. Inbound-Fall der grenzüberschreitend Tätige in besonderer Weise auf eine verbindliche Auskunft angewiesen ist, da er sich mit einer ihm fremden Rechtsordnung auseinanderzusetzen hat. Die Mitgliedstaaten sind aber grundsätzlich gerade nicht dazu angehalten, das nationale Steuerrecht vollständig zu harmonisieren. Eine fremde Rechtsordnung stellt daher auch für ausländische Investoren kein grundfreiheitlich relevantes Investitionshindernis dar. Die Auseinandersetzung mit komplexen und fremden Regelungen geht mit jeder grenzüberschreitenden Tätigkeit einher und kann daher auch nicht von den Grundfreiheiten aus dem Weg geräumt werden. Eine solche weite Auslegung der Grundfreiheiten würde im Ergebnis zu einer Ausuferung der nur beschränkten steuerlichen Harmonisierungskompetenzen der EU führen und ist daher abzulehnen.[1133] Darüber hinaus ist im harmonisierten Umsatzsteuerrecht bereits fraglich, ob sich die dem Grenzgänger stellenden Rechtsfragen überhaupt als grundfreiheitlich relevante Investitionshindernisse darstellen können. Umsatzsteuerliche Rechtsfragen können nämlich idealiter unabhängig vom Bestimmungsland beantwortet werden.[1134] Im harmonisierten Umsatzsteuerrecht ist der Wert der grundfreiheitlichen Gewährleistungen daher nur gering.

Eng mit der Frage der faktischen Benachteiligung verknüpft ist die Frage, ob die Grundfreiheiten im Steuerrecht neben einem Diskriminierungsverbot auch Beschränkungsverbote enthalten. Außerhalb des Steuerrechts ist eine solche freiheitsrechtliche Ausformung der Grundfreiheiten spätestens seit der

---

1132 EuGH v. 5.4.2014 – C-385/12, EU:C:2014:47, Rz. 39 ff. (*Hervis Sport*); v. 9.10.2014 – C-326/12, EU:C:2014:2269, Rz. 36 (*van Caster*) unter Bezugnahme auf die Schlussanträge des GA *Wathelet* v. 21.11.2013 – C-326/12, EU:C:2013:757, Rz. 42 f.

1133 Unter allgemeinen Gesichtspunkten ähnlich *Strassburger*, Dogmatik der EU-Grundfreiheiten, S. 58.

1134 Gleichwohl – also unabhängig von der grundfreiheitlichen Relevanz – ist mit der Europäischen Kommission einzuräumen, dass das gegenwärtige Mehrwertsteuersystem aufgrund seiner Komplexität insbesondere bei grenzüberschreitenden Tätigkeiten abschreckend wirken kann, siehe dazu Vorschlag der Kommission zur Reform des Mehrwertsteuerrechts v. 4.10.2016, abgedruckt in BR-Drs. 660/17, S. 2.

Entscheidung *Dassonville* in der Praxis anerkannt.[1135] Diese freiheitsgrundrechtliche Interpretation der Grundfreiheiten wird in der Literatur teilweise abgelehnt.[1136] Auch im steuerlichen Kontext unterscheidet der EuGH zwar meist zwischen Diskriminierungen und Beschränkungen.[1137] Nichtsdestotrotz geht der Beschränkungstatbestand bei steuerlichen Fragestellungen zumeist im Diskriminierungstatbestand auf, da auch die Prüfung einer Beschränkung durch steuerliche Regelungen eines konkreten Vergleichsmaßstabes bedarf. Ansonsten würde jede denkbare steuerliche Belastung eines grenzüberschreitenden Vorgangs eine Beschränkung der Grundfreiheiten darstellen.[1138]

Darüber hinaus wird hier bereits bezweifelt, dass die Gebührenpflicht bei der verbindlichen Auskunft überhaupt eine Beschränkung der grundfreiheitlichen Gewährleistungen darstellen kann. Denn die verbindliche Auskunft verschafft dem Antragsteller ihrem Inhalt nach Planungssicherheit und hat damit grundsätzlich auch in Bezug auf grenzüberschreitende Vorgänge eine die Disposition absichernde und somit eine vorteilhafte Funktion. Man könnte daher von einer Beschränkung der Grundfreiheiten nur dann reden, wenn die Gebührenpflicht den durch die verbindliche Auskunft in Bezug auf den Grenzüberschritt erlangten Vorteil in negativer Hinsicht über den Punkt einer Nichtbelastung hinaus kompensieren würde. Geht ein Unternehmer mit Blick auf die zu entrichtende Gebühr aber davon aus, dass der Vorteil, der durch die verbindliche Auskunft geschaffen wird, zu gering ist, so wird er auf die Beantragung einer verbindlichen Auskunft verzichten. Zwar muss man konstatieren, dass die Gebühr insofern der Einholung einer verbindlichen Auskunft entgegenzustehen vermag. Das heißt aber nicht, dass damit gleichfalls eine Beschränkung von grenzüberschreitenden Tätigkeiten einhergeht. Denn der aus Sicht des potentiellen Antragstellers wirtschaftlich sinnvolle Verzicht auf Beantragung der verbindlichen Auskunft ist allein ein Verzicht auf einen ihm eingeräumten Vorteil. Dies kann aber nicht zugleich als Nachteil im Sinne der Grundfreiheiten angesehen werden. Eine andere Beurteilung ergäbe sich nur dann, wenn man den bereits

---

1135 EuGH v. 11.7.1974 – C-8/74, EU:C:1974:82, Rz. 5 (*Dassonville*); v. 15.12.1995 – C-415/93, EU:C:1995:462, Rz. 98 ff. (*Bosman*); zur Entwicklung der Judikatur *Englisch*, Wettbewerbsgleichheit, S. 200 ff.

1136 *Englisch*, Wettbewerbsgleichheit, S. 234 ff.

1137 Siehe nur EuGH v. 19.1.2006 – C-265/04, EU:C:2006:51, Rz. 30 ff. (*Bouanich*).

1138 *Lang*, IStR 2010, 570, 572 unter Auswertung der Schlussanträge der *GA Kokott* v. 2.7.2009 – C-169/08, EU:C:2009:420, Nr. 52 ff. (*Presidente del Consiglio dei Ministri*); ebenso *Toifl*, in: Gassner/Lang/Lechner, DBA und EU-Recht, S. 139, 161; *Englisch*, in: Tipke/Lang, Steuerrecht, § 4 Rz. 85.

abgelehnten Standpunkt vertrete, dass die Grundfreiheiten vor jeder komplexen – weil unbekannten – Regelung schützten. Nur dann könnte man bereits die Komplexität der Regelung als Beschränkung ansehen, die durch die verbindliche Auskunft positiv kompensiert werden müsste. Würde sich die Gebührenpflicht dann im Sinne einer negativen Gegenkompensation auswirken, wäre der grundfreiheitlich gebotene Ausgleich nicht mehr hergestellt. Anders aber als bei der im Rahmen dieser Arbeit bereits herausgearbeiteten Ausgleichsbedürftigkeit der Inanspruchnahme des umsatzsteuerlichen Unternehmers, besteht eine solche Ausgleichssituation bei den Grundfreiheiten gerade nicht. Die Grundfreiheiten gewährleisten nicht, dass der Grenzüberschritt erleichtert, sondern nur nicht erschwert wird. Bestehende rechtliche Unsicherheiten im Zielstaat bilden keinen ausgleichsbedürftigen Nachteil, da andernfalls die beschränkten Harmonisierungskompetenzen der EU zu Lasten der Mitgliedstaaten ausgeweitet würden.[1139] Dies gilt in besonderem Maße für das harmonisierte Umsatzsteuerrecht. Denn es liegt fern, harmonisierte steuerliche Regelungen als ausgleichsbedürftige Beschränkung des freien Wirtschaftsverkehrs anzusehen. Besondere umsatzsteuerrechtliche Pflichten, die mit dem grenzüberschreitenden Waren- und Dienstleistungsverkehr im Zusammenhang stehen und sich durchaus als Beschränkung darstellen können,[1140] sind dabei jedenfalls durch das Allgemeininteresse an einer wirksamen steuerlichen Kontrolle und der Bekämpfung von Mehrwertsteuerhinterziehung gerechtfertigt.[1141] Die Gebührenpflicht kann daher keinen Nachteil, sondern allenfalls eine Verringerung eines Vorteils begründen und wirkt sich damit nicht beschränkend auf den grenzüberschreitenden Wirtschaftsverkehr aus.

b) Kein Verstoß gegen das umsatzsteuerliche Neutralitätsprinzip

Auch das umsatzsteuerliche Neutralitätsprinzip in seiner Ausprägung der Wettbewerbsgleichheit[1142] gebietet keine gebührenfreie Auskunftsmöglichkeit. Zwar begrenzt das Neutralitätsprinzip auch das den Mitgliedstaaten verbleibende

---

1139 So aber wohl *Englisch*, DStJG 32 (2009), S. 165, 173 ff. insb. 176.

1140 So auch *Reiß*, in: USt-Kongressbericht 2007, S. 13, 41 f.

1141 Grundlegend zu diesen Rechtfertigungsgründen EuGH v. 20.2.1979 – 120/78, EU:C:1979:42, Rz. 8 (*Cassis de Dijon*); zur wirksamen steuerlichen Kontrolle siehe aus der ständigen Rechtsprechung nur EuGH v. 11.10.2007 – C-451/05, EU:C:2007:594, Rz. 81 (*ELISA*).

1142 Siehe nur EuGH v. 10.4.2008 – C-309/06, EU:C:2008:211, Rz. 47 (*Marks & Spencer*); v. 11.9.2014 – C-219/13, EU:C:2014:2207, Rz. 24 ff. (*K Oy*); allgemein *Englisch*, Wettbewerbsgleichheit, S. 193 ff.

Ausgestaltungsermessen im Rahmen des Besteuerungsverfahrens.[1143] Doch legt der EuGH in solchen Fällen einen weiten Maßstab an und fragt lediglich nach der Verhältnismäßigkeit der nationalen Verfahrensregelung.[1144] Die Mitgliedstaaten müssen zwar gleichwohl Vorkehrungen treffen, um die Kosten der Umsatzsteuererhebung durch den Unternehmer so gering wie möglich zu halten.[1145] Wie schon im Rahmen der Grundfreiheiten, muss aber auch hier festgestellt werden, dass die verbindliche Auskunft als unterschiedslos geltende Regelung keinen Diskriminierungsvorwürfen ausgesetzt ist. Darüber hinaus stellt die verbindliche Auskunft auch im vorliegenden Zusammenhang dem Grunde nach eine dem Neutralitätsprinzip dienende Regelung dar. Denn die durch die verbindliche Auskunft eingeräumte Planungssicherheit führt mit Blick auf das Neutralitätsprinzip zugleich zu einer Abwälzungssicherheit. Die diesen Vorteil einschränkende Gebührenregelung kann auch hier keine Beeinträchtigung (des Neutralitätsprinzips) darstellen, da die Gebühr keine Belastung ist, die dem Unternehmer obligatorisch auferlegt wird. Vielmehr muss auch hier die Erwägung von zentraler Bedeutung sein, dass die Gebühr nur den durch die verbindliche Auskunft in Bezug auf das Neutralitätsprinzip geschaffenen Vorteil des Unternehmers verringert, aber keinen Nachteil schafft. Die teilweise vorgebrachte Forderung nach kostenfreier verbindlicher Auskunft mit Blick auch auf das Europarecht,[1146] ist daher weder bei den Grundfreiheiten noch beim Neutralitätsprinzip zu verankern. Stattdessen findet sie allein im freiheitsgrundrechtlichen Bereich als Ausgleich einer Gesamtbelastung des Unternehmers – wie bereits im Ersten Teil B. herausgearbeitet – einen Anknüpfungspunkt.

6. *Zwischenergebnis und Folgerungen für die Ausgestaltung* de lege ferenda

Die Auskunftsgebühr kann somit grundsätzlich durch die allgemeinen Rechtfertigungsgründe der Kostendeckung und des Vorteilsausgleichs gerechtfertigt werden. In Fällen der Nichterteilung und der Negativauskunft vermag allerdings nur das Kostendeckungsprinzip die Gebühr – sowohl dem Grunde

---

1143 So jedenfalls angedeutet in EuGH v. 13.12.1989 – C-342/87, EU:C:1989:635, Rz. 18 (*Genius Holding*); v. 29.1.2012 – C-588/10, EU:C:2012:40, Rz. 30 (*Kraft Foods Polska*); *Englisch*, in: Zukunftsfragen, S. 39, 74 ff.

1144 Kritisch *Englisch*, in: Tipke/Lang, Steuerrecht, § 17 Rz. 26 m.w.N.

1145 So allgemein formuliert *Englisch*, in: Tipke/Lang, Steuerrecht, § 17 Rz. 26; dazu auch *Englisch*, DStJG 32 (2009), S. 165, 174 f.

1146 *Englisch*, DStJG 32 (2009), S. 165, 176.

als auch der Höhe nach – zu rechtfertigen. Im speziellen Fall der Umsatzsteuer kann eine volle Gebühr schon mit Blick auf den Vorteilsausgleich nicht gerechtfertigt werden und ist damit ebenfalls auf die Deckung der Verwaltungskosten zu beschränken. Der Vergleich der Umsatz- mit der Lohnsteuer führt letztlich zu dem Ergebnis, dass eine Gebühr für die verbindliche Auskunft in Umsatzsteuerfällen – wie auch für die Lohnsteueranrufungsauskunft in Lohnsteuerfällen – nicht zu rechtfertigen ist. *De lege ferenda* ist aber entscheidend, dass eine kostendeckende Gebühr bei einer Ausgestaltung, die sich sowohl von der verbindlichen Auskunft als auch von der Lohnsteueranrufungsauskunft zu Gunsten des Unternehmers unterscheidet, zulässig wäre. Insofern könnten die Besonderheiten einer umsatzsteuerspezifischen Regelung, eine Gebühr die dem Kostenausgleich der Verwaltung dient, rechtfertigen.

Der *de lege lata* mögliche Erlass aus Billigkeitsgründen gem. § 89 Abs. 7 S. 1 AO kann zwar zweckmäßig sein, ist aber jedenfalls unbefriedigend und stellt den Antragsteller vor eine ungewisse Gebührensituation im Antragszeitpunkt.

V. Rechtsschutz

1. Rechtslage

Die Rechtsschutzmöglichkeiten sind in Deutschland abhängig von der Handlungsform der Verwaltung.[1147] Die Einstufung einer behördlichen Handlung als Verwaltungsakt dient in der Regel einer verstärkten Rechtsschutzmöglichkeit des Bürgers,[1148] so auch – könnte man meinen – im Fall der verbindlichen Auskunft. Anders entscheidet aber die im Folgenden darzustellende Rechtsprechung.

Der Steuerpflichtige hat wie bereits festgestellt in der Regel einen Anspruch auf Erlass einer verbindlichen Auskunft, weil das Entschließungsermessen in Bezug auf das „Ob" einer verbindlichen Auskunft auf null reduziert ist. Dem Antragsteller steht bei Ablehnung des Antrags aus formellen Gründen daher der Rechtsweg zu den Finanzgerichten offen. Er kann die Entscheidung des FA im Rahmen der Verpflichtungsklage, § 40 Abs. 1 Alt. 2 FGO, vollumfänglich überprüfen lassen, nachdem gem. § 44 Abs. 1 FGO, § 347 Abs. 1 AO außergerichtlich Einspruch eingelegt wurde. Eilrechtsschutz bietet § 114 FGO.[1149] Liegt

---

1147 *Seer*, in: Tipke/Kruse, AO/FGO, § 40 FGO Rz. 1 ff. (Stand: Oktober 2014); *Braun*, in: HHSp, AO/FGO, § 40 FGO Rz. 14 ff. (Stand: November 2016).

1148 BVerwG v. 3.5.1956 – I C 89.55, BVerwGE 3, 258, 263; BFH v. 10.11.1998 – VIII R 3/98, BFHE 187, 386, 389.

1149 Vorläufiger Rechtsschutz wird nur in seltenen Ausnahmefällen erfolgreich sein, dazu *Seer*, in: Tipke/Kruse, AO/FGO; § 89 Rz. 63 (Stand: Januar 2017).

eine Ermessensreduktion auf Null vor, ergeht ein Verpflichtungsurteil, § 101 S. 1 FGO. Eine Änderung der verbindlichen Auskunft zu Lasten des Steuerpflichtigen kann durch Anfechtungseinspruch und -klage (§ 40 Abs. 1 Alt. 1 FGO) angegriffen werden. Ist zweifelhaft, ob die Bindungswirkung weiterhin besteht, ist die Feststellungsklage gem. § 41 Abs. 1 FGO statthaft.[1150]

Nicht geklärt ist damit, ob der Antragssteller im Falle einer Negativauskunft auch Anspruch auf eine verbindliche Auskunft mit einem bestimmten Inhalt hat. Statthaft sind insoweit erneut ein Verpflichtungseinspruch (§ 44 Abs. 1 FGO, § 347 Abs. 1 AO) und eine Verpflichtungsklage (§ 40 Abs. 1 Alt. 2 FGO), weil eine modifizierte oder inhaltlich abgelehnte verbindliche Auskunft den Antragsteller beschwert.[1151] Um diese Frage zu klären, wird zunächst kurz der Gang der bisherigen Rechtsprechung dargestellt, woraufhin dargelegt wird, warum diese das Gebot effektiven Rechtsschutzes nach Art. 19 Abs. 4 GG verletzt.

Noch zum alten Recht entschied der BFH im Jahr 2009,[1152] dass der Inhalt einer nach Treu und Glauben bindenden Zusage voll justiziabel sei. Sodann entschied zunächst das FG München zu §§ 89 Abs. 2 ff. AO, dass dem FA ein Auswahlermessen in Bezug auf den Inhalt der verbindlichen Auskunft zukomme. Dieses sei gerichtlich nur auf Ermessensfehler gem. § 102 S. 1 FGO überprüfbar.[1153] Literaturstimmen, die die Klagemöglichkeit aus anderen Gründen ablehnten, wurde damit eine Absage erteilt.[1154] Der IX. Senat des BFH entschied im Anschluss, dass ein solches Auswahlermessen nicht bestehe, sich die gerichtliche Kontrolldichte aber gleichwohl auf eine Schlüssigkeits- und Evidenzprüfung beschränke.[1155] Das FA habe den allgemeinen rechtsstaatlichen Anforderungen an jedes behördliche Handeln gerecht zu werden. Es habe daher den Sachverhalt zutreffend zu erfassen. Darüber hinaus müsse die rechtliche Einordnung des zu beurteilenden Sachverhalts in sich schlüssig und nicht evident rechtsfehlerhaft sein. Wohl in Unkenntnis dieser Entscheidung, entschied das FG Köln jedoch anders: Die Behörde habe keine Letztentscheidungskompetenz.

1150 *Horst*, Verbindliche Auskunft, S. 150.

1151 Siehe nur *Seer*, in: Tipke/Kruse, AO/FGO; § 89 Rz. 61 (Stand: Januar 2017).

1152 BFH v. 2.9.2009 – I R 20/09, BFH/NV 2010, 391, 391 f.

1153 FG München v. 8.2.2011 – 13 K 2769/10, EFG 2011, 1034, 1035 f.

1154 *Söhn*, in: HHSp, AO/FGO, § 89 Rz. 309 (Stand: November 2008) lehnte bereits (unbegründet) die Beschwer des Antragstellers ab; ebenfalls bereits von einer Unzulässigkeit ausgehend: *Wagner*, in: KvW, AO/FGO, § 89 Rz. 16; anders nun aber *Söhn*, in: HHSp, AO/FGO, § 89 Rz. 304, 309: „belastender VA" (Stand: August 2016).

1155 BFH v. 29.02.2012 – IX R 11/11, BFHE 237, 9, 12.

Die Entscheidung des FA sei auch in Bezug auf ihren Inhalt voll überprüfbar.[1156] Die Revision beim BFH bestätigte dies nicht. Der zuständige I. Senat schloss sich vielmehr der Auffassung des IX. Senats an und konkretisierte die vorzunehmende Schlüssigkeits- und Evidenzprüfung dahingehend, dass die Auffassung des FA noch hinzunehmen sei, wenn diese in der Literatur zumindest für möglich gehalten und diskutiert werde.[1157] Dies bestätigte der VIII. Senat des BFH im Anschluss sogar für den Fall, dass das FA seine Auffassung auf eine möglicherweise rechtswidrige Verwaltungsanweisung stützt.[1158] Abweichend von seiner bisherigen Rechtsprechung,[1159] schloss sich auch der VI. Senat in Bezug auf die Lohnsteueranrufungsauskunft nach § 42e EStG dieser Auffassung an.[1160]

Die mittlerweile gefestigte Rechtsprechung beschränkt die Kontrolle des Inhalts einer Zusage demnach auf eine bloße Schlüssigkeits- und Evidenzprüfung. Nur wenn die Finanzbehörde „sehenden Auges" rechtswidrig handelt, hat die Klage des Steuerpflichtigen Erfolg. Dieser Auffassung schloss sich auch die Finanzverwaltung in Nr. 3.7 des AEAO zu § 89 an. Nach gegenwärtiger Rechtslage hat der Antragsteller somit einen Anspruch auf eine Zusage, kann deren Inhalt aber gerichtlich nur sehr eingeschränkt überprüfen lassen.

2. *Verstoß gegen Art. 19 Abs. 4 GG*

a) *Grundsatz voller gerichtlicher Kontrolle*

Die Frage nach der gerichtlichen Kontrolldichte bewegt sich im Dreieck von effektivem Grundrechtsschutz durch effektiven Rechtsschutz, dem Gewaltenteilungs- sowie dem Demokratieprinzip. Dabei streiten der effektive Rechtsschutz aus Art. 19 Abs. 4 GG und der gerichtsgeprägte Gewaltenteilungsgrundsatz[1161] in der Regel für eine volle gerichtliche Kontrolle. So folgerte das BVerwG, dass „auch solche Begriffe, deren Inhalt nicht durch einen festumrissenen Sachverhalt ausgefüllt

---

1156 FG Köln v. 6.3.2012 – 13 K 3006/11, EFG 2012, 1421, 1423 f.

1157 BFH v. 5.2.2014 – I R 34/12, BFH/NV 2014, 1014, 1015 f.; eine Prüfung würde demnach erst bei Rechtsfehlern beginnen, die eine Nichtigkeit begründen können, vgl. dazu *Thieme*, DStR 2014, 1093, 1095.

1158 BFH v. 14.7.2015 – VIII R 72/13, Rz. 29; in erster Instanz ebenso FG Köln v. 4.3.2013 – 3 K 132/10, EFG 2013, 1542, 1543 f.

1159 BFH v. 30.4.2009 – VI R 54/07, BFHE 225, 50, 53 f.

1160 BFH v. 27.2.2014 – VI R 23/13, BFHE 244, 572, 574 f.; v. 7.5.2014 – VI R 28/13, BFH/NV 2014, 1734, 1734 f.; v. 5.6.2014 –VI R 90/13, BFHE 246, 383, Rz 15 f. zur Auskunft nach § 15 IV 5 VermBG.

1161 Dazu *Schmidt-Aßmann*, in: Schoch/Schmidt-Aßmann/Pietzner, VwGO, Einl. Rz. 59 (Stand: Februar 1996).

wird, sondern bei der Rechtsanwendung auf einen gegebenen Tatbestand im Einzelfall der Präzisierung [bedürfen], […] grundsätzlich der uneingeschränkten gerichtlichen Überprüfung [unterliegen].“[1162] Der Judikative obliegt daher grundsätzlich die umfassende Auslegungshoheit in Bezug auf das einfache Recht.[1163] In Bezug auf die gerichtliche Kontrolle der verbindlichen Auskunft wird die Rechtsschutzgarantie des Art. 19 Abs. 4 GG teilweise als Prüfungsmaßstab abgelehnt.[1164] Begründet wird diese Ansicht damit, dass der Gesetzgeber nicht verpflichtet sei, überhaupt eine Zusageregelung zu schaffen. Der Mangel an verbindlicher Letztentscheidung seitens der Behörde könne daher keine Grundrechtsbeeinträchtigung darstellen.[1165] Dem muss mit Blick auf die Zusage im Umsatzsteuerrecht aber entgegengehalten werden, dass hier bereits gezeigt wurde, dass die verbindliche Auskunft als Ausgleich einer bereits bestehenden Grundrechtsbeeinträchtigung fungiert. Als Kompensationsregelung setzt diese eine praktische Wirksamkeit voraus, die nicht zur Disposition des Gesetzgebers steht. Darüber hinaus kann nicht ohne Weiteres vorausgesetzt werden, dass die „verbindliche Auskunft von Anfang an nur mit einem eingeschränkten Inhalt geschaffen worden [ist]“[1166]. Denn dies kann nur Ergebnis einer Auslegung sein, nicht aber deren Grundannahme. Art. 19 Abs. 4 GG gebietet daher auch im vorliegenden Zusammenhang den Grundsatz vom Vorrang der judikativen Letztentscheidung.

b) *Einschränkungen der gerichtlichen Kontrolle zu Gunsten der Exekutive*

Ausgehend von diesem Grundsatz formulierte das Bundesverfassungsgericht aber schon früh einschränkend, dass „unbeschadet normativ eröffneter Gestaltungs-, Ermessens- und Beurteilungsspielräume sowie der Tatbestandswirkung von Hoheitsakten […] grundsätzlich eine Bindung der rechtsprechenden Gewalt an tatsächliche und rechtliche Feststellungen seitens anderer Gewalten hinsichtlich dessen, was im Einzelfall Rechtens ist, aus[geschlossen]“[1167] ist. Während es also auf der einen Seite den Grundsatz voller gerichtlicher Kontrolle bestätigt, öffnet es diesen auf der anderen Seite für „normativ eröffnete Gestaltungs-,

---

1162 BVerwG v. 25.11.1993 – 3 C 38/91, BVerwGE 94, 307, 309.
1163 *Krumm*, DStR 2011, 2429, 2432.
1164 *Krumm*, DStR 2011, 2429, 2433.
1165 Dieser Gedanke ist vergleichbar mit der bereits hier angestrengten Begründung zum Fehlen einer Beeinträchtigung der Grundfreiheiten und des Neutralitätsprinzips, siehe Erster Teil C. IV. 5.
1166 So aber *Krumm*, DStR 2011, 2429, 2433.
1167 BVerfG v. 8.7.1982 – 2 BvR 1187/80, BVerfGE 61, 82, 111, 114 f. (*Sasbach*).

Ermessens- und Beurteilungsspielräume". Der demokratisch legitimierte Gesetzgeber ist also ausnahmsweise dazu befugt, den Entscheidungsspielraum der Exekutive normativ zu erweitern.[1168] Erforderlich ist aber, dass ein Sachgrund[1169] für diese Funktionsverlagerung vorliegt und sich der Wille des Gesetzgebers, die Kontrollbefugnis der Judikative einzuschränken, dem einfachen Recht durch Auslegung entnehmen lässt.[1170] Zwar wird teilweise zu Recht gegen einen solchen methodischen Ansatz eingewandt, dass der Gesetzgeber sich bei Erlass der Norm in der Regel keine Gedanken um den Umfang der gerichtlichen Kontrollmöglichkeiten macht.[1171] Wie auch bei der Schutznormlehre, deren Anwendung sich ebenfalls in der Auslegung der in Rede stehenden Norm erschöpft, ist der Wille des historischen Gesetzgebers aber nur Indiz für und nicht Ziel einer Auslegung.[1172] Dass auch das Gesetz selbst meist keine eindeutige Aussage enthält, kann ebenso wenig gegen einen normativen Ansatz vorgebracht werden.[1173] Dies ist ein Problem jeder Rechtsanwendung und muss unter Heranziehung der üblichen Interpretationsmethoden angegangen werden.[1174] Möchte der Gesetzgeber der Exekutive also eine Auslegungsprärogative einräumen, muss sich dies dem Gesetz eindeutig entnehmen lassen (normative Ermächtigungslehre).[1175] Dabei hat die Auslegung die Vermutung zu widerlegen, dass der Gesetzgeber sich an den Grundsatz gehalten und die Letztverantwortung beim Gericht belassen hat.[1176]

c) Vorliegen einer normativen Ermächtigung zur Letztentscheidung

Es ist daher im Wege der Auslegung zu prüfen, ob §§ 89 Abs. 2 ff. AO eine normative Ermächtigung zur Letztentscheidung der Exekutive vorsieht.[1177]

1168 BVerwG v. 25.11.1993 – 3 C 38/91, BVerwGE 94, 307, 309 f.; *Schmidt-Aßmann*, in: Maunz/Dürig, GG, Art. 19 Abs. 4 Rz. 184 f. (Stand: Juli 2014).

1169 Zuletzt BVerfG v. 31.5.2011 – 1 BvR 857/07, BVerfGE 129, 1, 23 (*Investitionszulage*).

1170 BVerfG v. 8.8.1978 – 2 BvL 8/77, BVerfGE 49, 89, 136 f. (*Kalkar I*); zu den Grenzen des Gesetzgebers: BVerfG v. 31.5.2011 – 1 BvR 857/07, BVerfGE 129, 1, 23 (*Investitionszulage*).

1171 *Ossenbühl*, in: FS Redeker, S. 55, 63.

1172 *Schmidt-Aßmann*, in: Maunz/Dürig, GG, Art. 19 Abs. 4 Rz. 187 (Stand: Juli 2014).

1173 Wiederum *Ossenbühl*, in: FS Redeker, S. 55, 63 f.

1174 *Schmidt-Aßmann*, in: Schoch/Schmidt-Aßmann/Pietzner, VwGO, Einl. Rz. 189 (Stand: Februar 1996).

1175 BVerwG v. 25.11.1993 – 3 C 38/91, BVerwGE 94, 307, 309 f.; allgemein *Schmidt-Aßmann*, in: Maunz/Dürig, GG, Art. 19 Abs. 4 Rz. 185 ff. (Stand: Juli 2014).

1176 *Gerhardt*, in: Schoch/Schmidt-Aßmann/Pietzner, VwGO, Vor. § 113 Rz. 32 (Stand: Februar 1996).

1177 So auch *Krumm*, DStR 2011, 2429, 2434 ff.

aa) Grammatische Auslegung

Der Wortlaut des § 89 Abs. 2 S. 1 AO räumt dem FA Ermessen ein. Es ist aber nicht ersichtlich, dass dieses Ermessen über das bloße Entschließungsermessen hinausgehen soll.[1178] Im Gegenteil: Es ist eine Zusage über die „steuerliche Beurteilung" zu erteilen, nicht aber über eine „mögliche Beurteilung" oder eine „vertretbare Beurteilung".[1179] Zwar kann die Auslegung einer Norm mehrere Normverständnisse zum Ergebnis haben, sodass „die" richtige behördliche Entscheidung nicht existiert.[1180] Das ändert aber nichts daran, dass der mit der Behandlung des Auskunftsantrags betraute Amtswalter entscheiden und diese Entscheidung aus seiner Sicht „die" richtige Entscheidung darstellen muss, die das Normverständnis der Verwaltung nach außen hin kundtut. Entgegen dem BFH[1181] spricht der Wortlaut somit für das Vorliegen eines bloßen Entschließungsermessens.

bb) Systematische Auslegung

Systematisch argumentiert der BFH, dass die verbindliche Auskunft eine eigenständige Leistung der Behörde sei und insofern – anders als im Besteuerungsverfahren – keine rechtswidrigen Steuereingriffe vermieden werden müssten und es daher keiner vollständigen Rechtsmäßigkeitsprüfung bedürfe.[1182] Überdies sehe § 2 Abs. 4 StAuskV einen Korrekturtatbestand vor, der deutlich weiter ausgestaltet sei als die allgemeinen Vorschriften der §§ 172 ff. AO, sodass parallel auch die gerichtliche Überprüfung der Zusage geringer als die eines Steuerbescheids sein könne.

Richtig ist zwar zunächst, dass das Auskunftsverfahren ein eigenständiges Verwaltungsverfahren darstellt, das den Erlass einer verbindlichen Auskunft zum Ziel hat. Gleichwohl geht eine Differenzierung zwischen dem Auskunftsverfahren und dem späteren Besteuerungsverfahren im vorliegenden Zusammenhang fehl. Während nämlich das „Ob" der verbindlichen Auskunft allein eine Frage des Auskunftsverfahrens ist, kann diese Aussage für den Inhalt – also das „Wie" – der verbindlichen Auskunft nicht aufrechterhalten werden. Zwar wird über den Inhalt der verbindlichen Auskunft allein im Auskunftsverfahren entschieden. Anders als die Frage nach dem „Ob", hat der Inhalt der verbindlichen

1178 *Krumm*, DStR 2011, 2429, 2434.

1179 *Werder/Dannecker*, BB 2013, 284, 287.

1180 Siehe nur *Krumm*, DStR 2011, 2429, 2431 m.w.N. auch zum folgenden Text.

1181 BFH v. 29.02.2012 – IX R 11/11, BFHE 237, 9, 12.

1182 BFH v. 29.02.2012 – IX R 11/11, BFHE 237, 9, 12.

Auskunft aber unmittelbaren Einfluss auf das Besteuerungsverfahren, da es den Umfang der späteren Selbstbindung der Behörde bestimmt. Eine systematische Differenzierung zwischen Auskunfts- und Besteuerungsverfahren kann daher nicht vorgenommen werden.[1183] Ebenfalls nicht zu überzeugen vermag im vorliegenden Zusammenhang die These des BFH, dass im Auskunftsverfahren keine rechtswidrigen Steuereingriffe vermieden werden müssten. Einerseits ist die verbindliche Auskunft zwar richtigerweise ein begünstigender Verwaltungsakt. Andererseits muss die verbindliche Auskunft aber im Zusammenhang mit der Umsatzsteuer als Ausgleich einer bereits vorhandenen Grundrechtsbeeinträchtigung dienen. Insofern müssen im Auskunftsverfahren sehr wohl Grundrechtseingriffe vermieden beziehungsweise kompensiert werden. An diesem Befund kann in systematischer Hinsicht auch die spezielle Korrekturnorm des § 2 Abs. 4 StAuskV nichts ändern. Der BFH übersieht zum einen, dass auch die Korrektur nach § 2 Abs. 4 StAuskV nicht grenzenlos ist, denn mit Verwirklichung des Sachverhalts tritt eine Aufhebungssperre ein. Zum anderen ist die Annahme unzutreffend, dass Korrekturvorschriften eine Aussage über Bereiche enthalten, in denen die Verwaltung mehr oder weniger rechtmäßig handeln muss oder rechtswidrig handeln darf. Denn sowohl nach § 129 AO korrigierte Verwaltungsakte als auch nach §§ 172 ff. AO korrigierte Steuerbescheide unterliegen der vollen gerichtlichen Kontrolle, obwohl sich die Korrekturanforderungen teils erheblich unterscheiden.[1184]

Die Bemühungen der Gerichte, die eigene Kontrolle zurückzunehmen, gründen sich wohl in der Befürchtung, in die Prüfung einer Rechtsfrage einsteigen zu müssen, die einen Sachverhalt betrifft, der erstens noch nicht verwirklicht ist, der zweitens möglicherweise nie verwirklicht wird und der drittens aus Sicht des Antragstellers möglicherweise nicht einmal zusagekonform behandelt werden soll. Die Befürchtungen der Gerichte sind allerdings unbegründet. Ein Antragsteller, der weder die Auskunftsgebühr noch die Gerichtskosten scheut, um seine Planungen abzusichern, wird die Gerichte nicht mit einer bloß hypothetischen Rechtsfrage belasten, sondern eine Sachverhaltsverwirklichung ernsthaft planen.[1185] Der eine verbindliche Auskunft beantragende Steuerpflichtige wird nur dann von der geplanten Handlung Abstand nehmen, wenn die verbindliche

---

1183 Im Ergebnis ähnlich *Werder/Dannecker*, BB 2013, 284, 287 allerdings unter der abweichenden Annahme, dass das Auskunftsverfahren Teil des Besteuerungsverfahrens sei.

1184 *Werder/Dannecker*, BB 2013, 284, 287.

1185 *Seer*, in: Tipke/Kruse, AO/FGO, § 89 Rz. 61 (Januar 2017); *ders.*, FR 2017, 161, 168; aus internationaler Sicht: *Ellis*, IFA, Advance rulings, S. 115.

Auskunft negativ ausfällt und er die inhaltliche Richtigkeit nicht überprüfen kann. Dann aber würde ein Steuerbescheid, gegen den er gerichtlich vorgehen könnte, gar nicht existieren, sodass eine umfängliche Rechtmäßigkeitsprüfung der Verwaltungsentscheidung vollkommen ausfiele. Der Steuerpflichtige bliebe rechtsschutzlos.[1186] Die Rechtsprechung führt also nicht dazu, eine befürchtete doppelte Rechtmäßigkeitsprüfung zu vermeiden, sondern dazu, dass die Entscheidung der Verwaltung der gerichtlichen Kontrolle in der Praxis vollends entzogen wird. Solange zudem volle Gebühren auch bei Negativauskünften erhoben werden, muss der Antragsteller wenigstens kontrollieren können, was er für sein Geld bekommt.[1187] Wer ein Entgelt verlangt, muss sich auch an der Qualität der eigenen Leistung festhalten lassen.[1188] In systematischer Hinsicht spricht also nichts dafür, dass der Gesetzgeber der Verwaltung über das bestehende Entschließungsermessen hinaus einen eigenen Letztentscheidungsspielraum einräumen wollte.

cc) Historische Auslegung

Die Kodifizierung der verbindlichen Auskunft in §§ 89 Abs. 2 ff. AO sollte die bisherige Rechtslage klarstellend regeln.[1189] Nach bisheriger Rechtslage war ausweislich der Entscheidung des BFH aus 2009[1190] aber eine vollumfängliche Prüfung auch des Inhalts einer Zusage vorgesehen. Da der Gesetzgeber davon nicht ausdrücklich abweicht, jedenfalls aber der Verwaltung keine ausdrückliche Auslegungsprärogative einräumen wollte,[1191] spricht auch die Entstehungsgeschichte für eine volle gerichtliche Überprüfbarkeit. In die historische Auslegung können darüber hinaus auch die anerkannten Fallgruppen vorhandener exekutiver Beurteilungsspielräume einbezogen werden. Denn kann die Entscheidung über den Inhalt einer verbindlichen Auskunft einer dieser Fallgruppen zugeordnet werden, so kann dies bereits für sich genommen Indiz[1192] für das Vorliegen einer Beurteilungsermächtigung sein, ohne dass der Gesetzgeber

---

1186 *Werder/Dannecker*, BB 2013, 284, 287.

1187 So auch *Krumm*, DStR 2011, 2429, 2435; *Golombek*, BB 2015, 1946, 1950 f.; *Seer*, StBJb 2012/2013, S. 557, 579 f.

1188 So im Ergebnis auch das FG Köln v. 6.3.2012 - 13 K 3006/11, EFG 2012, 1421, 1423.

1189 BT-Drs. 16/814, S. 23.

1190 BFH v. 2.9.2009 – I R 20/09, BFH/NV 2010, 391, 391 f.

1191 So auch *Golombek*, BB 2015, 1946, 1950.

1192 Allein tragfähig ist ein solcher Ansatz nicht, siehe nur *Schmidt-Aßmann*, in: Schoch/ Schmidt-Aßmann/Pietzner, VwGO, Einl. Rz. 188 (Stand: Februar 1996).

dies ausdrücklich hätte erwähnen müssen.[1193] Zu diesen anerkannten Fallgruppen gehören Prüfungs- und prüfungsähnliche Entscheidungen, beamtenrechtliche Beurteilungen, höchstpersönliche Akte wertender Erkenntnis sowie Prognose- und Risikoentscheidungen.[1194] Den genannten Fallgruppen liegt der gemeinsame im Gewaltenteilungsprinzip verankerte Grundsatz von der Funktionsgrenze der Gerichtsbarkeit zu Grunde. Das Bundesverfassungsgericht führte in diesem Zusammenhang aus, dass „Unbestimmte Rechtsbegriffe [...] allerdings wegen hoher Komplexität oder besonderer Dynamik der geregelten Materie so vage und ihre Konkretisierung im Nachvollzug der Verwaltungsentscheidung so schwierig sein [können], daß die gerichtliche Kontrolle an die Funktionsgrenzen der Rechtsprechung stößt."[1195] Dabei muss mit Blick auf die Entscheidung über den Inhalt der verbindlichen Auskunft das Erreichen dieser Funktionsgrenzen verneint werden.[1196] Zwar wohnt der Behördenentscheidung ein zukunftsbezogenes Element inne. Das macht die Entscheidung der Finanzbehörde aber nicht zugleich zu einer prognostischen Entscheidung, die seitens der Gerichtsbarkeit nicht nachvollzogen werden kann.[1197] Vielmehr entscheidet die Finanzbehörde im Auskunftsverfahren vorab über eine Rechtsfrage, die in gleicher Weise auch im eigentlichen Besteuerungsverfahren entschieden werden müsste. Dass die spätere Entscheidung im Besteuerungsverfahren einer vollen gerichtlichen Überprüfung unterliegt, würde auch seitens der Gerichtsbarkeit nicht bezweifelt werden, zweifelte man dann schließlich an der eigenen fachlichen Kompetenz. Traut sich die Gerichtsbarkeit daher eine Überprüfung der im Besteuerungsverfahren getroffenen Entscheidung zu, so kann die Überprüfung derselben Entscheidung im Auskunftsverfahren nicht an die Funktionsgrenzen der Gerichtsbarkeit stoßen. Die Entscheidung über den Inhalt der verbindlichen Auskunft lässt sich also keiner der anerkannten Fallgruppen zuordnen, sodass historisch betrachtet keine Letztentscheidungskompetenz der Exekutive gewollt ist.

1193 Allgemein *Schmidt-Aßmann*, in: Schoch/Schmidt-Aßmann/Pietzner, VwGO, Einl. Rz. 189 (Stand: Februar 1996).

1194 Instruktiv *Detterbeck*, Allgemeines Verwaltungsrecht, Rz. 362 ff.

1195 BVerfG v. 17.4.1991 – 1 BvR 419/81, BVerfGE 84, 34, 50 (*Prüfungsentscheidung*).

1196 Ebenso *Krumm*, DStR 2011, 2429, 2432.

1197 So aber wohl *Söhn*, in: HHSp, AO/FGO, § 89 Rz. 313 (Stand: August 2016); wie hier aber: *Seer*, in: Tipke/Kruse, AO/FGO, § 89 Rz. 61 (Stand: Januar 2017).

dd) Teleologische Auslegung

Teleologisch ergibt sich nichts Anderes. Nach der Entscheidung des BFH v. 29.2.2012[1198] solle die verbindliche Auskunft dem Steuerpflichtigen nur die Abschätzung des Rechtswegrisikos erleichtern. Das Prozessrisiko hingegen solle ihm nicht genommen werden. Die verbindliche Auskunft gebe nur die gegenwärtige Einschätzung des FA wieder. Ausreichend sei, wenn die Auskunft rechtsstaatlichen Anforderungen der Schlüssigkeit und der Evidenz genüge. Der BFH verweist den Steuerpflichtigen damit auf den Rechtsweg gegen den später ergehenden Steuerbescheid. Dies sei auch im Hinblick auf Art. 19 Abs. 4 GG ausreichend. Näher begründet werden diese Aussagen nicht, liegen aber wohl auch in der Angst begründet, über bloß hypothetische Rechtsfragen entscheiden zu müssen.

Dem ist nicht zu folgen. Zweck der verbindlichen Auskunft ist die Verschaffung umfassender steuerlicher Planungssicherheit.[1199] Der Gesetzgeber wollte dem Steuerpflichtigen zeitlich *vor* einer zu tätigenden Disposition Sicherheit geben.[1200] Ein späteres Vorgehen gegen den Steuerbescheid verschafft dem Steuerpflichtigen gerade keine zeitlich vorgelagerte Planungssicherheit mehr.[1201] Gleiches gilt für einen in Frage kommenden Amtshaftungsanspruch, der erst auf Sekundärebene greifen würde.[1202] Überdies wird nach dem Verständnis des BFH das „knappe Gut der Rechtsschutzgewährung“[1203] nur ineffektiv genutzt, da der Steuerpflichtige (zusätzlich) auf den Rechtsweg gegen den Steuerbescheid verwiesen wird. Der Zweck eines antizipierten Rechtsschutzes würde vollkommen leer laufen. Diese Schieflage ist umso evidenter, betrachtet man als Steuerpflichtigen den vom Staat in Anspruch genommenen Unternehmer bei der Umsatzsteuer. Denn die Anforderungen an die Ermächtigung zur Letztentscheidung zu Gunsten der Exekutive, erhöhen sich grundsätzlich mit steigender Eingriffsintensität.[1204] Erblickt man in der Inanspruchnahme des Unternehmers eine unverhältnismäßige und daher ausgleichsbedürftige Grundrechtsbeeinträchtigung,

---

1198 BFH v. 29.2.2012, IX R 11/11, BFHE 237, 9, 12 f.

1199 BT-Drs. 17/5125, S. 21, 49.

1200 *Frase*, BB 2012, 1971, 1971 f.

1201 Unkritisch *Dornheim*, BB 2012, 2926, 2928.

1202 Dazu *Lindwurm*, AO-StB 2013, 54, 61.

1203 *Krumm*, DStR 2011, 2429, 2434.

1204 *Gerhardt*, in: Schoch/Schmidt-Aßmann/Pietzner, VwGO, § 114 Rz. 58 (Stand: Februar 1996), der darin einen „gegenläufigen Aspekt“ erblickt; ebenfalls zumindest eine Indizwirkung annehmend *Schmidt-Aßmann*, in: Schoch/Schmidt-Aßmann/Pietzner, VwGO, Einl. Rz. 187 (Stand: Februar 1996).

wird ersichtlich, dass die legislative Ermächtigung zu Gunsten der Exekutive jedenfalls eindeutig hätte ausfallen müssen. Ein anderes Auslegungsergebnis ergibt sich auch nicht mit Blick auf Art. 6 Abs. 1 EMRK, dessen Schutzgehalt hier allenfalls schutzverstärkend bei der Auslegung berücksichtigt werden müsste.[1205] Da die meisten Konventionsstaaten zwischen Beurteilungsermächtigung und Ermessensermächtigung nicht unterscheiden, haben sich in diesem Zusammenhang noch keine verwertbaren Entwicklungslinien abgezeichnet, die im vorliegenden Zusammenhang nutzbar gemacht werden könnten. Jedenfalls gehen die Anforderungen des Art. 6 Abs. 1 EMRK daher nicht über die nationalen Standards hinaus.[1206]

Im Lichte des Gewaltenteilungsprinzips stößt in besonderer Weise die Entscheidung des VIII. Senats[1207] auf Bedenken. Demnach sei die Entscheidung des FA inhaltlich nicht zu prüfen, auch wenn sie auf einem möglicherweise rechtswidrigen BMF-Schreiben beruhe. Das hieße, dass das Gericht immer dann nicht prüfen dürfe, wenn sich die Finanzverwaltung bereits zu einer Rechtsfrage geäußert hat, da dann die Zusage des FA zumindest nicht evident rechtswidrig sei. Dies verstößt gegen den Gewaltenteilungsgrundsatz, da die Finanzverwaltung auf diese Weise eigenständig den Umfang richterlicher Kontrolle bestimmen könnte.[1208]

d) Ergebnis der Auslegung: Keine normative Ermächtigung zur Letztentscheidung

Sowohl der Wortlaut als auch die Systematik, die Historie und der Sinn und Zweck des §§ 89 Abs. 2 ff. AO sprechen somit gegen eine Ermächtigung der Exekutive zur Letztentscheidung im Sinne der normativen Ermächtigungslehre. Die aktuelle Rechtsprechung zur inhaltlichen Kontrolldichte verstößt daher gegen Art. 19 Abs. 4 GG.[1209] Auch der Inhalt einer verbindlichen Auskunft muss voll justiziabel sein.[1210]

1205 Dazu schon Erster Teil A. I. 3. a).

1206 *Schmidt-Aßmann*, in: Schoch/Schmidt-Aßmann/Pietzner, VwGO, Einl. Rz. 143 und § 113 Rz. 33 (Stand: Februar 1996).

1207 BFH v. 14.7.2015 – VIII R 72/13, juris.

1208 Ebenso *Werder/Dannecker*, BB 2014, 926, 930.

1209 So ausdrücklich auch *Golombek*, BB 2015, 1946, 1951.

1210 Anderer Ansicht gleichwohl *Horst*, Verbindliche Auskunft, S. 149 f.; *Bruschke*, DStZ 2007, 267, 271 allerdings unter der Prämisse, dass die verbindliche Auskunft kein Verwaltungsakt sei.

3. *Zwischenergebnis und Folgerungen für die Ausgestaltung* de lege ferenda

Es konnte nachgewiesen werden, dass nicht nur das „Ob" einer Zusage, sondern mit Blick auf Art. 19 Abs. 4 GG auch deren Inhalt voll justiziabel sein muss. Zwar hat der Gesetzgeber grundsätzlich die Möglichkeit, eine normative Ermächtigung zur Letztentscheidung der Exekutive zu schaffen. Für eine umsatzsteuerspezifische Zusage muss er aber von dieser Möglichkeit absehen, da sie sonst ihrem Charakter als verfassungsrechtlich gebotenem, hilfestellendem Ausgleich einer unverhältnismäßigen Gesamtbelastung nicht gerecht würde. Der Gesetzgeber sollte daher *de lege ferenda* jedenfalls klarstellen, dass auch die inhaltliche Entscheidung des Finanzamts der vollen gerichtlichen Kontrolle unterliegt. Nur auf diese Weise kann tatsächlich Planungssicherheit geschaffen werden, die einen echten Vorteil des Antragstellers begründet beziehungsweise eine bestehende Belastung ausgleicht.

VI. Ergebnis *de lege lata*: Bestehen normativen Handlungsbedarfs

Aus alledem ergibt sich, dass die verbindliche Auskunft als bestehende Zusageregelung auch für den umsatzsteuerlichen Unternehmer nicht vollends in der Lage ist, dessen Inanspruchnahme durch den Staat zu kompensieren. Vielmehr besteht ein – auch verfassungsrechtliches – Bedürfnis, eine Zusage zu schaffen, die einerseits eine wirksame Kompensation der Gesamtbelastung des Unternehmers darstellt und dabei andererseits die *de lege lata* bestehenden Schwächen der verbindlichen Auskunft beseitigt. Dabei können aus den bisherigen Ausführungen zum einen zwingende verfassungsrechtliche Mindestanforderungen abgeleitet werden. Zum anderen muss aber stets beachtet werden, dass der Gesetzgeber bei der konkreten Ausgestaltung einen nicht unerheblichen Spielraum besitzt, sodass die verfassungsrechtlichen Mindestanforderungen *de lege ferenda* durch rechtspolitische Optimalvorschläge ergänzt werden sollen.

Zweiter Teil – *De lege ferenda* – Ausgestaltung einer umsatzsteuerspezifischen Regelung

Es konnte im Rahmen dieser Arbeit also bereits festgestellt werden, dass die Inanspruchnahme des Unternehmers eines Ausgleichs bedarf und die verbindliche Auskunft nach §§ 89 Abs. 2 ff. AO diesem Anspruch nur teilweise gerecht wird. Der Weg ist damit geebnet für eigene Überlegungen, wie eine umsatzsteuerspezifische Ausgestaltung *de lege ferenda* aussehen sollte.

A. Bisherige Ansätze

Bevor aber eigene Ausgestaltungsvorschläge gemacht werden sollen, soll zunächst eine Bestandsaufnahme bisheriger Überlegungen erfolgen, die entweder spezifisch umsatzsteuerliche Vorgänge oder aber allgemeine Zusageregelungen betreffen. Es existieren – soweit ersichtlich – zwei solcher Ansätze, die den vorliegenden Kontext betreffen. Zum einen der allgemeine Ansatz *Thieles*, der eine modifizierte Regelung des §§ 89 Abs. 2 ff. AO vorschlägt (dazu I.). Zum anderen hat die Europäische Kommission ein Pilotprojekt ins Leben gerufen, das spezifisch umsatzsteuerliche Rechtsfragen bei grenzüberschreitenden Sachverhalten betrifft (dazu II.).

I. Der Vorschlag von *Thiele*

1. *Beweggründe für einen Ausgestaltungsvorschlag* de lege ferenda

Thiele entwickelt Mindestanforderungen an eine „Modell-Zusage", um einen ersten „Baustein" zu schaffen, der einem funktionierenden Selbstveranlagungssystem dienen soll.[1211] Eine Zusage müsse das Verhältnis zwischen Steuerpflichtigem und Fiskus verbessern, Rechtstreitigkeiten vermeiden und der durch die steigende Komplexität des Steuersystems entstehenden Rechtsunsicherheit Einhalt gebieten können.[1212] Darüber hinaus erhalte die Finanzverwaltung durch ein funktionierendes Zusagesystem Kenntnis von neuen Gestaltungsmöglichkeiten, auf die Exekutive und Legislative entsprechend reagieren könnten.[1213] *Thiele*

1211 *Thiele*, Auskünfte und Zusagen, S. 173.
1212 *Thiele*, Auskünfte und Zusagen, S. 173 f.
1213 *Thiele*, Auskünfte und Zusagen, S. 175.

strebt zudem an, „angeglichene Zusagevoraussetzungen" in „möglichst zahlreichen Staaten" zu schaffen, um grenzüberschreitende Tätigkeiten von möglichen Hindernissen zu befreien.[1214] Ein über diese rechtspolitisch nachvollziehbaren und einleuchtenden Beweggründe hinausgehendes Bedürfnis nach einer „Modell-Zusage" wird von *Thiele* nicht angeführt.[1215]

2. Konkrete Ausgestaltung

Thiele entscheidet sich, seine Modell-Zusage in ein formelles Zusagesystem einzubetten. Dies habe den Vorteil, dass eindeutige formal-gesetzliche Regelungen im Vergleich zu einem rein informellen System zusätzliche Rechtssicherheit schaffen würden. Ein formelles Zusagesystem sei in einem Selbstveranlagungssystem zwingend, um dessen Effektivität zu gewährleisten.[1216] Es sei daher eine „allgemeine Zusageregelung" zu schaffen, die gegenüber einer „speziellen Zusageregelung" den Vorteil habe, dass sie thematisch nicht begrenzt sei und so der Rechts- und Planungssicherheit des Steuerpflichtigen diene.[1217] Es sei ein Rechtsanspruch auf eine Zusage zu schaffen, der aber durch einen Katalog von Negativkriterien eingeschränkt werden solle.[1218] *Thiele* plädiert zudem dafür, den Anwendungsbereich der „Modell-Zusage" in Selbstveranlagungssystemen auch auf bereits abgeschlossene Sachverhalte zu erweitern, um die zusätzliche Belastung des Steuerpflichtigen auszugleichen.[1219] In Bezug auf die „ideale" Handlungsform sei die Handlungsform des Verwaltungsakts zu wählen, wenngleich dies gegenüber der in den Niederlanden praktizierten vertraglichen Vereinbarung zwischen Steuerpflichtigem und Finanzverwaltung den Nachteil habe, dass die Finanzverwaltung sich leichter von der erteilten Zusage lösen könne.[1220] Es sei zudem ein Antrag erforderlich, in dem insbesondere ein „Auskunftsinteresse" darzulegen sei, um einen Überforderungsschutz zu Gunsten der Finanzverwaltung zu schaffen. Insofern könne man sich am prozessrechtlichen

---

1214 *Thiele*, Auskünfte und Zusagen, S. 175.

1215 Dies dürfte auch dem rechtsvergleichenden Charakter seiner Arbeit geschuldet sein, da die meisten Darstellungen der Regelungen *de lege lata* rein deskriptiv vergleichender Natur sind.

1216 *Thiele*, Auskünfte und Zusagen, S. 177; ähnlich *Romano*, Advance Tax Rulings, S. 218 f.

1217 *Thiele*, Auskünfte und Zusagen, S. 177 f.

1218 *Thiele*, Auskünfte und Zusagen, S. 180 f., wenngleich *Thiele* sich hier nicht abschließend festlegt, vgl. S. 193.

1219 *Thiele*, Auskünfte und Zusagen, S. 181.

1220 *Thiele*, Auskünfte und Zusagen, S. 184 ff., dort ausführlich auch zur Zulässigkeit der Vereinbarung über Rechtsfragen in Deutschland.

Rechtsschutzinteresse orientieren, das immer dann fehle, wenn das angestrebte Ziel mit anderen Mitteln auf einfachere Weise erreicht werden könne.[1221] Kritisch betrachtet *Thiele* in diesem Zusammenhang den (international anerkannten) Ablehnungsgrund der „Erzielung eines Steuervorteils". Er begrenzt diesen Ablehnungsgrund auf missbräuchliche Steuerumgehungen, sodass dem naturgemäßen Interesse des Steuerpflichtigen nach möglichst geringer Steuerbelastung auch im Zusageverfahren entsprochen werden könne.[1222] In Bezug auf die Frage der zuständigen Finanzbehörde, sei es sinnvoll eine Zentralisierung auf Ebene des Bundeszentralamts für Steuern oder der Oberfinanzdirektionen vorzunehmen, um mögliche verwaltungsinterne Abstimmungen zu vermeiden und so eine zeitnahe Antragsbearbeitung zu gewährleisten.[1223] In zeitlicher Hinsicht habe die zuständige Behörde insbesondere bei Steuerpflichtigen, die im Rahmen eines Selbstveranlagungssystems tätig werden, eine „zeitnahe"[1224] Zusage zu erteilen, um die erforderliche Planungssicherheit zu schaffen. Der Finanzverwaltung müsse aber bei komplexen Sachverhaltsgestaltungen und Rechtsfragen die Möglichkeit eingeräumt werden, den zeitlichen Rahmen der Zusageerteilung anzupassen. Auch außerhalb solcher komplexen Fälle, solle eine mögliche 30-Tages-Frist erst mit abschließender Tatsachenkenntnis der zuständigen Finanzbehörde beginnen.[1225] Eine Zusagegebühr hält *Thiele* grundsätzlich für möglich und angebracht. Innerhalb eines Selbstveranlagungssystems sei allerdings keine Gebühr zu erheben, da die Finanzverwaltung nur das (teilweise) zurückleiste, was sie zuvor als Aufgabe auf den Steuerpflichtigen übertragen habe.[1226] *Thiele* erblickt in der Bindungswirkung den „Wert der Zusage" und fordert daran anknüpfend, dass die Möglichkeiten der Finanzverwaltung zur Aufhebung einer Zusage begrenzt werden sollten. Die Bindungswirkung solle spätestens mit Verwirklichung des Sachverhalts unabänderlich sein.[1227] Letztlich fordert *Thiele*, dass die erteilten Zusagen – jedenfalls bei entsprechender Zustimmung des Steuerpflichtigen, von der aber die Erteilung der Zusage abhänge – in anonymisierter Form veröffentlicht werden sollen. Dies diene sowohl der Kontrolle der Finanzverwaltung durch die Öffentlichkeit als auch der Schaffung

1221 *Thiele*, Auskünfte und Zusagen, S. 189 f.
1222 *Thiele*, Auskünfte und Zusagen, S. 190.
1223 *Thiele*, Auskünfte und Zusagen, S. 191.
1224 *Thiele*, Auskünfte und Zusagen, S. 192.
1225 *Thiele*, Auskünfte und Zusagen, S. 192.
1226 *Thiele*, Auskünfte und Zusagen, S. 193.
1227 *Thiele*, Auskünfte und Zusagen, S. 194 f.

zusätzlicher Rechtssicherheit durch Klarstellung der gegenwärtigen Verwaltungsmeinung.[1228]

3. *Bewertung des Ausgestaltungsvorschlags und Relevanz für die vorliegende Arbeit*

Thiele modifiziert anhand der vorgestellten Erwägungen die Regelung des §§ 89 Abs. 2 ff. AO und stellt einen eigenen Ausgestaltungsvorschlag dar.[1229] Positiv hervorzuheben ist dabei insbesondere, dass er die Regelungen der Steuerauskunftsverordnung in die §§ 89 Abs. 2 ff. AO integriert und bereits auf diese Weise zusätzliche Rechtssicherheit schafft. Der Ausgestaltungsvorschlag *Thieles* beruht auf einleuchtenden rechtspolitischen Erwägungen. Er verkennt aber, dass Teile seiner aufgestellten Mindestanforderungen auch verfassungsrechtlich begründet sind. Insbesondere die Funktion der Zusage als Ausgleich einer Gesamtbelastung des Inanspruchgenommenen wird von *Thiele* allenfalls am Rande angesprochen beziehungsweise vorausgesetzt, wenn er Modifikationen für Selbstveranlagungssysteme fordert. Letztlich handelt es sich bei dem Vorschlag *Thieles* um eine Generalzusage, die nicht allein auf umsatzsteuerliche Fragestellungen begrenzt ist. Dies hat zwar richtigerweise den Vorteil, dass der Steuerpflichtige Klarheit über das zu nutzende Zusageinstrument hat. Nachteil einer solchen Generalzusage ist aber, dass die zuständige Zusagebehörde nicht in der Lage ist, sich auf bestimmte Fragestellungen zu spezialisieren, was sowohl der inhaltlichen Qualität der Zusage als auch dem zeitlichen Umfang des Zusageverfahrens abträglich ist. Zudem wird eine allgemeine Zusageregelung der besonderen ausgleichsbedürftigen Stellung des inanspruchgenommenen Unternehmers nicht gerecht, da insofern eine Gleichstellung mit den im Übrigen ungleichen Steuerpflichtigen vorgenommen wird. Eine dann in der Regelung zu verortende Differenzierung findet sich in dem Ausgestaltungsvorschlag *Thieles* nicht. Insbesondere werden die von *Thiele* zuvor angesprochenen Selbstveranlagungsfälle normativ nicht ausdifferenziert. Eine abweichende Behandlung insbesondere in Bezug auf die Zusagegebühr kann bei *Thiele* – *de lege ferenda* wie schon *de lege lata* – nur im Billigkeitsrecht (§ 89 Abs. 6 S. 12 AO n.F. *Thiele*) gesucht werden.

1228 *Thiele*, Auskünfte und Zusagen, S. 195.
1229 *Thiele*, Auskünfte und Zusagen, S. 204 ff.

II. Das Pilotprojekt der Europäischen Kommission

1. Beweggründe und Entstehungsgeschichte des Pilotprojekts

Im Jahr 2010 wurde seitens der Kommission die Business-Expertengruppe über die Mehrwertsteuer (Business expert group on VAT: BEGV) ins Leben gerufen. Innerhalb dieser Expertengruppe sollte diskutiert werden, welche praktischen Probleme das geltende Mehrwehrtsteuersystem habe und welche Möglichkeiten bestünden, den mit der Mehrwertsteuer im Zusammenhang stehenden Verwaltungsaufwand zu verringern.[1230] Im Februar des Jahres 2011 wurde nach Einigung der Mitgliedstaaten eine Ad-hoc-Expertengruppe eingesetzt, der die mitgliedstaatlichen Steuerbehörden angehörten (tax authorities dialogue platform: TADP). Ziel dieser Expertengruppe war es, die Bedürfnisse der Umsatzsteuerpflichtigen im Zusammenhang mit dem Umgang der Steuerbehörden aufzuzeigen und damit einhergehend die Umsatzsteuerbetrugsbekämpfung unter effizienter Nutzung der zur Verfügung stehenden Ressourcen voranzutreiben. Da beide Expertengruppen den Zweck verfolgten, den Austausch zwischen Steuerbehörden und Steuerpflichtigen zu verbessern, kombinierte die Kommission beide Expertengruppen und schuf das EU Umsatzsteuer-Forum (EU VAT Forum). Dieses besteht aus mitgliedstaatlichen Vertretern der Finanzverwaltung, Vertretern von Wirtschaftsverbänden[1231] und multinational tätigen Unternehmen[1232].[1233] Das Forum solle praktische Lösungen zur Verbesserung der Beziehung von Steuerbehörden und Unternehmen liefern und dadurch Verwaltungsaufwand und Verwaltungskosten senken. Bereits im Vorfeld hatten die Unternehmen zum Ausdruck gebracht, dass Rechtssicherheit ihr zentrales Anliegen darstellen werde.[1234] Im Jahr 2013 rief das EU VAT Forum gemeinsam mit der Kommission daher ein Pilotprojekt zu sog. Cross-Border-Rulings ins Leben, das bei komplexen grenzüberschreitenden Sachverhalten Vorabauskünfte zur umsatzsteuerlichen Behandlung dieser Sachverhalte leisten sollte. Die

---

1230 Die „Entstehungsgeschichte" der Cross-Border-Rulings kann in der Kommissionsentscheidung 2012/C 198/5 v. 3.7.2012 nachvollzogen werden; dazu auch *Korf*, UVR 2015, 183, der die Kommissionsentscheidung aber letztlich nur in die deutsche Sprache übersetzt.

1231 Von deutscher Seite die Bundessteuerberaterkammer.

1232 Unter anderem Siemens.

1233 Eine vollständige Liste der aktuell vertretenen Wirtschaftsverbände und Unternehmen findet sich unter http://ec.europa.eu/taxation_customs/sites/taxation/files/resources/documents/taxation/vat/key_documents/eu_vat_forum/vat-forum_membres_en.pdf.

1234 So jedenfalls *Korf*, UVR 2015, 183.

Teilnahme an dem Projekt ist freiwillig und war zunächst auf ein Jahr begrenzt, wurde aber schrittweise bis zum 30.9.2018 verlängert.[1235]

2. *Ausgestaltung der Cross-Border-Rulings*

Die Kommission hat einen Informationsvermerk veröffentlicht, dem der Ausgestaltungsrahmen und einzelne Verfahrensfragen in Bezug auf Cross-Border-Rulings (CBR-Verfahren) entnommen werden können.[1236]

Entscheidend ist in diesem Zusammenhang zunächst, dass grundsätzlich die national bereits vorgesehenen Zusageverfahren die relevanten Einzelheiten bestimmen. In dem Pilotprojekt kann daher keinesfalls eine Harmonisierung erblickt werden. Vielmehr sind insofern grundsätzlich die nationalen Vorgaben maßgebend.

Antragsbefugt im CBR-Verfahren sind Steuerpflichtige, die grenzüberschreitende Tätigkeiten in einem der teilnehmenden Mitgliedstaaten planen. Erfasst sind daher nur grenzüberschreitende und noch nicht verwirklichte Sachverhalte.[1237] Der Antrag ist stets in einem teilnehmenden Mitgliedstaat zu stellen, in dem der Unternehmer für mehrwertsteuerliche Zwecke registriert ist. Sind von der geplanten Tätigkeit mehrere Unternehmen betroffen, so ist es ausreichend, wenn einer der Beteiligten den Antrag auch im Namen des Anderen stellt. Die Antragssprache richtet sich nach den betroffenen Mitgliedstaaten, wobei die Kommission in ihrem Informationsvermerk eine Tabelle der teilnehmenden Mitgliedstaaten und den jeweils zugelassenen Sprachen veröffentlicht hat. Der Antrag kann in der Regel in englischer Sprache gestellt werden. Als besondere Voraussetzung setzt die Nutzung des CBR-Verfahrens voraus, dass eine „komplexe Transaktion" geplant ist. Nähere Ausführungen dazu, was unter einer solchen Komplexität zu verstehen ist, lassen sich dem Vermerk nicht entnehmen. Schwerpunkt eines Antrags auf ein CBR sollte daher in der Regel eine

---

1235 Teilnehmende Mitgliedstaaten: Belgien, Dänemark, Irland, Estland, Spanien, Frankreich, Italien, Zypern, Lettland, Litauen, Ungarn, Malta, Niederlande, Portugal, Slowenien, Finnland, Schweden, Vereinigtes Königreich.

1236 Abrufbar unter https://ec.europa.eu/taxation_customs/sites/taxation/files/cbr_info-notice-to-the-public_de.pdf; dazu *Korf*, UVR 2015, 183; *ders.*, DB 2013, Heft 25 M9; *Lejeune/Vanderberghe/Van de Putte*, International VAT Monitor 2014, 181 ff. die auch auf die in den einzelnen Mitgliedstaaten geltenden Regelungen zumindest näher eingehen.

1237 Wenngleich einzelne Mitgliedstaaten – wie Belgien – auf das Erfordernis des noch nicht verwirklichten Sachverhalts verzichten, vgl. *Lejeune/Vanderberghe/Van de Putte*, International VAT Monitor 2014, 181.

Begründung der besonderen Komplexität des Einzelfalls sein. Der Antragsteller muss sich zudem mit der Weiterleitung seiner Angaben an die betroffenen mitgliedstaatlichen Behörden einverstanden erklären. Darüber hinaus weist der Informationsvermerk darauf hin, dass Konsultationen zwischen Finanzbehörden unterschiedlicher Mitgliedstaaten nur auf ausdrückliches Verlangen des Antragstellers stattfinden. Der Antragsteller sollte daher in der Regel ein solches Verlangen ausdrücken, um die geplante Disposition in allen beteiligten Mitgliedstaaten auf planungssichere Beine zu stellen.[1238] Die Kommission weist jedoch ausdrücklich darauf hin, dass es keine Gewährleistung einer konsentierten Beurteilung der geplanten Disposition gebe.

Die zuständigen Finanzbehörden der Mitgliedstaaten werden von der Kommission tabellarisch aufgeführt. Entscheidungen der zuständigen Behörde erfolgen ausweislich des Informationsvermerks „so bald wie möglich". Eine Entscheidungsfrist ist also nicht vorgesehen. Die Kommission macht in diesem Zusammenhang darauf aufmerksam, dass national vorgesehene Antwortfristen im Zusammenhang mit CBR möglicherweise nicht anwendbar sind. Um eine zeitnahe Antragsbearbeitung sicherzustellen, werden die Antragsteller gebeten, eine genaue Beschreibung des Sachverhalts vorzunehmen und den eigenen Standpunkt in Bezug auf die anzuwendende mehrwertsteuerliche Regelung darzustellen. Zwar handelt es sich demnach nicht um zwingende Antragsvoraussetzungen. Die einschlägigen mitgliedstaatlichen Zusageregelungen können dies jedoch – wie im deutschen Recht – vorsehen. Bereits erteilte Auskünfte sind bislang in anonymisierter Form unter Darstellung des Sachverhalts, der Rechtsfrage, der relevanten Normen und des erteilten Rulings auf den Seiten der Kommission veröffentlicht worden.[1239]

Auch für ein CBR ist die Bindungswirkung desselben entscheidend. Insoweit weist die Kommission allein darauf hin, dass „Stellungnahmen [...] nur im Rahmen der Garantien [gegeben werden], die für nationale Behörden [...] in den betreffenden Mitgliedstaaten gelten." Aus diesem Grunde ist die mit den CBR einhergehende Planungssicherheit nur von begrenztem Wert. Entscheidend ist, ob der beteiligte Mitgliedstaat überhaupt eine Art Zusage kennt und welche Wirkungen er dieser beimisst. Zwar geht auch mit einer rein informellen Auskunft ein Mehr an Planungssicherheit einher. Freiheitsschützende Dispositionssicherheit kann aber nur dann gewährleistet werden und die Belastung

---

1238 Ähnlich *Korf*, UVR 2015, 183, 185.

1239 Abrufbar unter https://ec.europa.eu/taxation_customs/business/vat/vat-cross-border-rulings-cbr_en.

des umsatzsteuerlichen Unternehmers nur dann ausgleichen, wenn der Steuerpflichtige sich auch auf den Bestand und die inhaltliche Verbindlichkeit der behördlichen Entscheidung verlassen kann.

3. *Bewertung des Pilotprojekts*

Die Resonanz auf das Pilotprojekt ist bislang ernüchternd. Im gesamten Jahr 2013 gab es eine einzige im Rahmen des CBR-Verfahrens erteilte Zusage. Mit Stand von Mai 2017 sind 19 Zusagen erteilt worden. Gleichwohl ist der von der Kommission verfolgte Ansatz zu begrüßen. Die Kommission hat in ihrem „Grünbuch über die Zukunft der Mehrwertsteuer“[1240] erkannt, dass das geltende Mehrwertsteuersystem komplex ist und 60 % des bei den Unternehmen anfallenden Verwaltungsaufwands auf Arbeiten im Zusammenhang mit der Mehrwertsteuer entfallen.[1241] Insbesondere kleine und mittlere Unternehmen seien besonders belastet, da es kostspielig sei, Rechtsrat im komplexen System der Mehrwertsteuer zu erlangen. Insofern hat die Kommission eine mögliche Zusammenlegung von in den Mitgliedstaaten bewährten Praktiken zur Schaffung von Leitlinien angedacht, um Verwaltungsverfahren zu straffen und die Verwaltungslasten der Unternehmer zu verringern.[1242] In diesem Zusammenhang ist auch das Pilotprojekt zu den Cross-Border-Rulings zu betrachten. Der praktische Mehrwert der CBR ist allerdings zweifelhaft. Dadurch, dass die nationalen Zusageformen auch für die CBR maßgebend sind, steht der grenzüberschreitend tätige Steuerpflichtige vor ähnlichen Problemen, vor denen er auch ohne das Pilotprojekt stünde. Zwar sieht das Projekt einheitliche Grundbestimmungen vor. Diese gehen aber kaum über die Bestimmung der zuständigen nationalen Behörde hinaus. Bereits das stellt zwar einen Vorteil des Steuerpflichtigen dar. Der eigentliche Wert eines Zusageverfahrens liegt aber in der Bindungswirkung der erteilten Zusage. Diese wiederum ist abhängig vom nationalen Recht. Plant der Steuerpflichtige ernsthaft Investitionen im Ausland, so kommt er trotz CBR nicht umhin, sich mit dem ausländischen Zusageverfahren auseinanderzusetzen, um den Wert der erhaltenen Aussagen zu überprüfen.

Bedauerlich ist darüber hinaus, dass sich bislang nur 18 Mitgliedstaaten an dem Projekt beteiligen. Insbesondere die fehlende Beteiligung Deutschlands wird dabei vielerorts moniert.[1243] Ein solches Projekt kann nur dann Erfolg

---

1240 Kommission v. 1.12.2010, KOM (2010), 695.

1241 Kommission v. 1.12.2010, KOM (2010), 695, Pkt. 2.1.

1242 Kommission v. 1.12.2010, KOM (2010), 695, Pkt. 5.5.

1243 *Korf*, UVR 2015, 183, 184; *Lejeune/Vanderberghe/Van de Putte*, International VAT Monitor 2014, 181, 187; *Englisch*, in: Tipke/Lang, Steuerrecht, § 17 Rz. 26 Fn. 78.

haben, wenn es von der ganz überwiegenden Mehrzahl der – auch wirtschaftlich bedeutenden – Mitgliedstaaten unterstützt wird. Ziel dieses Projekts sollte daher mittelfristig eine umfassende Beteiligung aller Mitgliedstaaten und langfristig eine harmonisierte Regelung für die Umsatzsteuer auf Ebene der Europäischen Union sein.[1244]

III. Folgerungen für einen Ausgestaltungsvorschlag *de lege ferenda*

Im Rahmen dieser Arbeit sollen Ausgestaltungsvorschläge gemacht werden, die primär auf eine nationale Regelung abzielen. Zugleich können und sollen die gemachten Vorschläge auf andere Mitgliedstaaten übertragen werden. Denn die auszugleichende Stellung des Unternehmers unterscheidet sich in den einzelnen Mitgliedstaaten der europäischen Union nur unwesentlich. Umfassende Planungssicherheit bei grenzüberschreitenden Vorgängen kann zwar letztlich nur erlangt werden, wenn die zugesagte rechtliche Beurteilung im Ursprungsland mit der Zusage im Bestimmungsland übereinstimmt. Bevor es aber zu einer anzustrebenden Harmonisierung kommen kann, müssen in den einzelnen Mitgliedstaaten Verfahren wachsen, die einen spezifischen Bezug zur Umsatzsteuer haben, um eine Harmonisierung auch auf empirisch gewonnene Erkenntnisse stützen zu können. Über den Anwendungsbereich der CBR hinaus, muss eine nationale Regelung aber auch rein innerstaatliche Vorgänge erfassen. Zwar sind die Pflichten bei einem Grenzüberschritt noch vielfältiger und die Unsicherheiten bedingt durch ein fremdes Rechtssystem noch augenscheinlicher. Das ändert aber nichts an dem Befund, dass bereits bei rein innerstaatlichen Vorgängen, ein umfassender Pflichtenkanon und weitreichende rechtliche Unsicherheiten den Unternehmer belasten. Auch rein innerstaatliche Vorgänge müssen vom Unternehmer planungssicher verwirklicht werden können.

Es lässt sich also festhalten, dass die bisherigen Ansätze zwar jeweils richtige Ziele verfolgen, in der Umsetzung die spezifische Belastungslage des umsatzsteuerlichen Unternehmers aber nicht hinreichend erfassen. Es sollen daher Ausgestaltungsmöglichkeiten aufgezeigt werden, die dazu in der Lage wären, dem verfassungsrechtlich gebotenen, hilfestellenden Ausgleich einer unverhältnismäßigen Gesamtbelastung des Unternehmers gerecht zu werden.

1244 Ebenso *Lejeune/Vanderberghe/Van de Putte*, International VAT Monitor 2014, 181 f., 185; dazu noch Zweiter Teil B. I.

B. Eigener Vorschlag

I. Harmonisierungsbedarf und Harmonisierungsfähigkeit einer umsatzsteuerspezifischen Ausgestaltung

Bei der Schaffung einer verfahrensrechtlichen Regelung für das Umsatzsteuerrecht stellt sich naturgemäß die Frage, ob und auf welcher Grundlage eine europaweite Harmonisierung angestrebt werden sollte. Die Frage nach dem Harmonisierungsbedarf und der Rechtsetzungskompetenz des Unionsgesetzgebers kann dabei nicht trennscharf differenziert werden. Stützt sich die Harmonisierung des umsatzsteuerlichen Verfahrensrechts richtigerweise auf Art. 113 AEUV, ist die Beantwortung der Frage nach dem Harmonisierungsbedarf Tatbestandsvoraussetzung der Harmonisierungskompetenz. Denn Art. 113 AEUV ermächtigt den Unionsgesetzgeber zum Erlass von „Bestimmungen“[1245], „soweit diese Harmonisierung für die Errichtung und das Funktionieren des Binnenmarkts und die Vermeidung von Wettbewerbsverzerrungen notwendig ist“. Art. 113 AEUV erlaubt Eingriffe in die fiskalische Souveränität der Mitgliedstaaten daher nur, wenn ein hinreichender Binnenmarktbezug der zu regelnden Materie vorliegt. Das ist der Fall, wenn die Steuerharmonisierungsmaßnahme nach den objektiven, gerichtlich nachprüfbaren Umständen, insbesondere nach ihrem Ziel und Inhalt,[1246] auf die Beseitigung von spürbaren Wettbewerbsverzerrungen ausgerichtet ist.[1247] Ausreichend sei insofern, dass die Harmonisierungsmaßnahme in ihrer Gesamtwirkung den freien Verkehr fördere.[1248] Bezogen auf das Umsatzsteuerrecht bedeutet dies, dass die in Frage stehende Regelung einen hinreichenden Bezug zum Binnenmarkt aufweisen und damit umsatzsteuerspezifisch der Verwirklichung des Bestimmungslandprinzips dienen muss.[1249] Das Bestimmungslandprinzip fordert die Erstattung oder Freistellung von warenbezogenen Steuern beim Verlassen des Ursprungslandes und ermöglicht

---

1245 Gemeint sind damit alle in Art. 288 AEUV genannten Rechtsakte der Union, siehe nur *Waldhoff*, in: Callies/Ruffert, EUV/AEUV, Art. 113 AEUV Rz. 5; *Kamann*, in: Streinz, EUV/AEUV, Art. 113 Rz. 7.

1246 EuGH v. 11.6.1991 – C-300/89, EU:C:1991:244, Rz. 10 (*Kommission/Rat*).

1247 Siehe nur EuGH v. 5.10.2000 – 376/98, EU:C:2000:544, Rz. 96 ff., 106 ff. (*Deutschland/Parlament und Rat*); zur Spürbarkeit der Wettbewerbsverzerrung schon EuGH v. 11.6.1991 – C-300/89, EU:C:1991:244, Rz. 23 (*Kommission/Rat*).

1248 *Kamann*, in: Streinz, EUV/AEUV, Art. 113 Rz. 8.

1249 *Waldhoff*, in: Callies/Ruffert, EUV/AEUV, Art. 113 AEUV Rz. 9 ff.; an diesem Prinzip hält auch der Reformvorschlag der Kommission v. 4.10.2017 fest (abgedruckt in BR-Drs. 660/17).

so die steuerliche Neubelastung im Bestimmungsland. Dieses Prinzip wird für umsatzsteuerliche Lieferungen durch Steuerbefreiungen grenzüberschreitender Vorgänge im Ursprungsland (im deutschen Umsatzsteuerrecht: § 4 Nr. 1 UStG für Ausfuhrlieferungen und innergemeinschaftliche Lieferungen) und der steuerlichen Belastung desselben Vorgangs im Bestimmungsland (im deutschen Umsatzsteuerrecht: § 1 Nr. 4 und 5 UStG für die Einfuhr beziehungsweise den innergemeinschaftlichen Erwerb) sichergestellt.[1250] Bei sonstigen Leistungen erfolgt der Grenzausgleich durch entsprechende Ortsregeln. Steht der Unternehmer vor rechtlichen Unsicherheiten, die grenzüberschreitende Vorgänge betreffen, so kann eine rein nationale Regelung die Verwirklichung des Bestimmungslandprinzips nicht hinreichend sicherstellen. Wird dem Unternehmer im Ursprungsland die Steuerbefreiung zugesagt, bedeutet dies zwar idealiter, aber nicht realiter, dass eine Erwerbsbesteuerung im Bestimmungsland erfolgt. Ein Mangel an konsentierter Behandlung kann in einem solchen Fall entweder zur Nichtbesteuerung oder zu einer Doppelbesteuerung führen.[1251] Die Verwirklichung des Bestimmungslandprinzips wäre misslungen. Gleiches gilt für sonstige Leistungen: Während Ursprungsland A den Ort der Leistung im Bestimmungsland B belegen sieht, könnte Bestimmungsland B zu einer anderen Beurteilung kommen. Erneut wäre das Ziel eines wettbewerbsneutralen Binnenmarkts nicht erreicht. Diese Problematik tritt allerdings nicht nur bei grenzüberschreitenden Vorgängen auf, sondern auch bei rein innerstaatlichen umsatzsteuerlichen Rechtsfragen. Ein von Wettbewerbsverzerrungen freier Markt, kann im Umsatzsteuersystem nur sichergestellt werden, wenn einheitliche Rechtsfragen auch einheitlich beantwortet werden. Eine harmonisierte Regelung wäre insofern nicht bloßer Selbstzweck, sondern würde unmittelbar dem primären Harmonisierungsziel[1252] der steuerlichen Wettbewerbsgleichheit im Binnenmarkt dienen. Eine solche Regelung stellt dann zwar kein materielles Umsatzsteuerrecht dar. Die Harmonisierungs- und Regelungskompetenz des Art. 113 AEUV erstreckt sich aber auch auf das die Umsatzsteuer betreffende Verfahrensrecht.[1253] Aus dem

---

1250 Gleichwohl handelt es sich bei dieser technischen Ausgestaltung um ein Provisorium, das zukünftig entfallen soll, vgl. dazu den Vorschlag der Kommission zur Reform des Mehrwertsteuerrechts v. 4.10.2017 in BR-Drs. 660/17, S. 5 ff.

1251 Dass dies im System der Umsatzsteuer vermieden werden soll, zeigt allein Art. 58 MwStSystRL; zum Problem der Doppelbesteuerung im harmonisierten Umsatzsteuerrecht *Ismer/Artinger*, MwStR 2018, 12.

1252 Dazu *Mick*, Steuerkonzeption der EU, S. 57.

1253 *Englisch*, in: Tipke/Lang, Steuerrecht, § 17 Rz. 5; auch der EuGH geht von einer verfahrensrechtlichen Harmonisierungskompetenz aus, indem er andeutet, dass auch Vorschriften des Besteuerungsverfahrens am umsatzsteuerlichen Neutralitätsprinzip

so bestehenden Harmonisierungsbedarf, ergibt sich also zugleich die Harmonisierungskompetenz des Unionsgesetzgebers aus Art. 113 AEUV. Langfristiges Perspektivziel sollte daher eine harmonisierte Regelung für das Umsatzsteuerrecht sein.[1254]

Etwaige Harmonisierungsbestrebungen müssen ergänzend eine Verständigung der mitgliedstaatlichen Finanzbehörden in Umsatzsteuerfragen vorsehen. Es sollte daher erwogen werden, ein Verständigungs- mit angeschlossenem Schiedsverfahren einzuführen. Dabei handelt es sich keinesfalls um eine Problematik, die allein Rulingsysteme betrifft. Vielmehr betrifft dies das allgemeine Problem der Doppelbesteuerung im harmonisiertem Mehrwertsteuerrecht.[1255] Denn dem geltenden Mehrwertsteuerrecht sind Instrumente wie Doppelbesteuerungsabkommen und/oder Verständigungsverfahren fremd. Auch die Schiedskonvention der Europäischen Union nimmt allein Streitfragen in Bezug, die Gewinnabgrenzungen zwischen verbundenen Unternehmen betreffen.[1256] Fraglich ist dann aber, was die zentrale Schiedsstelle sein könnte, wenn in grenzüberschreitenden Fällen keine einheitliche Lösung gefunden werden kann. In Betracht kommt insbesondere der sog. Mehrwertsteuerausschuss. Dieser ist in Art. 398 MwStSystRL vorgesehen, hat *de lege lata* aber nur eine beratende Funktion. *De lege ferenda* müsste man diesen daher mit weiteren Kompetenzen ausstatten, um grenzüberschreitend eine einheitliche Umsatzbesteuerung sicherzustellen.[1257] Ein entsprechendes Projekt – ebenfalls unter Schirmherrschaft des EU VAT Forums – läuft am 1.10.2018 aus.[1258]

II. Ausgestaltungsziel: Harmonisierungsfähige nationale Regelung

Wie schon die bisherige Harmonisierung des Umsatzsteuerrechts, ist ein solcher Prozess aber ein schrittweiser. Eine harmonisierte Regelung stellt dabei nie den

---

und am Grundsatz der Verhältnismäßigkeit zu messen seien: EuGH v. 13.12.1989 – C-342/87, EU:C:1989:635, Rz. 18 (*Genius Holding*); v. 29.1.2012 – C-588/10, EU:C:2012:40, Rz. 30 (*Kraft Foods Polska*); dazu kritisch *Englisch*, in: Zukunftsfragen, S. 39, 74 ff.

1254 Allgemein dazu *Romano*, Advance Tax Rulings, S. 421 ff., der auf den S. 463 ff. Ausgestaltungsvorschläge für ein europaweit harmonisiertes Ruling-System macht.

1255 Ausführlich dazu *Ismer/Artinger*, MwStR 2018, 12.

1256 Übereinkommen 90/436/EWG v. 20.8.1990, ABl. EG Nr. L 225, S. 10.

1257 Vorschläge auch bei *Ismer/Artinger*, MwStR 2018, 12, 21 ff.

1258 Sog. Double taxation dialogue, Informationsvermerk abrufbar unter: https://ec.europa.eu/taxation_customs/sites/taxation/files/resources/documents/taxation/vat/key_documents/eu_vat_forum/dialogue_tax_administrations_ms_en.pdf.

Ausgangspunkt dieses Prozesses, sondern erst dessen Ergebnis dar. Zu Beginn eines Harmonisierungsprozesses stehen zumeist national erprobte Regelungen und Systeme, die aufgrund ihres nationalen Erfolgs harmonisiert werden sollen. Dies hat den Vorteil, dass bei einem Harmonisierungsvorhaben auf einen national gewonnenen Erfahrungsschatz zurückgegriffen werden kann. Zudem ist auch zu beobachten, dass es in der Praxis zu freiwilligen Angleichungen nationaler Teilsysteme kommt, ohne dass eine Harmonisierung notwendig wäre. Dies gilt sowohl für nichtmitgliedstaatliche Steuersysteme wie das der Schweiz, wo ein „europakompatibles Mehrwertsteuerrecht" eingeführt worden ist,[1259] als auch für Vorgänge innerhalb der europäischen Union. Es wird insofern von einer sog. stillen Harmonisierung gesprochen.[1260] Wenngleich die Wirksamkeit einer solchen stillen Harmonisierung unklar und umstritten ist,[1261] kann kaum geleugnet werden, dass die stille Harmonisierung ein sinnvoller Schritt auf dem Weg zur tatsächlichen Harmonisierung ist. So kann der Harmonisierungsaufwand durch vorherige Rechtsangleichungen verringert werden und der Harmonisierungsbedarf möglicherweise sogar entfallen. Bevor daher eine Harmonisierung angestrebt werden kann, sollte eine nationale Rechtsentwicklung angestoßen werden. Ausgestaltungsziel dieser Arbeit ist daher eine nationale Regelung, die perspektivisch Grundlage einer Harmonisierung sein kann, um bereits zuvor eine stille Harmonisierung anzustoßen. Die Mehrwertsteuersteuersystemrichtlinie steht dem nicht entgegen.[1262]

III. Die verbindliche Zolltarif- und Ursprungsauskunft nach Art. 33 UZK als Urtyp einer harmonisierten Vertrauensschutzregelung

Eine harmonisierte Regelung hält bereits der Unionszollkodex (UZK) in Art. 33 ff. UZK mit der sog. Zolltarif- und Ursprungsauskunft bereit. Diese Regelung soll daher als Vorbild für die hier zu entwickelnde umsatzsteuerspezifische Regelung dienen und ist daher in ihrer Ausgestaltung kurz darzustellen.

1259 So *Birkenfeld*, StuW 1998, 55, 60 Fn. 56; zum Verhältnis des europäischen Richtlinienrechts und dem schweizerischen Mehrwertsteuerrecht siehe auch *Kocher*, UR 2017, 492.

1260 *Zeitler*, in: FS Kreile, S. 837, 840 f.; *Dautzenberg*, BB 1992, 2400; Diskussionsbeitrag von *Herzig*, bei *Richter/Welling*, FR 2012, 765, 768; *Waldhoff*, in: Callies/Ruffert, EUV/AEUV, Art. 113 AEUV Rz. 3.

1261 Dazu *Mick*, in: *Birk*, Handbuch des europäischen Steuer- und Abgabenrechts, § 24 Rz. 25 ff.

1262 *Seer*, StBJb 2016/2017, S. 539, 569.

1. Zweck und Genese der verbindlichen Zolltarif- und Ursprungsauskunft

Schon früh bestand in Deutschland ein Bedürfnis nach Planungssicherheit in Zollsachen, sodass bereits im Jahr 1902 in § 2 ZTG dem Verlangen nach einer zollspezifischen Zusage nachgekommen wurde.[1263] Den Steuerpflichtigen sollte eine Planungsgrundlage zur Verfügung gestellt werden, anhand der sie die Abgabenbelastung geplanter Ein- und Ausfuhren von Waren berechnen können.[1264] Die so geschaffene Regelung wurde 1961 in § 23 Zollgesetz übernommen.[1265] Erst zum 1.1.1994 wurde in Art. 12 Zollkodex eine EU-einheitliche Regelung im Wege einer Verordnung im Sinne des Art. 288 Abs. 2 AEUV getroffen.[1266] Mit Wirkung zum 1.1.1997 wurde der verbindlichen Zolltarifauskunft (vZTA) die verbindliche Ursprungsauskunft (vUA) zur Seite gestellt.[1267] Neben der verbindlichen Einordnung einer Ware zu einem Zolltarif können somit auch verbindliche Auskünfte über den Ursprung einer Ware erlangt werden. Mit Wirkung zum 1.5.2016 ist diese Regelung durch Art. 33 Unionszollkodex abgelöst worden,[1268] wobei Art. 33 Abs. 1 UZK die vZTA sowie die vUA regelt. Zudem sind nach Art. 35 UZK nunmehr auch verbindliche Auskünfte in Bezug auf andere zollrechtliche Fragestellungen möglich, wovon insbesondere Zollwertfragen betroffen sein können.[1269]

Es ist somit möglich, verbindliche Auskünfte über die Zuordnung zu einem Zolltarif, den Ursprung von Waren sowie andere zollrelevante Fragen einzuholen. Wegen Art. 21 Abs. 3 UStG, wonach auf die Einfuhrumsatzsteuer Zollrecht Anwendung findet, können verbindliche Auskünfte nach Art. 33 UZK auch in Bezug auf die EUSt verlangt werden.[1270] Bereits hier zeigt sich die mögliche Vorbildfunktion der Regelung des Art. 33 UZK für allgemein-umsatzsteuerliche Fragestellungen.

1263 Gesetz v. 25.12.1902 RGBl. 1902, 303, 304: älteste gesetzliche Zusageregelung; eine umfassende Darstellung der Entstehungsgeschichte findet sich bei *Meesenburg*, Vertrauensschutzprinzip, S. 117 ff., 146 ff.

1264 BFH v. 23.4.1991 – VII E 12/90, BFHE 162, 224, Rz. 6.

1265 Gesetz v. 21.6.1961, BGBl. I 1961, 737, 744; siehe dazu *von Bomhard*, Auskunft und Zusage, S. 54 ff.

1266 VO (EG) Nr. 2913/92 v. 12.10.1992, ABl. EG 1992 Nr. L 302.

1267 VO (EG) Nr. 82/97 v. 21.1.1997, ABl. EG 1997 Nr. L 17/1.

1268 VO (EU) Nr. 952/13 v. 9.10.2013, ABl. EU 2013 Nr. L 269/1.

1269 Diese sind besonders streitanfällig, vgl. *Möller*, ZfZ 2014, 147, 150.

1270 BFH v. 14.1.1997 – VII R 47/96, BFHE 182, 466, Rz. 10.

2. Rechtsnatur, Antrag und Verfahren

Als zollrechtliche Entscheidungen sind vZTA und vUA Verwaltungsakte im Sinne des Art. 118 S. 1 AO.[1271]

Die vZTA/vUA setzt einen elektronischen Antrag voraus.[1272] Aus dem Antrag muss insbesondere ein rechtliches Interesse des Antragstellers an der zu erteilenden Auskunft deutlich werden.[1273] Der Antrag wird dann ebenso wie eine mögliche vZTA/vUA in die von der EU-Kommission unterhaltene EBTI-Datenbank[1274] eingespeist, um innerhalb der EU eine einheitliche und transparente Handhabe der zollrechtlichen verbindlichen Auskünfte sicherzustellen. Darüber hinaus wird jede vZTA/vUA über das sog. ZEUS (Zoll-Einreihungs-Untersuchungs-System) erfasst, sodass alle Zollbehörden bereits erteilte verbindliche Auskünfte abrufen können.

Die Zuständigkeit richtet sich nach Art. 19 Abs. 1 Deleg. VO UZK[1275]. Demnach ist die Zollbehörde des Mitgliedstaats zuständig, in dem die vZTA/vUA genutzt werden soll oder die Zollbehörde des Mitgliedstaats, in dem der Antragsteller ansässig ist. Die zuständige Zollbehörde in Deutschland ist das HZA Hannover. Die nach Art. 19 Abs. 1 Deleg. VO UZK zuständige Behörde ist bei einem ordnungsgemäßen Antrag verpflichtet, eine vZTA/vUA zu erteilen.[1276]

Anders als die verbindliche Auskunft nach §§ 89 Abs. 2 ff. AO sind die verbindlichen Auskünfte nach Art. 33 UZK gebührenfrei, vgl. Art. 52 Abs. 1 UZK.

3. Bindungswirkung

Das EU-einheitliche Auskunftsverfahren nach Art. 33 UZK bindet Zollbehörden aller Mitgliedstaaten.[1277] Besonderheit ist seit der Einführung des Art. 33 Abs. 2 UZK, dass nicht nur die Zollbehörden, sondern auch die Entscheidungsinhaber[1278]

1271 Vgl. Art. 5 Nr. 39 UZK; so schon BFH v. 20.6.1995 – VII R 17/95, BFHE 178, 262, Rz. 9.

1272 Vordruck 0307, abrufbar unter https://www.zoll.de/DE/Fachthemen/Zoelle/Zolltarif/verbindliche-Zolltarifauskunft/Antragstellung/antragstellung_node.html.

1273 Zu einigen Einzelproblemen vgl. *Seer*, in: Tipke/Kruse, AO/FGO, § 89 Rz. 87 (Stand: Januar 2017).

1274 European Binding Tariff Information– EBTI.

1275 VO (EU) Nr. 2015/2446 v. 28.7.2015, ABl. EU Nr. L 343/17.

1276 Siehe Art. 33 Abs. 1 UZK „treffen".

1277 Art. 33 Abs. 2 lit. a), Art. 5 Nr. 1 UZK.

1278 Meist personenidentisch mit dem Antragsteller, *Seer*, in: Tipke/Kruse, AO/FGO, § 89 Rz. 89 (Stand: Januar 2017).

durch die vZTA/vUA gebunden werden.[1279] Damit soll verhindert werden, dass die Entscheidungsinhaber eine vZTA/vUA nur dann nutzen, wenn die vZTA/vUA zu ihren Gunsten ausfällt.[1280] Die verbindlichen Auskünfte nach Art. 33 UZK haben damit den Charakter eines gegenständlich beschränkten Vorbescheids.[1281]

Diese gegenständliche Beschränkung äußert sich in sachlicher Hinsicht darin, dass – wie auch bei der verbindlichen Auskunft nach §§ 89 Abs. 2 ff. AO –Sachverhaltsidentität (sog. *clausula rebus sic stantibus*) erforderlich ist, Art. 33 Abs. 4 UZK. Demnach muss der Inhaber der Entscheidung im Falle einer vZTA nachweisen, dass die angemeldeten Waren den bei der Entscheidung beschriebenen Waren und bei einer vUA, dass die für die Ursprungseigenschaft maßgebenden Umstände in jeder Hinsicht den der vUA zugrunde gelegten Umständen entsprechen.

Eine Bindung der Zollbehörden über die zolltarifliche Einordnung und die Ursprungseigenschaft hinaus, richtet sich allein nach nationalem Recht.[1282] Die deutsche Rechtsprechung verhält sich jedoch insoweit sehr restriktiv und wendet insbesondere eine allgemeine Zusage (§§ 89 Abs. 2 ff. AO) nicht an.[1283]

In persönlicher Hinsicht sind die Zollbehörden nur gegenüber dem Entscheidungsinhaber, nicht aber gegenüber Dritten gebunden.[1284]

Gem. Art. 33 Abs. 3 UZK tritt die vZTA/vUA spätestens nach drei Jahren *ipso iure* außer Kraft. Daneben sind in Art. 34 Abs. 1, 2 UZK weitere Fälle (unter anderem eine nachträgliche Rechtsänderung, sog. *clausula legibus sic stantibus*) geregelt, in denen die Bindungswirkung *ex nunc* (Art. 34 Abs. 3 UZK) entfällt.[1285] In diesem Zusammenhang sieht Art. 34 Abs. 9 UZK aber einen sechs-monatigen Vertrauensschutz vor, falls der Berechtigte bereits disponiert hat. Gleiches gilt,

---

1279 Das Vorenthalten einer vZTA oder vUA hat u.U. auch strafrechtliche Folgen, *Witte*, in: UZK, S. 67.

1280 Sonderbericht Nr. 2/2008 des Rechnungshofs der EU v. 24.4.2008, ABl. EU 2008 Nr. C 103/8 Rz. 26.

1281 *Seer*, in: Tipke/Kruse, AO/FGO, § 89 Rz. 84 (Stand: Januar 2017).

1282 *Schwarz*, in: Schwarz/Wockenfoth, Art. 11 ZK Rz. 7.

1283 BFH v. 15.6.1993 – VII B 14/93, BFHE 172, 248 Rz. 16; v. 22.11.1994 – VII B 140/94, BFHE 176, 170, Rz. 12; v. 20.6.1995 – VII R 17/95, BFHE 178, 262, Rz. 7; zur daran anschließenden Kritik siehe *Seer*, in: Tipke/Kruse, AO/FGO, § 89 Rz. 90 (Stand: Januar 2017).

1284 EuGH v. 7.4.2011 – C-153/10, EU:C:2011:224 Rz. 25 ff. (*Sony Supply Chain Solutions*).

1285 Zu einigen Details vgl. *Seer*, in: Tipke/Kruse, AO/FGO, § 89 Rz. 92 f. m.w.N. (Stand: Januar 2017).

wenn die Zollbehörde – wie in Art. 34 Abs. 4, 5 UZK vorgesehen – eine vZTA/vUA aufhebt.[1286] Nach Art. 34 Abs. 7 und 8 UZK haben die Zollbehörden die Auskünfte unter bestimmten Voraussetzungen zu widerrufen. Auch insofern greift der von Art. 34 Abs. 9 UZK gewährte sechs-monatige Vertrauensschutz. Eine inhaltliche Änderung der Auskunft ist gem. Art. 34 Abs. 6 UZK nicht möglich.

4. *Rechtsschutz*

Nach Art. 33 Abs. 1 UZK besteht ein Rechtsanspruch auf eine vZTA/vUA. Art. 44 Abs. 1 UZK regelt das Recht jeder betroffenen Person, gegen die Entscheidung der Zollbehörden einen Rechtsbehelf einzulegen. Maßgebend sind insoweit die nationalen Vorschriften.[1287] Der von Art. 44 Abs. 2a UZK zunächst vorgesehene außergerichtliche Rechtsbehelf ist damit der Einspruch nach § 347 Abs. 1 Nr. 1 AO. Im Anschluss ist dann in Deutschland die Anfechtungsklage gem. § 40 FGO die statthafte Klageart. Mit der neu eingeführten beiderseitigen Bindungswirkung geht auch eine Klagebefugnis des Berechtigten einher, selbst wenn die Auskunft seinem Antrag entsprechend erteilt wurde.[1288] Als Ausgangsbehörde entscheidet das Hauptzollamt Hannover über die Einspruchsentscheidung. Ist die Auskunft außer Kraft getreten, kann allein die Feststellungsklage oder die Fortsetzungsfeststellungsklage angestrengt werden, um das Fortbestehen der vZTA/vUA feststellen zu lassen.[1289]

Die im Folgenden vorzunehmenden Ausgestaltungsvorschläge sollen stets mit Blick auf die bereits harmonisierte Regelung der vZTA und vUA vorgenommen werden. Dies hat zu einem den Vorteil, ein bereits erprobtes Auskunftssystem als Orientierung zu nutzen. Zum anderen hat der unionale Gesetzgeber bei dem System der Zollauskünfte bereits Harmonisierungswillen gezeigt, sodass ein zumindest ähnlich ausgestaltetes System bei der Umsatzsteuer die Schwelle zur Harmonisierung seitens des Unionsgesetzgebers herabsenken könnte.

1286 Einige Einzelfragen erneut bei *Seer*, in: Tipke/Kruse, AO/FGO, § 89 Rz. 94 f. m.w.N. (Stand: Januar 2017).

1287 *Seer*, in: Tipke/Kruse, AO/FGO, § 89 Rz. 96 m.w.N. (Stand: Januar 2017).

1288 *Seer*, in: Tipke/Kruse, AO/FGO, § 89 Rz. 96 (Stand: Januar 2017).

1289 *Seer*, in: Tipke/Kruse, AO/FGO, § 89 Rz. 96 (Stand: Januar 2017).

IV. Retrospektive Veranlagungssicherheit und prospektiver Dispositionsschutz

Bevor konkrete Vorschläge zur Ausgestaltung gemacht werden können, stellt sich die Frage der Schutzrichtung des zu entwickelnden Rechtsinstituts. Unterschieden werden muss in Bezug auf die Umsatzsteuer zwischen retrospektiver Veranlagungssicherheit und prospektivem Dispositionsschutz. Während ersteres meint, dass der Unternehmer in Bezug auf die rechtliche Würdigung einer bereits getätigten Disposition abgesichert werden soll, damit er seine Voranmeldung in rechtmäßiger Weise vornehmen kann, geht es im zweiten Fall allein um die rechtssichere Planung zukünftiger Dispositionen. Es kann im Fall der Umsatzsteuer nicht geleugnet werden, dass der Unternehmer sowohl retro- als auch prospektiv schutzbedürftig ist.[1290] Denn er muss einerseits wissen, auf welche Weise er sich selbst zu veranlagen hat, um das Risiko möglicher Rechtsirrtümer auszuschließen, die zu einer nachträglichen Erhöhung der Steuerschuld führen. Andererseits muss auch er zukünftige, insbesondere größere Investitionen in Bezug auf deren umsatzsteuerliche Behandlung rechtssicher planen können.

In beiden Fällen ist es – wie schon an anderer Stelle gezeigt –[1291] nicht ausreichend, den Unternehmer auf seine zivilrechtliche Eigenverantwortlichkeit zu verweisen und ihm die zivilrechtliche Absicherung durch sog. Steuer- oder Preisanpassungsklauseln seiner Dispositionen zuzumuten. Zum einen ist dies nur im zwischenunternehmerischen Rechtsverkehr üblich. In Verträgen mit Endverbrauchern finden sich solche Klauseln – schon aus AGB-rechtlichen Gründen – hingegen nicht. Zum anderen setzt die zivilrechtliche Absicherung des Unternehmers eine entsprechende Verhandlungsmacht desselben voraus. Selbst wenn er aber den vertraglichen Verteilungskampf gewinnt, trägt er weiterhin das (teilweise) Ausfallrisiko seiner Forderung im Fall der Insolvenz seines Schuldners. Der Staat kann den inanspruchgenommenen Unternehmer zum Ausgleich seiner Gesamtbelastung daher nicht erneut auf eine ungewisse Selbsthilfe verweisen, denn gerade dieses einseitige Abwälzungsrisiko des Unternehmers begründet die Ausgleichbedürftigkeit der Inanspruchnahme.[1292]

1290 Ebenso *Thiele*, Auskünfte und Zusagen, S. 17, 181 allgemein zu Selbstveranlagungssystemen (orientiert wohl am Beispiel des Vereinigten Königreichs, in dem das Zusagesystem im engen Zusammenhang zu dem dortigen Selbstveranlagungssystem steht, *Thiele*, a.a.O., S. 152), dessen Ausgestaltungsvorschlag aber ausdrücklich nur prospektiven Dispositionsschutz bietet, *Thiele*, a.a.O., S. 204.

1291 Erster Teil B. I. 2. b) ee).

1292 Dazu Erster Teil B. I. 2. und 3.

Dem deutschen Recht ist der Schutz bereits abgeschlossener Sachverhalte bislang grundsätzlich fremd. Zusagen, Auskünften, Zusicherungen und Vorbescheiden ist gemein, dass sie sich nur auf zukünftige Dispositionen beziehen. Auch der vermeintliche Vergangenheitsbezug der verbindlichen Zusage nach einer Außenprüfung gem. § 204 AO[1293] begründet keinen Schutz bereits getätigter Dispositionen. Zwar ist anders als bei der verbindlichen Auskunft Gegenstand der verbindlichen Zusage ein bereits in vergangenen Veranlagungszeiträumen verwirklichter und in der Außenprüfung beurteilter Sachverhalt.[1294] Da das Prinzip der Abschnittsbesteuerung eine erneute Beurteilung des Sachverhalts für jeden Veranlagungszeitraum verlangt,[1295] soll der Steuerpflichtige aber nur vor der misslichen Lage geschützt werden, dass ein zuvor geprüfter und beurteilter Sachverhalt nunmehr auf eine andere, nicht erwartbare, Weise beurteilt wird. Um dem Steuerpflichtigen Sicherheit für zukünftige Veranlagungszeiträume zu geben, sieht §§ 204 ff. AO daher unter Durchbrechung des Prinzips der Abschnittsbesteuerung eine gebührenfreie Zusage vor, geprüfte und in die Zukunft fortwirkende (Dauerwirkung) oder sich wiederholende Sachverhalte (Dauerwiederkehr) künftig wie zugesagt zu behandeln.[1296] Ausgangspunkt der verbindlichen Zusage ist damit zwar ein verwirklichter Sachverhalt, geschützt ist der Steuerpflichtige aber nur in Bezug auf zukünftige Sachverhalte.

Allein das richterrechtliche Institut der tatsächlichen Verständigung lässt bindende Absprachen über bereits verwirklichte Sachverhalte zu,[1297] schließt Verständigungen über reine Rechtsfragen aber ebenfalls aus.[1298]

Die besondere Stellung des Unternehmers in einem Selbstveranlagungssystem schafft aber über den *de lege lata* bestehenden Rechtszustand hinaus, das Bedürfnis, auch staatliche Hilfe beim Veranlagungsvorgang bereitzustellen. Eine partielle Beurteilung eines bereits abgeschlossenen Vorgangs könnte in Bezug auf den späteren Steuerbescheid als Grundlagenbescheid (§ 171 Abs. 10 AO) eingeordnet werden.

1293 Gesetzlich geregelt seit 1977, BGBl I 1976, S. 613.

1294 *v. Wedelstädt*, AO-StB 2009, 15; zum Anspruch auf Darstellung des Sachverhalts im Prüfbericht siehe *Seer*, in: Tipke/Kruse, AO/FGO, § 204 Rz. 20 m.w.N. (Stand: Februar 2018).

1295 *Seer*, in: Tipke/Kruse, AO/FGO, § 89 Rz. 118 (Stand: Januar 2017) m.w.N. aus der Rechtsprechung; siehe hier nur BFH v. 19.11.1985 – VIII R 25/85, BFHE 146, 32, 36 f.

1296 *Seer*, in: Tipke/Kruse, AO/FGO, § 204 Rz. 1 (Stand: Februar 2018).

1297 Siehe dazu nur *Seer*, in: Tipke/Kruse, AO/FGO, Vor. § 118 Rz. 10 ff. (Oktober 2015).

1298 St. Rspr, vgl. nur BFH v. 16.9.2014 – VIII R 1/12, Rz. 38.

Besonderes Augenmerk bei der Ausgestaltung einer solchen Selbstveranlagungshilfe ist insbesondere auf die Antragsvoraussetzungen und die Entscheidungsfrist zu legen. Denn einerseits kann die Finanzverwaltung nicht mit jeder Rechtsfrage im Selbst(!)-Veranlagungsvorgang belastet werden. Dies wäre bei der Masse der Umsatzsteuerfälle nicht möglich und würde das System der Selbstveranlagung *ad absurdum* führen. Andererseits muss die zuständige Finanzbehörde in begründeten Fällen zeitnah antworten, damit der Unternehmer überhaupt die Möglichkeit hat, die Antwort im Rahmen seiner Voranmeldung zu berücksichtigen.

Es muss für den umsatzsteuerlichen Unternehmer daher sowohl die Möglichkeit geschaffen werden, zukünftige Dispositionen in Bezug auf die umsatzsteuerliche Beurteilung rechtssicher planen, als auch bereits ausgeführte Umsätze rechtssicher anmelden zu können.

V. Konkrete Ausgestaltungsvorschläge

Dazu muss die zu schaffende Regelung – mindestens, aber auch nur – den verfassungsrechtlich gebotenen Ausgleich der ansonsten unverhältnismäßigen Inanspruchnahme des Unternehmers sicherstellen und die *de lege lata* bestehenden verfassungsrechtlich verankerten Schwächen der verbindlichen Auskunft ausbessern. Innerhalb dieses Rahmens muss es hier bei einem bloßen Vorschlag verbleiben, da die konkrete Ausgestaltung dem demokratisch legitimierten Gesetzgeber obliegt, der insofern die gestalterische Entscheidungskompetenz innehat und dabei nur den gezogenen verfassungsrechtlichen Grenzen verpflichtet ist. Innerhalb dieser Grenzen hat er unterschiedliche Kompensationsmöglichkeiten. Außerhalb des verfassungsrechtlich Vorgegebenen ist der Gesetzgeber in seiner Gestaltungsentscheidung vollkommen frei. Hier gemachte Vorschläge dienen daher sowohl dem verfassungsrechtlich Gebotenen als auch dem rechtspolitisch Wünschenswerten. Auf Besonderheiten in Bezug auf die Beurteilung bereits abgeschlossener Sachverhalte wird an entsprechender Stelle hingewiesen.

1. Beiderseitige Bindungswirkung als zentrale Modifikation

Zentrale Modifikation der *de lege lata* bestehenden Regelung der verbindlichen Auskunft soll eine beiderseitige Bindungswirkung der erteilten „Zusage" sein.[1299]

1299 Von einer solchen geht *Söhn*, in: HHSp, AO/FGO, § 89 Rz. 246 (Stand: August 2016) schon bei der verbindlichen Auskunft aus; dazu bereits Erster Teil C. I. 3. b) bb).

Beiderseitige Bindungswirkung kann mit Blick auf die Berufs- und die Eigentumsfreiheit dabei selbstverständlich nicht bedeuten, dass der Antragsteller gezwungen ist, den geplanten und gegenüber der „Zusagebehörde" vorgetragenen Sachverhalt zu verwirklichen. Eine solche Bindung würde die genannten Grundrechte unverhältnismäßig beeinträchtigen. Die Dispositionsentscheidung bleibt dem Unternehmer überlassen. Gebunden soll der Unternehmer aber dann sein, wenn er die geplante und vorgetragene Disposition tätigt. Er soll, anders als bei der verbindlichen Auskunft, nunmehr nicht bloß die Option haben, sich entsprechend der „Zusage" behandeln zu lassen. Vielmehr ist die Vorabentscheidung der Behörde in Bezug auf die spezifische rechtliche Beurteilung auch für ihn verbindlich. Dies entspricht der Regelung der bereits dargestellten vZTA und vUA und wurde so bereits von Teilen der Literatur auch für die verbindliche Auskunft vorgeschlagen.[1300] Mit einer beiderseitigen Bindungswirkung würde die Relevanz der Vorabentscheidung für die späterer Steuerfestsetzung erhöht.[1301] Dies könnte die Bereitschaft der Finanzverwaltung, entsprechende „Zusagen" zu erteilen, erhöhen, da das Risiko einer „Rosinenpickerei" seitens des Steuerpflichtigen ausgeräumt wäre.[1302] Bereits insofern wäre eine Bindung des Steuerpflichtigen auch für diesen vorteilhaft. Zunächst sollen daher die genauen Auswirkungen einer beiderseitigen Bindungswirkung auf die Ausgestaltung einer „Zusageregelung" untersucht werden.

a) Auswirkungen einer beiderseitigen Bindungswirkung

Bei der Untersuchung der beiderseitigen Bindungswirkung ist zwischen den Auswirkungen auf die Handlungsform der Verwaltung sowie auf ihre Rechtsnatur, den Umfang der Bindungswirkung und auf den Rechtsschutz des Antragstellers zu differenzieren.

1300 *Seer*, FR 2017, 161, 169.

1301 *Seer*, FR 2017, 161, 169.

1302 Dass ein funktionierendes Auskunftssystem auch komplett ohne eine Bindungswirkung geschaffen werden kann, zeigt das Beispiel Österreichs, wo im sog. EAS (Express-Antwort-Service)-Verfahren unverbindliche Auskünfte in Bezug auf die Anwendung des österreichischen Außensteuerrechts erteilt werden, die eine erste Orientierungshilfe für die Steuerpflichtigen darstellen, von denen in der Praxis aber nicht abgewichen wird, dazu *Lang*, SWI 1998, 460, 462; ebenso *Loukota*, SWI 1997, 94, 96 ff., wonach kein Fall bekanntgeworden sei, bei dem eine Finanzbehörde eine abweichende Auffassung vertreten habe.

aa) … auf die Handlungsform der Verwaltung und auf ihre Rechtsnatur

Mit der Frage nach der Handlungsform der Verwaltung und deren Rechtsnatur, stellt sich zugleich die Frage nach dem Grund der Bindungswirkung. Insofern ergeben sich zwei unterschiedliche Antwortmöglichkeiten. Der Grund für die Bindung könnte entweder im Grundsatz von Treu und Glauben gesucht werden oder er könnte der Handlungs- und Rechtsform als solcher bereits immanent sein. Diese Unterscheidung ist nicht bloß von akademischem Interesse, sondern besitzt auch unmittelbar praktische Auswirkungen. Während eine Bindung nach Treu und Glauben nur konkreten Vertrauensschutz bietet, sodass eine Disposition des Vertrauenden vorausgesetzt ist, kann eine immanente Bindung abstrakten Vertrauensschutz, also unabhängig von einer konkreten Disposition, bieten.[1303] Die Frage nach dem Grund der Bindungswirkung ist daher – wie umgekehrt – zugleich die Frage nach der Rechtsnatur der Handlungsform. Zu klären ist daher zunächst, welche verwaltungsrechtliche Handlungsform eine beiderseitige Bindungswirkung zur Folge hat, um sodann deren Rechtsnatur und damit die Frage nach dem Grund der Bindungswirkung zu klären.

Eine beiderseitige Bindung legt zunächst die Annahme eines Verwaltungsvertrags nahe. Ein Verwaltungsvertrag setzt aber wie auch ein zivilrechtlicher Vertrag voraus, dass zwei handlungsfähige Rechtssubjekte zu einer Willensübereinstimmung gelangen.[1304] Während andere europäische „Ruling-Systeme" die Handlungsform eines Vertrags nutzen[1305] und dies auch für eine deutsche „Zusage" zumindest angedacht worden ist,[1306] soll diese Handlungsform hier nicht zu Grunde gelegt werden. Ein Konsens zwischen Unternehmer und Finanzbehörde ist zwar wünschenswert, aber nicht Bindungsvoraussetzung. Eine beiderseitige Bindungswirkung bedeutet nämlich keinesfalls, dass auch ein Verwaltungsvertrag angenommen werden muss. Vielmehr ist eine mehrseitige Bindung Merkmal eines jeden Verwaltungsakts und Folge von dessen Tatbestandswirkung.[1307] Die Annahme einer beiderseitigen Bindungswirkung ist also

1303 Dazu bereits Erster Teil C. I. 3. b) aa).

1304 *Bonk/Neumann*, in: Stelkens/Bonk/Sachs, VwVfG, § 54 Rz. 28.

1305 Zum Beispiel der Niederlande vgl. die rechtsvergleichende Analyse bei *Thiele*, Auskünfte und Zusagen, S. 113 ff.; eine umfassende rechtsvergleichende Analyse europäischer Ruling-Systeme findet sich auch bei *Romano*, Advance Tax Rulings, S. 388 ff.

1306 *Thiele*, Auskünfte und Zusagen, S. 120 f., 182 ff., der Vorteile einer vertraglichen Bindungswirkung nennt.

1307 Allgemein *Starski*, Verwaltungsakt, S. 57 ff.; bezogen auf eine Baugenehmigung im Baurecht *Lechner*, in: Simon/Busse, BayBO, Art. 68 Rz. 88 ff. (Stand: Januar 2017).

keinesfalls ein verwaltungsrechtliches Novum, sondern die Rückkehr zum verwaltungsrechtlichen Grundsatz.

Eine Ausnahme stellt insofern die Handlungsform der Zusage dar. Lange Zeit wurde deswegen um die Rechtsnatur der Zusage gestritten.[1308] Diese Unsicherheiten beruhten dabei auf der nur einseitigen Bindungswirkung einer Zusage. Denn die bloße Selbstverpflichtung der Verwaltung wird allgemein als handlungsformbestimmendes Merkmal der Zusage angesehen. Insofern ist eine Zusage also keinesfalls ein „normaler“ Verwaltungsakt, sondern allenfalls ein in seiner Wirkung begrenzter.[1309] Dies veranlasste unter anderem *Seer* dazu, die Zusage als eine Rechtsform *sui generis* einzuordnen.[1310] *Jochum* schlägt vor, die Unsicherheiten in Bezug auf die Rechtsnatur der Zusage dadurch zu entschärfen, dass wie in § 38 Abs. 2 VwVfG die Anwendung der für die Zusage maßgeblichen Normen im Gesetz ausdrücklich angeordnet wird, sodass der Streit um die Rechtsnatur dahinstehen könne.[1311] Im Rahmen dieser Arbeit ist aber bereits festgestellt worden, dass die Merkmale des § 118 S. 1 AO auch bei einer Zusage erfüllt sind und somit ein Verwaltungsakt vorliegt.[1312] Keine dieser Lösungen vermag daher zu überzeugen. Vielmehr soll hier eine Lösung verfolgt werden, die die Zusage von ihrer beschränkten Wirkung befreit. Gleichwohl geht damit ein Wechsel der Handlungsform einher. Von einer Zusage zu sprechen, wenn es am zentralen Merkmal der nur einseitigen Bindung fehlt, ist zumindest terminologisch unsauber. Eine Handlungsform der Verwaltung, die auch den Antragsteller bindet, ist keine Zusage. Vielmehr erhält die Handlung der Verwaltung die Form eines Vorbescheids.[1313] Vorbescheide sind insbesondere im Bau- oder Immissionsschutzrechtrecht anzutreffen.[1314] Ein Bauvorbescheid regelt einzelne Fragen eines späteren Verwaltungsverfahrens vorab, abschließend und rechtsverbindlich. Der Antragsteller erhält auf diese Weise Planungssicherheit und das spätere Verfahren wird um einzelne Rechtsfragen entlastet.[1315] Dem gleichen Zweck kann auch ein Vorbescheid im Umsatzsteuerrecht dienen. Tritt der Unternehmer mit einer konkreten Rechtsfrage an die Finanzverwaltung heran,

1308 Dazu bereits Erster Teil C. I. 3. b).

1309 *Jochum*, DStZ 2013, 544, 548 spricht insofern richtigerweise von einem „kupierten Verwaltungsakt“.

1310 Siehe Erster Teil C. I. 3. b) bb).

1311 *Jochum*, DStZ 2013, 544, 549 f.

1312 Dazu Erster Teil C. I. 3. b) bb).

1313 *Seer*, in: Tipke/Kruse, AO/FGO, § 89 Rz. 29, 84 (Stand: Januar 2017).

1314 Siehe nur § 71 BauO NRW, § 9 BImSchG.

1315 *Weiblen*, in: BeckOK, BWLBO, § 57 Rz. 1 f. (Stand: April 2017).

so kann die zuständige Finanzbehörde diese – sollten die Antragsvoraussetzungen erfüllt sein –[1316] bereits vorab verbindlich klären. Im späteren Veranlagungsverfahren muss (!) der Unternehmer die insoweit geklärte Rechtsfrage seiner umsatzsteuerlichen Beurteilung zu Grunde legen, wenn er wie geplant disponiert hat. Die für die Veranlagung zuständige Finanzbehörde hat dann nur noch zu überprüfen, ob der verwirklichte Sachverhalt dem Sachverhalt entspricht, der dem Vorbescheid zu Grunde lag. Ist dies der Fall, muss die vom Unternehmer vorgenommene Würdigung hingenommen werden.[1317] Der so erlassene Vorbescheid ist in seiner Wirkung auf die konkret gestellte Rechtsfrage beschränkt, sodass es sich um einen gegenständlich beschränkten Vorbescheid handelt.[1318] Ein Vorbescheid wird dabei zumeist als ein Teilverwaltungsakt eingestuft, sodass ein teilbarer Verfahrensgegenstand vorausgesetzt ist.[1319] Ein solcher teilbarer Verfahrensgegenstand kann in einer einzelnen umsatzsteuerlichen Rechtsfrage erblickt werden. Es handelt sich insofern um einen feststellenden Verwaltungsakt.[1320] Denn die Entscheidung der zuständigen Finanzbehörde stellt für den Einzelfall verbindlich fest, welche materielle Rechtslage der umsatzsteuerlichen Würdigung zu Grunde gelegt werden muss, ohne dabei die Rechtslage zu ändern und insofern gestaltenden Charakter zu haben.[1321]

Die Frage nach dem Grund der Bindungswirkung kann also wie folgt beantwortet werden: Eine beiderseitige Bindungswirkung hat zur Folge, dass es sich nicht um eine Zusage, sondern um einen gegenständlich beschränkten Vorbescheid bezogen auf eine konkrete umsatzsteuerrechtliche Fragestellung handelt. Ein Vorbescheid ist ein feststellender Verwaltungsakt und besitzt als solcher eine immanente Bindungswirkung.

bb) … auf den Umfang der Bindungswirkung

Darüber hinaus ist für die durch den Vorbescheid gewährte Planungssicherheit insbesondere der Umfang der Bindungswirkung entscheidend. Wie schon

---

1316 Dazu noch Zweiter Teil B. V. 2. b).

1317 Zu möglichen Ausnahmen siehe noch Zweiter Teil B. V. 1. a) aa) (2).

1318 Ebenso zur Auskunft nach Art. 33 UZK: *Seer*, in: Tipke/Kruse, AO/FGO, § 89 Rz. 84 (Stand: Januar 2017).

1319 *Stelkens*, in: Stelkens/Bonk/Sachs, VwVfG, § 35 Rz. 251 ff.

1320 Zum Bauvorbescheid *Johlen*, in: Gädtke/Czepuck/Johlen/Plietz/Wenzel, BauONW, § 71 Rz. 9.

1321 Allgemein zur Abgrenzung unterschiedlicher Verwaltungsakte, *Stelkens*, in: Stelkens/Bonk/Sachs, VwVfG, § 35 Rz. 214 ff.

bei der Darstellung *de lege lata* kann hier zwischen Sachverhaltsänderungen, Rechtsänderungen und möglichen Korrekturen unterschieden werden.

(1) Sachverhaltsänderungen

Wie bei der verbindlichen Auskunft,[1322] kann auch ein Vorbescheid nur bindend in Bezug auf den Sachverhalt sein, der von der Behörde vorab subsumiert wurde (sog. *clausula rebus sic stantibus*).[1323] Entscheidend ist also erneut, dass der geplante und der verwirklichte Sachverhalt im Wesentlichen übereinstimmen. Fraglich ist dann allerdings erneut, unter welchen Voraussetzungen noch von einer unwesentlichen Sachverhaltsabweichung gesprochen werden kann oder schon von einer wesentlichen Sachverhaltsabweichung ausgegangen werden muss. Dabei muss zum einen beachtet werden, dass vorgetragener und verwirklichter Sachverhalt nur selten vollkommen identisch sind. Zum anderen ist bei der Annahme eines Vorbescheids aber auch mit einzubeziehen, dass die Vorabentscheidung nicht nur Planungssicherheit verschaffen, sondern auch das spätere Veranlagungsverfahren entlasten soll. Bürdet man der Finanzverwaltung dabei auf, einen Rechtsfolgenvergleich zwischen geplantem und verwirklichtem Sachverhalt vorzunehmen,[1324] so bleibt von der Verfahrensentlastung nicht viel übrig. Vielmehr kann dies im System der Selbstveranlagung zusätzlichen Aufwand der Finanzbehörde bedeuten, der ohne Vorbescheid nicht angefallen wäre. Dies ist auch im Interesse des Steuerpflichtigen zu vermeiden. Sinnvoll ist daher eine Festlegung kritischer und unkritischer Annahmen in Kooperation mit dem Finanzamt, um die (Un-)Wesentlichkeit und damit den Umsetzungsspielraum bei der Sachverhaltsverwirklichung zu konkretisieren.[1325]

(2) Rechtsänderungen

Ein Vorbescheid stellt eine endgültige Teilentscheidung dar, erwächst als solche in Bestandskraft und ist dann grundsätzlich auch immun gegen Rechtsänderungen.[1326] Eine solche Immunität birgt aber erhebliches Missbrauchspotential. Während ein baurechtlicher Vorbescheid meist auf ein konkretes Vorhaben bezogen ist, kann ein umsatzsteuerlicher Vorbescheid die Beurteilung einer Rechtsfrage

---

1322 Siehe bereits Erster Teil C. I. 3. d) aa).

1323 Dies ist „natürlich“ auch in anderen Staaten der Fall, siehe *Ellis*, IFA, Advance rulings, S. 118.

1324 So für die verbindliche Auskunft AEAO zu § 89 Nr. 3.2.3. S. 4; siehe auch *Horst*, Verbindliche Auskunft, S. 121 f.

1325 So in Bezug auf die verbindliche Auskunft *Seer*, in: FS Korn, S. 707, 718 f.

1326 *Stock*, in: Ernst/Zinkahn/Bielenberg/Krautzberger, BauGB, § 14 Rz. 120 (Stand: Januar 2011).

betreffen, die einen Sachverhalt mit Dauerwiederkehr betrifft. Ein und derselbe Sachverhalt wird unter Umständen vielfach verwirklicht. Die Wirkung des Vorbescheids auf nur einen dieser Sachverhalte zu beschränken, würde den Zweck desselben *ad absurdum* führen. Weder könnte der Unternehmer auf diese Weise Planungssicherheit in Bezug auf eine konkrete sich wiederholende Rechtsfrage erlangen, ohne jede einzelne Sachverhaltsverwirklichung gesondert absichern zu lassen. Noch kann dies im Interesse der Finanzverwaltung sein, einen sich stets wiederholenden Sachverhalt immer wieder aufs Neue verbescheiden zu müssen. Es ist daher zwingend notwendig, dass sich die Wirkung des Vorbescheids auf alle gleich gelagerten Sachverhalte erstreckt, die die beurteilte Rechtsfrage betreffen. Dieser notwendige Zukunftsbezug birgt allerdings die Gefahr, dass ein vorausschauender Unternehmer sich gegen eine für ihn unliebsame Rechtsänderung absichern will. Während eine verbindliche Auskunft im Fall einer anstehenden Rechtsänderung zweckwidrig nicht erteilt werden soll,[1327] soll eine anstehende und für den Vorbescheid relevante Rechtsänderung hier nicht dem Erlass eines Vorbescheids entgegenstehen, sondern unter gewissen Voraussetzungen dessen Verbindlichkeit *ipso iure* entfallen lassen (sog. *clausula legibus sic stantibus*).[1328] Bei der Frage des Umfangs der Bindungswirkung muss das Interesse des Steuerpflichtigen an der Verbindlichkeit des Vorbescheids mit dem rechtsstaatlichen und unionsrechtlichen materiellen Richtigkeitsinteresse abgewogen werden. Die Interessenslage der Beteiligten unterscheidet sich aufgrund der beiderseitigen Bindung bei einem Vorbescheid von der Interessenslage bei einer Zusage. Ändert sich die für den Vorbescheid relevante Rechtslage zu Gunsten des Unternehmers, ist die Bindungswirkung für diesen eine Last. Sein Vertrauen ist dann für zukünftige Dispositionen nicht schutzbedürftig. Ändert sich die Rechtslage hingegen zu seinen Lasten, so wird der Unternehmer an dem Vorbescheid so lange wie möglich festhalten wollen. Zuzugeben ist, dass die Unterscheidung zwischen Rechtsänderungen zu Gunsten und zu Lasten des Unternehmers im Umsatzsteuerrecht zunächst befremdlich ist, da die Umsatzsteuer im Idealfall neutral ist und weder belastet noch begünstigt. Gleichwohl kann eine mögliche Umsatzsteuerschuld oder ein Vorsteuerabzugsrecht eine geplante Disposition in einem Wettbewerb mehr oder weniger wirtschaftlich erscheinen lassen oder eine nachträgliche Abwälzung einer erhöhten Steuerschuld auf den Abnehmer

1327 Erster Teil C. III. 1.

1328 So auch der international erkennbare Grundsatz, dazu *Ellis*, IFA, Advance rulings, S. 119.

unmöglich machen, sodass diese Unterscheidung im Folgenden beibehalten werden soll.

Ausgestaltungsvorbild sollen erneut die Regelungen der Art. 33 ff. UZK sein. Es ist daher vom Grundsatz der *clausula legibus sic stantibus* auszugehen, wonach die Geschäftsgrundlage des Vorbescheids mit einer nachträglichen Änderung der relevanten Rechtslage entfällt.[1329] Als relevante Rechtsänderungen kommen dabei Änderungen des nationalen Umsatzsteuerrechts, Änderungen der Mehrwertsteuersystemrichtlinie, Änderungen von Verwaltungsmeinungen und obergerichtlicher Rechtsprechung und Rechtsprechungsänderungen von Bundesverfassungsgericht und EuGH in Betracht. Diese sollen im Folgenden näher untersucht werden. Vom Entfall der Bindungswirkung *ipso iure* soll zu Gunsten des Unternehmers immer dann eine Ausnahme gemacht werden, wenn er eine durch den Vorbescheid gesicherte Vertrauensposition bereits genutzt hat, er also zumindest die rechtliche Beurteilung im Vorbescheid bereits konkreten Planungen zu Grunde gelegt hat. Der Unternehmer kann in einem solchen Fall entsprechend Art. 34 Abs. 9 UZK die Fortgeltung des Vorbescheids für weitere sechs Monate beantragen. Der Unternehmer muss dazu ein besonderes Antragsinteresse nachweisen können.

(a) Änderung des nationalen Umsatzsteuerrechts

Ändert sich das nationale Umsatzsteuerrecht, so kann dies aufgrund zweier unterschiedlicher Anlässe geschehen. Entweder der nationale Gesetzgeber kommt seiner unionalen Umsetzungsverpflichtung nach oder er füllt einen ihm zukommenden Umsetzungsspielraum aus. Während ein Vorbescheid im ersten Fall unionsrechtswidrig wäre, würde der Vorbescheid im zweiten Fall allein gegen nationales Recht verstoßen.

Im ersten Fall beruht die Rechtsänderung auf einer vorherigen Änderung des Unionsrechts. Der Unternehmer konnte sich also innerhalb des dem nationalen Gesetzgeber eingeräumten Umsetzungszeitraums auf die Änderung des nationalen Rechts einstellen. Er hatte bis zur Rechtsänderung die Möglichkeit zu disponieren. Ab dem Zeitpunkt der Rechtsänderung muss das Vertrauensschutzinteresse des Unternehmers aber hinter das Interesse an einer unionrechtsgemäßen Veranlagung zurücktreten. Die Wirkung des Vorbescheids entfällt *ipso iure*. Gleichwohl muss dem Unternehmer die Möglichkeit gegeben werden, auf Antrag entsprechend der Vertrauensschutzregelung des Art. 34 Abs. 9 UZK eine sechsmonatige Fortgeltung des Vorbescheids zu erhalten, innerhalb derer

1329 Dazu schon Erster Teil C. I. 3. d) aa).

er eine bereits begonnene Disposition dem Vorbescheid entsprechend behandeln kann. Im Fall einer Richtlinienumsetzung ist ein besonderes Augenmerk auf den Nachweis des Antragsinteresses zu legen, da der Unternehmer in der Regel die Möglichkeit hatte, sich auf die geänderte Rechtslage einzustellen und den Vorbescheid unter Geltung der alten Rechtslage zu nutzen. Nach Ablauf der Sechs-Monats-Frist hat der Unternehmer die Möglichkeit, sich in Bezug auf die neue Rechtslage abzusichern, indem er einen neuen Vorbescheid beantragt. Entscheidend ist, dass die Bindungswirkung des Vorbescheids nur *ex nunc* ab dem Zeitpunkt der Änderung entfällt und nicht – im Falle eines rückwirkenden Gesetzes – mit dem Zeitpunkt der Änderungswirkung. Insofern muss ebenso wie in § 2 Abs. 3 StAuskV eine Rückwirkungssperre bestehen. Ändert sich das nationale Recht also aufgrund einer Unionsrechtsänderung, entfällt grundsätzlich die Bindungswirkung mit Änderung der nationalen Vorschriften, es sei denn, der Unternehmer weist ein besonderes Vertrauensschutzinteresse nach und beantragt die sechsmonatige Fortgeltung des Vorbescheids.

Im zweiten Fall – der Ausfüllung eines dem nationalen Gesetzgeber eingeräumten Umsetzungsspielraums – bestand eine Vorlaufzeit wie bei der Richtlinienumsetzung unter Umständen nicht. Das Vertrauensschutzinteresse ist anders als oben daher nicht herabgesenkt. Gleichwohl kann ein dauerwirkender und nunmehr rechtswidriger Vorbescheid nicht ewig Bestand haben. Um die Abwägung zwischen rechtsstaatlichem Richtigkeitsinteresse und dem unternehmerischen Vertrauensschutzinteresse in einem solchen Fall zu typisieren, kann auch hier eine beschränkte Vertrauensschutzregelung eingeführt werden, wie sie sich in Art. 34 Abs. 9 UZK findet. Demnach hat der Entscheidungsinhaber (hier: der Unternehmer) nach Eintritt der Rechtsänderung auf seinen Antrag hin die Möglichkeit, eine begonnene Disposition weitere sechs Monate entsprechend dem erteilten Vorbescheid zu behandeln. Er hat dann wie oben die Möglichkeit, sich auf die geänderte Rechtslage einzustellen. Ändert sich also das nationale Umsatzsteuerrecht ohne unionsrechtlichen Anstoß, hat der Unternehmer grundsätzlich die Möglichkeit, sechs weitere Monate entsprechend dem Vorbescheid zu disponieren.

Die vorgeschlagene Ausgestaltung soll sowohl für Rechtsänderungen zu Gunsten als auch zu Lasten des Unternehmers gelten. Ändert sich die Rechtslage zu Gunsten des Unternehmers, wird er froh sein, von der Bindung des Vorbescheids befreit zu sein und auf den Antrag, sein Vertrauen weitere sechs Monate schützen zu lassen, verzichten. Ändert sich die Rechtslage hingegen zu seinen Lasten, hat er die Möglichkeit, die Fortgeltung des Vorbescheids für weitere sechs Monate zu beantragen. Auf diese Weise wird sowohl dem Vertrauensschutz des Unternehmers als auch dem Rechtmäßigkeitsinteresse der Verwaltung genüge getan.

(b) Änderung der Mehrwertsteuersystemrichtlinie

Einer Anpassung des nationalen Rechts an das Unionsrecht geht im Umsatzsteuerrecht in der Regel eine Änderung der Mehrwertsteuersystemrichtlinie voraus. Es stellt sich daher die Frage, welchen Einfluss eine für den Vorbescheid relevante Änderung der Mehrwertsteuersystemrichtlinie auf dessen Bindungswirkung hat. Zu unterscheiden sind dabei zwei Konstellationen. Denkbar ist zum einen der Fall, in dem die Umsetzungsfrist noch läuft oder aber ein solcher, in dem diese bereits abgelaufen ist. In beiden Konstellationen ist es in Abgrenzung zur zuvor behandelten Änderung des nationalen Umsatzsteuerrechts noch zu keiner nationalen gesetzgeberischen Tätigkeit gekommen. Im ersten Fall, entfaltet die geänderte Richtlinie in den einzelnen Nationalstaaten noch keinen Anwendungsvorrang. Maßgeblich ist während der Umsetzungsfrist allein das nationale, noch nicht geänderte Umsatzsteuerrecht. Eine für den Vorbescheid relevante Rechtsänderung liegt also nicht vor. Ist die Umsetzungsfrist hingegen abgelaufen, so räumt der EuGH[1330] in Übereinstimmung mit dem Bundesverfassungsgericht[1331], aber entgegen früherer Judikate des BFH[1332], dem Einzelnen das Recht ein, sich unmittelbar auf eine für ihn günstige Regelung der Richtlinie zu berufen, sofern diese hinreichend bestimmt und unbedingt ist. Ist die Umsetzungsfrist also abgelaufen, hat der Einzelne die Option, sich auf die günstigere Regelung der Mehrwertsteuersystemrichtlinie zu berufen. Eine Wirkung der Richtlinie zu Lasten des Einzelnen ist ausweislich des eindeutigen Wortlauts des Art. 288 Abs. 3 AEUV nicht möglich.[1333] Fraglich ist somit, ob sich auch der Unternehmer, der einen Vorbescheid in Bezug auf eine umsatzsteuerliche Fragestellung erhalten hat, von der für ihn nunmehr ungünstigen Bindung lösen und sich unmittelbar auf die Richtlinie berufen kann. Dies ist zu bejahen. Der Unternehmer darf nicht dadurch schlechter stehen, dass der nationale Gesetzgeber seiner unionalen Verpflichtung nicht nachgekommen ist. Wäre der Gesetzgeber seiner Umsetzungsverpflichtung nachgekommen, wäre die Bindungswirkung wie oben gezeigt

1330 St. Rspr. seit EuGH v. 19.1.1982 – C-8/81, EU:C:1982:7 (*Becker*); EuGH v. 3.3.2011 – C-203/10, EU:C:2011:118, Rz. 61 (*Auto Nokilovi*); EuGH v. 25.5.2014 – C-337/13, EU:C:2014:38, Rz. 31 f. (*Almos Agrárkülkereskedelmi*).

1331 BVerfG v. 8.4.1987 – 2 BvR 687/85, BVerfGE 75, 223, 237 f. (*EWG-Vertrag*); v. 4.11.1987 – 2 BvR 763/85, UR 1988, 25; v. 28.1.1992 – 1 BvR 1025/82, 1 BvL 16/83, 10/91, BVerfGE 85, 191, 204 (*Nachtarbeitsverbot*).

1332 BFH v. 25.4.1985 – V R 123/84, BFHE 143, 383, 386 ff.

1333 Anderer Ansicht BFH v. 23.11.2010 – V R 49/00, BStBl. II 2001, 266, 268 a.E.: Die Richtlinie sei „Bestandteil des Bundesrechts (sic!) […] und [könne] unmittelbare Rechte und Pflichten für den Einzelnen erzeugen […]“.

ex-nunc zu Gunsten des Unternehmers entfallen. Gleiches muss gelten, wenn der nationale Gesetzgeber die Umsetzung nicht innerhalb der Umsetzungsfrist vornimmt. Die Bindungswirkung des Vorbescheids entfällt dann *ex-nunc* mit Ablauf der Umsetzungsfrist. Er kann nunmehr die ihm günstige, noch nicht umgesetzte neue Rechtslage seiner Selbstveranlagung zu Grunde legen.

Ändert sich also die Mehrwertsteuersystemrichtlinie, so entfällt die Bindungswirkung des Vorbescheids grundsätzlich erst mit der entsprechenden Anpassung des nationalen Rechts. Ausnahmsweise kann der Unternehmer eine vom Vorbescheid abweichende Behandlung aber schon zuvor geltend machen, wenn eine für ihn günstige Richtlinienänderung nicht fristgerecht umgesetzt worden ist.

(c) Änderung von Verwaltungsmeinungen und obergerichtlicher Rechtsprechung

Keine für die Bindungswirkung relevante Rechtsänderung stellt die Änderung einer Verwaltungsmeinung durch Erneuerung einer (nur verwaltungsintern wirkenden) Verwaltungsanweisung und eine Änderung der obergerichtlichen Rechtsprechung dar. Insbesondere im letzteren Fall wird nur nachträglich festgestellt, was bereits zuvor geltende Rechtslage war. Stellt sich der Vorbescheid nachträglich zu Gunsten des Unternehmers als von Anfang an rechtswidrig heraus, liegt das Risiko des Rechtsirrtums insofern bei der erteilenden Finanzbehörde.[1334] Stellt sich der Vorbescheid hingegen nachträglich als rechtswidrig hinaus, weil er zu Lasten des Unternehmers vom Recht abweicht, so hat der Unternehmer den Vorbescheid in formelle Bestandskraft erwachsen lassen, sodass das Risiko der weiterhin bestehenden Bindungswirkung ihm anzulasten ist. In keinem Fall entfällt daher die Bindungswirkung von Gesetzes wegen.[1335]

(d) Nichtigkeits- und Unvereinbarkeitserklärung durch das Bundesverfassungsgericht

Besonderheiten könnten bei Nichtigkeits- oder Unvereinbarkeitserklärungen des Bundesverfassungsgerichts auftreten. Diesen Entscheidungen kommt gem. § 31 Abs. 2 BVerfGG Gesetzeskraft zu. Erklärt das Bundesverfassungsgericht eine Norm für nichtig oder für mit dem Grundgesetz unvereinbar[1336], stellt dies grundsätzlich eine relevante Rechtsänderung dar, sodass die Bindungswirkung

---

1334 Siehe bereits Erster Teil C. I. 3. d) aa).

1335 Zur Regelung des § 207 AO ebenfalls *Seer*, in: Tipke/Kruse, AO/FGO, § 207 Rz. 3 m.w.N. (Stand: Februar 2018).

1336 Zur Gleichstellung: *Bethge*, in: Maunz/Schmidt-Bleibtreu/Klein/Bethge, BVerfGG, § 79 Rz. 44 (Stand: Januar 2017).

ipso iure entfällt.[1337] Während dieser Gedanke für Zusagen uneingeschränkt richtig ist, enthält § 176 Abs. 1 Nr. 1 AO einen abweichenden Gedanken für Steuerbescheide. Demnach darf bei der Aufhebung oder Änderung eines Steuerbescheids eine Nichtigkeitserklärung nicht zu Ungunsten des Steuerpflichtigen berücksichtigt werden. Dieser Vertrauensschutzgedanke kann zumindest eingeschränkt auf den Vorbescheid übertragen werden. Der Vorbescheid enthält eine Teilendentscheidung und nimmt damit einen Teil der späteren Steuerfestsetzung vorweg. Für den vorweggenommenen Teil der Steuerfestsetzung muss dasselbe gelten wie für die Steuerfestsetzung im Steuerbescheid selbst. Während aber der Steuerbescheid allein bereits abgeschlossene Sachverhalte umfasst, regelt der Vorbescheid vorab einen noch nicht (vollständig) verwirklichten Sachverhalt und unter Umständen weitere in der Zukunft liegende Sachverhalte. Die vertrauensschützende Wirkung des § 176 Abs. 1 Nr. 1 AO kann auf den Vorbescheid daher nur insoweit übertragen werden, als eine Disposition bereits teilweise getätigt wurde. Ist dies geschehen, kann erneut eine Möglichkeit geschaffen werden, entsprechend Art. 34 Abs. 9 UZK eine Fortgeltung der Bindungswirkung für weitere sechs Monate zu beantragen. Auf diese Weise wird sowohl der Entscheidung des Bundesverfassungsgerichts und deren Wirkung für die Zukunft hinreichend Bedeutung beigemessen als auch dem Vertrauensschutz des Unternehmers genüge getan, der eine begonnene Disposition noch fortsetzen kann. Erklärt das Bundesverfassungsgericht eine Norm, auf der der Vorbescheid beruht, also zu Lasten des Unternehmers für nichtig, hat der Unternehmer die Möglichkeit, seinen Vorbescheid weitere sechs Monate zu nutzen, sofern er ein besonderes Vertrauensschutzinteresse nachweist.

(e) Entscheidungen des Europäischen Gerichtshofs

Letztlich muss untersucht werden, welchen Einfluss Entscheidungen des Europäischen Gerichtshofs auf die Bindungswirkung des Vorbescheids haben, wenn sie Normen betreffen, auf denen die Entscheidung der Finanzbehörde beruhte. Eine Entscheidung über Vorschriften der Mehrwertsteuersystemrichtlinie wird in der Regel im Rahmen eines Vorabentscheidungsverfahrens nach Art. 267 AEUV ergehen. Grundsätzlich kommt einem Urteil des EuGH in einem Vorabentscheidungsverfahren dabei nur eine Bindung *inter partes* zu. Das heißt, dass allein die in derselben Sache im Ausgangsstreitverfahren entscheidenden Gerichte an den Tenor gebunden sind.[1338] Insofern ist eine deutsche Rechtnorm

---

1337 Zur verbindlichen Zusage nach § 204 AO siehe nur *Seer*, in: Tipke/Kruse, AO/FGO, § 207 Rz. 3 (Stand: Februar 2018) m.w.N. zur überwiegenden Literaturansicht.

1338 Siehe nur *Ehricke*, in: Streinz, EUV/AEUV, Art. 267 Rz. 68 m.w.N.

nur dann entsprechend des Tenors der Entscheidung des EuGH auszulegen oder bei Erreichen der Wortlautgrenze unangewendet zu lassen, wenn auch ein deutsches Gericht das Vorlageverfahren angestrengt hat. Darüber hinaus besteht nach herrschender Meinung aber auch eine Bindungswirkung *erga omnes*, das heißt über den entschiedenen Einzelfall hinaus.[1339] Die Entscheidungen des EuGH haben dabei keine unmittelbare Auswirkung auf das nationale Recht. Sie beanspruchen nur insofern Wirkung, als dass sie hinsichtlich der Auslegung der Richtlinie für die nationalen Gerichte und Behörden bei der Auslegung des nationalen Rechts verbindlich sind.[1340] Ist die nationale Regelung auslegungsfähig, das heißt stößt sie in Bezug auf die richtlinienkonforme Auslegung nicht an die Wortlautgrenze, und wurde dem Vorbescheid eine andere Auslegung als die des EuGH zu Grunde gelegt, so ist der Vorbescheid unionsrechtswidrig. Die typisierte Abwägung zwischen Anwendungsvorrang des Unionsrechts und Vertrauensschutz des Unternehmers führt dann erneut zu einer entsprechenden Anwendung der Vorschrift des Art. 34 Abs. 9 UZK. Auf Antrag kann der Unternehmer also die Fortgeltung des Vorbescheids für weitere sechs Monate verlangen. Kann die nationale Norm nicht unionsrechtskonform ausgelegt werden, ist die Richtlinie durch den nationalen Gesetzgeber nicht ordnungsgemäß umgesetzt. Begründet die Richtlinie nunmehr ein hinreichend bestimmtes und unbedingtes Recht des Unternehmers, kann dieser sich zu seinen Gunsten auf die richtige Auslegung der Mehrwertsteuersystemrichtlinie berufen und ist insoweit nicht an den für ihn ungünstigen Vorbescheid gebunden. Der Unternehmer erhält ähnlich der verbindlichen Auskunft die Option, sich auf die ihm günstigere Regelung zu berufen. Die Bindungswirkung wird also einseitig aufgehoben.

Es lässt sich somit zusammenfassen, dass eine relevante Änderung der Rechtslage grundsätzlich nur dann vorliegt, wenn das nationale Umsatzsteuerrecht, auf dem der Vorbescheid beruht, geändert wird oder für den Vorbescheid relevante Normen vom Bundesverfassungsgericht für nichtig oder mit dem Grundgesetz für unvereinbar erklärt werden. Gleiches gilt, wenn die mögliche Auslegung einer nationalen Rechtsnorm nicht der Auslegung der Mehrwertsteuersystemrichtlinie durch den EuGH entspricht. Ist das Vertrauen des Unternehmers in einem solchen Fall schutzwürdig, hat er grundsätzlich die Möglichkeit, die Fortgeltung des Vorbescheids für weitere sechs Monate zu beantragen. Verzichtet der Unternehmer auf diesen Antrag, entfällt die Bindungswirkung *ex nunc* zum Zeitpunkt der Rechtsänderung.

1339 Str., siehe dazu nur *Ehricke*, in: Streinz, EUV/AEUV, Art. 267 Rz. 69 m.w.N.
1340 *Stadie*, in: Stadie, UStG, Einf. Rz. 67.

Ändert sich die Mehrwertsteuersystemrichtlinie, so entfällt die Bindungswirkung des Vorbescheids grundsätzlich erst mit der entsprechenden Anpassung des nationalen Rechts. Der Unternehmer kann nur dann eine vom Vorbescheid abweichende Behandlung verlangen, wenn eine für ihn günstige Richtlinienänderung nicht fristgerecht umgesetzt worden ist oder eine für ihn günstige Entscheidung des EuGH nicht im Wege richtlinienkonformer Auslegung umgesetzt werden kann.

(3) Bestandskraft und Korrektur

Geklärt sind damit die Auswirkungen von nachträglichen Rechtsänderungen auf die Bindungswirkung des Vorbescheids. Offen ist aber weiterhin, wie es sich auf die Bestandskraft des Vorbescheids auswirkt, wenn dieser bereits bei Erlass rechtswidrig war. Als Verwaltungsakt wird der Vorbescheid mit dem Inhalt wirksam, mit dem er bekanntgegeben worden ist, § 124 Abs. 1 S. 1, 2 AO. Sofern er nicht nichtig ist (§ 124 Abs. 3 AO), bleibt er wirksam, solange und soweit er nicht zurückgenommen, widerrufen, anderweitig aufgehoben oder erledigt ist, § 124 Abs. 2 AO. Auch ein rechtswidriger Vorbescheid bleibt also grundsätzlich wirksam.

Fraglich ist zunächst, ob ein Vorbescheid mit einem „Ablaufdatum" versehen werden sollte. Dies ist in AEAO zu § 89 Nr. 3.5.6 für die verbindliche Auskunft und in Art. 33 Abs. 3 UZK für die vZTA und die vUA vorgesehen. Während der Geltungszeitraum einer verbindlichen Auskunft im Ermessen der Finanzbehörde liegt und als solcher fakultativ ist, sieht Art. 33 Abs. 3 UZK eine Gültigkeit der vZTA und der vUA von drei Jahren vor. Art. 33 Abs. 3 UZK soll dabei den raschen Veränderungen der Technologie und der Handels- bzw. Warenströme Rechnung tragen.[1341] Einem solchen tatsächlichen Wandel ist das Umsatzsteuerrecht aber generell nicht unterworfen. Zukünftige Änderungen der Rechtslage werden wie oben beschrieben bereits hinreichend erfasst. Insofern ist bei einem Vorbescheid aber die besondere Interessenslage des Steuerpflichtigen zu beachten. Der Steuerpflichtige, der selbst an die im Vorbescheid vorgenommene rechtliche Würdigung gebunden ist, steht nach Ablauf etwaiger Rechtsbehelfsfristen möglicherweise vor der Situation, dass eine ehemals für ihn günstige Entscheidung im Vorbescheid sich im Nachhinein als unwirtschaftlich herausstellt. Zwar ist ihm dabei auf der einen Seite anzulasten, dass er den Vorbescheid in formelle Bestandskraft hat erwachsen lassen. Auf der anderen Seite soll der Vorbescheid seiner Grundkonzeption nach die Belastung des umsatzsteuerlichen Unternehmers ausgleichen. Dem Unternehmer muss daher die Möglichkeit eingeräumt werden, sich nach Ablauf eines noch überschaubaren Zeitraums eine günstigere

1341 So *Seer*, in: Tipke/Kruse, AO/FGO, § 89 Rz. 92 (Stand: Januar 2017) unter Verweis auf *Lux*, ZfZ 2014, 178, 185 f.

rechtliche Würdigung erstreiten zu können. Dabei darf der Zeitraum, in dem der Vorbescheid Wirkung entfaltet, nicht zu kurz bemessen sein, da andernfalls in einem gegen einen negativen Vorbescheid angestrengten Rechtsschutzverfahren mit Wegfall der Bindungswirkung regelmäßig Erledigung eintreten würde. Es erscheint daher zweckmäßig, auch für den Vorbescheid im Umsatzsteuerrecht ein „Ablaufdatum" von drei Jahren vorzusehen.[1342]

Darüber hinaus ist fraglich, welche Möglichkeiten der erteilenden Finanzbehörde eingeräumt werden sollten, den Vorbescheid aufzuheben oder zu ändern. Anders als die verbindliche Auskunft, die ein schon gesetzgeberisch verworrenes Korrekturkonzept verfolgt, soll dieses für einen Vorbescheid im Umsatzsteuerrecht möglichst einfach ausgestaltet sein. Wie schon für die verbindliche Auskunft, sind die Vorschriften der §§ 130, 131 AO auch für den Vorbescheid nur von geringer praktischer Relevanz.[1343] Eine Einordnung des Vorbescheids als einen dem Steuerbescheid gleichgestellten Steuerverwaltungsakt mit der Folge, dass auch die für Steuerbescheide anwendbaren Korrekturvorschriften Anwendung finden würden, kann nicht vorgenommen werden. Ein Vorbescheid, der zukünftige Dispositionen schützt und solche Dispositionen rechtlich bewertet oder Hilfe bei der noch vorzunehmenden Selbstveranlagung leisten soll, kann nicht mit einem Steuerbescheid, der bereits getätigte und veranlagte Dispositionen zum Gegenstand hat, gleichgestellt werden.

Vielmehr ist eine Korrekturmöglichkeit zu schaffen, die inhaltlich weitestgehend der des § 2 Abs. 4 StAuskV entspricht, um die Gleich- und Gesetzmäßigkeit der Besteuerung sicherzustellen.[1344] Demnach können „unrichtige" verbindliche Auskünfte grundsätzlich[1345] *pro futuro* aufgehoben werden. Unrichtigkeit heißt dabei Rechtswidrigkeit.[1346] Eine solche Vorschrift würde daher den Grundsatz der freien Aufhebbarkeit rechtswidriger Verwaltungsakte[1347] entsprechen, wie er

---

1342 Zu Vorteilen einer Gültigkeitsdauer aus rechtsvergleichender Sicht *Ellis*, IFA, Advance rulings, S. 116 f.

1343 Siehe dazu die insoweit übertragbaren Ausführungen bei Erster Teil C. I. 3. d) cc).

1344 So auch die Beweggründe des Verordnungsgebers bei der Schaffung des § 2 Abs. 3 (nunmehr § 2 Abs. 4) StAuskV, siehe BR-Drs. 725/07, S. 6.

1345 Zur einzuführenden Ausnahme noch Zweiter Teil B. V. 2. d) bb).

1346 AEAO zu § 89 Nr. 3.6.6.; *Horst*, Verbindliche Auskunft, S. 138; *Franke/v. Cölln*, BB 2008, 584, 586; zu Recht kritisch ob der ungenauen Begriffsverwendung *Lichtinghagen/Verpoorten*, StuB 2008, 753, 757: insofern sollte eine Regelung bei einem Vorbescheid von Rechtswidrigkeit sprechen.

1347 Dazu *Wendt*, JA 1980, 85 ff.; darauf verweist auch *Jochum*, in: FS Fiedler, S. 793, 799 in Bezug auf § 2 Abs. 1 S. 2 StAuskV.

auch in § 130 Abs. 1 AO und § 48 Abs. 1 S. 1 VwVfG zum Ausdruck kommt. Diesem Grundsatz steht allein der Vertrauensschutz des Adressaten entgegen. Der Vertrauensschutz wird dabei einerseits dadurch gewährleistet, dass eine Aufhebung oder Änderung grundsätzlich nur *ex nunc* wirkt und daher bereits verwirklichte Sachverhalte nicht erfasst. Zum anderen muss die zuständige Finanzbehörde das Interesse des Unternehmers am Bestand des Vorbescheids mit dem Interesse einer rechtsrichtigen Vorabentscheidung im Einzelfall abwägen. Typisierend kann für die Abwägung auf den Maßstab des § 48 Abs. 2 S. 2, 3 VwVfG abgestellt werden.[1348] Demnach ist das Vertrauen in der Regel schutzwürdig, wenn der Begünstigte eine Vermögensdisposition getroffen hat, die er nicht mehr oder nur unter Inkaufnahme unzumutbarer Nachteile rückgängig machen kann. Diese Ermessenserwägung wird auch von AEAO zu § 89 Nr. 3.6.8. für § 2 Abs. 4 StAuskV übernommen.[1349] Bezogen auf das Umsatzsteuerrecht bedeutet dies, dass eine nachträgliche Überwälzung der geänderten Steuerschuld für den Unternehmer nicht mehr möglich oder unzumutbar ist. Gemeint ist also der Zeitraum zwischen Disposition und entsprechender Voranmeldung. Die Korrektur muss daher immer dann unterbleiben, wenn ihm die Nachforderung beim Rechnungsempfänger mit zumutbaren Mitteln verschlossen ist. Das ist bei Umsatzgeschäften mit privaten Endverbrauchern in der Regel der Fall. Bei zwischenunternehmerischen Umsätzen stellt sich die Frage, ob der Unternehmer die Verhandlungsmacht hatte, eine sog. Steuer- oder Preisanpassungsklausel zu vereinbaren und ob sein Abnehmer noch solvent ist. Maßstab kann insofern die Regelung des § 17 Abs. 2 Nr. 1 UStG sein, wonach die Bemessungsgrundlage bei Uneinbringlichkeit berichtigt werden kann. Eine Uneinbringlichkeit liegt demnach vor, wenn objektiv ersichtlich ist, dass der Leistende seine Entgeltforderung ganz oder teilweise zumindest auf absehbare Zeit rechtlich oder tatsächlich nicht durchsetzen kann.[1350]

Folge der beiderseitigen Bindungswirkung ist, dass entgegen der Regelung der verbindlichen Auskunft, der Vorbescheid auch dann verbindlich bleibt, wenn er

1348 Ähnlich *Thiele*, Auskünfte und Zusagen, S. 172.

1349 Dazu auch *Jochum*, in: FS Fiedler, S. 793, 800 ff., die kritisch davon spricht, dass die „Korrekturvorschriften des allgemeinen Verwaltungsrechts im steuerrechtlichen Gewand“ Anwendung finden.

1350 BFH v. 22.7.2010 – V R 4/09, BStBl. II 2013, 590, Rz. 44; *Englisch*, in: Tipke/Lang, Steuerrecht, § 17 Rz. 287; *Frye*, in: R/D, UStG, § 20 Rz. 66 ff. m.w.N. (Stand: Oktober 2016); eine Auslegung am Wortlaut des Gesetzes fordert auch *Fischer*, Rechtfertigung der Umsatzsteuer, S. 126.

zu Lasten des Unternehmers rechtswidrig ist. Möglich ist dann eine Aufhebung, der nur ein verringertes Vertrauensschutzinteresse entgegensteht.

Fraglich ist, ob Änderungen einer Verwaltungsanweisung oder Rechtsprechungsänderungen auf die Korrekturmöglichkeit des Vorbescheids Einfluss nehmen, da sich diese, wie oben gezeigt, nicht *ipso iure* auf die Bindungswirkung des Vorbescheids auswirken. Entgegen dem AEAO zu § 89 Nr. 3.6.6. begründet eine Änderung einer Verwaltungsanweisung keine Korrekturmöglichkeit, denn bloße Verwaltungsinterna fallen hier wie dort in den Risikobereich der Finanzverwaltung.[1351] Im Fall einer Rechtsprechungsänderung ist wie bei der verbindlichen Auskunft eine auf den Einzelfall bezogene Güterabwägung zwischen Rechtsrichtigkeit und Rechtssicherheit vorzunehmen.[1352]

Ein Bedürfnis, auch einen rechtmäßigen Vorbescheid aufzuheben, besteht nicht. Zum einen stellt ein rechtmäßiger Vorbescheid nur fest, was im späteren (Selbst-)Veranlagungsverfahren ohnehin rechtlich bindend geworden wäre. Und zum anderen verliert ein im Erlasszeitpunkt rechtmäßiger Vorbescheid im Falle einer nachträglichen Rechts- oder Sachverhaltsänderung – wie gezeigt – *ipso iure* seine bindende Wirkung.

In Bezug auf den späteren Steuerbescheid folgt aus der beiderseitigen Bindungswirkung darüber hinaus, dass der Vorbehalt der Nachprüfung gem. §§ 168 S. 1, 164 Abs. 1 AO, soweit die im Vorbescheid beurteilte Rechtsfrage betroffen ist, keine Korrekturmöglichkeit begründen kann, da andernfalls der Vorbescheid seiner absichernden Wirkung beraubt wäre. Eine dennoch vorgenommene Korrektur wäre ermessensfehlerhaft.

Es kann also festgehalten werden, dass ein Vorbescheid im Umsatzsteuerrecht eine maximale Gültigkeitsdauer von 3 Jahren haben sollte. Darüber hinaus kann die Bestandskraft nur durchbrochen werden, wenn der Vorbescheid rechtswidrig ist und der Korrektur kein schutzwürdiges Vertrauensschutzinteresse des Unternehmers entgegensteht.

1351 Zur Verbindlichen Auskunft: *Seer*, Verständigungen, S. 475; *ders.*, StBJb 2012/2013, S. 557, 572; *Horst*, Verbindliche Auskunft, S. 142 ff.; *Lichtinghagen/Verpoorten*, StuB 2008, 753, 759: rechtsstaatlich nicht vertretbar.

1352 Zur verbindlichen Auskunft: *Seer*, Verständigungen, S. 475; gegen jedweden Einfluss von Rechtsprechungsänderungen *Lichtinghagen/Verpoorten*, StuB 2008, 753, 758; differenzierend *Horst*, Verbindliche Auskunft, S. 146 f., der zumindest bei höchstrichterlichen Entscheidungen, nicht aber bei FG-Entscheidungen eine Änderungsmöglichkeit anerkennt. Letztlich wird dieser Streit in der Praxis nur von geringer Bedeutung sein, da die Verwaltung verpflichtet ist, die Rechtsprechung schonend zu implementieren, siehe *Horst*, Verbindliche Auskunft, S. 147 m.w.N.

(4) Besonderheiten bei der Beurteilung eines bereits verwirklichten Sachverhalts

Wird wie gefordert ein bereits verwirklichter Sachverhalt von der zuständigen Finanzbehörde beurteilt, um die Selbstveranlagung des Unternehmers zu erleichtern, stellt sich die Frage nach einer relevanten Sachverhaltsabweichung naturgemäß nicht. Auch die Problematik von relevanten Rechtsänderungen stellt sich nicht, da insofern die Rechtslage im Zeitpunkt der Sachverhaltsverwirklichung maßgeblich ist.

Ebenso wie die Beurteilung von geplanten Dispositionen, soll aber auch die Beurteilung einer bereits vorgenommenen Disposition auf die bereits dargestellte Weise für zukünftige Veranlagungen von Bedeutung sein. Beurteilt die Finanzbehörde einen verwirklichten Sachverhalt vorab, das heißt vor der Veranlagung durch den Unternehmer, ist die vorgenommene Beurteilung sowohl für den Unternehmer als auch für die Finanzverwaltung für zukünftige, innerhalb von drei Jahren vorgenommene Dispositionen verbindlich, sofern ein Sachverhalt mit Dauerwiederkehr vorliegt.[1353] In Bezug auf die noch nicht verwirklichten, aber von der Bindungswirkung des Vorbescheids umfassten Sachverhalte, finden die oben genannten Grundsätze über Sachverhalts- und Rechtsänderungen daher uneingeschränkt Anwendung. Ändert sich in diesem Fall der Vorbescheid ist eine Korrektur des Steuerbescheids (analog) § 175 Abs. 1 Nr. 1 AO möglich.

Eine solche Ausgestaltung ist nicht nur im Interesse des Unternehmers sinnvoll, weil dieser nicht noch einen zusätzlichen zukunftsbezogenen Antrag stellen muss, sondern auch für die Finanzverwaltung, deren Entscheidung zusätzliche Relevanz verliehen wird und sie von zukünftigen Anträgen entlastet.

cc) … auf den Rechtsschutz des Antragstellers

Eine der zentralen Auswirkungen der beiderseitigen Bindungswirkung und der damit einhergehenden Einordnung als Vorbescheid ist ein im Gegensatz zur verbindlichen Auskunft umfassender Rechtsschutz. Während die Rechtsprechung die inhaltliche Kontrolle einer verbindlichen Auskunft zweckwidrig und unter Verstoß gegen Art. 19 Abs. 4 GG auf eine Evidenzkontrolle zurücknimmt,[1354] ist bei einem Vorbescheid eine umfassende Inhaltskontrolle umso mehr geboten.

1353 Eine zumindest ähnliche Idee liegt der verbindlichen Zusage nach § 204 AO zu Grunde, die der Beurteilung einer bereits vorgenommenen Disposition ebenfalls Zukunftswirkung verleiht.

1354 Dazu oben Erster Teil C. V. 1.

Bewirkt ein Vorbescheid eine beiderseitige Bindungswirkung zu Gunsten wie auch zu Lasten des Unternehmers, so muss es ohne Einschränkung möglich sein, dass er den inhaltlichen Umfang der unter Umständen belastenden Bindungswirkung vollumfänglich überprüfen lassen kann. Anders als die verbindliche Auskunft, die allein begünstigend wirkt, kann die durch den Vorbescheid bewirkte Bindung des Unternehmers diesen belasten. Entspricht der Vorbescheid inhaltlich nicht seinen Vorstellungen, so kann dieser in vollem Umfang auf seine Rechtmäßigkeit hin untersucht werden. Während die Rechtsprechung ihre inhaltliche Kontrolldichte bei einer verbindlichen Auskunft zurücknimmt, weil sie befürchtet, in einem nur hypothetischen Fall entscheiden zu müssen, ist diese Gefahr bei der Ausgestaltung einer vertrauensschützenden Hilfe durch die Verwaltung in Form eines Vorbescheids wesentlich verringert. Zwar besteht nach wie vor die Möglichkeit, dass der Unternehmer den geplanten und im Vorbescheid abgesicherten Sachverhalt überhaupt nicht verwirklicht. Dies dürfte aber unwahrscheinlich sein. Denn ein Unternehmer, der den Rechtsweg gegen einen ihm unliebsamen Vorbescheid einschlägt und das damit einhergehende Kosten- und Zeitrisiko auf sich nimmt, wird die Verwirklichung des Sachverhalts vernünftigerweise jedenfalls ernsthaft in Erwägung ziehen. Ausgeräumt ist durch die Handlungsform des Vorbescheids aber die Möglichkeit und damit die Befürchtung der Rechtsprechung, dass die zu treffende Entscheidung deshalb keinen Einfluss auf das spätere Veranlagungsverfahren nehmen wird, weil der Unternehmer – wie bei der verbindlichen Auskunft möglich – von seiner Option sich „zusagekonform" behandeln zu lassen, keinen Gebrauch machen wird. Dieses Optionsrecht steht dem Unternehmer nicht zu. Er ist ebenso wie die Finanzverwaltung an die Feststellungen im Vorbescheid gebunden. Eine Entlastung des späteren (Selbst-)Veranlagungsverfahrens kann nur dann wirksam eintreten, wenn bereits vorab eine umfassende Klärung der Rechtslage – auch und insbesondere vor Gericht – möglich ist.

Der Unternehmer kann sowohl im Falle der Ablehnung als auch gegen einen (teilweise) negativen Vorbescheid Verpflichtungseinspruch (§ 44 Abs. 1 FGO, § 347 Abs. 1 Nr. 1 AO) einlegen und im Anschluss Verpflichtungsklage (§ 40 Abs. 1 Alt. 2 FGO) erheben, um den gewünschten (rechtmäßigen) Vorbescheid zu erlangen. Die beiderseitige Bindungswirkung führt sogar dann zu einer Klagebefugnis des Unternehmers, wenn seinem Antrag positiv entsprochen wird.[1355] Statthaft ist dann ein Anfechtungseinspruch mit anschließender Anfechtungsklage (§ 40 Abs. 1 Alt. 1 FGO). Steht in Frage, ob die

1355 Zur vZTA und vUA *Seer*, in: Tipke/Kruse, AO/FGO, § 89 Rz. 96 (Stand: Januar 2017).

Bindungswirkung des Vorbescheids weiterhin besteht, ist die Feststellungsklage nach § 41 FGO statthaft. Erledigt sich das Verfahren durch einen ungültig gewordenen Vorbescheid, ist das Verfahren auf eine Fortsetzungsfeststellungsklage umzustellen. Erhebt der Unternehmer Klage gegen den an ihn ergangenen Steuerbescheid, entfällt damit das Rechtsschutzinteresse in Bezug auf den Vorbescheid nicht, da die inhaltliche Prüfung des Vorbescheids auch Einfluss auf künftige (Selbst-)Veranlagungen hat.[1356]

dd) … auf die korrekte Bezeichnung der Handlungsform

Wie oben bereits festgestellt wurde, geht mit einer beiderseitigen Bindungswirkung einher, dass es sich bei genauer Betrachtung begrifflich nicht mehr um eine *Zusage* handelt. Korrekterweise müsste daher nunmehr von einem *Vorbescheid* gesprochen werden. Es sollte daher nicht unsauber an bestehende Begrifflichkeiten angeknüpft (*Umsatzsteueranrufungsauskunft*)[1357] oder weiterhin von einer *Zusage* gesprochen werden. Vielmehr sollte die beiderseitige Bindungswirkung auch terminologisch zur Folge haben, dass nunmehr von einem *Umsatzsteuervorbescheid* gesprochen wird.

b) Zwischenergebnis: Beiderseitige Bindungswirkung als Vorteil für Antragsteller und Finanzverwaltung

Festzuhalten ist, dass die beiderseitige Bindungswirkung sowohl für die Finanzverwaltung als auch für den Steuerpflichtigen überwiegend vorteilhaft ist. Für die Finanzverwaltung bedeutet die beiderseitige Bindungswirkung, dass der Entscheidung über den Vorbescheid eine höhere Relevanz für die spätere Steuerfestsetzung zukommt. Daraus resultiert zugleich der Vorteil des Steuerpflichtigen, dass die Finanzverwaltung bewogen sein könnte, einen Vorbescheid bereitwilliger zu erteilen, was die Kooperation deutlich erleichtern würde. Zudem gehen mit der Bindung des Steuerpflichtigen umfassende Rechtsschutzmöglichkeiten einher, die ihm bei der verbindlichen Auskunft *de lege lata* nicht zur Seite stehen. Die „Beschwer“ des Steuerpflichtigen mit der ihn betreffenden Bindungswirkung wird daher – insbesondere mit Blick darauf, dass der Vorbescheid seine Gültigkeit nach drei Jahren verliert – kompensiert.

1356 Anders als im Baurecht, wo der Bauvorbescheid auf ein konkretes, sich nicht wiederholendes Vorhaben bezogen ist, dazu *Pützenbacher*, BeckOK, HessBO, § 66 Rz. 54 (Stand: Juni 2016).

1357 So bislang *Seer/Hardeck*, StuW 2016, 366, 368 f. sowie *ders.*, SteuerStud 2016, 601, 607 f.

In Bezug auf die bestehenden Korrekturmöglichkeiten unterscheidet sich die hier vorgeschlagene Ausgestaltung nur unwesentlich von der Ausgestaltung der verbindlichen Auskunft. Während bei der verbindlichen Auskunft aber die Ausgestaltung der zentralen und in der Praxis relevanten Korrekturnorm des § 2 Abs. 4 StAuskV dem Verordnungsgeber überlassen wurde, sollte dies für einen Vorbescheid vom Gesetzgeber selbst entschieden werden.

Nachträgliche Sachverhalts- oder Rechtsänderungen führen bei der hier vorgeschlagenen Ausgestaltung wie auch bei der verbindlichen Auskunft grundsätzlich zum Entfall der Bindungswirkung von Gesetzes wegen. Zu Gunsten des Unternehmers wird hier allerdings eine auf Antrag zu erteilende Fortgeltung des Vorbescheids für weitere sechs Monate vorgeschlagen, um dem Vertrauensschutz auch in diesen Fällen vollumfänglich gerecht zu werden.

2. *Einzelne Verfahrensfragen*

a) *Zuständigkeit des Bundeszentralamts für Steuern*

Verfahrensrechtliches Novum soll die Zentralzuständigkeit des Bundeszentralamts für Steuern für die Erteilung eines Umsatzsteuervorbescheids sein.[1358]

aa) Verfassungsrechtlicher Grundsatz: Zuständigkeit der Landesfinanzbehörden

Eine Neuordnung der verfahrensrechtlichen Zuständigkeitsverteilung muss sich dabei – sofern dies einfachgesetzlich geschieht – zunächst an den finanzverfassungsrechtlichen Vorgaben des Grundgesetzes messen lassen. Insofern enthält Art. 108 Abs. 2 S. 1 GG den Grundsatz, dass die in Art. 108 Abs. 1 GG genannten Steuern[1359] von den Bundesfinanzbehörden und die übrigen Steuern von den Landesfinanzbehörden verwaltet werden. Die Zuständigkeit der Landesfinanzbehörden umfasst dabei insbesondere die Verwaltung der Einkommen-, Körperschaft- und Umsatzsteuer, sodass auch die Erteilung eines Vorbescheids in Umsatzsteuersachen grundsätzlich Sache der zuständigen Landesbehörde ist.[1360]

1358 Ebenso *Thiele*, Auskünfte und Zusagen, S. 155, 191, 204; vielerorts „zumindest" eine Zentralzuständigkeit fordernd *Seer*, zuletzt: FR 2017, 161, 169; er schlägt dafür die Oberfinanzdirektionen vor, so schon in: StBJb 2012/2013, S. 557, 581.

1359 Dies umfasst die Zölle, Finanzmonopole, die bundesgesetzlich geregelten Verbrauchsteuern einschließlich der Einfuhrumsatzsteuer, die Kraftfahrzeugsteuer und sonstige auf motorisierte Verkehrsmittel bezogene Verkehrsteuern.

1360 Siehe nur *Horst*, Verbindliche Auskunft, S. 83; die Zuständigkeit der Finanzverwaltungen für die Erteilung von Zusagen ist auch international der Grundsatz. Ausnahmen

bb) Verfassungsrechtlich mögliche Ausnahme: Zweckmäßigkeit einer Bundeszentralzuständigkeit

Von diesem Grundsatz sieht Art. 108 Abs. 4 S. 1 GG jedoch Ausnahmen vor. So kann insbesondere gem. Art. 108 Abs. 4 S. 1 Var. 3 GG durch zustimmungsbedürftiges Bundesgesetz bestimmt werden, dass für die Verwaltung der sonstigen Steuern nach Art. 108 Abs. 2 S. 1 GG Bundesbehörden zuständig sind. Voraussetzung ist, dass dadurch der Vollzug der Steuergesetze erheblich verbessert oder vereinfacht wird. Anders gewendet muss die Zentralisierung Zweckmäßigkeitserwägungen dienen.[1361]

Von zentraler Bedeutung sind insofern Erwägungen der Effektivität und der Einheitlichkeit. Denn prospektiver Vertrauensschutz kann nur gewährleistet werden, wenn der Unternehmer die Möglichkeit hat, zeitnah einen Vorbescheid über eine sich ihm stellende rechtliche Problemstellung zu erhalten. Liegt die Zuständigkeit bei den auch im späteren Veranlagungsverfahren zuständigen örtlichen Finanzbehörden, wird dies bei ohnehin schon komplexen Fragestellungen zu zusätzlichem Zeitverlust führen. Die örtlichen Finanzämter sind oftmals weder personell noch sachlich ausgestattet, um komplexe rechtliche Fragestellungen mit der notwendigen Rechtmäßigkeitsgarantie innerhalb einer für den Steuerpflichtigen noch hinnehmbaren Frist zu erteilen. Insofern kommt es in der Praxis oftmals zu vertikalen Rückversicherungen innerhalb des Verwaltungsaufbaus, sodass die Sachentscheidung tatsächlich nicht örtlich, sondern bereits teilzentralisiert getroffen wird.[1362] Der damit einhergehende Zeitverlust ist jedoch vermeidbar,[1363] indem der bereits unter geltendem Recht eigentliche Entscheidungsträger von Anfang an für zuständig erklärt wird. Aus dem Blickwinkel des Unternehmers ist eine Zentralisierung allein aus diesen Gründen zweckmäßig. Aber auch die Finanzverwaltung hat ein Interesse daran, bestimmte Fragestellungen einheitlich geklärt zu wissen.[1364] Gegenwärtig sind divergierende Zusagen durch unterschiedliche Finanzbehörden noch möglich. Diese können zu

---

stellen insofern die besonderen Zusagebehörden in Dänemark (parlamentarisch besetztes Auskunftsorgan, dazu *Ellis*, IFA, Advance rulings, S. 95, 114) und Schweden (Rat für verbindliche Auskünfte, dazu *Ellis*, IFA, Advance rulings, S. 113 f. und *Romano*, Advance Tax Rulings, S. 244 ff.) dar.

1361 *Seer*, in: BK, Art. 108 Rz. 132 (Stand: April 2011).

1362 Dazu *Seer*, StBJb 2016/2017, S. 539, 564 f.

1363 Ebenso *Thiele*, Auskünfte und Zusagen, S. 155; von einer erforderlichen Koordination durch Zentralisierung spricht auch *Romano*, Advance Tax Rulings, S. 242 ff.

1364 Aus Sicht der Finanzverwaltung für eine Zentralzuständigkeit *Bruns*, DStR 2017, 2360, 2363.

einem erheblichen Steuerausfall führen.[1365] Einer solchen Gefahr kann durch die Schaffung einer Zentralzuständigkeit zumindest entgegengewirkt werden.

Teilweise wird gegen die Einführung einer Zentralzuständigkeit vorgebracht, dass der kooperative Umgang mit der örtlich bekannten Finanzbehörde oder sogar dem örtlich bekannten Finanzbeamten, das Verfahren vereinfache.[1366] Dieser Einwand kann jedoch nicht durchgreifen. Dies gilt sowohl unter dem Gesichtspunkt der inneren wie auch der äußeren Objektivität der finanzbehördlichen Entscheidung. Während die innere Objektivität hier das Vertrauensverhältnis der Finanzbehörde zu den Steuerpflichtigen betrifft, betrifft die äußere Objektivität den Verdacht von Rulings, mit dem europäischen Beihilfenrecht zu kollidieren.[1367] Sowohl der inneren als auch der äußeren Objektivität der Entscheidung würde eine Zentralzuständigkeit dienen.[1368] Die einzelnen Steuerpflichtigen würden von dem Gefühl befreit, ein Anderer habe bloß einen guten „Deal" herausgehandelt. Auch dem Verdacht des Vorliegens einer unzulässigen Beihilfe würde zumindest teilweise die Grundlage entzogen, da zentral getroffene Entscheidungen auch von außen meist objektiver erscheinen, als solche, die in den örtlichen Finanzämtern getroffen werden.[1369]

Letztlich sollte die zentrale Zuständigkeit nicht auf Landes-, sondern auf Bundesebene liegen. Dies gilt in besonderem Maße für umsatzsteuerliche Beurteilungen, die grenzüberschreitende Sachverhalte betreffen.[1370] Während das örtlich zuständige Finanzamt eine mit dem Ausland abgestimmte Entscheidung mangels

---

1365 *Engels*, Modernisierung der Verwaltungsbeziehungen, S. 49: Divergierende Auskünfte führen „zu einer Verletzung der Gleichmäßigkeit der Besteuerung, zu Wettbewerbsverzerrungen und einem Steuerausfall [im konkreten Fall] von rund 47 Mio. Euro."; *Seer*, in: FS Gosch, S. 387, 396 spricht von einer Gefährdung der Rechtsanwendungsgleichheit.

1366 Diskussionsbeitrag von *Schwab*, in: DWS Nr. 37, S. 34.

1367 Ähnlich zum Folgenden *Lang*, IStR 2015, 369, 371; *Grotherr*, EWS 2015, 67, 73 f., 77 nimmt eine *De-facto-Selektivität* bei differierenden Ermessensausübungen unterschiedlicher Finanzämter an; zur Vereinbarkeit der vorgeschlagenen Ausgestaltung mit dem Beihilfenverbot der Art. 107 ff. AEUV noch Zweiter Teil B. V. 3.; schon hier aber der Verweis auf die Bekanntmachung der EU-Kommission zum Begriff der staatlichen Beihilfe v. 19.7.2016, ABl. EU C 262/01, Rz. 169, in der die Kommission eine transparente Vorbescheidspraxis fordert.

1368 Ähnlich *Thiele*, Auskünfte und Zusagen, S. 155.

1369 *Grotherr*, EWS 2015, 67, 76 begründet dies damit, dass örtliche Finanzämter unter Umständen gewogen sein können, Standortvorteile zu schaffen.

1370 Auch *Seer*, in: FS Gosch, S. 387, 396 plädiert „wenigstens bei internationalen Sachverhalten" für eine Zentralzuständigkeit.

entsprechender tatsächlich bestehender „Vernetzung" erneut nur mit einem erheblichen Zeitverlust vornehmen könnte, liegt die Lage beim BZSt, das insofern als deutsche Vertretung auch nach außen auftreten kann, anders. Das BZSt ist bereits *de lege lata* das zentrale Verbindungsbüro im Sinne der sog. Zusammenarbeitsverordnung,[1371] die den Informationsaustausch der Finanzbehörden für die Umsatzsteuer regelt (§ 5 Abs. 1 Nr. 9 lit. c] FVG). Aber auch darüber hinaus ist das BZSt bereits mit umsatzsteuerlichen Aufgaben, wie der Vergabe von USt-Identifikationsnummern (§ 5 Abs. 1 Nr. 9 lit. a] FVG; § 27a UStG) und der Bestätigung ausländischer USt-IDs (§ 5 Abs. 1 Nr. 23 FVG; § 18e UStG) betraut. Grenzüberschreitende Tätigkeiten müssen schon gegenwärtig beim BZSt im Rahmen sog. zusammenfassender Meldungen gem. § 18a UStG angezeigt werden, um eine (unions-)rechtmäßige umsatzsteuerliche Beurteilung sicherzustellen und Umsatzsteuerbetrug zu bekämpfen (§ 5 Abs. 1 Nr. 9 lit. b] FVG). Auch das in § 18h Abs. 1 UStG eingeführte MOSS-Verfahren, sieht das BZSt für bestimmte Umsätze bereits unter geltendem Recht für zuständig an (§ 5 Abs. 1 Nr. 41 FVG). Diese bestehenden Zuständigkeiten,[1372] die ebenfalls von Zweckmäßigkeitserwägungen getragen werden, sollen daher um die Zuständigkeit für Umsatzsteuervorbescheide ergänzt werden. Damit findet jeder inländische und ausländische Unternehmer für umsatzsteuerliche Fragestellungen eine einheitliche Anlaufstelle vor. Auch im Wettbewerb um einen attraktiven Steuerstandort, ist eine solche Ausgestaltung förderlich. Dies gilt umso mehr, als dass eine Zentralzuständigkeit schon zum jetzigen Zeitpunkt in anderen europäischen Staaten üblich ist.[1373] Letztlich ist die zentrale Zuständigkeit des BZSt daher auch unter dem Gesichtspunkt der Harmonisierungsfähigkeit vorzugswürdig.

Es lassen sich also ausreichende Zweckmäßigkeitserwägungen für eine partielle[1374] Zuständigkeitsverschiebung finden, sodass das BZSt für Vorbescheide im Umsatzsteuerrecht für zuständig erklärt werden kann. Denkbar wäre zudem – um die Ausnahme des Art. 108 Abs. 4 S. 1 Var. 3 GG nicht zu strapazieren – zwischen umsatzsteuerlichen Rechtsfragen mit grenzüberschreitendem Bezug und rein innerstaatlichen Rechtsfragen zu differenzieren. Während erstere aus den genannten Gründen vom BZSt behandelt werden müssten, könnten

---

1371 VO (EU) Nr. 904/2010 v. 7.10.2010, ABl. EU Nr. L 268/1.

1372 Weitere Beispiele einer Delegation von Landesaufgaben auf Bundesfinanzbehörden finden sich bei *Seer*, in: BK, Art. 108 Rz. 142 ff. (Stand: April 2011).

1373 *Jann*, IStR 1995, 115, 117; rechtsvergleichend für sinnvoll erachtet auch von *Ellis*, IFA, Advance rulings, S. 112 und *Thiele*, Auskünfte und Zusagen, S. 191.

1374 Nur eine solche ist zulässig, vgl. dazu *Maunz*, in: Maunz/Dürig, GG, Art. 108 Rz. 47 (Stand: 21. Lfg.).

zweitere jedenfalls örtlich zentralisiert auf Ebene der Oberfinanzdirektion oder auch der Landesfinanzministerien behandelt werden.

Entscheidungen des Zentralstelle sind dann sowohl für den Unternehmer als auch für die im Veranlagungsverfahren zuständige Finanzbehörde verbindlich.

b) Antragsvoraussetzungen

Von zentraler Bedeutung für die Praxis sind die Voraussetzungen, die an einen Antrag auf Erteilung eines Vorbescheids gestellt werden sollen. Es stehen sich dabei die divergierenden Interessen der Finanzverwaltung und der Unternehmer gegenüber. Während die von der Finanzverwaltung gewünschte Informationsdichte im Antrag des Unternehmers möglichst hoch sein soll, damit eine rechtssichere Beurteilung der geplanten Disposition vorgenommen werden kann, möchte der Unternehmer in der Regel nur so viel wie nötig aber so wenig wie möglich seiner Planungen offenbaren und nicht mit übermäßigen Antragsanforderungen belastet werden. Abstrakt ausgedrückt sollten die im Antrag enthaltenen Informationen es einem sachverständigen Finanzbeamten ermöglichen, eine verbindliche Beurteilung der vom Unternehmer geplanten Disposition innerhalb einer angemessenen Frist vornehmen zu können. Die einzelnen Voraussetzungen der Antragstellung sollen sich an den *de lege lata* für die verbindliche Auskunft geregelten Voraussetzungen des § 1 Abs. 1 Nr. 1–7 StAuskV orientieren. Diese sollten aus Gründen der Gesetzesklarheit *de lege ferenda* aber durch den einfachen Gesetzgeber und nicht vom Verordnungsgeber geregelt werden.[1375]

aa) Antragsteller

Aus dem Antrag muss zunächst die Person des Antragstellers eindeutig hervorgehen. Antragsteller kann dabei nur sein, wer in eigenen Angelegenheiten tätig wird.[1376] Solchermaßen antragsbefugt ist somit der Unternehmer selbst. Geht es um Rechtsfragen, die die Begründung, Beendigung oder die Auswirkungen von Dispositionen einer umsatzsteuerlichen Organschaft nach § 2 Abs. 2 Nr. 2

1375 Im Ergebnis ebenso *Thiele*, Auskünfte und Zusagen, S. 204 f., der im Rahmen seines vorgenommenen Rechtsvergleichs darauf hinweist, dass dies auch die von den verglichenen Referenzstaaten (Deutschland, das Vereinigte Königreich und die Niederlande) die wesentlichen im Antrag zu nennenden Punkte sind, *Thiele*, a.a.O., S. 149.

1376 Möglich ist in Anknüpfung an den von der Kommission im Reformvorschlag v. 4.10.2017 (abgedruckt in BR-Drs. 660/17, S. 9 ff.) angesprochenen „zertifizierten Steuerpflichtigen, Art. 13a (neu)“, diesem einen Antrag verfahrensrechtlich zu erleichtern.

UStG betreffen, ist der Antrag von allen Beteiligten (Organträger und Organgesellschaft) gemeinsam zu stellen.[1377] Die Möglichkeit, einen einheitlichen Antrag zu stellen, der auch eine einheitliche Bindungswirkung zur Folge hat,[1378] besteht außerhalb dieser Organschaftsfälle grundsätzlich nicht. Eingeführt werden sollte aber die Möglichkeit eines verbundenen/gemeinschaftlichen Antrags von mindestens zwei an einem Umsatzsteuergeschäft beteiligten Unternehmern, wenn die Beurteilung des Ausgangsumsatzes des einen, die Beurteilung des Aus- beziehungsweise Eingangsumsatzes des anderen beeinflusst. Dies kann aber nur für innerstaatliche Vorgänge gelten, da das zuständige BZSt die umsatzsteuerliche Behandlung eines Vorgangs nur beurteilen kann, soweit nationales Umsatzsteuerrecht betroffen ist. Zwar kann und sollte das BZSt sich in einem Fall mit Auslandsbezug mit den zuständigen ausländischen Finanzbehörden über die Beurteilung des Falles austauschen. Rechtssicherheit für den Unternehmer folgt daraus aber nicht. Erneut zeigt sich, dass perspektivisch eine harmonisierte Regelung und ein Verständigungsverfahren für das Umsatzsteuerrecht angestrebt werden sollte.

bb) Genau bestimmter zukünftiger oder genau beschriebener verwirklichter Sachverhalt

Von besonderer Bedeutung für den Vorbescheid ist die Darstellung des geplanten Sachverhalts. Die Finanzbehörde kann einen Sachverhalt nur dann vorab abschließend rechtlich beurteilen und einen Teil der sich eigentlich erst im Veranlagungsverfahren stellenden Rechtsfragen beantworten, wenn die Darstellung desselben so exakt ist, dass die Beurteilung eines noch nicht verwirklichten Sachverhalts, der Beurteilung eines verwirklichten Sachverhalts gleichgestellt werden kann. Maßstab ist insofern ein sachverständiger Finanzbeamter.

Ungenauigkeiten in der Sachverhaltsdarstellung führen also entweder dazu, dass der beantragte Vorbescheid überhaupt nicht erteilt werden kann oder der später verwirklichte Sachverhalt nicht mit dem im Antrag beschriebenen Sachverhalt übereinstimmt und somit die Bindungswirkung entfällt (*clausula rebus sic stantibus*).[1379] Beides führt dazu, dass an der genauen Darstellung des Sachverhalts nicht nur die Finanzverwaltung, sondern auch der Unternehmer ein erhebliches Interesse hat. Diese ausgeglichene Interessenslage führt dazu, dass

---

1377 So mit Wirkung zum 20.7.2017 auch geregelt in § 1 Abs. 2 Nr. 2 und 3 StAuskV.

1378 Vgl. zur verbindlichen Auskunft § 2 Abs. 2 StAuskV.

1379 Dazu schon Zweiter Teil B. V. 1. a) bb) (1).

die Anforderungen an die Sachverhaltsdarstellung streng gehandhabt werden können.

Besondere Bedeutung hat die Beurteilung von Dauersachverhalten. Probleme können insbesondere Sachverhalte mit Dauerwiederkehr bereiten, bei denen sich die Frage stellt, ob ein Antrag ausreichend ist, oder ob jede Sachverhaltswiederholung eines eigenen Antrags bedarf. Wie bereits im Rahmen der Darstellung der Bindungswirkung klargestellt,[1380] wäre es zweckwidrig, jede Sachverhaltswiederholung einem eigenen Antragserfordernis zu unterwerfen. Ist die Sachverhaltswiederholung im Antragszeitpunkt bereits geplant – was bei vielen umsatzsteuerlichen Vorgängen der Fall sein wird –, so muss dies im Antrag kenntlich gemacht werden. In diesem Fall wirkt der Vorbescheid auch für zukünftige Sachverhaltswiederholungen.[1381]

Wird ergänzend die Beurteilung eines bereits abgeschlossenen Sachverhalts in den Blick genommen, so wird die unternehmerseitige Darstellung des Sachverhalts nur wenige Probleme bereiten, da insoweit keine Unsicherheiten mehr bestehen. Der Unternehmer muss den verwirklichten Sachverhalt genau beschreiben, um der Finanzbehörde die Subsumtion zu ermöglichen. Der Detailgrad muss daher ebenso hoch sein, wie bei einem noch nicht verwirklichten Sachverhalt.

Solange der Steuerpflichtige den Steuertatbestand noch nicht verwirklicht hat, befindet er sich im Vorbereitungsstadium, in dem er die Beurteilung eines zukünftigen Sachverhalts beantragen kann. Mit Tatbestandsverwirklichung hat er sodann die Möglichkeit sowohl die vorgenommene als auch gleichgelagerte zukünftige Dispositionen absichern zu lassen. Nicht mehr notwendig ist damit die Abgrenzung von wesentlichen und unwesentlichen Vorbereitungshandlungen, bei der die Finanzverwaltung sich *de lege lata* selbst eine Wertungsmöglichkeit eingeräumt hat.[1382]

Als problematisch könnte sich die Situation herausstellen, in der der Unternehmer die Beurteilung einer geplanten Disposition beantragt, den Sachverhalt aber vor der Entscheidung des BZSt verwirklicht. In einem solchen Fall ist es sinnvoll, wenn die Entscheidung des BZSt nunmehr auch in Bezug auf den verwirklichten Sachverhalt verbindlich für die vorzunehmende Voranmeldung des Unternehmers und für zukünftig gleich gelagerte Dispositionen ist. Denn der

---

1380 Siehe Zweiter Teil B. V. 1. a) bb) (2).

1381 Vorausgesetzt ist aber natürlich auch hier, dass die Sachverhaltswiederholungen nicht wesentlich von dem im Antrag angegebenen Sachverhalt abweichen.

1382 Dazu kritisch schon Erster Teil C. II. 2. b).

erlangte Vorteil des Unternehmers wird durch die zwischenzeitliche Sachverhaltsverwirklichung allenfalls verringert. Während der Unternehmer nämlich vor Vornahme des Umsatzgeschäfts die Möglichkeit hatte, dieses entsprechend der gewünschten steuerlichen Beurteilung anzupassen, fällt diese Möglichkeit mit Sachverhaltsverwirklichung weg. Der Unternehmer erhält nun in Bezug auf die vorgenommene Disposition nur noch Sicherheit in Bezug auf die rechtliche Beurteilung in seiner Vor-anmeldung. Anpassungen kann er nur noch in zukünftigen, gleich gelagerten Fällen vornehmen. Es wäre aber sowohl im Interesse des Unternehmers als auch im Interesse der Finanzverwaltung zweckwidrig, den zukunftsbezogenen Antrag teilweise verfallen zu lassen und dem Unternehmer damit die Last aufzubürden, einen weiteren Antrag zu stellen, der nunmehr auch eine verwirklichte Disposition zum Gegenstand hat. Denn die zu klärende Rechtsfrage – die erforderliche Sachverhaltsidentität unterstellt – ist identisch. Eine zwischenzeitliche Sachverhaltsverwirklichung ist bei der hier vorgeschlagenen Ausgestaltung also auch dann unschädlich, wenn ursprünglich nur die Beurteilung eines zukünftigen Sachverhalts beantragt wurde.[1383] Ähnlich einer verfahrensrechtlichen Umstellung auf eine Fortsetzungsfeststellungsklage im Fall der Erledigung, besteht auch hier ein Interesse an der Feststellung der Rechtslage.

cc) Besonderes Interesse

Fraglich ist zudem, welche Anforderungen an das vom Unternehmer nachzuweisende besondere Interesse zu stellen sind. Das besondere Interesse dient dem Überforderungsschutz der Finanzverwaltung.[1384] Dem Merkmal des besonderen Interesses kommt daher zentrale Bedeutung zu.[1385] Dabei können aber pauschale Bagatell- oder unternehmensbezogene Umsatzgrenzen nicht weiterhelfen. Zwar indiziert ein hoher Gesamtumsatz des Unternehmers, dass auch die auftretenden Rechtsfragen komplexer sind. Dieser Schluss ist aber keinesfalls zwingend

---

1383 Ausdrücklich anders der Vorschlag von *Thiele*, Auskünfte und Zusagen, S. 204 und AEAO zu § 89 Nr. 3.5.2.

1384 So *Thiele*, Auskünfte und Zusagen, S. 189.

1385 Neben dem besonderen Interesse kann für einen Umsatzsteuervorbescheid erwogen werden, eine kostendeckende Gebühr einzuführen. Da die hier vorgeschlagene Ausgestaltung deutlich von dem abweicht, was eine verbindliche Auskunft oder eine Lohnsteueranrufungsauskunft zu leisten vermag, bestehen insofern auch keine gleichheitsrechtlichen Bedenken, siehe schon Erster Teil C. IV. 6. Eine Gebühr, die auf die Deckung der Verwaltungskosten beschränkt ist, wäre daher als Mittel zum Überforderungsschutz zulässig.

und verkennt, dass mit steigender Unternehmensgröße auch die Möglichkeiten zur Bewältigung komplexer Rechtsfragen steigen. Eine vermeintlich einfach zu beurteilende rechtliche Problemstellung kann insbesondere für kleinere Unternehmen unausräumbare Schwierigkeiten mit sich bringen. Eine pauschale Differenzierung nach Unternehmensgröße kann daher nicht in Betracht kommen. Ebenso wenig ist es möglich, eine rechtliche Problemstellung in ihrer Komplexität abstrakt zu bewerten. Bei der Beurteilung des besonderen Interesses ist letztlich zu beachten, dass jeder umsatzsteuerliche Unternehmer vom Staat in Anspruch genommen wird und der Vorbescheid den verfassungsrechtlich gebotenen Ausgleich dieser Inanspruchnahme darstellen soll. Ein Überforderungsschutz der Finanzverwaltung kann daher nur so weit gehen, wie der Schutz des Unternehmers nicht das Gegenteil gebietet. Das besondere Interesse des Unternehmers, bei fremdnütziger Arbeit nicht ausschließlich Selbsthilfe üben zu müssen, muss daher in der Regel überwiegen.[1386] Von der Erteilung ausgeschlossen bleiben daher nur solche Fälle, in denen die Rechtslage entweder dem Gesetz oder aber den für die Finanzverwaltung verbindlichen, im Bundessteuerblatt Teil I veröffentlichten Verwaltungsanweisungen, den im Bundessteuerblatt Teil II veröffentlichten obergerichtlichen Entscheidungen oder sonstigen staatlicherseits veröffentlichten Richtlinien eindeutig entnommen werden kann. Verbleiben dabei aber Wertungsspielräume, fehlt es an der erforderlichen Eindeutigkeit der Rechtslage. Der Unternehmer muss bei der Antragstellung also nur nachweisen, dass der von ihm geplante oder verwirklichte Sachverhalt nicht bereits mit „staatlichen Hilfsmitteln“[1387] – dem Gesetz, Verwaltungsanweisungen und Gerichtsentscheidungen – rechtssicher und mit zumutbarem Aufwand beurteilt werden kann. „Staatliche Hilfsmittel“ sind in diesem Zusammenhang nur nationale Hilfsmittel, insbesondere also keine Entscheidungen europäischer Gerichte oder Institutionen.

1386 So auch die Grundannahme des Zusagesystems im Vereinigten Königreich, das eng mit dem dortigen Selbstveranlagungssystem verbunden ist und daher überhaupt kein „besonderes Interesse“ fordert, dazu *Thiele*, Auskünfte und Zusagen, S. 149; in Bezug auf das italienische Selbstveranlagungssystem spricht auch *Romano*, Advance Tax Rulings, S. 218 f. davon, dass Rulings in diesen Fällen notwendig sind, um die besonderen Verantwortlichkeiten und Risiken der Steuerpflichtigen auszugleichen.

1387 Ähnlich die von *Romano*, Advance Tax Rulings, S. 236 ff. dargestellte Ausgestaltung im italienischen Recht.

dd) Formulierung einer konkreten Rechtsfrage und Darstellung des eigenen Rechtsstandpunktes

Der Unternehmer muss zudem eine konkrete Rechtsfrage formulieren, deren Beurteilung er bei dem verwirklichten oder geplanten Sachverhalt für unklar hält. Bei der dazu erforderlichen Darstellung des Rechtsproblems und den dazu vertretenen Ansichten, reicht es jedoch aus, wenn der Unternehmer sich – möglicherweise in Anbetracht einer besonderen Eilbedürftigkeit – ernsthaft bemüht[1388], der Finanzverwaltung den Einstieg in die Prüfung zu erleichtern. Während das BZSt bei der Darstellung des Sachverhalts also auf die penible Mitwirkung des Unternehmers angewiesen ist, soll die Darstellung des Rechtsproblems eine Prüfung nur erleichtern, sodass die daran zu stellenden Anforderungen gering zu halten sind. Jedoch kann eine detaillierte Darstellung des Rechtsproblems zugleich den Nachweis des besonderen Interesses erbringen. Bei alledem sollte der Unternehmer daher schon im eigenen Interesse[1389] einen eigenen Rechtsstandpunkt einnehmen und diesen – in den Grenzen des Zumutbaren – begründen.

ee) Weitere Antragsvoraussetzungen

Die noch gem. § 1 Abs. 1 S. 2 Nr. 6 StAuskV erforderliche Versicherung, dass keine verbindliche Auskunft bei einer anderen Finanzbehörde beantragt wurde, entfällt mit der Einführung der zentralen Zuständigkeit des BZSt und der Annahme, dass es sich bei einem Umsatzsteuervorbescheid um ein gegenüber der allgemeinen verbindlichen Auskunft spezielleres und damit vorrangiges Instrument handelt.

Schließlich muss der antragstellende Unternehmer noch entsprechend § 1 Abs. 1 S. 2 Nr. 7 StAuskV versichern, dass die gemachten Angaben vollständig sind und der Wahrheit entsprechen.

c) Anspruch auf Erlass eines Vorbescheids

Die Regelung eines Umsatzsteuervorbescheids sollte keine Ermessenserwägungen in Bezug auf das „Ob“ der Entscheidung zulassen. Zwar besteht bereits *de*

1388 Der Maßstab des „ernsthaften Bemühens“ entstammt den Anforderungen, die gem. § 2 Abs. 1 S. 3 GAufzV an die Angemessenheitsdokumentation bei der Dokumentation von Verrechnungspreisen nach § 90 Abs. 3 AO gestellt werden. Auch dort soll ein sachverständiger Dritter bloß in die Lage versetzt werden, die Angemessenheit der Verrechnungspreise zu prüfen.

1389 Dazu auch noch Zweiter Teil B. V. 2. d) bb).

lege lata in der Regel eine Ermessensreduktion auf null und damit ein Zusageanspruch. Dies lässt sich dem Gesetz aber nicht ausdrücklich entnehmen. Auch ist die Regelung der verbindlichen Auskunft nicht als „Soll-Vorschrift" ausgestaltet, mit der Folge, dass die Erteilung schon von Gesetzes wegen den Regelfall darstellt. Nur durch die Schaffung eines gebundenen Anspruchs kann die Stellung des Unternehmers in wirksamer Weise ausgeglichen werden.[1390] Der Unternehmer, der bereits mit der rechtlichen Unsicherheit in Bezug auf die umsatzsteuerliche Würdigung belastet ist, soll nicht noch darüber hinaus mit der Unsicherheit belastet sein, überhaupt einen Vorbescheid zu erhalten.

Die in Nr. 3.5.4. AEAO zu § 89 enthaltenen und bereits kritisierten Ermessenserwägungen können daher auf die Erteilungsentscheidung des BZSt keinen Einfluss nehmen. Insbesondere können anstehende Rechtsänderungen nur noch die Bindungswirkung eines Vorbescheids beeinflussen. Die Erzielung eines Steuervorteils kann nach hier vertretener Auffassung schon deshalb nicht im Vordergrund eines Antrags stehen, weil der Vorbescheid dem Ausgleich eines Nachteils dient und Veranlagungs- und Dispositionssicherheit im Umsatzsteuerrecht daher keinen Vorteil begründen können.[1391] Materiell steht der Unternehmer durch den Vorbescheid nämlich nur so, wie er von Verfassungs wegen ohnehin stehen müsste. Dem Interesse der Finanzverwaltung an einer (unions-)rechtmäßigen Entscheidung wird durch die vorgeschlagene Regelung über den Umfang der Bindungswirkung und die vorgeschlagenen Korrekturmöglichkeiten hinreichend Rechnung getragen.

Darüber hinaus kann die Ausgestaltung als gebundene Entscheidung den Vorwurf der Selektivität im Sinne des europäischen Beihilfenrechts jedenfalls teilweise entkräften.[1392]

Liegen somit die Antragsvoraussetzungen vor, ist das BZSt verpflichtet, einen Vorbescheid zu erteilen.

d) *Entscheidungsfrist*

Entscheidend für die Wirksamkeit eines Vorbescheids im Umsatzsteuerrecht ist in besonderer Weise die dem BZSt eingeräumte Entscheidungsfrist.[1393] Diese muss einerseits so lang bemessen sein, dass die entscheidende Behörde auch

---

1390 So auch die Forderung von *Seer*, FR 2017, 161, 169; *Grotherr*, EWS 2015, 67, 75.

1391 Siehe dazu auch schon Erster Teil C. IV. 3. b) bb).

1392 Dazu noch Zweiter Teil B. V. 3.; siehe aber schon hier: Bekanntmachung der EU-Kommission zum Begriff der staatlichen Beihilfe v. 19.7.2016, ABl. EU C 262/01, Rz. 123.

1393 *Thiele*, Auskünfte und Zusagen, S. 153 hält eine feste Frist im Selbstveranlagungsverfahren für zwingend notwendig.

komplexere Sachverhalte umsatzsteuerlich beurteilen kann. Andererseits muss sie die Inanspruchnahme des Unternehmers ausgleichen, indem sie diesem retrospektive Veranlagungssicherheit und prospektive Dispositionssicherheit verschafft. In beiden Fällen ist der Unternehmer auf eine zeitnahe Behördenentscheidung angewiesen. Augenscheinlich ist dies bei der Beurteilung einer vorgenommenen Disposition, die für die nächste Voranmeldung des Unternehmers beurteilt werden soll. Aber auch eine noch nicht vorgenommene Disposition bedarf zeitnaher Planungssicherheit, um gegebenenfalls begonnene und/oder drängende Vertragsverhandlungen oder Umgestaltungspläne planungssicher fortsetzen zu können. Mit Blick auf eine mögliche Harmonisierung kann hier auch Art. 41 GRCh bemüht werden, der das „Recht auf eine gute Verwaltung" regelt. Demnach sind die Organe, Einrichtungen und sonstigen Stellen der Union verpflichtet, die Angelegenheiten der Grundrechtsträger unparteiisch, gerecht und innerhalb einer angemessenen Frist zu behandeln. Losgelöst von der Frage nach der richtigen Interpretation des Art. 51 GRCh,[1394] sind nie mitgliedstaatliche Stellen, sondern allein Organe, Einrichtungen und sonstige Stellen der Union der Regelung des Art. 41 GRCh verpflichtet.[1395]

aa) Fristbeginn und Fristlänge

Unabhängig von der Länge der einzuführenden Frist, beginnt diese erst zu laufen, wenn ein vollständiger Antrag vorliegt. Insbesondere auf die vollständige Kenntnis des verwirklichten oder geplanten Sachverhalts ist das BZSt angewiesen. Einen vollständigen Antrag vorausgesetzt, beginnt die Frist im Zeitpunkt des Zugangs des Antrags beim BZSt zu laufen. Etwaige verwaltungsinterne Hindernisse sind für den Steuerpflichtigen nicht einsehbar und daher auch für den Fristlauf nicht von Relevanz.

In Bezug auf die Fristlänge soll hier aus Gründen der Einfachheit eine einheitliche Frist sowohl für retrospektive als auch für prospektive Entscheidungen eingeführt werden. Insbesondere die Entscheidung über bereits abgeschlossene Sachverhalte, deren Würdigung für die nächste Voranmeldung des Unternehmers von Relevanz ist, gibt daher den äußeren Rahmen einer Frist vor. Dabei soll der Finanzbehörde im Sinne der Waffengleichheit dieselbe Entscheidungsfrist eingeräumt werden, die das Gesetz auch dem Unternehmer einräumt. Dieser muss seine getätigten Umsätze grundsätzlich gem. §§ 18 Abs. 1 S. 1, Abs. 2, Abs. 2a UStG

1394 Zur hier vertretenen Auffassung Erster Teil A. II. 2. b) dd).
1395 So der eindeutige Wortlaut, siehe dazu nur *Ruffert*, in: Callies/Ruffert, EUV/AEUV, Art. 41 GRCh Rz. 8 f. m.w.N.

bis zum zehnten Tag nach Ablauf des entsprechenden Voranmeldungszeitraums – dem Kalendermonat, dem Kalenderviertel- oder dem Kalenderjahr –[1396] anmelden. Er hat daher im schlechtesten Fall nur zehn Tage Zeit, seine Dispositionen umsatzsteuerlich zu beurteilen. Auf Anzeige[1397] des Unternehmers hin, sehen die §§ 46, 48 UStDV auf Grundlage von § 18 Abs. 6 UStG aber eine Dauerfristverlängerung von einem Monat vor. Dies führt dazu, dass der Unternehmer, sollte er von der ihm eingeräumten Möglichkeit Gebrauch machen, im ungünstigsten Fall einen Monat und zehn Tage Zeit hat, seine Voranmeldung abzugeben. Zu Gunsten der Finanzbehörde kann in Bezug auf die Entscheidungsfrist kein wesentlich kürzerer Zeitraum gelten. Andernfalls würde es sich negativ auf die dem BZSt eingeräumte Entscheidungsfrist auswirken, wenn der Unternehmer von einer ihm zur Verfügung stehenden Erleichterung[1398] keinen Gebrauch gemacht hat.

Um dem Unternehmer eine Verwertung der Entscheidung des BZSt im Rahmen seiner zu übermittelnden Voranmeldung zu ermöglichen, ist eine einheitliche Entscheidungsfrist von einem Monat einzuführen.[1399] Beantragt der Unternehmer die umsatzsteuerliche Beurteilung eines bereits verwirklichten Sachverhalts, ist der Antrag noch innerhalb des Voranmeldungszeitraums der Sachverhaltsverwirklichung zu stellen. Hat der Unternehmer bereits eine

---

1396 In Abhängigkeit von der Steuer des vorangegangenen Kalenderjahrs (§ 18 Abs. 2 UStG) und der Ausübung eines Wahlrechts (§ 18 Abs. 2a UStG).

1397 Da es sich um eine gebundene Entscheidung der Finanzbehörde handelt, liegt tatsächlich kein Antrag, sondern nur eine Anzeige vor, die zum Ausdruck bringt, dass der Unternehmer die Dauerfristverlängerung in Anspruch nimmt, dazu *Stadie*, in: Stadie, UStG, § 18 Rz. 103.

1398 Zwar hat der Unternehmer, sofern er monatliche Voranmeldungen zu übermitteln hat, gem. § 47 Abs. 1 S. 1 UStDV eine Sicherheitsleistung in Höhe von einem Elftel der Summe der Vorauszahlungen für das vorangegangene Kalenderjahr vorauszuzahlen. Diese Zahlung wird nach § 48 Abs. 4 UStDV aber bei der Festsetzung der Vorauszahlung für den letzten Voranmeldungszeitraum des Besteuerungszeitraums, für den die Fristverlängerung gilt, angerechnet; zu Einzelheiten der („unausgegorenen") Regelung *Stadie*, in: Stadie, UStG, § 18 Rz. 100 ff.

1399 Dass eine solche Frist gerade in Selbstveranlagungssystemen praktikabel ist, zeigt die Regelung im Vereinigten Königreich, wo eine 30-Tages-Frist gilt, die Finanzverwaltung aber grundsätzlich anstrebt, Anfragen innerhalb von 28 Tagen zu erteilen, dazu auch *Thiele*, Auskünfte und Zusagen, S. 139 m.w.N.; in den Niederlanden wird eine „Zusage" (dort eher im Sinne einer „Vereinbarung") meist unverzüglich, aber spätestens nach Ablauf von acht Wochen erteilt, siehe erneut *Thiele*, Auskünfte und Zusagen, S. 146 m.w.N.; statistische Angaben aus einem deutschen Finanzamt liefert *Bruns*, DStR 2017, 2360, 2363, der ebenfalls zeigt, dass eine Zusage meist innerhalb eines Monats erteilt werden kann.

Dauerfristverlängerung angezeigt, so erhält er mit Ablauf des Folgevoranmeldungszeitraums einen Vorbescheid und kann diesen innerhalb der nächsten 10 Tage im Rahmen seiner Voranmeldung verwerten. Hat der Unternehmer keine Dauerfristverlängerung angezeigt, beträgt die Frist gleichwohl einen Monat. Das BZSt hat in einem solchen Fall eine – gegebenenfalls nachträgliche – Fristverlängerung gem. § 109 Abs. 1 AO zu gewähren und dies dem Veranlagungsfinanzamt anzuzeigen. Das Ermessen des BZSt ist insofern auf Null reduziert, da der Vorbescheid ansonsten seiner intendierten Wirkung beraubt würde. Letzteres ist aus Gründen der Rechts- und Planungssicherheit gesetzlich klarzustellen.

bb) Rechtsfolge bei Fristablauf: Fiktion eines positiven Vorbescheids

Erteilt das BZSt innerhalb der einmonatigen Frist keinen Vorbescheid, kann dies nicht, wie bei der verbindlichen Auskunft *de lege lata*, nur zu einer Anzeige- und Begründungspflicht führen und damit praktisch rechtsfolgenlos bleiben. Denn der umsatzsteuerliche Unternehmer ist auf die Hilfe der Behörde angewiesen und wird insofern ausgleichsbedürftig belastet. Auch eine nur sekundäre Amtshaftung[1400] hilft dem Unternehmer bei der von ihm zu erfüllenden Aufgabe nicht weiter. Eine Lösung ist vielmehr auf Primärebene zu suchen.

Erfüllt das BZSt den Anspruch des Unternehmers nicht innerhalb der einmonatigen Entscheidungsfrist, sollte dies bewirken, dass der Vorbescheid als im beantragten Sinne erteilt gilt,[1401] ähnlich § 42a Abs. 1 S. 1 VwVfG[1402]. An den Inhalt des auf diese Weise fingierten Vorbescheids ist sowohl der Unternehmer als auch die Finanzbehörde gebunden. Der Unternehmer muss die von ihm im Rahmen des Antrags vorgeschlagene rechtliche Würdigung seiner Voranmeldung zu Grunde legen. Die Finanzbehörde kann diese rechtliche Würdigung jedenfalls nicht gem. §§ 168 S. 1, 164 Abs. 1 AO beanstanden und korrigieren.

1400 Dazu Erster Teil C. III. 3.

1401 So auch *Seer/Hardeck*, StuW 2016, 366, 369 allerdings unter Zugrundelegung einer (kaum einzuhaltenden) Zehn-Tages-Frist; eine Erteilungsfiktion erwägt auch *Bültmann-Hinz*, DStR 2018, 49, 52; ähnlich auch die Regelung in Frankreich, wo nach einer mindestens zweimonatigen Frist, die Zustimmung der Finanzverwaltung fingiert wird, dazu mit Nachweisen aus der französischen Literatur *Grotherr*, IWB 2015, 237, 239; vergleichbar ist auch die belgische Regelung, dazu *Onkelinx*, IFA, Advance rulings, S. 265; gegen eine „Zustimmungsfiktion" *Bruns*, DStR 2017, 2360, 2363 f., der befürchtet, dass dies zu Negativauskünften führen wird.

1402 Jedenfalls ähnliche „Genehmigungsfiktionen" finden sich beispielsweise in § 15 Abs. 1 S. 5 PBefG, § 6 Abs. 4 S. 4 BauGB, § 145 Abs. 1 i.V.m. § 22 Abs. 5 S. 4 BauGB, § 6a Abs. 1 GewO, § 13 Abs. 3a S. 6 SGB V; zur verfassungsrechtlichen Zulässigkeit und zur unionsrechtlichen Perspektive *Stelkens*, in: Stelkens/Bonk/Sachs, VwVfG, § 42a Rz. 13 ff.

Ist der fingierte Vorbescheid rechtswidrig, hat die Finanzbehörde die Möglichkeit, diese aufzuheben oder zu ändern. Ergänzend zur bereits dargestellten Möglichkeit, den Vorbescheid *pro futuro* zu korrigieren,[1403] muss im Fall eines fingierten Vorbescheids auch eine Korrektur mit Wirkung für die Vergangenheit möglich sein. Andernfalls ist eine (unions-)rechtmäßige umsatzsteuerliche Behandlung insbesondere bei der Beurteilung bereits verwirklichter Sachverhalt nicht möglich. Zudem ist der von einem fingierten Vorbescheid im Rechtsverkehr geschaffene Rechtsschein schwächer, als der eines erteilten Vorbescheids. Zwar mag auch die Nichterteilung innerhalb der Frist eine gewollte Entscheidung der Finanzbehörde sein, im Falle einer Erteilung ist dies aber stets der Fall und der Finanzbehörde durch Beschränkung der Korrekturmöglichkeit anzurechnen. Dem Interesse des Unternehmers kann dadurch hinreichend Rechnung getragen werden, dass eine Korrektur mit Wirkung für die Vergangenheit ebenfalls nur in Frage kommt, wenn eine nachträgliche Überwälzung der geänderten Steuerschuld für den Unternehmer entsprechend § 17 Abs. 2 Nr. 1 UStG möglich und zumutbar ist.[1404] Im Ergebnis führt die Fiktion der Positivauskunft daher dazu, dass das umsatzsteuerliche Überwälzungsrisiko vom Unternehmer auf den Fiskus übertragen wird. Dass eine solche Wertung auch mit der Mehrwertsteuersystemrichtlinie in Einklang steht, zeigt allein die auch hier bemühte Vorschrift des § 17 Abs. 2 Nr. 1 UStG.

Gegen einen fingierten Vorbescheid, der rechtswidrig ist, kann ebenso wie gegen einen erteilten Vorbescheid der Rechtsweg bemüht werden.

e) Anonymisierte Veröffentlichung des Vorbescheids

Vorgeschlagen werden soll auch[1405] hier eine Veröffentlichung des dem Unternehmer erteilten Vorbescheids.[1406] Die zur Veröffentlichung vorgebrachten Argumente weisen dabei sowohl internationale als auch rein nationale Bezüge

1403 Zweiter Teil B. V. 1. a) bb) (3).

1404 Dazu Zweiter Teil B. V. 1. a) bb) (3).

1405 Ebenso *Thiele*, Auskünfte und Zusagen, S. 195; *Grotherr*, IWB 2015, 237 ff.; *ders.*, BB 2015, 471 ff.; *Bültmann-Hinz*, DStR 2018, 49, 53; umfassend: *Grotherr*, StuW 2016, 76 ff.; schon früh *Spitaler*, BB 1961, 1333, 1335; ebenso *Hahn*, ifst-Schrift 389, S. 42; aus rechtsvergleichender Sicht *Ellis*, IFA, Advance rulings, S. 109 ff.; ebenso *Romano*, Advance Tax Rulings, S. 271 ff.; eine Veröffentlichung in anderen EU-Mitgliedstaaten findet bereits statt in: Österreich, Niederlande, Frankreich, Belgien, Polen, Schweden, Spanien; außerhalb der EU erfolgt dies in den USA, Kanada, Brasilien, Japan, Südafrika, Australien, Hongkong, Indien (dort sogar unter Nennung des Steuerpflichtigen).

1406 Eine Darstellung der Veröffentlichungspraxis einiger EU-Mitgliedstaaten findet sich bei *Grotherr*, IWB 2015, 237 ff.; zur polnischen Rechtslage *Bußmann*, IWB 2010, 333, 337.

auf. Aus internationaler Sicht wird an erster Stelle meist angeführt, dass einem nichtveröffentlichten Ruling die Vermutung der Selektivität im Sinne des europäischen Beihilfenrechts anhafte.[1407] So führte die Kommission mit einer gewissen Skepsis in Bezug auf Tax-Rulings an: „Die Nichtveröffentlichung von Steuerverwaltungsentscheidungen und der den Steuerverwaltungen zuweilen eingeräumte Ermessensspielraum führen allerdings zuweilen zu der Vermutung, es liege eine staatliche Beihilfe vor."[1408] Zudem hat auch die OECD ihren Mitgliedern bereits im Rahmen des Berichts zur sog. „Harmful Tax Competition" empfohlen, steuerliche Vorbescheide zu veröffentlichen.[1409] Aus nationaler Sicht wird Art. 3 Abs. 1 GG in seiner Ausprägung der Rechtsanwendungsgleichheit für eine weitestgehende Publizität angeführt, da es nur eine Veröffentlichung ermögliche, die tatsächliche Verwirklichung des verfassungsrechtlichen Gebots des gleichheitsgerechten Steuervollzugs zu verifizieren.[1410] Letztlich[1411] kann eine Veröffentlichung auch den Verwaltungsaufwand und die Verwaltungskosten auf Seiten der Finanzverwaltung senken, da möglicherweise bereits behandelte Rechtsfragen, nicht erneut Gegenstand eines Vorbescheidverfahrens werden.[1412] Insofern könnte die Überlegung angestellt werden, das besondere Interesse des Antragstellers an einem Vorbescheid zu verneinen, wenn eine einsehbare Behördenentscheidung einen im Wesentlichen gleich gelagerten Sachverhalt und die gleiche Rechtsfrage betrifft.

Soweit einer Veröffentlichung des Vorbescheids das Steuergeheimnis entgegengehalten wird, das einfachgesetzlich in § 30 AO geregelt ist, können diese Bedenken auf unterschiedliche Art und Weise ausgeräumt werden. Zunächst sollte eine Veröffentlichung stets nur in anonymisierter Form geschehen. Um auch aus der konkreten Sachverhaltskonstellation keine Rückschlüsse auf die

---

1407 *Grotherr*, StuW 2016, 76, 78 f; *ders.*, IWB 2015, 237 f.; *ders.*, BB 2015, 471 f.

1408 Entwurf einer Bekanntmachung der EU-Kommission v. 17.1.2014, Rz. 175, abrufbar unter http://ec.europa.eu/competition/consultations/2014_state_aid_notion/draft_guidance_de.pdf; entsprechend nun die Empfehlung in der Bekanntmachung der EU-Kommission zum Begriff der staatlichen Beihilfe v. 19.7.2016, ABl. EU C 262/01, Rz. 169, die Vorbescheidpraxis transparent zu gestalten und eine Veröffentlichung der Vorbescheide anzustreben.

1409 OECD, Harmful Tax Competition. An Emerging Global Issue, S. 68.

1410 *Grotherr*, StuW 2016, 76, 81.

1411 Weitere Argumente aus internationaler sowie aus nationaler Sicht finden sich bei *Grotherr*, StuW 2016, 76 ff.

1412 In diesem Sinne *Grotherr*, StuW 2016, 76, 86; die Beschleunigung künftiger Verfahren als Veröffentlichungsgrund nennend: *Ellis*, IFA, Advance rulings, S. 115.

beteiligten Unternehmer ziehen zu können, sollte die entschiedene Rechtsfrage vom zu Grunde liegenden Sachverhalt weitestgehend abstrahiert werden.[1413] Darüber hinaus könnte der Antrag ein weiteres Feld enthalten, in dem der Unternehmer seine Zustimmung (§ 30 Abs. 4 Nr. 3 AO) zur Veröffentlichung erteilen muss.[1414] Dem Interesse des Unternehmers an der Geheimhaltung laufender Geschäftsvorgänge könnte zudem dadurch hinreichend Rechnung getragen werden, dass eine Veröffentlichung des Vorbescheids erst einige[1415] Monate nach deren Erteilung vorgenommen wird. Auf Antrag des Unternehmers könnte dieser Zeitraum auch verlängerbar sein. Dem Unternehmer sollte zudem die Möglichkeit eingeräumt werden, die zur Veröffentlichung vorgesehene Fassung auf weiteren Anonymisierungs- und Abstraktionsbedarf zu untersuchen und dies der Finanzbehörde mitzuteilen.[1416]

Eine Veröffentlichung sollte zudem immer erst dann erfolgen, wenn der Vorbescheid formell bestandskräftig geworden ist. Prozessiert der Unternehmer gegen einen Vorbescheid, sollte das Ergebnis dieses Prozesses zunächst abgewartet werden.[1417]

Dritte sollen sich dabei zwar nicht unmittelbar auf die Bindungswirkung des Vorbescheids berufen, aber unter Verweis auf Art. 3 Abs. 1 GG und den Grundsatz der Selbstbindung der Verwaltung[1418] in vergleichbaren Fällen eine vergleichbare umsatzsteuerrechtliche Beurteilung verlangen können.[1419] Nur auf diese Weise kann eine tatsächliche Entlastung der Verwaltung mit gleichlautenden

---

1413 Ebenso die Rechtspraxis in Bezug auf sog. EAS-Auskünfte in Österreich, dazu *Ritz*, IFA, Advance rulings, S. 237; denkbar ist auch, eine weitestgehend abstrahierte Zusage nach dem Vorbild der Niederlande nur dann zu veröffentlichen, soweit diese von der bisherigen Verwaltungsauffassung abweicht, dazu *Thiele*, Auskünfte und Zusagen, S. 147.

1414 *Grotherr*, BB 2015, 471, 474 f.; *Thiele*, Auskünfte und Zusagen, S. 205.

1415 *Grotherr*, BB 2015. 471, 480 schlägt drei Monate vor.

1416 Siehe erneut *Grotherr*, BB 2015, 471, 479.

1417 *Grotherr*, BB 2015, 471, 480.

1418 Siehe dazu allgemein *Sachs*, in: Stelkens/Bonk/Sachs, VwVfG, § 40 Rz. 103 ff.; darauf stellt auch *Thiele*, Auskünfte und Zusagen, S. 156 ab.

1419 Dies aus beihilferechtlicher Sicht befürwortend: *Grotherr*, EWS 2015, 67, 76; zur Frage, ob Zusagen im internationalen Vergleich Präzedenzfälle schaffen: *Ellis*, IFA, Advance rulings, S. 121; für eine begrenzte Drittwirkung auch *Romano*, Advance Tax Rulings, S. 268 ff.; um eine Selbstbindung der Verwaltung in Fällen einer Korrektur des Vorbescheids zu verhindern, sollte dies – ggf. nachträglich – im entsprechenden Veröffentlichungsmedium bekannt gemacht werden.

Anträgen vermieden werden. Die veröffentlichten Vorbescheide stellen insofern Hilfestellungen dar, die einen Antrag in gleich gelagerten Fällen ausschließen können. Dabei muss allerdings zu Gunsten der Unternehmer berücksichtigt werden, dass der veröffentlichte Vorbescheid unter Umständen vom Einzelfall abstrahiert dargestellt wird und eine Vergleichbarkeit daher nicht ohne weiteres erkennbar ist. Der Antrag muss daher nur erkennen lassen, dass der Unternehmer sich mit den Veröffentlichungen der Finanzverwaltung auseinandergesetzt hat, seinen konkreten Fall aber dennoch keiner eindeutigen Lösung zuführen konnte und daher Zweifelsfragen verbleiben. Die Pflicht des Unternehmers zur Selbsthilfe darf nicht „durch die Hintertür" wieder erweitert werden.

Eine Veröffentlichung sollte schließlich in einer frei zugänglichen Datenbank erfolgen.[1420]

f) Mögliche Bevorzugung „zertifizierter Steuerpflichtiger" nach Art. 13a MwStSystRL (neu)

Letztlich kann angedacht werden, sog. „zertifizierte Steuerpflichtige" gegenüber nicht zertifizierten Steuerpflichtigen bevorzugt zu behandeln. Die Kommission hat in einem Entwurf zur Reform des Mehrwertsteuerrechts[1421] die Einführung eines neuen Art. 13a MwStSystRL vorgeschlagen, der die Kategorisierung von Steuerpflichtigen anhand ihrer Zuverlässigkeit regelt. Demnach kann ein Steuerpflichtiger bei den Steuerbehörden eine Zertifizierung beantragen, die unionsweit anerkannt wird, Art. 13a Abs. 7 MwStSystRL (neu). Art. 13a Abs. 2 MwStSystRL (neu) regelt unter welchen Voraussetzungen ein solcher Status erteilt werden muss. Art. 13a Abs. 3 MwStSystRL (neu) enthält Ausschlussgründe. Demnach darf der Unternehmer, der eine Zertifizierung beantragt, keine schwerwiegenden oder wiederholten Verstöße gegen steuer- oder zollrechtliche Vorschriften sowie keine schweren Straftaten im Rahmen seiner Wirtschaftstätigkeit begangen haben (Art. 13a Abs. 2 lit. a] MwStSystRL [neu]). Der Unternehmer muss nachweisen, dass er eine Art Kontrollsystem im Sinne eines Compliance-Systems eingerichtet hat (Art. 13a Abs. 2 lit. b] MwStSystRL [neu]). Letztlich muss er nachweisen, dass er zahlungsfähig ist (Art. 13a Abs. 2 lit. c] MwStSystRL [neu]). Große Parallelen bestehen dabei zum sog. zugelassenen Wirtschaftsbeteiligten

---

1420 Ergänzend wäre – entsprechend der französischen Praxis, dazu *Grotherr*, IWB 2015, 237, 240 – auch eine Integration in Verwaltungsanweisungen denkbar. Ähnlich auch die Veröffentlichungspraxis in Bezug auf die sog. EAS-Auskünfte in Österreich, *Grotherr*, a.a.O., 237, 240 f.

1421 V. 4.10.2017, abgedruckt in BR-Drs. 660/17, S. 9, 18.

im Sinne des Art. 39 UZK,[1422] weshalb Art. 13a Abs. 1 UAbs. 3 MwStSystRL (neu) konsequent einen Gleichlauf der Erteilungsvoraussetzungen anordnet. Ein solchermaßen zertifizierter Steuerpflichtiger könnte in einem Vorbescheidverfahren bevorzugt behandelt werden. Dies könnte sich einerseits in einer Erleichterung der Antragsvoraussetzung niederschlagen. Andererseits ist aber auch eine Beschränkung der Korrekturmöglichkeiten und damit eine gesteigerte Rechtssicherheit möglich. Missbräuchliche Antragsstellungen könnten zudem einen Entzug der Zertifizierung zur Folge haben. Keinesfalls darf aber die hier vorgeschlagene Ausgestaltung allein auf zertifizierte Steuerpflichtige angewendet werden. Denn dies würde der Stellung der übrigen Unternehmer, deren Inanspruchnahme verfassungsrechtlich ebenfalls eines Ausgleichs bedarf, nicht gerecht werden. Insbesondere kleine und mittlere Unternehmen, die die Anforderungen an die Zertifizierung nicht erfüllen (können), sind besonders auf die staatliche Hilfe beim Selbstveranlagungsvorgang angewiesen. Eine Implementierung eines zertifizierten Steuerpflichtigen auch in das Vorbescheidverfahren darf daher keine Nachteile der übrigen Unternehmer, sondern allenfalls Vorteile der zertifizierten Unternehmer begründen.

3. Vereinbarkeit mit dem europäischen Beihilfenrecht

Die vorgeschlagene Ausgestaltung für einen Umsatzsteuervorbescheid soll nunmehr auf ihre Vereinbarkeit mit dem europäischen Beihilfenrecht geprüft werden.

a) Gefahrenlage

Die beihilfenrechtliche Überprüfung von steuerlichen Vorbescheiden wurde seitens der EU-Kommission in einer Pressemitteilung vom 17.12.2014 in den Fokus gerückt, indem die Kommission ein beihilfenrechtliches Auskunftsersuchen an alle Mitgliedstaaten in Bezug auf *Tax Rulings* ausgesprochen hat.[1423] Eine Überprüfung sämtlicher auch zukünftig erteilter *Tax Rulings* – was zuweilen auch als „Beihilfeangriff" bezeichnet wird –[1424] hätte für die nationale Praxis einschneidende[1425] Folgen. Die Behörde wäre nach Art. 108 Abs. 3 S. 1 AEUV verpflichtet, die Kommission über die beabsichtigte Erteilung eines Rulings zu

1422 Zum Vergleich *Harksen/Höink/Witte*, MwStR 2018, S. 57 ff.

1423 Pressemitteilung der Kommission v. 17.12.2014 – IP/14/2742, abrufbar unter http://europa.eu/rapid/press-release_IP-14-2742_de.htm.

1424 *Eilers/Nosthoff-Horstmann*, FR 2017, 170, 172 f.

1425 *Eilers/Nosthoff-Horstmann*, FR 2017, 170, 173: „verheerend".

unterrichten. Die Kommission würde dann über die Einleitung eines vorläufigen oder förmlichen Prüfungsverfahrens entscheiden, was in der Zwischenzeit national gem. Art. 108 Abs. 3 S. 3 AEUV ein Durchführungsverbot zur Folge hätte. Eine zeitnahe Erteilung wäre dann kaum noch möglich. Darüber hinaus bestünde gem. Art. 14 VO (EG) Nr. 659/1999 die Möglichkeit, dass es innerhalb eines zehnjährigen Zeitraums unabhängig von nationalen Bestandskraftregelungen zu einer Rückforderung eines erlangten Vorteils zuzüglich marktüblicher Verzinsung kommen könnte. Der zentrale Zweck eines Rulings als verbindliche Vorabentscheidung, Rechts- und Planungssicherheit zu schaffen, würde vollkommen ausgehöhlt. Ziel muss es daher sein, ein Rulingsystem zu schaffen, dass bereits in seiner abstrakten Ausgestaltung das Vorliegen einer Beihilfe auch im konkreten Fall ausschließt.

b) Voraussetzungen einer staatlichen Beihilfe

Staatliche Beihilfen sind gem. Art. 107 Abs. 1 AEUV „staatliche oder aus staatlichen Mitteln gewährte Beihilfen gleich welcher Art, die durch die Begünstigung bestimmter Unternehmen oder Produktionszweige den Wettbewerb verfälschen oder zu verfälschen drohen […] soweit sie den Handel zwischen Mitgliedstaaten beeinträchtigen." Erforderlich sind demnach der Einsatz staatlicher Mittel, die Verschaffung eines wirtschaftlichen Vorteils, die Verfälschung des Wettbewerbs und die Beeinträchtigung des innergemeinschaftlichen Handels sowie die Selektivität der Maßnahme.[1426]

Ein Einsatz staatlicher Mittel liegt dabei nicht nur bei direkten Zahlungen vor, sondern auch bei Einnahmeverlusten des Staates durch Steuerermäßigungen.[1427] Dabei muss es sich nicht um eine gesetzliche Steuerermäßigung handeln. Möglich ist vielmehr auch, dass sich das staatliche Handeln in der Praxis der Steuerverwaltungen manifestiert.[1428]

Die Verschaffung eines wirtschaftlichen Vorteils kann insbesondere darin erblickt werden, dass die Steuerbelastung vermindert wird.[1429]

Für eine Verfälschung des Wettbewerbs und einer Beeinträchtigung des innergemeinschaftlichen Handels soll nach Ansicht der Kommission bereits ausreichend sein, dass der betroffene Handelszweig potentiell auch zwischen

---

1426 Mitteilung der Kommission v. 10.12.1998, ABl. C 384/03, Rz. 9 ff.

1427 Bekanntmachung der EU-Kommission zum Begriff der staatlichen Beihilfe v. 19.7.2016, ABl. EU C 262/01, Rz. 51.

1428 Mitteilung der Kommission v. 10.12.1998, ABl. C 384/03, Rz. 10.

1429 Mit Beispielen *Grotherr*, EWS 2015, 67, 69.

Mitgliedstaaten relevant werden könne und die Handelsposition eines Beteiligten Unternehmers verstärkt werde.[1430]

Letztlich ist erforderlich, dass die mitgliedstaatliche Maßnahme selektiv ist. Vereinfacht ausgedrückt bedeutet dies, dass der gewährte Vorteil nur einem bestimmten Unternehmen oder einem bestimmten Kreis von Unternehmen zu Gute kommt. Der EuGH nimmt in diesem Zusammenhang eine dreistufige Prüfung vor, indem er zunächst ermittelt, was das Bezugssystem und damit die Regelbesteuerung ist, um sodann eine Abweichung von dieser Regelbesteuerung festzustellen und letztlich nach Rechtfertigungsgründen für diese Abweichung zu suchen.[1431]

c) Konkretisierung und Verprobung der hier vorgeschlagenen Ausgestaltung

Zwar muss nach hier vertretener Auffassung bereits die Verschaffung eines wirtschaftlichen Vorteils durch Umsatzsteuervorbescheid verneint werden.[1432] Denn sowohl national als auch unional dient der Vorbescheid dem Ausgleich eines Nachteils und begründet daher keinesfalls einen Vorteil. Selbst wenn man dies aber in Bezug auf das Beihilfenrecht anders sehen mag, fehlt es bei der hier vorgeschlagenen Ausgestaltung in der Regel an der erforderlichen[1433] Selektivität der Entscheidung.[1434] Dies soll im Folgenden begründet werden.

Eine Vorabentscheidung ist nach Auffassung der Kommission insbesondere selektiv, wenn

> „a) das nationale Steuerrecht im Vorbescheid falsch angewendet wird und dies zu einem niedrigeren Steuerbetrag führt;
> b) Vorbescheide von anderen Unternehmen in ähnlicher Rechts- und Sachlage nicht in Anspruch genommen werden können; oder
> c) die Verwaltung diesen Steuerpflichtigen im Vergleich zu anderen Steuerpflichtigen, die sich in einer ähnlichen Sach- und Rechtslage befinden, steuerlich „bevorzugt" behandelt. […]."[1435]

1430 Mitteilung der Kommission v. 10.12.1998, ABl. C 384/03, Rz. 11.

1431 Z.B. EuGH v. 9.10.2014 – C-522/13, EU:C:2014:2262, Rz. 35 ff. (*Ministerio de Defensa, Navantia SA*).

1432 Ähnlich schon Erster Teil C. IV. 3. b) bb).

1433 Die Voraussetzungen müssen kumulativ erfüllt sein, ebenso *Grotherr*, EWS 2015, 67, 71.

1434 Vgl. dazu auch die ausführliche Darstellung bei *Grotherr*, EWS 2015, 67, 73 ff.

1435 Bekanntmachung der EU-Kommission zum Begriff der staatlichen Beihilfe v. 19.7.2016, ABl. EU C 262/01, Rz. 174.

Eine Selektivität liegt also insbesondere bei rechtswidrigen Entscheidungen zu Gunsten des Steuerpflichtigen und bei Ungleichbehandlungen von Steuerpflichtigen vor, die sich in einer ähnlichen Sach- und Rechtslage befinden.

aa) Keine Selektivität durch Entschließungsermessen: Gebundene Entscheidung

Nach Auffassung der Kommission könne insbesondere das Vorliegen von Entschließungsermessen, die Selektivität einer Maßnahme begründen:[1436] „Maßnahmen, die prima facie für alle Unternehmen gelten, aber aufgrund des Ermessens der Verwaltung beschränkt sind (oder sein können), sind selektiv. Dies ist der Fall, wenn die Erfüllung der festgelegten Kriterien nicht automatisch ein Recht auf Inanspruchnahme der Maßnahme zur Folge hat." Der Gefahr, dass es schon bei der Frage des „Ob" zu einer ungleichen Behandlung von ansonsten vergleichbaren Unternehmen kommen kann, ist vorliegend durch die Schaffung eines Rechtsanspruchs auf einen Vorbescheid vorgebeugt worden.

bb) Keine (*De-facto-*)Selektivität: Zentralzuständigkeit und Veröffentlichung

Wenngleich einer Steuerbehörde bei der Entscheidung über den Inhalt eines Vorbescheids kein Auswahlermessen zukommt,[1437] bedeutet dies nicht, dass dem Entscheidungsspielraum der Finanzbehörde keine beihilfenrechtliche Relevanz zukommt.[1438] Gleichwohl ist die Selektivität zu verneinen, wenn die steuerliche Regelung *effektiv* von allen in einem Mitgliedstaat ansässigen Unternehmen in Anspruch genommen werden kann.[1439] Das ist in Bezug auf die vorgeschlagene Regelung jedenfalls der Fall, da das Recht auf einen Vorbescheid jedem Unternehmer in gleicher Weise zusteht, sofern die Antragsvoraussetzungen erfüllt sind. Entscheidend ist aber auch, dass die Allgemeinheit des Gesetzes durch die getroffenen Verwaltungsentscheidungen nicht faktisch in ihrer praktischen Wirksamkeit gegenüber bestimmten Unternehmen eingeschränkt wird.[1440] Eine

---

1436 Bekanntmachung der EU-Kommission zum Begriff der staatlichen Beihilfe v. 19.7.2016, ABl. EU C 262/01, Rz. 123 unter Verweis auf EuGH v. 29.6.1999 – C-256/97, EU:C:1999:332, Rz. 27 (*DM Transport*).

1437 BFH v. 29.2.2012 – IX R 11/11, BFHE 237, 9, 12.

1438 Dazu *Grotherr*, EWS 2015, 67, 74.

1439 Bekanntmachung der EU-Kommission zum Begriff der staatlichen Beihilfe v. 19.7.2016, ABl. EU C 262/01, Rz. 120 ff.

1440 Sog. *De-facto-Selektivität*, dazu Mitteilung der Kommission v. 10.12.1998, ABl. C 384/03, Rz. 13 sowie Bekanntmachung der EU-Kommission zum Begriff der staatlichen Beihilfe v. 19.7.2016, ABl. EU C 262/01, Rz. 122.

solche praktische Selektivität kann insbesondere dadurch entstehen, dass unterschiedliche Finanzbehörden zu unterschiedlichen rechtlichen Würdigungen gelangen (sog. regionale Selektivität)[1441] und/oder die Inanspruchnahme eines allen offenstehenden Verfahrens faktisch zur Begünstigung Einzelner führt, weil Unbeteiligte weder Kenntnis von der Verwaltungsentscheidung erhalten noch sich auf diese berufen können.[1442] Beiden Möglichkeiten ist im Rahmen des hier gemachten Ausgestaltungsvorschlags aber vorgebeugt worden. Eine regionale Selektivität ist ausgeschlossen, da eine Zentralzuständigkeit eingeführt werden soll. Zudem soll die Verwaltungsentscheidung veröffentlicht werden, was es Dritten ermöglicht, sich unter Bezugnahme auf die Rechtsanwendungsgleichheit auf die im Vorbescheid getroffene rechtliche Würdigung zu berufen. Sichergestellt ist damit auch praktisch, dass Unternehmen bei vergleichbarer Rechts- und Sachlage eine gleichartige steuerliche Behandlung verlangen können.[1443]

cc) Verminderte Gefahr der Selektivität durch rechtswidrige Entscheidungen

Übrig bleibt die Gefahr, dass das zuständige BZSt eine rechtswidrige Entscheidung trifft. Dabei ist insbesondere der Fall einer rechtswidrigen Entscheidung zu Gunsten des Steuerpflichtigen relevant, da es andernfalls schon am beihilferechtlich erforderlichen Vorteil fehlen würde. Die Rechtswidrigkeit wird sich dabei aber in der Regel erst *ex-post* herausstellen, was ein vorgeschaltetes Notifizierungsverfahren unmöglich macht. Zudem begründet die anfängliche Rechtswidrigkeit nach der hier vorgeschlagenen Ausgestaltung grundsätzlich eine Korrekturmöglichkeit der Finanzverwaltung mit Wirkung auch für die Vergangenheit, sodass eine insofern möglicherweise gewährte Beihilfe aus der Welt geschafft werden könnte. Bestehen bleibt ein rechtswidriger Vorbescheid nur, wenn dem betroffenen Unternehmer entsprechend § 17 Abs. 2 Nr. 1 UStG die nachträgliche Überwälzung der geänderten Steuerschuld nicht mehr möglich oder unzumutbar ist. Zwar müsste die Vertrauensschutzregelung bei einem angestrengten Beihilfeverfahren wohl hinter den europäischen Effektivitätsgrundsatz

1441 Dazu Bekanntmachung der EU-Kommission zum Begriff der staatlichen Beihilfe v. 19.7.2016, ABl. EU C 262/01, Rz. 142 ff.

1442 Ähnlich *Grotherr*, EWS 2015, 67, 74, 75 f., 76 f., 77 f.

1443 Bekanntmachung der EU-Kommission zum Begriff der staatlichen Beihilfe v. 19.7.2016, ABl. EU C 262/01, Rz. 137 (allgemein), 174 (in Bezug auf Vorbescheide, s.o.): „Wenn eine Maßnahme bestimmte Unternehmen oder die Herstellung bestimmter Produkte, die sich in einer vergleichbaren Rechts- und Sachlage befinden, begünstigt, ist sie *prima facie* selektiv.“

zurücktreten.[1444] Die Möglichkeit, dass ein rechtswidriger Vorbescheid schon nach nationalem Recht bestehen bleibt, ist aber gleichwohl beschränkt. Zudem dürfte die zentrale Zuständigkeit des BZSt und die Veröffentlichung des Vorbescheids zu einer Steigerung der Entscheidungsqualität und damit auch zu einer Verminderung der Gefahr einer selektiven rechtswidrigen Vorabentscheidung führen.

Es kann also festgehalten werden, dass mögliche beihilferechtliche Angriffspunkte der Regelung *de lege lata* in dem hier gemachten Ausgestaltungsvorschlag berücksichtigt und *de lege ferenda* weitestgehend beseitigt worden sind. Eine abschließende Beurteilung wird aber erst dann möglich sein, wenn die Kommission oder der EuGH konkretere Anforderungen an nationale Beihilfeverfahren in Bezug auf steuerliche Vorbescheide formuliert. Dies ist gegenwärtig noch nicht der Fall. Erneut zeigt sich aber, dass auch mit Blick auf die Beihilfenrelevanz einer Vorabentscheidung, eine Harmonisierung jedenfalls für umsatzsteuerliche Rechtsfragen angestrebt werden sollte, um den für den Unternehmer grundrechtssensiblen und in der Praxis überaus relevanten Bereich der Planungs- und Veranlagungssicherheit dem nachträglichen Zugriff durch das Beihilfenrecht weitestgehend zu entziehen.

1444 Siehe nur EuGH v. 20.3.1997 – C-24/95, EU:C:1997:163, Rz. 41 (*Alcan Deutschland*).

Zusammenfassende Thesen

Einführung – Die Umsatzsteuer und der duale Prüfungsgegenstand der Untersuchung

1. Die Umsatzsteuer ist eine allgemeine Verbrauchsteuer. Belastungsgrund der Umsatzsteuer ist die typisierte steuerliche Leistungsfähigkeit, die sich in den geldwerten Aufwendungen für den Konsum durch den Endverbraucher zeigt. Das darin zum Ausdruck kommende Leistungsfähigkeitsprinzip ist national verfassungsrechtlich und auch im Europarecht verankert.
2. Das Prinzip der Besteuerung nach der individuellen Leistungsfähigkeit wird bei der Umsatzsteuer folgerichtig durch das umsatzsteuerliche Neutralitätsprinzip ergänzt. Das Neutralitätsprinzip ist auch in der Rechtsprechung des EuGH Fundamentalprinzip des Mehrwertsteuersystems. Ausprägungen des Neutralitätsprinzips sind die Belastungsneutralität, die die Entlastung der Eingangsumsätze von den Vorsteuern gewährleistet und die Wettbewerbsgleichheit, wovon insbesondere die gleiche Besteuerung der Ausgangsumsätze umfasst ist. Ausprägung des Neutralitätsprinzips ist auch der im Umsatzsteuerrecht gewährte Gutglaubensschutz, der zwar teilweise als „allgemeinverbindlich[er] Rechtsgedanke des Umsatzsteuerrechts" bezeichnet wird, bislang aber nur in wenigen Fallgestaltungen Anwendung findet.
3. Zentrale Folge der Ausgestaltung der Umsatzsteuer als indirekte Steuer ist die Inanspruchnahme des Unternehmers. Die genaue dogmatische Einordnung der Inanspruchnahme ist für die vorliegende Arbeit nicht von Bedeutung.
4. Die im Besteuerungsverfahren geltende Kooperationsmaxime ist von besonderer Relevanz im Umsatzsteuerrecht. Spätestens seit der Beseitigung der Binnengrenzen sind die europäischen Finanzverwaltungen im grenzüberschreitenden Wirtschaftsverkehr auf die Mitwirkung der Unternehmer angewiesen. Auch im nationalen Wirtschaftsverkehr ist das „gigantische […] Nullsummenspiel" der Umsatzsteuer nur durch die Zwangsintegration des Unternehmers in den Aufklärungsprozess möglich.
5. Diese Zwangsintegration hat eine Vielzahl von Pflichten, Obliegenheiten und Risiken des Unternehmers zur Folge. Während die Einzelbelastungen unabhängig vom Prüfungsmaßstab hinzunehmen sind, ist dies bei der Gesamtwirkung der Einzelbelastungen nicht ohne weiteres der Fall. Um die Belastungsrealität des Unternehmers sachgerecht abbilden zu können, sind die Einzelbelastungen zu einer kumulativen Gesamtbelastung zusammenzufassen.

6. Die Annahme eines solchen „additiven Grundrechtseingriffs“ setzt ein zeitliches, ein persönliches und ein sachliches Element voraus. In zeitlicher Hinsicht ist allein entscheidend, dass keine der punktuellen Beeinträchtigungen bereits ihr Ende gefunden hat und damit nicht mehr gegenwärtig ist. In persönlicher Hinsicht ist die Rechtsfigur des „additiven Grundrechtseingriffs“ auf einen Adressaten begrenzt. Dabei ist eine Personenmehrheit im Sinne des Art. 19 Abs. 3 GG ebenso *ein* Adressat wie eine natürliche Person. In sachlicher Hinsicht ist eine am Einzelfall orientierte Betrachtung der Belastungen des Adressaten vorzunehmen. Wirken diese für ihn einheitlich, liegt – vorbehaltlich des zeitlichen und persönlichen Elements – ein additiver Grundrechtseingriff vor.
7. Belastungen, die von unterschiedlichen Hoheitsträgern ausgehen, müssen dabei ebenso einheitlich beurteilt werden, wie Belastungen, die von unterschiedlichen staatlichen Gewalten ausgehen. Um die tatsächlichen Belastungen des Unternehmers beurteilen zu können, muss dieser Gedanke im Rahmen des Umsatzsteuerrechts auch auf unmittelbare oder mittelbare Rechtsakte der Europäischen Union übertragen werden.
8. Zentrale Folge einer Gesamtbetrachtung ist der Einfluss derselben auf die Verhältnismäßigkeitsprüfung. Die Annahme eines additiven Grundrechtseingriffs erhöht die Eingriffsintensität und verändert damit die Proportionalität zum Eingriffszweck. Prozessrechtlicher Verfahrensgegenstand bleibt stets der Einzelakt. Das Bundesverfassungsgericht hat daher eine doppelte Prüfung vorzunehmen. Zunächst ist der gerügte Einzelakt zu prüfen. Daraufhin muss der gerügte Einzelakt in seiner Gesamtwirkung gewürdigt werden. Stellt das Bundesverfassungsgericht fest, dass die Gesamtwirkung als unverhältnismäßig anzusehen ist, so ist es nicht befugt, eine Nichtigkeitserklärung auszusprechen oder die Maßnahme aufzuheben. Die Entscheidung, welche Einzelbelastung abzumildern, welche Maßnahme zu unterlassen und/oder welche Leistung zu gewähren ist, um eine Gesamtverhältnismäßigkeit herzustellen, obliegt allein dem demokratisch legitimierten Gesetzgeber. Das Bundesverfassungsgericht kann daher nur eine Unvereinbarkeitserklärung aussprechen.
9. Die *de lege lata* anwendbare Zusage im Umsatzsteuerrecht ist die verbindliche Auskunft nach §§ 89 Abs. 2 ff. AO, die als Generalzusage bezeichnet werden kann.
10. Zur begrifflichen Präzisierung sind verbindliche Verwaltungshandlungen als Zusagen und unverbindliche Verwaltungshandlungen als Auskünfte zu bezeichnen. International wird ohne exakte begriffliche Differenzierung von

„advance rulings“, „grenzüberschreitenden Vorbescheiden“, „cross border rulings“ oder bloßen „rulings“ gesprochen.

Erster Teil A: Der verfassungs- und europarechtliche Prüfungsmaßstab im umsatzsteuerlichen Mehrebenensystem

11. Die Umsatzsteuer ist eine europäische Steuer und als solche in weiten Teilen harmonisiert, sodass insbesondere fraglich ist, ob nationale und/oder unionale Grundrechte als Prüfungsmaßstab Anwendung finden.
12. Neben den nationalen Grundrechten, kommen insbesondere die Gewährleistungen der Europäischen Menschenrechtskonvention und der Europäischen Grundrechtecharta in Betracht. Während aber die Gewährleistungen der Europäischen Menschenrechtskonvention zum gegenwärtigen Zeitpunkt sowohl national als auch unional nur eine mittelbare Wirkung beanspruchen, finden die Chartagrundrechte potentiell unmittelbare Anwendung. Daher sind insbesondere Chartagrundrechte und nationale Grundrechte möglicher Prüfungsmaßstab der Untersuchung.
13. Zentralnorm in Bezug auf die Anwendbarkeit der Grundrechtecharta ist Art. 51 Abs. 1 S. 1 GRCh. Danach binden die Grundrechte der Charta die „Organe, Einrichtungen und sonstigen Stellen der Union“ und die Mitgliedstaaten „ausschließlich bei der Durchführung von Unionsrecht“. Ohne Einschränkung sind die Organe der Europäischen Union somit Verpflichtungsadressat der Chartagrundrechte. Nationale Grundrechte finden nach dem Maßstab der *Solange II*-Entscheidung des Bundesverfassungsgerichts auf unionale Rechtsakte grundsätzlich keine Anwendung.
14. Differenzierter ist das Meinungsbild bei mitgliedstaatlichen Rechtsakten, die nur dann einer Bindung an Unionsgrundrechte unterliegen, wenn eine „Durchführung von Unionsrecht“ vorliegt. Zu unterscheiden ist insofern zwischen Umsetzungsrecht und umsetzungsneutralem Recht. Umsetzungsrecht liegt vor, wenn ein nationaler Rechtsakt dazu dient, einer unionalen Umsetzungsverpflichtung nachzukommen. Dagegen liegt Umsetzungsneutralität immer dann vor, wenn der nationale Gesetzgeber eine Regelung erlässt, die nicht der Erfüllung einer unionalen Umsetzungsverpflichtung dient, aber gleichwohl auf unionsrechtlich geprägte Fallgestaltungen Anwendung findet.
15. Hauptfall des Umsetzungsrechts sind normative Rechtsakte, die der Umsetzung einer unionalen Richtlinie dienen, die gem. Art. 288 Abs. 3 EUV nur hinsichtlich ihres Ziels verbindlich ist. In Bezug auf den anzuwendenden

Prüfungsmaßstab muss entsprechend der *Solange*-Rechtsprechung des Bundesverfassungsgerichts zwischen Umsetzungsakten mit und ohne zugrunde liegendem Umsetzungsspielraum unterschieden werden. Fehlt es an einem nationalen Umsetzungsspielraum, handelt der nationale Gesetzgeber als „verlängerter Arm" des Unionsgesetzgebers. Konsequenterweise kann daher der durch die Richtlinie determinierte Bereich ebenso wie die Richtlinie selbst allein an europäischen Grundrechten gemessen werden. Es kann also von einer „Durchführung von Unionsrecht" im Sinne des Art. 51 Abs. 1 S. 1 GRCh gesprochen werden. Liegt hingegen eine nationale Umsetzung im unionsrechtlich nicht determinierten Bereich vor, beanspruchen sowohl der EuGH als auch das Bundesverfassungsgericht die Rechtsprechungskompetenz für sich. Es kann also zu Überschneidungen von nationalen und unionalen Grundrechten kommen.

16. Weitaus komplexer gestaltet sich die Rechtslage bei umsetzungsneutralem Recht. Von zentraler Bedeutung ist in diesem Zusammenhang die Entscheidung des EuGH in der Rechtssache *Åkerberg Fransson*. Der EuGH entschied, dass unionale Grundrechte „in allen unionsrechtlich geregelten Fallgestaltungen, aber nicht außerhalb derselben Anwendung finden". Sobald eine nationale Rechtsvorschrift in den „in Geltungsbereich des Unionsrechts" falle, sei der EuGH berufen, über dessen Vereinbarkeit mit unionalen Grundrechten zu entscheiden. Demnach seien „keine Fallgestaltungen denkbar, die vom Unionsrecht erfasst würden, ohne dass diese Grundrechte anwendbar wären".
17. Diesen – zunächst sehr weit erscheinenden – Aussagen wurde sowohl vom Bundesverfassungsgericht als auch von der überwiegenden Literatur die Anerkennung verweigert. So hielt das Bundesverfassungsgericht in anderer Sache fest, dass die Entscheidung „keiner Lesart unterlegt werden [darf], nach der diese offensichtlich als *Ultra-vires*-Akt zu beurteilen wäre […]".
18. Die vom EuGH aufgestellten Anforderungen an eine „Durchführung von Unionsrecht" sind aber keinesfalls so weit und konturenlos, wie teilweise angenommen. Der EuGH stellt konsequent auf das Bestehen einer konkreten unionsrechtlichen Verpflichtung als entscheidendes Abgrenzungskriterium zwischen nationalem und unionalem Grundrechtsschutz ab.
19. Dieses Kriterium lässt sich auch auf die mitgliedstaatliche Regelung grenzüberschreitender Sachverhalte übertragen. Die Mitgliedstaaten sind in einem solchen Fall zur Wahrung der Grundfreiheiten verpflichtet. Sie bewegen sich damit im Anwendungsbereich des Unionsrechts, sodass eine Bindung an die Unionsgrundrechte sachgemäß ist.

20. Im Kollisionsfall kann in Anlehnung an die Entscheidung des EuGH in der Rechtssache *Melloni* eine Art *Solange*-Vorbehalt formuliert werden. Danach sind nationale Grundrechtsgewährleistungen solange anwendbar, wie sie den europäischen Schutzstandard nicht unterschreiten und den Vorrang, die Einheit und die Wirksamkeit des Unionsrechts nicht beeinträchtigen.
21. Zusagen sind Teil des nationalen Verfahrensrechts. Als solche sind sie kein Umsetzungsrecht. Gleichwohl wird das nationale Verfahrensrecht auch auf das harmonisierte Umsatzsteuerrecht angewendet. Die auf diese Weise genutzten mitgliedstaatlichen Zusagen sind somit als umsetzungsneutrales Recht einzuordnen. Nationales Verfahrensrecht unterliegt also immer dann einer Bindung an Unionsgrundrechte, wenn es konkrete unionsrechtliche Verpflichtungen effektuiert. Unionsgrundrechte finden aber keine Anwendung, wenn die nationale Regelung ausschließlich Zielen dient, die unionsrechtlich nicht vorgesehen sind.
22. Nationales Verfahrensrecht dient grundsätzlich den Verpflichtungen der Art. 2, 250 Abs. 1, 273 der MwStSystRL in Verbindung mit Art. 4 Abs. 3 EUV. Danach ist „jeder Mitgliedstaat verpflichtet [...], alle Rechts- und Verwaltungsvorschriften zu erlassen, die geeignet sind, die Erhebung der gesamten in seinem Hoheitsgebiet geschuldeten Mehrwertsteuer zu gewährleisten und den Betrug zu bekämpfen". Demgegenüber dienen steuerrechtliche Zusagen aber primär einer Planungs- und Schutzfunktion. Eine verpflichtende Vorgabe, Planungssicherheit auf dem Gebiet des Steuerrechts zu gewährleisten, lässt sich dem Unionsrecht und der Rechtsprechung des EuGH jedoch nicht entnehmen. Vielmehr geht der mitgliedstaatliche Gesetzgeber bei der Schaffung von vertrauensschützenden Zusagen über das unionsrechtlich Erforderliche hinaus und unterliegt damit keiner Bindung an die Unionsgrundrechte. Zusagen stellen keine „Durchführung von Unionsrecht" im Sinne des Art. 51 Abs. 1 S. 1 GRCh dar. Alleiniger grundrechtlicher Prüfungsmaßstab nationaler Zusageregeln sind daher nationale Grundrechte.
23. Wesen eines sog. „additiven Grundrechtseingriffs" ist, dass bei der grundrechtlichen Beurteilung nicht allein auf eine einzelne Belastung abgestellt wird. Die Einzelbelastungen des Unternehmers sind teils unionsrechtlich determiniert, teils aber auch erheblich der Rechtsetzung der nationalen Gesetzgeber anheimgestellt. Die Gesamtbelastung ergibt sich daher aus einem Konglomerat unionsrechtlich determinierter und nichtdeterminierter Einzelbelastungen. Die Frage des grundrechtlichen Prüfungsmaßstabs kann daher nicht ohne weiteres unter Rückgriff auf die bislang bekannten Abgrenzungsmaßstäbe beantwortet werden.

24. In einem solchen Fall ist ein Vorrang nationaler Grundrechte in den Grenzen der *Melloni*-Rechtsprechung anzunehmen. Eine Gesamtschau anhand nationaler Grundrechte ist daher trotz der teilweise unionsrechtlich determinierten Belastungen vorzunehmen, solange das Schutzniveau der Charta, der Vorrang, die Einheit und die Wirksamkeit des Unionsrechts nicht beeinträchtigt werden.

Erster Teil B: Prüfungsgegenstand Inanspruchnahme: Der erforderliche Ausgleich einer kumulativen Gesamtbelastung

25. Die kumulative Gesamtbelastung des Unternehmers ist insbesondere an den freiheitsgrundrechtlichen Verbürgungen des Grundgesetzes zu prüfen. In Betracht kommen dabei die sog. Wirtschaftsfreiheiten der Art. 12 GG und Art. 14 GG. Bei der Prüfung, ob ein Eingriff in den Schutzbereich vorliegt, ist zwischen der Zahlpflicht und den sonstigen Pflichtdiensten des Unternehmers zu differenzieren.
26. Die Pflichtdienste des Unternehmers stellen einen mittelbaren Eingriff in die Berufsfreiheit dar, da der Gesetzgeber bei der Heranziehung des Unternehmers berufsneutrale Zwecke verfolgt. Eine Restriktion des wirtschaftlichen Hauptgrundrechts des Art. 12 Abs. 1 GG durch die vom Bundesverfassungsgericht geforderte objektiv berufsregelnde Tendenz ist abzulehnen. Die materielle Betroffenheit des Grundrechtsträgers begründet daher auch im Rahmen von Art. 12 Abs. 1 GG einen Grundrechtseingriff.
27. Der Steuerzugriff stellt ebenfalls einen Eingriff in Art. 12 Abs. 1 GG dar. Der umsatzsteuerliche Unternehmer trägt insbesondere das Risiko der umsatzsteuerrechtlichen Erstbewertung. Misslingt diese, ist eine nachträgliche Abwälzung meist nicht mehr möglich. Es kann daher nicht pauschal davon gesprochen werden, dass die Nichtabwälzbarkeit der gezahlten Steuer ein singuläres Phänomen wäre.
28. Auch die Besteuerung nach dem sog. Soll-Prinzip beeinträchtigt den Unternehmer in seiner Berufsfreiheit. Dem Unternehmer entgeht durch seine Vorleistungspflicht entweder ein Zinsertrag oder es entsteht ihm echter Zinsaufwand. Eine Abwälzung dieser Kosten auf den Abnehmer ist meist nicht möglich.
29. Die Prüfung des Art. 12 Abs. 1 GG geht dabei der des Art. 14 Abs. 1 GG vor. Im Vordergrund der Pflichtdienste des Unternehmers im Rahmen der Inanspruchnahme steht nämlich die Nutzung der Unternehmensfunktionen und

nicht das sachliche Substrat des eingerichteten und ausgeübten Gewerbebetriebs.

30. Die Frage, ob Art. 14 Abs. 1 GG vor dem staatlichen Steuerzugriff schützt, ist mit dem zweiten Senat des Bundesverfassungsgerichts zu bejahen, wenn der Steuerzugriff tatbestandlich an das Innehaben von vermögenswerten Rechtspositionen anknüpft.
31. Die Umsatzsteuer soll gerade nicht die Leistungsfähigkeit des Unternehmers, sondern die des Endverbrauchers besteuern. Die Umsatzbesteuerung knüpft tatbestandlich nur an vermögenswerte Rechtspositionen des Verbrauchers an, dessen Entgelt grundsätzlich die Bemessungsgrundlage der Umsatzsteuer darstellt. Die vermögenswerten Rechtspositionen des Unternehmers sind für den Steuerzugriff tatbestandlich irrelevant. Ein Eingriff in Art. 14 Abs. 1 GG liegt nicht vor.
32. Dem Eingriff des Staates setzt insbesondere das Verhältnismäßigkeitsprinzip Grenzen. Bei kumulativen Grundrechtsbeeinträchtigungen sind die Belastungen des Unternehmers insofern zunächst punktuell zu betrachten. Erst in einem zweiten Schritt erfolgt eine Prüfung der Gesamtverhältnismäßigkeit.
33. Die Einzelbelastungen des Unternehmers stellen Berufsausübungsregelungen dar. Als solche lassen sie sich durch vernünftige Erwägungen des Gemeinwohls rechtfertigen. Diese können hier in der effektiven Besteuerung des Letztverbrauchs gesehen werden.
34. Eine Ausnahme stellt die Besteuerung nach dem sog. Soll-Prinzip dar. Diese ist nicht erforderlich und damit unverhältnismäßig.
35. Die Inanspruchnahme des Unternehmers als kumulative Gesamtbelastung stellt eine sog. qualifizierte Berufsausübungsregelung dar. Die Belastungen des Unternehmers betreffen zwar primär die Berufsausübungsfreiheit, wirken in ihrer Gesamtwirkung aber auf die Freiheit der Berufswahl zurück. Die Inanspruchnahme muss daher jedenfalls den Schutz besonders wichtiger Gemeinschaftsgüter zwingend erfordern und ist einer strengen Verhältnismäßigkeitsprüfung zu unterwerfen.
36. Die Inanspruchnahme des Unternehmers verfolgt auch als Gesamtbelastung einen legitimen Zweck und ist geeignet diesen Zweck zu fördern. Insofern ist aber zu beachten, dass das Zusammenwirken mehrerer Einzeleingriffe in einer Belastungskumulation einerseits die Geeignetheit des Belastungsbündels erhöhen kann. Andererseits kann ein isoliert betrachteter Eingriff im Zusammenwirken mit anderen Einzeleingriffen aber auch seiner zweckfördernden Wirkung beraubt werden.

37. Bei der Erforderlichkeitsprüfung einer Belastungskumulation muss untersucht werden, ob ein anderes, ebenso effektives Eingriffsbündel denkbar ist. Dazu kann einerseits im Wege einer Gesamtbetrachtung ein gänzlich anderes Eingriffsarrangement erdacht und verglichen werden. Andererseits kann aber auch im Rahmen des bestehenden Eingriffsbündels eine Einzelbelastung hinweggedacht werden. Büßt das Eingriffsbündel dadurch keine Effektivität ein, ist es im Ganzen nicht erforderlich.
38. Insbesondere das gegenwärtige umsatzsteuerliche Erklärungssystem, in dem drei unterschiedliche Termine zur Erklärungsabgabe vorgesehen sind, verspricht keinen Mehrwert und ist überflüssige Bürokratie. Die Gesamtbelastung durch die Inanspruchnahme bewegt sich damit zumindest an den Grenzen des noch Erforderlichen.
39. Die Gesamtbelastung durch die Inanspruchnahme ist jedenfalls nicht mehr angemessen, da der für fremde Rechnung handelnde Unternehmer einseitig mit dem wirtschaftliche Risiko belastet wird. Allein der Unternehmer trägt das Risiko, dass die Abwälzung auf seinen Abnehmer gelingt und die Belastungskonzeption der Umsatzsteuer verwirklicht wird. Der Unternehmer muss im Rahmen seiner Fremdhilfe stets Selbsthilfe üben, um das vom Gesetzgeber vorgesehene Belastungskonzept zu verwirklichen.
40. Um einen Ausgleich der Belastungen des Unternehmers zu begründen, ist die Rechtsprechung zu den ausgleichspflichtigen Inhalts- und Schrankenbestimmungen auf die Berufsfreiheit zu übertragen.
41. Das Institut der ausgleichspflichtigen Inhalts- und Schrankenbestimmung im Rahmen von Art. 14 Abs. 1 S. 2 GG ist spätestens seit dem *Pflichtexemplar-Beschluss* des Bundesverfassungsgerichts weitestgehend anerkannt. Grundlage einer ausgleichspflichtigen Inhalts- und Schrankenbestimmung ist der Grundsatz der Verhältnismäßigkeit. Im Kontext des Art. 14 GG setzt die Ausgleichs*pflicht* eine vermögenswerte Rechtsposition voraus, die durch eine Inhalts- und Schrankenbestimmung in unzumutbarer Weise beeinträchtigt wird. Die *Gewährung* des Ausgleichs setzt zusätzlich voraus, dass der Gesetzgeber eine entsprechende gesetzliche Ausgleichsregelung geschaffen hat.
42. Diese Grundsätze können auf Beeinträchtigungen von Art. 12 Abs. 1 GG übertragen werden. Historisch betrachtet handelt es sich um eine Rückübertragung. Grundrechtsdogmatisch ist eine Anwendung auf Art. 12 Abs. 1 GG zulässig. Die Freiheitsausübung hat ebenso wie bei Art. 14 GG einen Marktwert.
43. Eine unverhältnismäßige Berufsausübungsregelung kann daher eine ausgleichspflichtige Inhalts- und Schrankenbestimmung der Berufsausübungsfreiheit darstellen. Eine Ausgleichs*pflicht* besteht im Rahmen des Art. 12

Abs. 1 GG, sofern ein Beruf in unzumutbarer Weise beeinträchtigt wird. Die *Gewährung* eines Ausgleichs setzt zusätzlich eine entsprechende gesetzliche Regelung voraus.

44. Ein finanzieller Ausgleich ist gegenüber der Beseitigung der realen Belastung stets subsidiär. Daher ist eine Informationstätigkeit des Staates im Sinne einer Zusage erforderlich, um das Erstbewertungsrisiko zu kompensieren. Die genaue Ausgestaltung einer solchen Zusage obliegt dem einfachen Gesetzgeber, sodass aus der bloßen Ausgleichsverpflichtung keine konkreten Ausgestaltungsinhalte abgeleitet werden können.
45. Die zu erteilende Zusage muss lediglich ihrem Charakter als verfassungsrechtlich gebotenem, hilfestellendem Ausgleich einer unverhältnismäßigen Gesamtbelastung gerecht werden. Es wäre insofern grotesk, wenn der Unternehmer über die ihm obliegenden Verpflichtungen nur kostenpflichtig Gewissheit erlangen könnte.
46. Auch die von Art. 16 GRCh verbürgte Unternehmerfreiheit kann eine Ausgleichspflicht zur Folge haben. Die nationalen Vorgaben gehen in Bezug auf die Intensität der Verhältnismäßigkeitsprüfung und den Detailgrad der Vorgaben für eine erforderliche Ausgleichsregelung aber über die unionsrechtlichen Vorgaben hinaus. In erster Linie ist daher das nationale Verfassungsrecht maßgebend.

Erster Teil C: Prüfungsgegenstand Zusage: Die verbindliche Auskunft als unzureichende Zusageregelung *de lege lata*

47. Zusagen und damit auch die verbindliche Auskunft verfolgen in erster Linie eine Planungsfunktion, die für den umsatzsteuerlichen Unternehmer von besonderer Wichtigkeit ist.
48. Eine gesetzliche Regelung der verbindlichen Auskunft existiert seit dem Jahr 2006. Da die §§ 89 Abs. 2 ff. AO nur eine Regelung in Teilbereichen enthalten, ermächtigt § 89 Abs. 2 S. 4 AO zum Erlass einer Rechtsverordnung. Aufgrund dieser Ermächtigung wurde im Jahr 2007 die Steuerauskunftsverordnung erlassen. Darin sind Form und Inhalt des Antrags auf Erlass einer verbindlichen Auskunft sowie deren Bindungswirkung geregelt. Zuletzt geändert wurde das Regelungsregime der verbindlichen Auskunft durch das Gesetz zur Modernisierung des Besteuerungsverfahrens vom 18.7.2016.
49. Die verbindliche Auskunft ist ein Verwaltungsakt besonderer Art, der eine bloße Selbstverpflichtung der Finanzverwaltung zur Folge hat und dem Bürger einen bedingten Erfüllungsanspruch einräumt. Der Steuerpflichtige

erhält daher die „Option", sich zusagekonform behandeln zu lassen. Macht er von dieser Option Gebrauch, bildet die verbindliche Auskunft den Rechtsgrund für den nachfolgenden Steuerverwaltungsakt.

50. Die Bindungswirkung der verbindlichen Auskunft setzt in sachlicher Hinsicht Sachverhaltsidentität (sog. *clausula rebus sic stantibus*) und eine unveränderte Rechtslage (sog. *clausula legibus sic stantibus*) voraus. In persönlicher Hinsicht ist die Finanzbehörde nur gegenüber dem Antragsteller und dessen Rechtsnachfolgern gebunden.
51. Darüber hinaus kann sich die Finanzbehörde nur von ihrer Bindung lösen, wenn sie die verbindliche Auskunft korrigiert. Das Gesetz gibt ihr dabei die §§ 129–131 AO und § 2 Abs. 4 StAuskV an die Hand. Die §§ 129–131 AO haben nur eine geringe praktische Relevanz. Nach § 2 Abs. 4 StAuskV können „unrichtige" d.h. rechtswidrige verbindliche Auskünfte *pro futuro* aufgehoben werden.
52. Die verbindliche Auskunft wird nur auf schriftlichen oder elektronischen Antrag hin erteilt. Dieser muss eine genaue Bezeichnung des Antragstellers, eine genaue Darstellung des geplanten Sachverhalts, die Begründung eines besonderen steuerlichen Interesses und die Formulierung einer konkreten Rechtsfrage sowie die Darstellung des eigenen Rechtsstandpunkts enthalten. Der Antrag setzt also nicht unerhebliche steuerrechtliche Expertise voraus.
53. Grundsätzlich ist das bei späterer Sachverhaltsverwirklichung örtlich zuständige FA auch für die Zusageerteilung zuständig. Von der dezentralen Zuständigkeit der örtlichen FÄ unterscheidet § 89 Abs. 2 S. 3 AO die zentrale Zuständigkeit des Bundeszentralamts für Steuern. Eine Zuständigkeit des Bundeszentralamts für Steuern wird bei der verbindlichen Auskunft bei rein umsatzsteuerrechtlichen Fragestellungen aber nicht begründet. Inländische Unternehmer müssen die verbindliche Auskunft bei dem Finanzamt ihrer Geschäftsleitung beantragen. Ausländische Unternehmer haben je nach Herkunftsland eine zentrale Anlaufstelle zur Verfügung. Die dezentrale Zuständigkeitsverteilung hat eine uneinheitliche und unnötig zeitraubende Auskunftspraxis zur Folge.
54. Das Entschließungsermessen der Finanzbehörde nach § 89 Abs. 2 S. 1 AO ist in der Regel auf null reduziert, sodass grundsätzlich ein Auskunftsanspruch besteht. Die im Anwendungserlass geregelten Ablehnungsgründe sind als zweckwidrig abzulehnen.
55. § 89 Abs. 2 S. 4 AO regelt, dass die Finanzbehörde eine verbindliche Auskunft innerhalb von 6 Monaten erteilen soll. Der Gesetzgeber hat ausdrücklich klargestellt, dass ein Fristablauf darüber hinaus keine Rechtsfolgen haben soll. Dies wird dem Interesse der Steuerpflichtigen im Allgemeinen

und der umsatzsteuerlichen Unternehmer im Besonderen an einer zeitnahen Zusageerteilung nicht gerecht. Mögliche Rechtsfolgen sind allein ein statthafter Untätigkeitseinspruch nach § 347 Abs. 1 S. 2 AO und ein amtshaftungsrechtlicher Anspruch auf Schadensersatz.

56. Die Regelung der verbindlichen Auskunft sieht in § 89 Abs. 3–7 AO eine Bearbeitungsgebühr vor. Die Höhe der Gebühr wird primär nach dem Wert, den sie für den Antragsteller hat (Gegenstandswert) bemessen und beträgt höchstens 109.736 €. Sekundär kommt eine Berechnung nach Zeiteinheiten in Betracht.
57. Anfängliche generelle Zweifel an der Verfassungsmäßigkeit der Gebühr sind ausgeräumt worden. Die Frage der Gebührenrechtfertigung stellt sich nur noch in Sonderfällen. Aus dem jeder Gebühr zugrunde liegenden Äquivalenzprinzip ergeben sich insbesondere die Rechtfertigungsgründe der Kostendeckung und des Vorteilsausgleichs.
58. Sowohl im Fall einer Antragsablehnung als auch im Fall einer Negativauskunft lässt sich die Gebühr nur durch das Kostendeckungsprinzip rechtfertigen. Eine volle Gebührenerhebung ist in beiden Fällen daher verfassungswidrig.
59. In Umsatzsteuerfällen muss eine Rechtfertigung über den Vorteilsausgleichsgedanken generell verneint werden. Denn die verbindliche Auskunft begründet in Umsatzsteuerfällen keinen materiellen Vorteil, sondern gleicht als verfassungsrechtlich erforderliche Kompensationsregelung einen bestehenden Nachteil aus. Materiell steht der Unternehmer durch die Zusage nur so, wie er von Verfassungs wegen ohnehin stehen müsste. Die Auskunftsgebühr muss daher bereits aus diesen Gründen in umsatzsteuerlichen Fallgestaltungen auf die Deckung der Verwaltungskosten beschränkt sein.
60. Darüber hinaus ist es gleichheitsrechtlich nicht gerechtfertigt, Auskünfte in Bezug auf die Lohnsteuer gebührenfrei, in Bezug auf die Umsatzsteuer aber nur gegen Gebühr zu erteilen. Die Ausgestaltungsunterschiede von Lohn- und Umsatzsteuer ändern an diesem Ergebnis nichts.
61. Selbst wenn man im Steuerrecht faktische Benachteiligungen für grundfreiheitsrechtlich relevant hielte, ist die Gebührenpflicht der verbindlichen Auskunft keine solche Benachteiligung. Andernfalls würden die beschränkten steuerlichen Harmonisierungskompetenzen der Europäischen Union ausufern. Auch ein Verstoß gegen ein Beschränkungsverbot im Sinne der *Dassonville*-Formel ist in steuerrechtlichen Fällen bislang nur von geringer Relevanz. Davon unabhängig kann die Gebührenpflicht im grundfreiheitlichen Zusammenhang keinen Nachteil, sondern allenfalls die Verringerung

eines Vorteils begründen und wirkt sich damit nicht beschränkend auf den grenzüberschreitenden Wirtschaftsverkehr aus.

62. In der Gebührenregelung kann auch kein Verstoß gegen das umsatzsteuerliche Neutralitätsprinzip erblickt werden. Denn die verbindliche Auskunft stellt dem Grunde nach eine dem Neutralitätsprinzip dienende Regelung dar. Die eingeräumte Planungssicherheit führt mit Blick auf das Neutralitätsprinzip zugleich zu Abwälzungssicherheit. Insofern verringert die Gebühr lediglich den durch die verbindliche Auskunft geschaffenen Vorteil des Unternehmers.
63. Nachdem gem. § 44 Abs. 1 FGO, § 347 Abs. 1 AO außergerichtlich Einspruch eingelegt wurde steht dem Antragsteller bei Ablehnung des Auskunftsantrags aus formellen Gründen der Rechtsweg über die Verpflichtungsklage (§ 40 Abs. 1 Alt. 2 FGO) offen. Ist hingegen nicht das „Ob", sondern der Inhalt einer verbindlichen Auskunft betroffen, nimmt die Rechtsprechung nur eine Evidenzkontrolle vor. Es besteht dann zwar grundsätzlich ein Anspruch auf eine Zusage, deren Inhalt kann aber gerichtlich nur sehr eingeschränkt überprüft werden.
64. Eine solche Selbstbeschränkung des gerichtlichen Prüfungsmaßstabs verstößt jedoch gegen Art. 19 Abs. 4 GG. Denn der Regelung der verbindlichen Auskunft kann keine normative Ermächtigung entnommen werden, die der Exekutive eine Letztentscheidungskompetenz einräumt und den Grundsatz vollumfänglicher gerichtlicher Kontrolle durchbricht. Auch der Inhalt einer verbindlichen Auskunft muss daher voll justiziabel sein. Nur auf diese Weise kann der Steuerpflichtige tatsächlich steuerliche Planungssicherheit erlangen.
65. Die verbindliche Auskunft als bestehende Zusageregelung auch für den umsatzsteuerlichen Unternehmer kann dessen Inanspruchnahme durch den Staat nicht kompensieren. Es besteht daher ein auch verfassungsrechtlich begründetes Bedürfnis, eine Zusage zu schaffen, die einerseits eine wirksame Kompensation der Gesamtbelastung des Unternehmers darstellt und dabei andererseits die *de lege lata* bestehenden Schwächen der verbindlichen Auskunft beseitigt.
66. Der Gesetzgeber besitzt bei der konkreten Ausgestaltung einen nicht unerheblichen Spielraum, sodass die verfassungsrechtlichen Mindestanforderungen *de lege ferenda* durch rechtspolitische Optimalvorschläge ergänzt werden.

Zweiter Teil A: Bisherige Ansätze

67. *Thiele* modifiziert die Regelung des §§ 89 Abs. 2 ff. AO und stellt einen eigenen Ausgestaltungsvorschlag vor. Dieser beruht auf einleuchtenden rechtspolitischen Erwägungen. Bei dem Vorschlag *Thieles* handelt es sich um eine Generalzusage, die nicht allein auf umsatzsteuerliche Fragestellungen begrenzt ist. Eine allgemeine Zusageregelung wird der besonderen Stellung des inanspruchgenommenen Unternehmers aber nicht gerecht.
68. Das von der EU-Kommission ins Leben gerufene Pilotprojekt über Auskünfte in Umsatzsteuersachen bei grenzüberschreitenden wirtschaftlichen Tätigkeiten hatte bislang nur eine ernüchternde Resonanz zur Folge. Der praktische Mehrwert der sog. Cross-Border-Rulings ist zudem zweifelhaft. Das Projekt sieht einheitliche Grundbestimmungen nur hinsichtlich der zuständigen nationalen Behörde vor. Der eigentliche Wert eines Zusageverfahrens – die Bindungswirkung – richtet sich weiterhin allein nach nationalem Recht. Bedauerlich ist, dass sich bislang nur 18 Mitgliedstaaten an dem Projekt beteiligen und eine Beteiligung Deutschlands derzeit unterbleibt. Ziel des Projekts sollte daher mittelfristig eine umfassende Beteiligung aller Mitgliedstaaten und langfristig die harmonisierte Regelung einer Zusage für die Umsatzsteuer auf Ebene der Europäischen Union sein.
69. Die bisherigen Ansätze verfolgen zwar jeweils nachvollziehbare und wichtige Ziele, in der Umsetzung wird die spezifische Belastungslage der umsatzsteuerlichen Unternehmer aber nicht hinreichend erfasst.

Zweiter Teil B: Ausgestaltungsvorschlag

70. Ein von Wettbewerbsverzerrungen freier Markt, kann im Umsatzsteuersystem nur sichergestellt werden, wenn einheitliche Rechtsfragen auch einheitlich beantwortet werden. Aus dem bestehenden Harmonisierungsbedarf ergibt sich zugleich die Harmonisierungskompetenz des Unionsgesetzgebers aus Art. 113 AEUV. Perspektivziel sollte eine harmonisierte Regelung für das Umsatzsteuerrecht sein. Zudem sollte ein Verständigungs- mit anschließendem Schiedsverfahren für das Umsatzsteuerrecht geschaffen werden.
71. Die Harmonisierung stellt einen schrittweisen Prozess dar. Zu Beginn eines Harmonisierungsprozesses stehen zumeist national erprobte Regelungen und Systeme, die aufgrund ihres nationalen Erfolgs harmonisiert werden sollen. Stellt sich eine nationale Regelung als harmonisierungsfähig heraus, kann oftmals eine sog. stille Harmonisierung beobachtet werden.

Ausgestaltungsziel dieser Arbeit ist daher eine nationale Regelung, die perspektivisch Grundlage einer Harmonisierung sein kann.

72. Eine harmonisierte Vertrauensschutzregelung hält bereits der Unionszollkodex in Art. 33 ff. UZK mit der sog. Zolltarif- und Ursprungsauskunft bereit. Diese Regelung soll als Vorbild für die zu entwickelnde umsatzsteuerspezifische Regelung dienen. Neben der verbindlichen Einordnung einer Ware zu einem Zolltarif können auch verbindliche Auskünfte über den Ursprung einer Ware erlangt werden. Zudem sind nach Art. 35 UZK auch verbindliche Auskünfte in Bezug auf andere zollrechtliche Fragestellungen möglich.
73. Die erteilte Auskunft stellt einen Verwaltungsakt mit der Besonderheit dar, dass nicht nur die erteilende Finanzbehörde, sondern auch der Entscheidungsinhaber an die Entscheidung gebunden ist und die getroffenen Entscheidungen in eine zentrale Datenbank eingespeist und veröffentlicht werden. Die Auskünfte nach Art. 33 UZK sind gebührenfrei. Es besteht ein Anspruch auf eine Auskunft.
74. Eine Orientierung der eigenen Ausgestaltungsvorschläge an der zollrechtlichen Ausgestaltung hat den Vorteil, dass das Auskunftsregime des Zollrechts praktisch bereits erprobt ist und der unionale Gesetzgeber bereits Harmonisierungswillen gezeigt hat. Ein zumindest ähnlich ausgestaltetes System bei der Umsatzsteuer könnte die Harmonisierungsschwelle herabsenken.
75. In Bezug auf die Umsatzsteuer muss eine Regelung sowohl prospektiven Dispositionsschutz als auch retrospektive Veranlagungssicherheit bieten. Denn der Unternehmer muss einerseits wissen, auf welche Weise er sich selbst zu veranlagen hat, um das Risiko möglicher Rechtsirrtümer ausschließen zu können, die zu einer nachträglichen Erhöhung der Steuerschuld führen. Andererseits muss er aber auch zukünftige, insbesondere größere Investitionen in Bezug auf deren umsatzsteuerliche Behandlung rechtssicher planen können.
76. Zentrale Modifikation soll die Einführung einer beiderseitigen Bindungswirkung sein. Der Unternehmer soll, anders als bei der verbindlichen Auskunft, nicht bloß die Option haben, sich entsprechend der „Zusage“ behandeln zu lassen. Auf diese Weise wird die Relevanz der Vorabentscheidung für die späterer Steuerfestsetzung erhöht, was die Bereitschaft der Finanzverwaltung, entsprechende „Zusagen“ zu erteilen, ebenfalls steigert.
77. Eine beiderseitige Bindungswirkung hat zur Folge, dass es sich nicht um eine Zusage, sondern um einen gegenständlich beschränkten Vorbescheid bezogen auf eine konkrete umsatzsteuerrechtliche Fragestellung handelt. Ein solcher Vorbescheid ist ein feststellender Verwaltungsakt und besitzt insofern eine immanente Bindungswirkung.

78. Ebenso wie die verbindliche Auskunft setzt die Bindungswirkung eines Vorbescheids voraus, dass der vorgetragene und verwirklichte Sachverhalt identisch sind (sog. *clausula rebus sic stantibus*).
79. Vorbescheide sind grundsätzlich gegenüber späteren Rechtsänderungen immun. Dies birgt im Steuerrecht jedoch erhebliches Missbrauchspotential, sodass Rechtsänderungen unter bestimmten Voraussetzungen die Bindungswirkung *ipso iure* entfallen lassen müssen.
80. Eine relevante Änderung der Rechtslage liegt grundsätzlich nur dann vor, wenn das nationale Umsatzsteuerrecht, auf dem der Vorbescheid beruht, geändert wird oder für den Vorbescheid relevante Normen vom Bundesverfassungsgericht für nichtig oder mit dem Grundgesetz für unvereinbar erklärt werden. Gleiches gilt, wenn die mögliche Auslegung einer nationalen Rechtsnorm nicht der Auslegung der Mehrwertsteuersystemrichtlinie durch den EuGH entspricht. Ist das Vertrauen des Unternehmers in einem solchen Fall schutzwürdig, hat er grundsätzlich die Möglichkeit, die Fortgeltung des Vorbescheids für weitere sechs Monate zu beantragen. Verzichtet der Unternehmer auf diesen Antrag, entfällt die Bindungswirkung *ex nunc* zum Zeitpunkt der Rechtsänderung.
81. Ändert sich die Mehrwertsteuersystemrichtlinie, so entfällt die Bindungswirkung des Vorbescheids grundsätzlich erst mit der entsprechenden Anpassung des nationalen Rechts. Der Unternehmer kann nur dann eine vom Vorbescheid abweichende Behandlung geltend machen, wenn eine für ihn günstige Richtlinienänderung nicht fristgerecht umgesetzt worden ist oder eine für ihn günstige Entscheidung des EuGH nicht im Wege richtlinienkonformer Auslegung umgesetzt werden kann.
82. Um die beiderseitige Bindungswirkung zeitlich zu beschränken, erscheint es zweckmäßig, für den Vorbescheid im Umsatzsteuerrecht ein „Ablaufdatum" von drei Jahren vorzusehen.
83. Es ist eine Korrekturmöglichkeit zu schaffen, die entsprechend § 2 Abs. 4 StAuskV eine Aufhebung oder Änderung schon anfänglich rechtswidriger Vorbescheide *pro futuro* erlaubt. Dem Vertrauensschutz des Unternehmers wird dadurch genüge getan, dass eine Aufhebung oder Änderung grundsätzlich nur *ex nunc* wirkt.
84. Darüber hinaus ist der umsatzsteuerliche Unternehmer immer dann zu schützen, wenn eine nachträgliche Überwälzung der geänderten Steuerschuld nicht mehr möglich oder unzumutbar ist. Die Korrektur muss unterbleiben, wenn ihm die Nachforderung beim Rechnungsempfänger mit zumutbaren Mitteln verschlossen ist. Maßstab kann die Regelung des § 17 Abs. 2 Nr. 1 UStG sein.
85. Eine Änderung einer Verwaltungsanweisung macht einen Vorbescheid nicht nachträglich rechtswidrig. Im Fall einer Rechtsprechungsänderung ist

wie bei der verbindlichen Auskunft eine auf den Einzelfall bezogene Güterabwägung zwischen Rechtsrichtigkeit und Rechtssicherheit vorzunehmen.

86. Soweit die im Vorbescheid beurteilte Rechtsfrage betroffen ist, können die §§ 168 S. 1, 164 Abs. 1 AO keine Korrekturmöglichkeit begründen. Eine dennoch vorgenommene Korrektur wäre ermessensfehlerhaft.
87. Ebenso wie die Beurteilung von geplanten Dispositionen, soll auch die Beurteilung einer bereits vorgenommenen Disposition für zukünftige Veranlagungen bindend sein.
88. Während die Rechtsprechung ihre inhaltliche Kontrolldichte bei einer verbindlichen Auskunft zurücknimmt, weil sie befürchtet in einem nur hypothetischen Fall entscheiden zu müssen, ist diese Gefahr bei der Ausgestaltung als Vorbescheid wesentlich geringer. Eine Entlastung des späteren (Selbst-) Veranlagungsverfahrens kann nur dann wirksam eintreten, wenn bereits vorab eine umfassende Klärung der Rechtslage – auch und insbesondere vor Gericht – möglich ist.
89. Terminologisch sauber kann nicht mehr von einer *Zusage*, sondern nur von einem *Umsatzsteuervorbescheid* gesprochen werden.
90. Um ein effektives, einheitliches und objektives Verfahren zu gewährleisten, sollte das Bundeszentralamt für Steuern zentrale Stelle für Vorbescheide im Umsatzsteuerrecht sein.
91. Die Antragsvoraussetzungen sind entsprechend § 1 Abs. 1 Nr. 1–7 StAuskV auszugestalten. Aus Gründen der Gesetzesklarheit sollten diese aber *de lege ferenda* durch den einfachen Gesetzgeber und nicht vom Verordnungsgeber geregelt werden.
92. Von der Erteilung ausgeschlossen bleiben nur Fälle, in denen die Rechtslage entweder dem Gesetz oder aber den für die Finanzverwaltung verbindlichen im Bundessteuerblatt Teil I veröffentlichten Verwaltungsanweisungen oder den im Bundessteuerblatt Teil II veröffentlichten obergerichtlichen Entscheidungen eindeutig entnommen werden kann. Verbleiben dabei Wertungsspielräume, fehlt es an der erforderlichen Eindeutigkeit der Rechtslage.
93. Ein Umsatzsteuervorbescheid sollte keine Ermessenserwägungen in Bezug auf das „Ob" der Entscheidung zulassen. Nur durch die Schaffung eines Rechtsanspruchs kann die Stellung des Unternehmers in wirksamer Weise ausgeglichen werden. Der Unternehmer, der bereits mit der rechtlichen Unsicherheit in Bezug auf die umsatzsteuerliche Würdigung belastet ist, soll nicht noch mit der Unsicherheit belastet sein, überhaupt eine Antwort zu erhalten.
94. Um dem Unternehmer eine Verwertung der Entscheidung des Bundeszentralamts für Steuern im Rahmen seiner zu übermittelnden Voranmeldung zu ermöglichen, ist eine einheitliche Entscheidungsfrist von einem

Monat einzuführen. Im Fall eines bereits verwirklichten Sachverhalts, ist der Antrag noch innerhalb des Voranmeldungszeitraums der Sachverhaltsverwirklichung zu stellen.

95. Erfüllt das BZSt den Anspruch des Unternehmers nicht innerhalb der einmonatigen Entscheidungsfrist, bewirkt dies, dass der Vorbescheid als im beantragten Sinne erteilt gilt. An den Inhalt des auf diese Weise fingierten Vorbescheids ist sowohl der Unternehmer als auch die Finanzbehörde gebunden. Der Unternehmer muss die von ihm im Rahmen des Antrags vorgeschlagene rechtliche Würdigung seiner Voranmeldung zu Grunde legen. Die Finanzbehörde kann diese rechtliche Würdigung jedenfalls nicht gem. §§ 168 S. 1, 164 Abs. 1 AO beanstanden und korrigieren.
96. Ergänzend zur bereits dargestellten Möglichkeit, den Vorbescheid *pro futuro* zu korrigieren, muss im Fall eines fingierten Vorbescheids auch eine Korrektur mit Wirkung für die Vergangenheit möglich sein. Dem Interesse des Unternehmers wird dadurch hinreichend Rechnung getragen, dass eine solche Korrektur ebenfalls nur in Frage kommt, wenn eine nachträgliche Überwälzung der geänderten Steuerschuld für den Unternehmer entsprechend § 17 Abs. 2 Nr. 1 UStG möglich und zumutbar ist.
97. Der erteilte Vorbescheid ist anonymisiert und gegebenenfalls abstrahiert in einer frei zugänglichen Datenbank zu veröffentlichen. Der Antrag könnte ein weiteres Feld enthalten, in dem der Unternehmer seine Zustimmung (§ 30 Abs. 4 Nr. 3 AO) zur Veröffentlichung erteilen muss. Dem Interesse des Unternehmers an der Geheimhaltung laufender Geschäftsvorgänge könnte zudem dadurch entsprochen werden, dass eine Veröffentlichung des Vorbescheids erst einige Monate nach deren Erteilung vorgenommen wird. Dem Unternehmer sollte zudem die Möglichkeit eingeräumt werden, die zur Veröffentlichung vorgesehene Fassung auf weiteren Anonymisierungs- und Abstraktionsbedarf zu untersuchen und dies der Finanzbehörde mitzuteilen.
98. Dritte können sich zwar nicht unmittelbar auf die Bindungswirkung des Vorbescheids berufen, aber unter Verweis auf Art. 3 Abs. 1 GG und den Grundsatz der Selbstbindung der Verwaltung in vergleichbaren Fällen eine vergleichbare umsatzsteuerrechtliche Beurteilung verlangen.
99. Der Vorschlag zur Einführung eines „zertifizierten Steuerpflichtigen" in Art. 13a MwStSystRL (neu) kann auch in das Vorbescheidverfahren integriert werden, indem eine Zertifizierung verfahrensrechtliche Erleichterungen zur Folge haben könnte. Eine solche Implementierung darf aber keine Nachteile der übrigen Unternehmer, sondern allenfalls Vorteile der zertifizierten Unternehmer begründen.

100. Sog. *Tax Rulings* können grundsätzlich beihilfenrechtlich relevant sein. Durch die hier vorgeschlagene Ausgestaltung (Rechtsanspruch, Zentralzuständigkeit, Veröffentlichung) werden die beihilferechtlichen Angriffspunkte jedoch weitestgehend beseitigt.

Normvorschlag *de lege ferenda*

§ 18i UStG (n.F.) – Vorbescheid

(1) [1]Das Bundeszentralamt für Steuern hat auf Antrag Vorbescheide über die umsatzsteuerliche Beurteilung von genau bestimmten, noch nicht verwirklichten Sachverhalten zu erteilen, wenn daran ein besonderes steuerliches Interesse besteht und die Voraussetzungen des Absatzes 2 erfüllt sind. [2]Auf Antrag erteilt das Bundeszentralamt für Steuern Vorbescheide auch über die umsatzsteuerliche Beurteilung von bereits verwirklichten Sachverhalten. [3]In diesem Fall ist der Antrag innerhalb des Voranmeldungszeitraums zu stellen, der für die zu beurteilende Rechtsfrage maßgeblich ist.

(2) Der Antrag auf Erteilung eines Vorbescheids ist schriftlich oder elektronisch beim Bundeszentralamt für Steuern zu stellen und hat zu enthalten:

1. die genaue Bezeichnung des Antragstellers (Name, bei natürlichen Personen Wohnsitz oder gewöhnlicher Aufenthalt, bei Körperschaften, Personenvereinigungen und Vermögensmassen Sitz oder Ort der Geschäftsleitung, soweit vorhanden Umsatzsteuer-Identifikationsnummer),
2. eine umfassende und in sich abgeschlossene Darstellung des geplanten oder bereits verwirklichten Sachverhalts,
3. die Darlegung des besonderen steuerlichen Interesses des Antragstellers,
4. eine ausführliche Darlegung des Rechtsproblems mit eingehender Begründung des eigenen Rechtsstandpunktes des Antragstellers,
5. die Formulierung konkreter Rechtsfragen,
6. die Zustimmung zur anonymisierten Veröffentlichen des Vorbescheids, sowie
7. die Versicherung, dass alle für die Erteilung des Vorbescheids und für die Beurteilung erforderlichen Angaben gemacht wurden und der Wahrheit entsprechen.

(3) [1]Die Entscheidung des Bundeszentralamts für Steuern ist sowohl für die zuständigen Finanzbehörden als auch für den Antragsteller verbindlich, wenn der verwirklichte Sachverhalt von dem dem Vorbescheid zugrunde gelegten Sachverhalt nicht oder nur unwesentlich abweicht. [2]Für den erteilten Vorbescheid gelten die §§ 118 bis 133 der Abgabenordnung. [3]Die Bindungswirkung des Vorbescheids entfällt ab dem Zeitpunkt, in dem die Rechtsvorschriften, auf denen der Vorbescheid beruht, aufgehoben oder

geändert werden. [4]Auf Antrag bleibt die Bindungswirkung für weitere sechs Monate bestehen, wenn an der Fortgeltung ein besonderes Interesse besteht. [5]Unbeschadet der §§ 129 bis 131 der Abgabenordnung kann ein rechtswidriger Vorbescheid, auch nachdem er unanfechtbar geworden ist, mit Wirkung für die Zukunft zurückgenommen werden. [6]Ein rechtswidriger Vorbescheid darf nicht zurückgenommen werden, soweit der Antragsteller auf den Bestand des Vorbescheids vertraut hat und sein Vertrauen unter Abwägung mit dem öffentlichen Interesse an einer Rücknahme schutzwürdig ist. [7]Das Vertrauen ist in der Regel schutzwürdig, wenn der Begünstigte eine Vermögensdisposition im Vertrauen auf den Vorbescheid getroffen hat, die er nicht mehr oder nur unter unzumutbaren Nachteilen rückgängig machen kann. [8]Insoweit findet § 17 Abs. 2 Nr. 1 S. 1 entsprechende Anwendung.

(4) [1]Unbeschadet der Regelung in Absatz 3 bleibt der Vorbescheid längstens drei Jahre wirksam. [2]Die Frist beginnt mit Bekanntgabe des Vorbescheids.

(5) [1]Über den Antrag auf Erteilung eines Vorbescheids entscheidet das Bundeszentralamt für Steuern innerhalb eines Monats ab Eingang des Antrags; entscheidet das Bundeszentralamt für Steuern nicht innerhalb dieser Frist, so gilt der Vorbescheid als im beantragten Sinne erteilt. [2]In diesem Fall finden die Regelungen des Absatzes 3 Satz 5 bis 8 mit der Maßgabe Anwendung, dass eine Rücknahme auch mit Wirkung für die Vergangenheit möglich ist. [3]Betrifft der Vorbescheid einen bereits verwirklichten Sachverhalt und ist die Anzeige nach §§ 46, 48 UStDV nicht erfolgt, so ist die Frist zur Abgabe der Voranmeldung nach Maßgabe des § 109 Abs. 1 S. 1 und 2 der Abgabenordnung zu verlängern.

(6) [1]Die erteilten Vorbescheide werden durch das Bundeszentralamt für Steuern in anonymisierter Form veröffentlicht. [2]Das Bundesministerium der Finanzen wird ermächtigt, mit Zustimmung des Bundesrates durch Rechtsverordnung nähere Bestimmungen zu Form, Inhalt und Verfahren der Veröffentlichung von Vorbescheiden zu treffen.[1445]

1445 Ein Vorschlag für eine „Auskunfts-Offenlegungsverordnung (AOffV)“ findet sich bei *Grotherr*, BB 2015, 471, 482.

Literaturverzeichnis

44. DJT (1962): Mitteilung über Beschlüsse des 44. DJT in Hannover, abgedruckt in: NJW 1962, S. 1854–1857.

Bader, Julia: Umsatzsteuerliche Meldepflichten und „Meldechancen“, NWB 2017, S. 1434–1440.

Baum, Michael: Zuständigkeit für die Erteilung verbindlicher Auskünfte nach § 89 AO, Anmerkung zum BMF-Schreiben v. 3.5.2007, NWB 2007, S. 1681–1694.

Becker, Stefanie: Ortsbestimmung von sonstigen Leistungen durch Anknüpfung an die Ansässigkeit von Leistungserbringer bzw. Leistungsempfänger: Analyse der Neuregelungen zum 1.1.2010, Diss., Hamburg 2011 (zit.: *Becker*, Ortsbestimmung von sonstigen Leistungen, S. …).

Benda, Ernst / Klein, Eckart / Klein, Oliver: Verfassungsprozessrecht, 3. Auflage, Heidelberg 2011 (zit.: *Benda/Klein*, Verfassungsprozessrecht, Rz. …).

Bernsdorff, Norbert: Einschnitte in das Rentenniveau – Der „additive“ Grundrechtseingriff und das Bundesverfassungsgericht, SGb 2011, S. 121–125.

Bienert, Claus-Peter: Die Kontrolle mitgliedstaatlichen Handelns anhand der Gemeinschaftsgrundrechte, Diss., Göttingen 2001 (zit.: *Bienert*, Die Kontrolle mitgliedstaatlichen Handelns anhand der Gemeinschaftsgrundrechte, 2001, S. …).

Birk, Dieter: Das Leistungsfähigkeitsprinzip als Massstab der Steuernormen. Ein Beitrag zu den Grundfragen des Verhältnisses Steuerrecht und Verfassungsrecht, Habil., Köln 1983 (zit.: *Birk*, Leistungsfähigkeit, S. …).

Birk, Dieter (Hrsg.): Handbuch des europäischen Steuer- und Abgabenrechts, Herne 1995 (zit.: *Bearbeiter*, in: *Birk*, Handbuch des europäischen Steuer- und Abgabenrechts, § … Rz. …).

Birk, Dieter: Gebühren für die Erteilung von verbindlichen Auskünften der Finanzverwaltung, NJW 2007, S. 1325–1328.

Birk, Dieter: Die Finanzverwaltung als steuerlicher Berater – Die verbindliche Auskunft als kostenpflichtige Hilfestellung bei der Steuerplanung, in: Transaktionen Vermögen Pro Bono, Festschrift Pöllath + Partners, München 2008, S. 161–176 (zit.: *Birk*, in: FS Pöllath, S. …).

Birkenfeld, Wolfram: Umsatzsteuer in der Zeit, UR 1993, S. 321–329.

Birkenfeld, Wolfram: Der Einfluß des Gemeinschaftsrechts auf die Rechtsverwirklichung im Steuerrecht. Eine Bestandsaufnahme, StuW 1998, S. 55–75.

Blanke, Hermann-Josef: Vertrauensschutz im deutschen und europäischen Verwaltungsrecht, Habil., Tübingen 2000 (zit.: *Blanke*, Vertrauensschutz, S. …).

Blankenheim, Marcus M.: „Steuerpflichtiger“ und Unternehmerbegriff im Umsatzsteuerrecht, Die Vorgaben der 6. EG-Richtlinie und das deutsche Recht, Diss., Köln 2005 (zit.: *Blankenheim*, Unternehmerbegriff, S. …).

Blömer, Wilhelm Marcus: Zweifelsfragen im Zusammenhang mit der Gebührenpflicht verbindlicher Auskünfte nach § 89 Abs. 3 bis 5 AO, DStR 2008, S. 1866–1869.

Blumers, Wolfgang: Nationalreport im Rahmen des 53. IFA-Kongresses zum Thema „Advance Rulings“, in: IFA Vol. 84b, S. 380–395 (zit.: *Blumers*, IFA, Advance rulings, S. …).

Blümich, Walter: Kommentar, EStG, KStG, GewStG, hrsg. v. *Heuermann, Bernd / Brandis, Peter*, Loseblatt, 138. Ergänzungslieferung, München 2017 (zit.: *Bearbeiter*, in: Blümich, EStG, § … Rz. … [Stand: …]).

Bodden, Guido: Planungssicherheit im Steuerrecht – Brennpunkte der verbindlichen Auskunft iS von § 89 Abs. 2 AO, KÖSDI 2016, S. 19652–19663.

Bonner Kommentar: Kommentar, Grundgesetz, hrsg. v. *Kahl, Wolfgang / Waldhoff, Christian / Walter, Christian*, Loseblatt, 183. Aktualisierung, Heidelberg 2017 (zit.: *Bearbeiter*, in: BK, Art. …, Rz. … [Stand: …]).

Borggrefe, Carlo H.: Auskünfte und Zusagen über Besteuerungsgrundlagen (Teil I), AO-StB 2007, S. 77–80.

Borggrefe Carlo H.: Auskünfte und Zusagen über Besteuerungsgrundlagen (Teil II), AO-StB 2008, S. 108–113.

Borggrefe, Carlo H.: Gebührenpflicht bei verbindlichen Auskünften – Kritische Anmerkungen zur Stellungnahme des BMF, AO-StB 2008, S. 272–274.

Brummund, Fabian: Kohärenter Grundrechtsschutz im Raum der Freiheit, der Sicherheit und des Rechts, Einordnung des Titel V AEUV in das grundrechtliche Mehrebenensystem des Europäischen Verfassungsverbundes, Diss., Baden-Baden 2011 (zit.: *Brummund*, Kohärenter Grundrechtsschutz, S. …).

Bruns, Jan-Willem: Die verbindliche Auskunft aus Perspektive der Finanzverwaltung – Zügige Bearbeitung und aktuelle Gebührenfragen, DStR 2017, S. 2360–2368.

Bruschke, Gerhard: Verbindliche Zusagen aufgrund einer Außenprüfung, StB 2006, S. 297–302.

Bruschke, Gerhard: Die verbindliche Auskunft nach § 89 Abs. 2 AO, DStZ 2007, S. 267–273.

Bubenzer, Fritz: Das Auskunftsverfahren im Steuerrecht, StuW 1949, S. 390–398.

Bucher, Stefan: Die Bindung der Mitgliedstaaten an die EU-Grundrechtecharta bei Ermessensspielräumen, insbesondere in Fällen der Richtlinienumsetzung und unter Berücksichtigung der Folgerechtsprechung zu „Åkerberg Fransson", ZEuS 2016, S. 203–233.

Burgi, Martin: Funktionale Privatisierung und Verwaltungshilfe, Habil., Tübingen 1999 (zit.: *Burgi*, Funktionale Privatisierung, S. …).

Bußmann, Annette: Die individuelle verbindliche Auskunft im polnischen Steuerrecht, Hilfestellung oder Fallstrick für den unbeschränkt bzw. beschränkt Steuerpflichtigen in Polen, IWB 2010, S. 333–338.

Bühler, Margit: Einschränkung von Grundrechten nach der Europäischen Grundrechtecharta, Diss., Berlin 2005 (zit.: *Bühler*, Einschränkungen, S. …).

Bültmann-Hinz, Barbara: Staatscompliance als Standortvorteil, DStR 2018, S. 49–55

Callies, Christian: Die neue Europäische Union nach dem Vertrag von Lissabon: ein Überblick über die Reformen unter Berücksichtigung ihrer Implikationen für das deutsche Recht, Tübingen 2010 (zit.: *Callies*, Die neue Europäische Union, S. …).

Callies, Christian / Ruffert, Matthias (Hrsg.): Kommentar, EUV/AEUV, 5. Auflage, München 2016 (zit.: *Bearbeiter*, in: Callies/Ruffert, EUV/AEUV, Art. … Rz. …).

Canz, Stephan: Die Umsatzbesteuerung der öffentlichen Hand im Wandel, Diss., Hamburg 2013 (zit.: *Canz*, Umsatzbesteuerung der öffentlichen Hand, S. …).

Cirkel, Johannes: Die Bindung der Mitgliedstaaten an die Gemeinschaftsgrundrechte, Diss., Baden-Baden 2000 (zit.: *Cirkel*, Die Bindung der Mitgliedstaaten an die Gemeinschaftsgrundrechte, S. …).

Cordewener, Axel: Europäische Grundfreiheiten und nationales Steuerrecht: „Konvergenz" des Gemeinschaftsrechts und „Kohärenz" der direkten Steuern in der Rechtsprechung des EuGH, Diss., Köln 2002 (zit.: *Cordewener*, Grundfreiheiten, S. …).

Cremer, Wolfram: Der programmierte Verfassungskonflikt: Zur Bindung der Mitgliedstaaten an die Charta der Grundrechte der Europäischen Union nach dem Konventsentwurf für eine Europäische Verfassung, NVwZ 2003, S. 1452–1457.

Cremer, Wolfram: Grundrechtsverpflichtete und Grundrechtsdimensionen nach der Charta der Grundrechte der Europäischen Union, EuGRZ 2011, S. 545–554.

Dalichau, Beatrice: Auskünfte und Zusagen der Finanzverwaltung: Modalitäten – zivilrechtlicher Schadensersatz – Verhältnis zur Steuerberatung, Berlin 2003 (zit.: *Dalichau*, Auskünfte und Zusagen, S. …).

von Danwitz, Thomas: Aktuelle Entwicklungen im Grundrechtsschutz der Europäischen Union, in: Festschrift für Klaus Stern, Der grundrechtsgeprägte Verfassungsstaat, hrsg. v. Sachs, Michael / u.a., Berlin 2012, S. 669–682 (zit.: *von Danwitz*, in: FS Stern, S. …).

Dautzenberg, Norbert: Der Europäische Gerichtshof und die direkten Steuern, BB 1992, S. 2400–2405.

Detterbeck, Steffen: Allgemeines Verwaltungsrecht, Lehrbuch, 15. Auflage, München 2017 (zit.: *Detterbeck*, Allgemeines Verwaltungsrecht, Rz. …).

Dobratz, Lars: EU-Grundrechte und Umsatzsteuerrecht – Zum Diskussionsbeitrag von Werner Widmann –, UR 2014, S. 425–428.

Dornheim, Bertram: Gibt es einen Anspruch auf eine (bestimmte) verbindliche Auskunft?, BB 2012, S. 2926–2929.

Dörr, Dieter: Die neuere Rechtsprechung des Bundesverfassungsgerichts zur Eigentumsgarantie des Art. 14 GG. Ein Beitrag zur Harmonisierung der Schranken von Art. 14 GG und Art. 12 GG, NJW 1988, S. 1049–1054.

Dreier, Horst (Hrsg.): Grundgesetz, Kommentar, Bd. 1, 3. Auflage, Tübingen 2013 (zit.: *Bearbeiter*, in: Dreier, GG, Art. … Rz. …).

Drenseck, Walter: Verwaltungsakte im Lohn- und Einkommensteuerverfahren, in: Grundfragen des Lohnsteuerrechts, DStJG 9 (1986), Köln, S. 377–429 (zit.: *Drenseck*, DStJG 9 [1986], S. …).

Drömann, Dietrich: Nichtsteuerliche Abgaben im Steuerstaat: Ein Beitrag zur dogmatischen Bewältigung von Verleihungsabgaben, Diss., Berlin 2000 (zit.: *Drömann*, Nichtsteuerliche Abgaben, S. …).

Drüen, Klaus-Dieter: Zur Konkurrenz gesetzlicher und richterrechtlicher Instrumente im Kampf gegen Umsatzsteuer-Karusselle, MwStR 2015, S. 841–855.

Drüen, Klaus-Dieter: Die Indienstnahme Privater für den Vollzug von Steuergesetzen, Habil., Tübingen 2012 (zit.: *Drüen*, Indienstnahme Privater, S. …).

Drüen, Klaus-Dieter: Die Inanspruchnahme des Arbeitgebers für Fiskalzwecke der Finanzverwaltung als Verfassungsproblem, in: Seer (Hrsg.), Bochumer Lohnsteuertag 2005, S. 59 (zit.: *Drüen*, in: Lohnsteuertag, S. …).

Drüen, Klaus-Dieter: Inanspruchnahme Dritter für den Steuervollzug, in: Steuervollzug im Rechtsstaat, DStJG 31 (2008), Köln, S. 167–201 (zit.: *Drüen*, DStJG 31 [2008], S. …).

Drüen, Klaus-Dieter: Kooperation im Besteuerungsverfahren, FR 2011, S. 101–113.

Dürrschmidt, Daniel: Grenzen umsatzsteuerlicher Pflichten des Unternehmers aus verfassungsrechtlicher und unionsrechtlicher Sicht, USt-Kongressbericht 2014, Köln 2016, S. 33–76 (zit.: *Dürrschmidt*, in: USt-Kongressbericht 2014, S. …).

DWS (Hrsg.): Auskunfts- und Informationsrechte des Steuerpflichtigen – Stärkung der Rechtssicherheit im Besteuerungsverfahren, DWS-Schriftenreihe Nr. 37, Berlin 2017 (zit.: *Beitragender*, in: DWS Nr. 37, S. …).

Eckhoff, Rolf: Der Grundrechtseingriff, Diss., Köln u.a. 1992 (zit.: *Eckhoff*, Der Grundrechtseingriff, S. …).

Eckhoff, Rolf: Vom konfrontativen zum kooperativen Steuerstaat, StuW 1996, S. 107–122.

Ehlers, Dirk (Hrsg.): Europäische Grundrechte und Grundfreiheiten, 4. Auflage, Berlin/Boston 2015 (zit.: *Bearbeiter*, in: *Ehlers*, Europäische Grundrechte und Grundfreiheiten, § … Rz. …).

Eilers, Stephan / Nosthoff-Horstmann, Max: Verbindliche Auskunft – ein Werkstattbericht, FR 2017, S. 170–173.

Ellis, Marteen J.: Generalbericht im Rahmen des 53. IFA-Kongresses zum Thema „Advance Rulings“, in: IFA Vol. 84b, S. 21–167 (zit.: *Ellis*, IFA, Advance rulings, S. …).

Elster, Ludwig / Weber, Adolf / Wieser, Friedrich (Hrsg.): Handwörterbuch der Staatswissenschaften, Bd. 1, 4. Auflage, Jena 1923 (zit.: *Elster/Weber/Wieser*, Handwörterbuch der Staatswissenschaften, Bd. 1, S. …).

Engels, Dieter: Modernisierung der Verwaltungsbeziehungen von Bund und Ländern: Gutachten des Präsidenten des Bundesrechnungshofes als Bundesbeauftragter für Wirtschaftlichkeit in der Verwaltung, Stuttgart 2007 (zit.: *Engels*, Modernisierung der Verwaltungsbeziehungen, S. …).

Engler, Friederike: Steuerverfassungsrecht im Mehrebenensystem. Ein Vergleich des Schutzes vor Besteuerung durch EMRK, Grundrechtecharta und die nationale Grundrechtsordnung, Diss., Baden-Baden 2014 (zit.: *Engler*, Steuerverfassungsrecht im Mehrebenensystem, S. …).

Englisch Joachim: Gemeinschaftsgrundrechte im harmonisierten Steuerrecht, in: Schön/Beck (Hrsg.), Zukunftsfragen des deutschen Steuerrechts, Heidelberg 2009, S. 39–90 (zit.: *Englisch*, in: Zukunftsfragen, S. …).

Englisch, Joachim: Die territoriale Zuordnung von Umsätzen, in: Umsatzsteuer im europäischen Binnenmarkt, DStJG 32 (2009), Köln, S. 165–245 (zit.: *Englisch*, DStJG 32 [2009], S. …).

Englisch, Joachim: Wettbewerbsgleichheit im grenzüberschreitenden Handel – mit Schussfolgerungen für indirekte Steuern, Habil., Tübingen 2008 (zit.: *Englisch*, Wettbewerbsgleichheit, S. …).

Englisch, Joachim: VAT and general principles of EC law, in: Traditional and Alternative Routes to European Tax Integration, hrsg. v. Dennis Weber, 2010, S. 231–266 (zit.: *Englisch*, in: European Tax Integration, S. …).

Englisch, Joachim: Ausnahmen und Ermäßigungen bei der Umsatzsteuer. Reformbedarf und Reformvorschläge, UR 2011, S. 401–410.

Erman: Kommentar, Bürgerliches Gesetzbuch, hrsg. v. Barbara Grunewald, Georg Maier-Reimer, Harm Peter Westermann, 15. Auflage, Köln 2017 (zit.: *Bearbeiter*, in: Erman, BGB, § … Rz. …).

Ernst, Werner / Zinkahn, Willy / Bielenberg, Walter / Krautzberger, Michael (Hrsg.): Baugesetzbuch, Kommentar, 125. Ergänzungslieferung, München 2017 (zit.: *Bearbeiter*, in: Ernst/Zinkahn/Bielenberg/Krautzberger, § … Rz. … [Stand: …]).

Eschenbach, Jürgen: Die ausgleichspflichtige Inhaltsbestimmung, Jura 1998, S. 401–403.

Fatouros, Nikos: Die neue Gebührenpflicht für verbindliche Auskünfte i.S.v. § 89 Abs. 2 AO: Zugleich Anmerkungen zum BMF-Schreiben v. 12.3.2007, IV A 4 – S 0224/07/0001, BStBl I 2007, 227, DStZ 2007, S. 382–392.

Ferger, Herbert: Ausgleichsansprüche bei der Indienstnahme Privater für Verwaltungsaufgaben, Diss., Köln 1979 (*Ferger*, Ausgleichsansprüche, S. …).

Fiedler, Wilfried: Funktion und Bedeutung öffentlich-rechtlicher Zusagen im Verwaltungsrecht, Habil., Heidelberg/Karlsruhe 1977 (zit.: *Fiedler*, Zusagen, S. …).

Fischer, Bianca: Dispositionsvertrauen gegenüber dem Gesetzgeber und der Verwaltung, dargestellt am Beispiel der Zusage im Steuerrecht, DÖV 1979, S. 773–778.

Fischer, Clemens: Die Rechtfertigung einer Umsatzbesteuerung und ihre Vereinbarkeit mit den Grundrechten, Diss., Frankfurt/Main 2007 (zit.: *Fischer*, Rechtfertigung der Umsatzsteuer, S. …).

Fontanelli, Filippo: The Implementation of European Law by Member States under Article 51(1) of the Charter of Fundamental Rights, Columbia Journal of European Law, Vol. 20 (2014), S. 193–247.

Franke, Verona / von Cölln, Hans-Hinrich: Drum prüfe, wer sich (ewig) bindet – Zur Bindungswirkung einer verbindlichen Auskunft nach § 89 AO, der neuen Steuer-Auskunftsverordnung und der Änderung der AEAO, BB 2008, S. 584–590.

Frase, Henning: Anmerkung zu BFH v. 29.02.2012 – IX R 11/11, BB 2012, S. 1971–1972.

Frenz, Walter: Handbuch Europarecht, Band 4: Europäische Grundrechte, Berlin/Heidelberg 2009 (zit.: *Frenz*, Handbuch Europarecht, Bd. 4, Rz. …).

Frenzel, Eike Michael: Die Charta der Grundrechte als Maßstab für mitgliedstaatliches Handeln zwischen Effektivierung und Hyperintegration, Der Staat 53 (2013), S. 1–29.

Friauf, Karl Heinrich: Steuergesetzgebung und Eigentumsgarantie, JurA 1970, S. 299–320.

Friauf, Karl Heinrich: Öffentliche Sonderlasten und Gleichheit der Steuerbürger, in: FS Jahrreiß, Köln u.a. 1974, S. 45–66 (zit.: *Friauf*, in: FS Jahrreiß, S. …).

Friauf, Karl Heinrich: Eigentumsgarantie und Steuerrecht, DÖV 1980, S. 480–488.

Friauf, Karl Heinrich: Verfassungsrechtliche Anforderungen an die Gesetzgebung über die Steuern vom Einkommen und vom Ertrag, in: Steuerrecht und Verfassungsrecht, DStJG 12 (1989), Köln, S. 3–32 (zit.: *Friauf*, DStJG 12 [1989], S. …).

Fries, Sybilla: Die Grundrechtsbindung der Mitgliedstaaten nach dem Gemeinschaftsrecht, Diss., München 2002 (zit.: *Fries*, Die Grundrechtsbindung der Mitgliedstaaten nach dem Gemeinschaftsrecht, S. …).

Frye, Bernhard: Soll-Besteuerung gehört auf den verfassungsrechtlichen Prüfstand, UR 2013, S. 561–569.

Funke, Andreas: Umsetzungsrecht: Zum Verhältnis von internationaler Sekundärrechtssetzung und deutscher Gesetzgebungsgewalt, Habil., Tübingen 2010 (zit.: *Funke*, Umsetzungsrecht, S. …).

Gädtke, Horst / Czepuck, Knut / Johlen, Markus / Plietz, Andreas / Wenzel, Gerhard: Kommentar, BauO NRW, Köln 2017 (zit.: *Bearbeiter*, in: Gädtke/Czepuck/Johlen/Plietz/Wenzel, BauONW, § … Rz. …).

Gallwas, Hans-Ullrich: Die Erfüllung von Verwaltungsaufgaben durch unentgeltliche Dienstleistung Privater, BayVBl. 1971, S. 245–249.

Gassner, Wolfgang / Lang, Michael / Lechner, Eduard: Doppelbesteuerungsabkommen und EU-Recht, Wien 1996 (zit.: *Bearbeiter*, in: Gassner/Lang/Lechner, DBA und EU-Recht, S. …).

Geiß, Robin: Europäischer Grundrechtsschutz ohne Grenzen, DÖV 2014, S. 265–272.

Geißler, Oliver: Der Unternehmer im Dienste des Steuerstaats, Diss., Stuttgart/München/u.a. 2001 (zit.: *Geißler*, Der Unternehmer im Dienste des Steuerstaats, S. …).

Geist, Reinhold: Die Tatbestandsvoraussetzungen des Vorsteuerabzugs, USt-Kongressbericht 1985, Köln 1985, S. 75–101 (zit.: *Geist*, in: USt-Kongressbericht 1985, S. …).

Golombek, Stephan: Zum Umfang richterlicher Inhaltskontrolle einer verbindlichen Auskunft - ein Rettungsversuch, BB 2015, S. 1946–1952.

Gosch, Dietmar (Hrsg.): Kommentar, Abgabenordnung/Finanzgerichtsordnung, Loseblatt, 137. Ergänzungslieferung, Bonn 2018 (zit.: *Bearbeiter*, in: Gosch, AO/FGO, § … Rz. … [Stand: …]).

Gräber, Friedrich (Begr.): Kommentar, Finanzgerichtsordnung, 8. Auflage, München 2015 (zit.: *Bearbeiter*, in: Gräber, FGO, § … Rz. …).

Grabower, Rolf / Herting, Detlef / Schwarz, Gottfried: Die Umsatzsteuer: Ihre Geschichte und gegenwärtige Gestaltung im In- und Ausland, 2. Auflage, Köln u.a. 1962 (zit.: *Grabower/Herting/Schwarz*, Die Umsatzsteuer, S. …).

von Groll, Rüdiger: Zu den abgabenrechtlichen Besonderheiten der Wechselwirkung zwischen materiellem Recht und Verfahrensrecht, FR 2007, S. 540–543.

Grotherr, Siegfried: Verpflichtender automatischer Informationsaustausch über verbindliche Auskünfte und APAs auf EU-Ebene ab dem 1.1.2016 – Analyse des Vorschlags vom 18.3.2015 zur Änderung der EU-Amtshilferichtlinie, IStR 2015, S. 293–305.

Grotherr, Siegfried: Verbindliche Auskunft und Auskunftsverfahren im Konflikt mit dem EU-Beihilfenrecht?, EWS 2015, S. 67–79.

Grotherr, Siegfried: Anonymisierte Veröffentlichung von verbindlichen Auskünften und elektronisches Auskunftsverfahren, BB 2015, S. 471–484.

Grotherr, Siegfried / Wittenstein, Patrick: Veröffentlichungspraxis bei verbindlichen Auskünften (Advance Tax Rulings), Darstellung ausgewählter EU-Mitgliedstaaten, IWB 2015, S. 237–244.

Grotherr, Siegfried: Sollten die Inhalte von verbindlichen Auskünften in anonymisierter Form durch Offenlegung transparent gemacht werden?, StuW 2016, S. 76–90.

Günther, Katarina: Vertrauensschutz bei Angaben Dritter im Umsatzsteuerrecht, Diss., Frankfurt/Main 2013 (zit.: *Günther*, Vertrauensschutz bei Angaben Dritter im Umsatzsteuerrecht, S. …).

Haack, Stefan: Entschädigungspflichtige Grundrechtseingriffe außerhalb des Eigentumsschutzes, DVBl. 2010, S. 1475–1483.

Hageböke, Jens / Hendricks, Michael: Behördliche Zuständigkeit bei verbindlichen Auskünften zu Einbringungen nach § 20 UmwStG – Ein Update unter Berücksichtigung der BFH-Urteile zur Drittanfechtung, Der Konzern 2013, S. 106–116.

Hahn, Hartmut: Probleme der verbindlichen Auskunft im Steuerrecht: Überlegungen im Anschluss an den 53. Jahreskongress der IFA in Eilat (Israel), ifst-Schrift 389, Bonn 2001 (zit.: *Hahn*, ifst-Schrift 389, S. …).

Hahn, Hartmut: Zur Erforderlichkeit einer Reform des Auskunftsverfahrens – rechtsdogmatische und steuerpolitische Überlegungen, DStZ 2003, S. 69–74.

Hahn, Hartmut: Der Einfluss des Thomas von Aquin auf die Besteuerung nach der wirtschaftlichen Leistungsfähigkeit, StuW 2004, S. 167–177.

Hahn, Hartmut: Auswirkungen des EuGH-Urteils in der Rechtssache Åkerberg Fransson im deutschen Steuerrecht, EWS 2015, S. 15–22.

Hahn, Hartmut: Berührungspunkte zwischen Grundrechte-Charta und deutschem Steuerrecht – Folgerungen aus der Entscheidung des EuGH in der Rechtssache Åkerberg Fransson (Teil 1), ISR 2015, S. 25–32.

Hahn, Hartmut: Berührungspunkte zwischen Grundrechte-Charta und deutschem Steuerrecht – Folgerungen aus der Entscheidung des EuGH in der Rechtssache Åkerberg Fransson (Teil 2), ISR 2015, S. 50–54.

Halldorn, Sven: Der Unternehmer als Erfüllungsgehilfe des Staates. Einsparpotentiale im internationalen Vergleich, Diss., Berlin 1997 (zit.: *Halldorn*, Der Unternehmer als Erfüllungsgehilfe, S. …).

Hannig, Tim R.: Steuerplanungssicherheit und Verfahrensbeschleunigung durch Nutzung kooperativer Handlungsinstrumente, NWB 2015, S. 2166–2173.

Hans, Adrian: Verfassungsrechtliche Zweifelsfragen der Gebührenpflicht für verbindliche Auskünfte (§ 89 Abs. 3–5 AO), DStZ 2007, S. 421–428.

Harksen, Nathalie / Höink, Carsten / Witte, Peter: Der zertifizierte Steuerpflichtige – Einzug des AEO in die Umsatzsteuer? Die Neuerungen der Reform des Mehrwertsteuerrechts, MwStR 2018, S. 57–67.

Haver, Friedrich: Verbindliche Auskunft im Steuerrecht, BB 1967, S. 1201–1204.

Heber, Caroline: Kooperation als Teil der nichtwirtschaftlichen Sphäre, UR 2014, S. 957–969.

Heckhausen, Tobias: Die Umsatzbesteuerung der öffentlichen Hand, Diss., Berlin 2017 (zit.: *Heckhausen*, Umsatzbesteuerung der öffentlichen Hand, S. …).

Heimlich, Jörn: Die Verleihungsgebühr als Umweltabgabe: Zugleich ein Beitrag zur Dogmatik des allgemeinen Gebührenrechts, Diss., Berlin 1996 (zit.: *Heimlich*, Verleihungsgebühr, S. …).

Heinz, Kersten / Schmitt, Klaus: Vorrang des Primärrechtsschutzes und ausgleichspflichtige Inhaltsbestimmung des Eigentums, Tendenzen und Wandlungen des Eigentumsschutzes auf Grund der neueren Rechtsprechung, NVwZ 1991, S. 513–522.

Hendricks, Michael / Rogall, Matthias / Schönfeld, Jens: Probleme der behördlichen Zuständigkeit für die Erteilung verbindlicher Auskünfte in Umwandlungsfällen nach dem UmwStG, Ubg 2009, S. 197–205.

Henze, Thomas: Gemeinschaftsrechtliche Vorgaben nationaler Missbrauchsbekämpfung im Lichte der neueren Rechtsprechung des Europäischen Gerichtshofs, in: Umsatzsteuer im europäischen Binnenmarkt, DStJG 32 (2009), Köln, S. 247–267 (zit.: *Henze*, DStJG 32 [2009], S. …).

Herrmann, Carl / Heuer, Gerhard / Raupach, Arndt (Hrsg.): Kommentar, EStG, KStG, Loseblatt, Köln, 277. Ergänzungslieferung 2017 (zit.: *Bearbeiter*, in: H/H/R, EStG, § … Rz. … [Stand: …]).

Hey, Johanna: Steuern verwalten durch Banken, FR 1998, S. 497–509.

Hey, Johanna: Zur Anwendung des Halbteilungsgrundsatzes, StuW 2002, S. 91–95.

Hey, Johanna: Steuerplanungssicherheit als Rechtsproblem, Habil., Köln 2002 (zit.: *Hey*, Steuerplanungssicherheit, S. …).

Hofmann, Ekkehard: Abwägung im Recht, Habil., Tübingen 2007 (zit.: *Hofmann*, Abwägung im Recht, S. …).

Hohmann, Harald: Berufsfreiheit (Art. 12 GG) und Besteuerung - Eine Würdigung der Rechtsprechung des Bundesverfassungsgerichts –, DÖV 2000, S. 406–416.

Honer, Matthias: Die Geltung der EU-Grundrechte für die Mitgliedstaaten nach Art. 51 Abs. 1 S. 1 GRCh, JuS 2017, S. 409–413.

Horst, Julian: Die verbindliche Auskunft nach § 89 Abgabenordnung, Diss., Aachen 2010 (zit.: *Horst*, Verbindliche Auskunft, S. …).

Huber, Peter M.: Recht der Europäischen Integration, 2. Auflage, Baden-München 2002 (zit.: *Huber*, Recht der Europäischen Integration, S. …).

Hübschmann, Walter / Hepp, Ernst / Spitaler, Armin (alle Begr.): Kommentar, Abgabenordnung/Finanzgerichtsordnung, Loseblatt, 248. Ergänzungslieferung, Köln 2018 (zit.: *Bearbeiter*, in: HHSp, AO/FGO, § …, Rz. … [Stand: …]).

Hufen, Friedhelm: Die Grundrechte und der Vorbehalt des Gesetzes, in: Wachsende Staatsaufgaben - sinkende Steuerungsfähigkeit des Rechts, hrsg. v. Dieter Grimm, Baden-Baden 1990, S. 273–291 (zit.: *Hufen*, in: Wachsende Staatsaufgaben, S. …).

Hufen, Friedhelm: Berufsfreiheit - Erinnerung an ein Grundrecht, NJW 1994, S. 2913–2923.

Hufen, Friedhelm: Aussprache zum Thema „Grundrechtseingriff", VVDStRL 57 (1997), S. 131–133.

Hüttemann, Rainer: Neuregelung der Umsatzbesteuerung der öffentlichen Hand - alles wird gut?, UR 2017, S. 129–139.

Immesberger, Helmut: Problematik von Zusage und Auskunft im Steuerrecht, NJW 1970, S. 1116–1118.

Ipsen, Hans Peter: Gesetzliche Bevorratungsverpflichtung Privater, AöR 90 (1965), S. 393–439.

Ipsen, Jörn: Allgemeines Verwaltungsrecht, Lehrbuch, 10. Auflage, München 2017 (zit.: *J. Ipsen*, Allgemeines Verwaltungsrecht, § … Rz. …).

Isensee, Josef / Kirchhof, Paul (Hrsg.): Handbuch des Staatsrechts der Bundesrepublik Deutschland, 3. Auflage, Heidelberg 2003 (zit.: *Bearbeiter*, in: HStR, Bd. …, § … Rz. …).

Ismer, Roland / Artinger, Katharina: Internationale Doppelbesteuerung im Mehrwertsteuerrecht: Ursachen und mögliche Lösungen, MwStR 2018, S. 12–24.

Ismer, Roland / Baur-Rückert, Stefanie: Die Besteuerung der öffentlichen Hand im Spannungsfeld zwischen unionaler Rationalität und mitgliedstaatlicher Freiheit, MwStR 2016, S. 740–746.

Jachmann, Monika: Sozialstaatliche Steuergesetzgebung im Spannungsverhältnis zwischen Gleichheit und Freiheit – Belastungsgrenzen im Steuersystem, StuW 1996, S. 97–106.

Jacobs, Thomas: Am Anfang war der Warenumsatzstempel. 90 Jahre Umsatzbesteuerung in Deutschland, DStZ 2006, S. 654–660.

Jakob, Wolfgang: Umsatzsteuer, Lehrbuch, 4. Auflage, München 2009 (zit.: *Jakob*, Umsatzsteuer, Rz. …).

Jann, Martin: Untersuchung und Stellungnahme der Confederation Fiscale Europenne (CFE) – Rechtsauskünfte von Finanzbehörden im europäischen Vergleich, IStR 1995, S. 115–119.

Jarass, Hans D.: Kommentar, EU-Grundrechte-Charta, 3. Auflage, München 2016 (zit.: *Bearbeiter*, in: GRCh, Art. … Rz. …).

Jarass, Hans D. / Pieroth, Bodo: Kommentar, Grundgesetz, 14. Auflage, München 2016 (zit.: *Bearbeiter*, in: Jarass/Pieroth, GG, Art. … Rz. …).

Jaschinski, Martin: Der Fortbestand des Anspruchs aus enteignendem Eingriff, Diss., Berlin 1997 (zit.: *Jaschinski*, Der Fortbestand des Anspruchs aus enteignendem Eingriff, S. …).

Jochum, Heike: Verbindliche Auskunft in Steuersachen – Bestandskraft und Korrektur, in: Verfassung – Völkerrecht – Kulturgüterschutz, Festschrift für Wilfried Fiedler, Berlin 2011, S. 793–806 (zit.: *Jochum*, in: FS Fiedler, S. …).

Jochum, Heike: Die verbindliche Auskunft: Kupierter Verwaltungsakt oder Zusicherung der künftigen Behandlung?, DStZ 2013, S. 544–551.

Joisten, Christian / Bergmann, Malte: Wann darf das Finanzamt die Erteilung einer verbindlichen Auskunft ablehnen?, FR 2014, S. 923–930.

Jones, Stephen: Die Bindung der Mitgliedstaaten an die Grundrechte der Europäischen Gemeinschaft, Diss., Sinsheim 1999 (zit.: *Jones*, Die Bindung der Mitgliedstaaten an die Grundrechte der Europäischen Gemeinschaft, 1999, S. …).

Kaltenstein, Jens: Kernfragen des „additiven" Grundrechtseingriffs unter besonderer Berücksichtigung des Sozialrechts, SGb 2015, S. 365–372.

Karlsruher Kommentar: Kommentar zur Strafprozessordnung, hrsg. v. Rolf Hannich, 7. Auflage, München 2013 (zit.: *Bearbeiter*, in: KK, StPO, § ..., Rz. ...).

Kemper, Martin: Erklärungspflichten des Umsatzsteuergesetzes – Kritische Betrachtung der zunehmenden Pflichten der Unternehmer im deutschen Umsatzsteuerrecht –, UR 2015, S. 373–379.

Kemper, Martin: Der „Missbrauch" und die Steuerhinterziehung bei der Umsatzsteuer – Die Umsetzung der „Missbrauchsrechtsprechung" des EuGH in Deutschland –, UR 2017 S. 449–455.

Keß, Thomas / Zillmer, Inga-Kristin: Zur Gebührenpflicht der verbindlichen Auskunft bei Umstrukturierungen – Teuer erkaufte Rechtssicherheit?, DStR 2008, S. 1466–1469.

Kiehne, Hans-Erich: Grundrechte und Steuerordnung in der Rechtsprechung des Bundesverfassungsgerichts, Heidelberg 2004 (zit.: *Kiehne*, Grundrechte und Steuerordnung, S. ...).

Kienemund, Andreas: Zusagen der Finanzverwaltung, DB 1984, S. 1433–1437.

Kingreen, Thorsten: Die Grundrechte des Grundgesetzes im europäischen Grundrechtsföderalismus, JZ 2013, S. 801–811.

Kingreen, Thorsten: Ne bis in idem: Zum Gerichtswettbewerb um die Deutungshoheit über die Grundrechte – Anmerkung zur Entscheidung des EuGH vom 26.2.2013 (C-617/10) –, EuR 2013, S. 446–453.

Kingreen, Thorsten / Störmer, Rainer: Die subjektiv-öffentlichen Rechte des primären Gemeinschaftsrechts, EuR 1998, S. 263–290.

Kirchhof, Ferdinand: Grundrechtsschutz durch europäische und nationale Gerichte, NJW 2011, S. 3681–3686.

Kirchhof, Gregor: Die Erfüllungspflichten des Arbeitgebers im Lohnsteuerverfahren, Diss., Berlin 2005 (zit.: *G. Kirchhof*, Erfüllungspflichten, S. ...).

Kirchhof, Gregor: Kumulative Belastung durch unterschiedliche staatliche Maßnahmen, NJW 2006, S. 732–736.

Kirchhof, Paul: Besteuerung und Eigentum, VVDStRL 39 (1981), S. 213–285.

Kirchhof, Paul: Der verfassungsrechtliche Auftrag zur Besteuerung der finanziellen Leistungsfähigkeit, StuW 1985, S. 319–329.

Kirchhof, Paul: Die Widerspruchsfreiheit im Steuerrecht als Verfassungspflicht, StuW 2000, S. 316–327.

Kirchhof, Paul: 40 Jahre Umsatzsteuergesetz – Eine Steuer im Umbruch, DStR 2008, S. 1–8.

Kirchhof, Paul: Umsatzsteuer Gesetzbuch. Ein Vorschlag zur Reform der Umsatzsteuer und der Verkehrsteuern, Heidelberg 2008 (zit.: *P. Kirchhof*, Umsatzsteuer Gesetzbuch, S. …).

Kirchhof, Paul: Bundessteuergesetzbuch. Ein Reformentwurf zur Erneuerung des Steuerrechts, Heidelberg 2011 (zit.: *P. Kirchhof*, Bundessteuergesetzbuch, § … Rz. …).

Kirchhof, Paul (Hrsg.): Das Bundessteuergesetzbuch in der Diskussion, Baden-Baden 2013 (zit.: *P. Kirchhof*, Bundessteuergesetzbuch in der Diskussion, S. …).

Kirchhof, Paul (Hrsg.): Kommentar, Einkommensteuergesetz, 15. Auflage, Köln 2016 (zit.: *Bearbeiter*, in: Kirchhof, EStG, § … Rz. …).

Kischel, Uwe: Wann ist die Inhaltsbestimmung ausgleichspflichtig? Schwellenkriterien vs. Verhältnismäßigkeit, JZ 2003, S. 604–613.

Klein, Franz (Begr.): Kommentar, Abgabenordnung, 9. Auflage, München 2006 (zit.: *Bearbeiter*, in: Klein, AO^9, § … Rz. …).

Klement, Jan Henrik: Die Kumulation von Grundrechtseingriffen im Umweltrecht, AöR 134 (2009), S. 35–82.

Kloepfer, Michael: Belastungskumulationen durch Normenüberlagerung im Abwasserrecht, VerwArch 74 (1983), S. 201–224.

Klose, Christoph: Die Begriffe des Unternehmers und des Steuerpflichtigen im deutschen und europäischen Umsatzsteuerrecht. Abgrenzung des Unternehmers vom Nichtunternehmer, Diss., Frankfurt/Main u.a. 2000 (zit.: *Klose*, Begriffe des Unternehmers, S. …).

Koch, Oliver: Der Grundsatz der Verhältnismäßigkeit in der Rechtsprechung des Gerichtshof der Europäischen Gemeinschaften, Diss., Berlin 2003 (zit.: *Koch*, Verhältnismäßigkeit, S. …).

Kocher, Martin: Das Verhältnis zwischen dem Richtlinienrecht der EU und dem schweizerischen Mehrwertsteuerrecht am Beispiel von Leistungen eines deutschen humanmedizinischen Labors in der Schweiz, UR 2017, S. 492–497.

Kokott, Juliane / Dobratz, Lars: Der unionsrechtliche allgemeine Gleichheitssatz im Europäischen Steuerrecht, in: Schön/Heber (Hrsg.), Grundfragen des Europäischen Steuerrechts, Berlin/Heidelberg 2015, S. 25–40 (zit.: *Kokott/Dobratz*, in: Grundfragen des Europäischen Steuerrechts, S. …).

König, Ruth: Kriterien für die Begründung der Ausgleichspflicht bei Inhalts- und Schrankenbestimmungen des Eigentums, DVBl. 1999, S. 954–959.

Korf, Ralph: USt: 13 Mitgliedstaaten testen „Cross Border Ruling", DB 2013 Heft 25, M9.

Korf, Ralph: Pilotprojekt Cross-Border-Ruling bis 2018 verlängert, UVR 2015, S. 183–186.

KPMG: Das Steuerklima in Deutschland, Familienunternehmen im Fokus, Studie, 2016 (zit.: KPMG 2016, S. …).

Kreibich, Roland: Der Grundsatz von Treu und Glauben im Steuerrecht, Diss., Heidelberg 1992 (zit.: *Kreibich*, Treu und Glauben, S. …).

Krumm, Marcel: Verbindliche Auskunft und gerichtliche Kontrolle – Zu den Voraussetzungen und Grenzen einer administrativen Letztentscheidungskompetenz bei verbindlichen Auskünften, DStR 2011, S. 2429–2436.

Krumm, Marcel: Besondere Verbrauchsteuern im Lichte des verfassungs- und unionsrechtlichen Gleichheitssatzes, ZfZ 2014, S. 281–289.

Küffner, Thomas / Zugmaier, Oliver: Führt die Gebührenpflicht für verbindliche Auskünfte zur Umsatzsteuerpflicht des Finanzamts?, UR 2007, S. 327–329.

Kühling, Jürgen: Grundrechte, in: Armin von Bogdandy / Jürgen Bast (Hrsg.), Europäisches Verfassungsrecht, 2. Auflage, Berlin 2009, S. 657–704 (zit.: *Kühling*, in: Europäisches Verfassungsrecht, S. …).

Kühn, Rolf / von Wedelstädt, Alexander: Kommentar, Abgabenordnung/ Finanzgerichtsordnung, 21. Auflage, Stuttgart 2015 (zit.: *Bearbeiter*, in: KvW, AO/FGO, § … Rz. …).

Lahme, Stefan / Reiser, Hagen: Verbindliche Auskünfte und Gebührenpflicht – eine erste Analyse, BB 2007, S. 408–413.

Landmann, Robert von / Rohmer, Gustav: Gewerbeordnung und ergänzende Vorschriften, Kommentar, 74. Auflage, München 2017 (zit.: *Landmann/ Rohmer*, GewO, Bd. … § … Rz. …).

Lang, Michael: Die Bedeutung von EAS-Rechtsauskünften des BMF, SWI 1998, S. 460–462.

Lang, Michael: Steuerrecht, Grundfreiheiten und Beihilfeverbot, IStR 2010, S. 570–580.

Lang, Michael: Tax Rulings und Beihilferecht, IStR 2015, S. 369–372.

Lange, Friederike: Verschiebungen im europäischen Grundrechtssystem, NVwZ 2014, S. 169–174.

Lee, Eun-Kyung: Umweltrechtlicher Instrumentenmix und kumulative Grundrechtseinwirkungen, Diss., Tübingen 2013 (zit.: *Lee*, Umweltrechtlicher Instrumentenmix, S. …).

Lehner, Moritz: Die Bedeutung der Grundrechte-Charta der Europäischen Union für das Internationale Steuerrecht der Mitgliedstaaten, IStR 2016, S. 265–272.

Leisner, Anna: Kontinuität als Verfassungsprinzip: Unter besonderer Berücksichtigung des Steuerrechts, Tübingen 2002 (zit.: *Leisner*, Kontinuität, S. …).

Lejeune, Ine / Vandenberghe, Sibylle / Van de Putte, Mathieu: VAT Rulings on Cross-Border Situations in the European Union, in: International VAT Monitor, 2014 (Volume 25), No. 4, S. 181–187.

Lenaerts, Koen: Exploring the Limits of the EU Charter of Fundamental Rights, in: European Constitutional Law Review 8 (2012), S. 375–403 (zit.: *Lenaerts*, ECLR 8 [2012], S. ...).

Lenaerts, Koen: Kooperation und Spannung im Verhältnis von EuGH und nationalen Verfassungsgerichten, EuR 2015, S. 3–27.

Lerche, Peter: Übermass und Verfassungsrecht: Zur Bindung des Gesetzgebers an die Grundsätze der Verhältnismässigkeit und der Erforderlichkeit, Habil., Köln u.a. 1961 (zit.: *Lerche*, Übermaß und Verfassungsrecht, S. ...).

Lichtinghagen, Ulrich / Verpoorten, Andrea Christina: Antragserfordernisse bei der verbindlichen Auskunft n.F. – Praxishinweise bis zur Einführung einer VO i. S. des § 89 Abs. 2 Satz 4 AO, StuB 2007, S. 381–385.

Lichtinghagen, Ulrich / Verpoorten, Andrea Christina: Wie verlässlich ist die verbindliche Auskunft n.F.? Bindungswirkung des § 89 Abs. 2 AO nach Einführung der StAuskV und AEAO-Erlass 2008, StuB 2008, S. 753–759.

Lindner, Joseph Franz: Grundrechtsschutz in Europa – System einer Kollisionsdogmatik, EuR 2007, S. 160–193.

Lindwurm, Christof: Wie richtig muss eine verbindliche Auskunft sein?, AO-StB 2013, S. 54–61.

Löhr, Kerstin: Das umsatzsteuerrechtliche Optionsrecht für Vermietungsumsätze: Zugleich eine Untersuchung zur Bedeutung des steuerlichen Leistungsfähigkeitsprinzips im Umsatzsteuerrecht, Diss., Berlin 2003 (zit.: *Löhr*, Optionsrecht, S. ...).

Loukota, Helmut: EAS-Anfragebeantwortungen - EAS-Nr. 1000 wurde erreicht, SWI 1997, S. 94–100.

Lücke, Jörg: Der additive Grundrechtseingriff sowie das Verbot der übermäßigen Gesamtbelastung des Bürgers, DVBl. 2001, S. 1469–1478.

Ludwigs, Markus: Kooperativer Grundrechtsschutz zwischen EuGH, BVerfG und EGMR, EuGRZ 2014, S. 273–285.

Ludwigs, Markus / Sikora, Patrick: Grundrechtsschutz im Spannungsfeld von Grundgesetz, EMRK und Grundrechtecharta, JuS 2017, S. 385–393.

Lux, Michael: Einführung in den Zollkodex der Union (UZK), ZfZ 2014, S. 178–190.

Machado, Gabriel D. L.: Verhältnismäßigkeitsprinzip vs. Willkürverbot: der Streit um den allgemeinen Gleichheitssatz, Diss., Berlin 2015 (zit.: *Machado*, Verhältnismäßigkeitsprinzip vs. Willkürverbot, S. ...).

Manssen, Gerrit: Finanzverfassungsrechtliche Aspekte der Einführung einer sog. Nahverkehrsabgabe, DÖV 1996, S. 12–18.

Masing, Johannes: Unionsbürgerliche Kernrechte? Zur Zambrano-Rechtsprechung des EuGH, in: Festschrift für Jürgen Papier, Freiheit und Sicherheit in Deutschland und Europa, hrsg. v. Wolfgang Durner u.a., Berlin 2013, S. 355–372 (zit.: *Masing*, in: FS Papier, S. …).

Masing, Johannes: Einheit und Vielfalt des Europäischen Grundrechtsschutzes, JZ 2015, S. 478–487.

Matz-Lück, Nele: Europäische Rechtsakte und nationaler Grundrechtsschutz, in: Matz-Lück, Nele / Hong, Mathias (Hrsg.), Grundrechte und Grundfreiheiten im Mehrebenensystem – Konkurrenzen und Interferenzen, Berlin/Heidelberg 2012, S. 161–201 (zit.: *Matz-Lück*, in: Grundrechte und Grundfreiheiten im Mehrebenensystem – Konkurrenzen und Interferenzen, S. …).

Maunz, Stefan: Die Gelangenheitsbestätigung – BMF klärt wesentliche Zweifelsfragen, MwStR 2013, S. 582–585.

Maunz, Theodor / Dürig, Günter (beide Begr.): Kommentar, Grundgesetz, herausgegeben von Herzog, Roman / Scholz, Rupert u.a., Loseblatt, 80. Ergänzungslieferung, München 2016 (zit.: *Bearbeiter*, in: Maunz/Dürig, GG, Art. … Rz. … [Stand: …]).

Maunz, Theodor / Schmidt-Bleibtreu, Bruno / Klein, Franz / Bethge, Herbert: Kommentar, Bundesverfassungsgerichtsgesetz, Loseblatt, 51. Ergänzungslieferung, München 2017 (zit.: *Bearbeiter*, in: Maunz/Schmidt-Bleibtreu/Klein/Bethge, BVerfGG, § … Rz. … [Stand: …]).

Maurer, Hartmut: Der enteignende Eingriff und die ausgleichspflichtige Inhaltsbestimmung des Eigentums, DVBl. 1991, S. 781–786.

Maurer, Hartmut / Waldhoff, Christian: Allgemeines Verwaltungsrecht, 19. Auflage, München 2017 (zit.: *Maurer*, Allgemeines Verwaltungsrecht, § … Rz. …).

Mayer, Franz C.: Der Vertrag von Lissabon und die Grundrechte, EuR 2009 Beiheft 1, S. 87–102.

Mayer, Gerd: Die Zusage nach der Abgabenordnung 1977, Diss., Berlin 1991 (zit.: *Mayer*, Zusage, S. …).

Mayer, Otto: Zur Lehre vom öffentlichrechtlichen Vertrage, AöR 3 (1888), S. 3–86.

Mayer, Otto: Deutsches Verwaltungsrecht Bd. 1, 3. Auflage, Berlin 1924 (zit.: *Mayer*, Deutsches Verwaltungsrecht Bd. 1, S. …).

Meesenburg, Cliff: Das Vertrauensschutzprinzip im europäischen Finanzverwaltungsrecht: Ein Vergleich von vertrauensschützenden Normen des europäischen Zollkodex mit richterrechtlichen Verwaltungsgrundsätzen der EG und vertrauensschützenden Normen des deutschen Abgabenrechts, Diss., Baden-Baden 1998 (zit.: *Meesenburg*, Vertrauensschutzprinzip, S. …).

Melchinger, Hansjörg: Salvatorische Entschädigungsklausel als Ausgleichsentschädigungsregelungen im Sinne des Art. 14 I GG, NJW 1991, S. 2524–2533.

Mellinghoff, Rudolf: Deutsches Umsatzsteuerrecht unter unions- und verfassungsrechtlichem Einfluss, UR 2013, S. 5–15.

Meyer, Jürgen (Hrsg.): Kommentar, Charta der Grundrechte der Europäischen Union, 4. Auflage, Baden-Baden 2014 (zit.: *Bearbeiter*, in: Meyer, GRCh, Art. … Rz. …).

Mick, Marcus: Die Steuerkonzeption der Europäischen Union: Zielvorgaben, Umsetzung und Grenzen zulässiger Steuerharmonisierung, Diss., Münster u.a. 1995 (zit.: *Mick*, Steuerkonzeption der EU, S. …).

Misera, Hans-Ulrich / Baum, Michael: Verbindliche Auskünfte im Besteuerungsverfahren, Ubg 2008, S. 221–229.

Monreal, Alfred: Auskünfte und Zusagen von Finanzbehörden, Berlin 1967 (zit.: *Monreal*, Auskünfte und Zusagen, S. …).

Mösbauer, Heinz: Verbindliche Zusagen im Anschluss an eine Außenprüfung, StBp 2000, S. 289–294.

Müller, Markus: § 2b UStG – BMF-Schreiben klärt für juristische Personen des öffentlichen Rechts bestehende Unklarheiten (nicht), UR 2017, S. 8–17.

Müller-Franken, Sebastian: Maßvolles Verwalten: Effiziente Verwaltung im System exekutiver Handlungsmaßstäbe am Beispiel des maßvollen Gesetzesvollzugs im Steuerrecht, Habil., Tübingen 2004 (zit.: *Müller-Franken*, Maßvolles Verwalten, S. …).

Münchener Kommentar: Kommentar zur Strafprozessordnung, hrsg. v. Christoph Knauer / Hans Kudlich / Hartmut Schneider, München 2014 (zit.: *Bearbeiter*, in: MüKo, StPO, § … Rz. …).

Naumann, Kolja: Art. 52 Abs. 3 GrCh zwischen Kohärenz des europäischen Grundrechtsschutzes und Autonomie des Unionsrechts, EuR 2008, S. 424–435.

Nierhaus, Michael: Bestimmtheitsgebot und Delegationsverbot des Art. 80 Abs. 1 Satz 2 GG und der Gesetzesvorbehalt der Wesentlichkeitstheorie, in: Verfassungsstaatlichkeit, Festschrift für Klaus Stern, München 1997, S. 717–732 (zit.: *Nierhaus*, in: FS Stern, S. …).

Nieskens, Hans: Nachweispflichten und guter Glaube, EU-UStB 2008, S. 57–59.

OECD (Hrsg.): Harmful Tax Competition. An Emerging Global Issue, 1998.

OECD (Hrsg.): Action Plan on Base Erosion and Profit Shifting, 2013.

Ohlendorf, Lutz: Grundrechte als Maßstab des Steuerrechts in der Europäischen Union, Diss., Tübingen 2015 (zit.: *Ohlendorf*, Grundrechte als Maßstab, S. …).

Ohler, Christoph: Grundrechtliche Bindungen der Mitgliedstaaten nach Art. 51 GRCh, NVwZ 2013, S. 1433–1438.

Onkelinx, Ivo: Nationalreport Belgien im Rahmen des 53. IFA-Kongresses zum Thema „Advance Rulings", in: IFA Vol. 84b, S. 241–266 (zit.: *Onkelinx*, IFA, Advance rulings, S. …).

Oppel, Florian / Eiling, Astrid: Verbindliche Auskunft nach § 89 Abs. 2 AO – Grundstrukturen und aktuelle Entwicklungen, SteuerStud 2016, S. 88–95.

Ossenbühl, Fritz: Die Erfüllung von Verwaltungsaufgaben durch Private, in: VVDStRL 29 (1971), S. 137–203 (zit.: *Ossenbühl*, VVDStRL 29 (1971), S. …).

Ossenbühl, Fritz: Zur Zulässigkeit einer salvatorischen Entschädigungsklausel im Bereich von Art. 14 Abs. 1 S. 2 GG und von Art. 14 Abs. 3 S. 1 GG, JZ 1991, S. 89–91.

Ossenbühl, Fritz: Gedanken zur Kontrolldichte in der verwaltungsgerichtlichen Rechtsprechung, in: Festschrift für Konrad Redeker zum 70. Geburtstag, München 1993, S. 55–70 (zit.: *Ossenbühl*, in: FS Redeker, S. …).

Ossenbühl, Fritz: Ausgleichspflichtige Inhaltsbestimmungen des Eigentums, in: Staat, Wirtschaft, Steuern, Festschrift für Karl Heinrich Friauf, Heidelberg 1996, S. 391–406 (zit.: *Ossenbühl*, in: FS Friauf, S. …).

Ossenbühl, Fritz: Zum Verhältnis von Eigentumsschutz und Denkmalschutz, JZ 1999, S. 899–900.

Ossenbühl, Fritz / Cornils, Matthias: Staatshaftungsrecht, Lehrbuch, 6. Auflage, München 2013.

Papier, Hans-Jürgen: Die Beeinträchtigungen der Eigentums- und Berufsfreiheit durch Steuern vom Eigentum und Vermögen, Der Staat 11 (1972), S. 483–514.

Papier, Hans-Jürgen: Die Weiterentwicklung der Rechtsprechung zur Eigentumsgarantie des Art. 14 GG, DVBl. 2000, S. 1398–1407.

Papier, Hans-Jürgen: Verhältnis des Bundesverfassungsgerichts zu den Fachgerichtsbarkeiten, DVBl. 2009, S. 473–481.

Pietzcker, Jost: Zur Entwicklung des öffentlich-rechtlichen Entschädigungsrechts – insbesondere am Beispiel der Entscheidung von Beschränkungen der landwirtschaftlichen Produktion, NVwZ 1991, S. 418–427.

Popitz, Johannes: Kommentar zum Umsatzsteuergesetz in der Fassung vom 8. Mai 1926, Berlin 1928 (zit.: *Popitz*, UStG, S. …).

Prechtl, Babette: Liebhaberei im Umsatzsteuerrecht: Zur Abgrenzung von unternehmerischer und privater Sphäre, Wien 2007 (zit.: *Prechtl*, Liebhaberei im Umsatzsteuerrecht, S. …).

Püttner, Günter: Vertrauensschutz im Verwaltungsrecht, 2. Mitbericht, in: Die staatsrechtliche Stellung der Ausländer in der Bundesrepublik Deutschland. Vertrauensschutz im Verwaltungsrecht: Berichte und Diskussionen auf der 32. Tagung der Vereinigung der Deutschen Staatsrechtslehrer in Mannheim vom. 3. bis 6. Oktober 1973, Berlin/New York 1974, S. 200–227 (zit.: *Püttner*, Vertrauensschutz, VVDStRL 32, S. …).

Rabe, Hans-Jürgen: Grundrechtsbindung der Mitgliedstaaten, NJW 2013, S. 1407–1408.

Rau, Günther / Dürrwächter, Erich (Hrsg.): Kommentar, Umsatzsteuergesetz, hrsg. v. Rau, Günter / Dürrwächter, Erich / Flick, Hans / Geist, Reinhold, Loseblatt, 177. Ergänzungslieferung, Köln 2018 (zit.: *Bearbeiter*, in: R/D, UStG, § … Rz. … [Stand: …]).

Reiß, Wolfram: Der Belastungsgrund der Umsatzsteuer und seine Bedeutung für die Auslegung des Umsatzsteuergesetzes, in: Umsatzsteuer in nationaler und europäischer Sicht, DStJG 13 (1990), Köln, S. 3–38 (zit.: *Reiß*, DStJG 13 [1990], S. …).

Reiß, Wolfram: Gutachten zur Gesetzgebung zum Umsatzsteuerbetrug, Stbg 2004, S. 113–118.

Reiß, Wolfram: Zukunft der Umsatzsteuer Deutschlands in Europa, USt-Kongressbericht 2007, Köln 2007 (zit.: *Reiß*, in: USt-Kongressbericht, S. …).

Reiß, Wolfram: Die harmonisierte Umsatzsteuer im nationalen Wirtschaftsverkehr – Widersprüche, Lücken und Harmonisierungsbedarf, in: Umsatzsteuer im europäischen Binnenmarkt, DStJG 32 (2009), Köln, S. 9 (zit.: *Reiß*, DStJG 32 [2009], S. …).

Rengeling, Hans-Werner / Szczekalla, Peter: Grundrechte in der Europäischen Union. Charta der Grundrechte und Allgemeine Rechtsgrundsätze, Köln 2004 (zit.: *Rengeling/Szczekalla*, Grundrechte in der Europäischen Union, § … Rz. …).

Richter, Andreas / Welling, Berthold: Diskussionsbericht zum 43. Berliner Steuergespräch „Angleichung der Unternehmensbesteuerung zwischen Deutschland und Frankreich – neuer Anstoß für eine Harmonisierung in Europa?“, FR 2012, S. 765–768.

Ritgen, Klaus: Versteigerung von Funkfrequenzen und Vergabe von Telek ommunikationslizenzen: Verfassungsfragen einer effizienzorientierten Verteilungslenkung, AöR 127 (2002), S. 351–400.

Ritz, Christoph: Nationalreport Österreich im Rahmen des 53. IFA-Kongresses zum Thema „Advance Rulings", in: IFA Vol. 84b, S. 217–239 (zit.: *Ritz*, IFA, Advance rulings, S. …).

Rodemer, Ingo: Advance Pricing agreements im US-amerikanischen und im deutschen Steuerrecht, Diss., Universität Bochum, Köln 2001 (zit.: *Rodemer*, APA, S. …).

Romano, Carlo: Advance Tax Rulings and Principles of Law – Towards a European Tax Rulings System?, Diss., Amsterdam 2002 (zit.: Romano, Advance Tax Rulings, S. …)

Rozek, Jochen: Die Unterscheidung von Eigentumsbindung und Enteignung, eine Bestandsaufnahme zur dogmatischen Struktur des Art. 14 GG nach 15 Jahren "Naßauskiesung", Habil., Tübingen 1996 (zit.: *Rozek*, Die Unterscheidung von Eigentumsbindung und Enteignung, S. …).

Ruffert, Matthias: Die Mitgliedstaaten der Europäischen Gemeinschaft als Verpflichtete der Gemeinschaftsgrundrechte, EuGRZ 1995, S. 518–530.

Sandler, Daniel / Fuks, Ephraim: International Guide to Advance Rulings, Amsterdam 2003 (zit.: *Bearbeiter*, in: Guide Advance Rulings, S. … [Stand: …]).

Sass, Wolfgang: Art. 14 GG und das Entschädigungserfordernis, Diss., Heidelberg 1992 (zit.: *Sass*, Art. 14 GG und das Entschädigungserfordernis, S. …).

Sauer, Heiko: Grundrechtskollisionsrecht für das europäische Mehrebenensystem. Konkurrenzbestimmung – Kollisionsvermeidung – Kohärenzsicherung, in: Matz-Lück, Nele / Hong, Mathias (Hrsg.), Grundrechte und Grundfreiheiten im Mehrebenensystem – Konkurrenzen und Interferenzen, Berlin/Heidelberg 2012, S. 161–201 (zit.: *Sauer*, in: Grundrechte und Grundfreiheiten im Mehrebenensystem – Konkurrenzen und Interferenzen, S. …).

Schaks, Nils: Das Verbot der Belastungskumulation als Bestandteil der Wesensgehaltsgarantie des Art. 19 II GG, DÖV 2015, S. 817–827.

Schaller, Werner: Die EU-Mitgliedstaaten als Verpflichtungsadressaten der Gemeinschaftsgrundrechte, Diss., Baden-Baden 2003 (zit.: *Schaller*, EU-Mitgliedstaaten als Verpflichtungsadressaten, 2003, S. …).

Schenke, Wolf-Rüdiger: Staatshaftung und Aufopferung – Der Anwendungsbereich des Aufopferungsanspruchs, NJW 1991, S. 1777–1789.

Scheuing, Dieter: Zur Grundrechtsbindung der EU-Mitgliedstaaten, EuR 2005, S. 162–191.

Schick, Walter: Zusage – Zusicherung – „Verbindliche Zusage", Regelungsformen eines verwaltungsrechtlichen Rechtsinstituts, in: Rechtsstaat Kirche Sinnverantwortung, Festschrift für Klaus Obermayer, München 1986, S. 135–142 (zit.: *Schick*, in: FS Obermayer, S. …).

Schink, Alexander: Umweltschutz – Eigentum – Enteignung – Salvatorische Klauseln, Zur Entscheidung des Bundesverwaltungsgerichts vom 15. Februar 1990, DVBl. 1990, S. 1375–1386.

Schirra, Andreas: Die Indienstnahme Privater im Lichte des Steuerstaatsprinzips, Diss., Frankfurt/Main 2002 (zit.: *Schirra*, Indienstnahme Privater, S. …).

Schmid, Thomas: Zur Verfassungsmäßigkeit salvatorischer Entschädigungsklauseln, Diss., Frankfurt/Main u.a. 1994 (zit.: *Schmid*, Zur Verfassungsmäßigkeit salvatorischer Entschädigungsklauseln, S. …).

Schmidt, Frederik: Die unternehmerische Freiheit im Unionsrecht, Diss., Berlin 2010 (zit.: *Schmidt*, Die unternehmerische Freiheit im Unionsrecht, S. …).

Schmidt, Reimer: Die Obliegenheiten, Karlsruhe 1953 (zit.: *Schmidt*, Die Obliegenheiten, S. …).

Schoch, Friedrich / Schmidt-Aßmann, Eberhard / Pietzner, Rainer: Kommentar, Verwaltungsgerichtsordnung, Loseblatt, Bd. 1, 16. Ergänzungslieferung 2008, München 2007 (zit.: *Bearbeiter*, in Schoch/Schmidt-Aßmann/Pietzner, VwGO, § … Rz. … [Stand: …]).

Scholz, Rupert: Nationale und europäische Grundrechte: umgekehrte „Solange"-Regel?, DVBl. 2014, S. 197–204.

Schüle, Adolf: Treu und Glauben im deutschen Verwaltungsrecht (Fortsetzung), VerwArch Bd. 39 (1934), S. 1–39.

Schulze-Osterloh, Lerke: Das Prinzip der Eigentumsopferentschädigung im Zivilrecht und im öffentlichen Recht: Untersuchungen zu Inhalt und Geltungsbereich des verfassungsrechtlichen Entschädigungsgebots nach Art. 14 GG, Diss., Berlin 1978 (zit.: *Schulze-Osterloh*, Das Prinzip der Eigentu msopferentschädigung, S. …).

Schulze-Osterloh, Lerke: Entschädigungspflichtige Inhalts- und Schrankenbestimmungen des Eigentums und Enteignung, Tendenzen der neueren Rechtsprechung des Bundesverfassungsgerichts, NJW 1981, S. 2537–2545.

Schwarz, Bernard / Pahlke, Armin (Hrsg.): Kommentar, Abgabenordnung, Loseblatt, 174. Ergänzungslieferung, Freiburg 2015 (zit.: *Bearbeiter*, in: Schwarz/Pahlke, AO, § …, Rz. … [Stand: …]).

Schwarz, Kyrill-Alexander: Vertrauensschutz als Verfassungsprinzip: Eine Analyse des nationalen Rechts, des Gemeinschaftsrechts und der Beziehungen zwischen beiden Rechtskreisen, Habil., Baden-Baden 2002 (zit.: *Schwarz*, Vertrauensschutz, S. …).

Schwarz, Otfried / Wockenfoth, Kurt: Kommentar, Zollrecht, Loseblatt, 76. Ergänzungslieferung, München 2015 (zit.: *Bearbeiter*, in: Schwarz/Wockenfoth, Art. … Rz. …).

Seer, Roman: Verständigungen in Steuerverfahren, Habil., Köln 1996 (zit.: *Seer*, Verständigungen, S. …).

Seer, Roman: Verfassungsrechtliche Grenzen der Gesamtbelastung von Unternehmen, in: Europa- und verfassungsrechtliche Grenzen der Unternehmensbesteuerung, DStJG 23 (2000), Köln, , S. 87–126 (zit.: *Seer*, DStJG 23 [2000], S. …).

Seer, Roman: Reform des (Lohn-)Steuerabzugs, FR 2004, S. 1037–1049.

Seer, Roman: Steuerplanungssicherheit durch Zusage – Zum Auskunftserlass vom 29.12.2003, in: Festschrift für Klaus Korn, Bonn 2005, S. 707–720 (zit.: *Seer*, in: FS Korn, S. …).

Seer, Roman: Die Rolle des Steuerberaters im kooperativen Steuerstaat, in: Steuerberatung und Rechtsstaat, Symposium für Jürgen Pelka, München 2010, S. 33–49 (zit.: *Seer*, in: Symposium Pelka, S. …).

Seer, Roman: Besteuerungsverfahren im 21. Jahrhundert, FR 2012, S. 1000–1008.

Seer, Roman: Chancen und Risiken von verbindlichen Auskünften, in: Steuerberater-Jahrbuch 2012/2013, hrsg. v. Fachinstitut für Steuerberater, S. 557–581 (zit.: *Seer*, StBJb 2012/2013, S. …).

Seer, Roman: Informationsaustausch innerhalb der EU über sog. Advance Tax Rulings/Advance Pricing Arrangements – zum Entwurf der EU-Kommission vom 18.3.2015, in: Nationale und internationale Unternehmensbesteuerung in der Rechtsordnung, Festschrift für Dietmar Gosch, S. 387–402.

Seer, Roman/Geitmann, Tobias: Die verbindliche Auskunft in Umwandlungsfällen, Ungelöste Streitfragen, SteuerStud 2015, S. 8–14.

Seer, Roman: Abstimmungsprobleme zwischen Umsatzsteuer und Insolvenzrecht, DStR 2016, S. 1289–1297.

Seer, Roman: Verbindliche Auskunft nach § 89 Abs. 2–7 AO, SteuerStud 2016, S. 601–607.

Seer, Roman / Hardeck, Inga: Strukturelle Implementierung kooperativer Verfahrenselemente in das Unternehmensteuerrecht, StuW 2016, S. 366–384.

Seer, Roman: Das Gesetz zur Modernisierung des Besteuerungsverfahrens, in: Steuerberater-Jahrbuch 2016/2017, hrsg. i.A. des Fachinstituts für Steuerberater v. Thomas Rödder und Rainer Hüttemann, S. 539–571 (zit.: *Seer*, StBJb 2016/2017, S. …).

Seer, Roman: Verbindliche Auskunft, FR 2017, S. 161–169.

Seidel, Martin: Grundsätzliche rechtspolitische Probleme bei der Verwirklichung des Binnenmarkts, Europa-Archiv 1987, S. 553–558.

von Siemens, Carl Friedrich: Veredelte Umsatzsteuer, 2. Auflage, Siemenstadt 1921 (zit.: *v. Siemens*, Veredelte Umsatzsteuer, S. …).

Simon, Alfons / Busse, Jürgen (Hrsg.): Kommentar, Bayerische Bauordnung, Loseblatt, 125. Ergänzungslieferung, München 2017 (zit.: *Bearbeiter*, in: Simon/Busse, BayBO, Art. … Rz. … [Stand: …]).

Simon, Hans-Jörg: Die neue Gebührenpflicht für die Bearbeitung von verbindlichen Auskünften, DStR 2007, S. 557–564.

Smith, Adam: Der Wohlstand der Nationen, hrsg. von Horst Claus Recktenwald, 8. Auflage, München 1999 (zit.: *Smith*, Der Wohlstand der Nationen, S. …).

Söhn, Hartmut: Die Umsatzsteuer als Verkehrsteuer und/oder Verbrauchsteuer, StuW 1975, S. 1–18.

Spannowsky, Willy / Eiding, Lutz (Hrsg.): Beck'scher Online-Kommentar Bauordnungsrecht Hessen, München 2017 (zit.: *Bearbeiter*, in: BeckOK, HessBO, § … Rz. … [Stand: …]).

Spannowsky, Willy / Uechtritz, Michael (Hrsg.): Beck'scher Online-Kommentar Bauordnungsrecht Baden-Württemberg, München 2017 (zit.: *Bearbeiter*, in: BeckOK, BWLBO, § … Rz. … [Stand: …]).

Spilker, Bettina: Verfassungsrechtliche Anforderungen an eine gesetzliche Regelung der verbindlichen Auskunft, StuW 2013, S. 19–27.

Spindler, Gerald: Unternehmensorganisationspflichten: Zivilrechtliche und öffentlich-rechtliche Regelungskonzepte, Habil., Köln u.a. 2001 (zit.: *Spindler*, Unternehmensorganisationspflichten, S. …).

Spitaler, Armin: Verbindliche Zusicherungen im Steuerrecht, BB 1961, S. 1333–1336.

Stadie, Holger: Das unsinnige sog. Soll-Prinzip bei der Umsatzsteuer, UR 2004, S. 136–142.

Stadie, Holger: Soll oder Ist – das ist sehr wohl jetzt die Frage!, UR 2004, S. 398–401.

Stadie, Holger: Sog. Ist-Versteuerung für Freiberufler-GmbH?, UR 2010, S. 241–246.

Stadie, Holger: In dubio pro fisco – BFH verneint Ist-Versteuerung für Freiberufler-GmbH, UR 2011, S. 45–55.

Stadie, Holger: Kommentar, Umsatzsteuergesetz, 3. Auflage, Köln 2015 (zit.: *Stadie*, UStG, § … Rz. …).

Starke, Christian Paul: Die Anwendbarkeit der Europäischen Grundrechtecharta auf rein nationale Gesetzgebungsakte, DVBl. 2017, S. 721–730.

Starke, Max Fabian: EU-Grundrechte und Vertragsrecht, Diss., Tübingen 2016 (zit.: *Starke*, EU-Grundrechte und Vertragsrecht, S. …).

Starski, Paulina: Der interföderale Verwaltungsakt: Eine rechtsvergleichende Studie, Diss., Tübingen 2014 (zit.: *Starski*, Verwaltungsakt, S. …).

Steinberg, Rudolf / Lubberger, Andreas: Aufopferung, Enteignung und Staatshaftung, Baden-Baden 1991 (zit.: *Steinberg/Lubberger*, Aufopferung, Enteignung und Staatshaftung, S. …).

Steinberg, Wilhelm: Die Selbstbindung der Finanzverwaltung – Verbindliche Auskünfte, Zusicherungen und Zusagen –, Bielefeld 1981 (zit.: *Steinberg*, Selbstbindung, S. …).

Stelkens, Paul / Bonk, Heinz Joachim / Sachs, Michael (alle Hrsg.): Kommentar, Verwaltungsverfahrensgesetz, 8. Auflage, München 2014 (zit.: *Bearbeiter*, in: Stelkens/Bonk/Sachs, VwVfG, § … Rz. …).

Stemplewski, Niclas: Kooperation im Steuerverfahren am Beispiel der verbindlichen Auskunft, BB 2012, S. 2220–2225.

Stotz, Rüdiger: Die Beachtung der Grundrechte bei der Durchführung des Unionsrechts in den Mitgliedstaaten – Von *Stauder* über *Wachauf* zu *Åkerberg Fransson* –, in: Festschrift für Manfred Dauses, hrsg. v. Heid, Daniela / Stotz, Rüdiger / Verny, Arséne, München 2014, S. 409–428 (zit.: *Stotz*, in: FS Dauses, S. …).

Straßburger, Benjamin: Die Dogmatik der EU-Grundfreiheiten: Konkretisiert anhand des nationalen Rechts der Dividendenbesteuerung, Diss., Tübingen 2012 (zit.: *Straßburger*, Dogmatik der EU-Grundfreiheiten, S. …).

Strauß, Daniela: Verfassungsfragen der Kostenüberwälzung bei staatlichen In-dienstnahmen privater Unternehmen, Diss., Halle an der Saale 2009 (zit.: *Strauß*, Verfassungsfragen der Kostenüberwälzung, S. …).

Streinz, Rudolf: Kommentar, EUV/AEUV, 2. Auflage, München 2012 (zit.: *Bearbeiter*, in: Streinz, EUV/AEUV, Art … Rz. …).

Streinz, Rudolf: Der Kontrollvorbehalt des BVerfG gegenüber dem EuGH nach dem Lissabon-Urteil und dem Honeywell-Beschluss, in: Der grundrechtsgeprägte Verfassungsstaat, Festschrift für Klaus Stern, hrsg. v. Sachs, Michael / u.a., Berlin 2012, S. 963–980 (zit.: *Streinz*, in: FS Stern, S. …).

Streinz, Rudolf / Ohler, Christoph / Herrmann, Christoph: Der Vertrag von Lissabon zur Reform der EU: Einführung mit Synopse, 3. Auflage, München 2010 (zit.: *Streinz/Ohler/Herrmann*, Der Vertrag von Lissabon, S. …).

Tehler, Hermann-Josef: Der Begriff „Leistungsaustausch" im Umsatzsteuerrecht – Versuch einer systemgerechten Auslegung, DStR 1983, S. 215–218.

Thiele, Philipp Johannes: Die Neuerungen der verbindlichen Auskunft durch das Gesetz zur Modernisierung des Besteuerungsverfahrens, FR 2016, S. 947–951.

Thiele, Philipp Johannes: Steuerrechtliche Auskünfte und Zusagen, Ein Rechtsvergleich zwischen den Auskunftssystemen Deutschlands, der Niederlande und des Vereinigten Königreichs de lege lata und de lege ferenda, Diss., Tübingen 2016 (zit.: *Thiele*, Auskünfte und Zusagen, S. …).

Thieme, Hauke: Finanzgerichtliche Überprüfung negativer verbindlicher Auskünfte – verbindlich ist nur die (inhaltliche) Unverbindlichkeit, Anmerkung zum BFH-Urteil vom 5.2.2014, I R 34/12, DStR 2014, S. 1093–1097.

Thym, Daniel: Die Reichweite der EU-Grundrechte-Charta – Zu viel Grundrechtsschutz?, NVwZ 2013, S. 889–896.

Thym, Daniel: Blaupausenfallen bei der Abgrenzung von Grundgesetz und Grundrechtecharte, DÖV 2014, S. 941–951.

Tipke, Klaus: Bindung an Zusagen und Auskünfte (Zum Thema des 44. Deutschen Juristentages), StuW 1962, S. 697–716.

Tipke, Klaus: Umsatzsteuer – Verkehrsteuer und/oder Verbrauchsteuer, DStR 1983, 595–597.

Tipke, Klaus: Über Umsatzsteuer-Gerechtigkeit, StuW 1992, S. 103–120.

Tipke, Klaus: Die Steuerrechtsordnung, Bd. I, 2. Auflage, Köln 2000; Bd. II, 2. Auflage, Köln 2003; Bd. III, Köln 1993 (zit.: *Tipke*, StRO …, S. …).

Tipke, Klaus / Kruse, Heinrich Wilhelm (beide Begr.): Kommentar, Abgabenordnung/ Finanzgerichtsordnung, Loseblatt, 152. Ergänzungslieferung, Köln 2018 (zit.: *Bearbeiter*, in: Tipke/Kruse, AO/FGO, § … Rz. … [Stand: …]).

Tipke, Klaus / Lang, Joachim (beide Begr.): Steuerrecht, hrsg. von Hey, Johanna / Seer, Roman, 23. Auflage, Köln 2018 (zit.: *Bearbeiter*, in: Tipke/Lang, Steuerrecht, § … Rz. …).

Tomuschat, Christian: Der Beitritt der Europäischen Union zur EMRK – Vom Mangel zum Überfluss, in: Vom Recht auf Menschenwürde, hrsg. v. Sabine Leutheusser-Schnarrenberger, Tübingen 2013, S. 71–82 (*Tomuschat*, in: Vom Recht auf Menschenwürde, S. …).

Trzaskalik, Christoph: Die Steuererhebungspflichten Privater, in: Steuerrecht und Verfassungsrecht, DStJG 12 (1989), Köln, S. 157–186 (zit.: *Trzaskalik*, DStJG 12 (1989), S. …).

Tumpel, Michael: Prinzipien, Systemschwächen und Reformbedarf bei der Umsatzbesteuerung des internationalen Güter- und Dienstleistungsverkehrs, in: Umsatzsteuer im europäischen Binnenmarkt, DStJG 32 (2009), Köln, S. 52–102 (zit.: *Tumpel*, DStJG 32 [2009], S. …).

Unkelbach-Tomczak, Sabine: Gelangensbestätigung für innergemeinschaftliche Lieferungen: Neue Fassung des § 17a UStDV ab 01.10.2013/01.01.2014 – BFH-Urteil vom 25.04.2013, SAM 2014, S. 16–18.

Uwer, Dirk / Radtke, Martin: Belastungskumulationen im regulatorischen Mehrebenensystem. BVerwG konkretisiert rechtsstaatliche Grenzen für die Höhe der kommunalen Spielgerätesteuer, ZfWG 2016, S. 139–141.

von der Groeben, Hans / Schwarze, Jürgen / Hatje, Armin: Europäisches Unionsrecht, Kommentar zum EUV, AEUV und zur GRCh, 7. Auflage, Baden-Baden 2015 (zit.: *Bearbeiter*, in: Europäisches Unionsrecht, Art. … Rz. …).

Voßkuhle, Andreas: Der europäische Verfassungsgerichtsverbund, NVwZ 2010, S. 1–8.

Wäger, Christoph: Rechtsprechungsauslese 2014, UR 2015, S. 125–160.

Wartenburger, Lucas: Zivilrechtliche Folgeprobleme: Steuerklauseln und zivilrechtliche Ansprüche, USt-Kongressbericht 2014, Köln 2016, S. 145–159 (zit.: *Wartenburger*, in: USt-Kongressbericht 2014, S. …).

von Wedelstädt, Alexander: Verbindliche Zusage im Anschluss an eine Außenprüfung – Ein solides Fundament für wirtschaftliche Dispositionen?, AO-StB 2009, S. 15–19.

Weiß, Eberhard: Qua vadis Umsatzsteuer?, UR 1993, S. 329–335.

Weiß, Wolfgang: Grundrechtsschutz durch den EuGH: Tendenzen seit Lissabon, EuZW 2013, S. 287–292.

Wendt, Rudolph: Rücknahme und Widerruf von Verwaltungsakten in Spezialgesetzen und im Verwaltungsverfahrensgesetz, JA 1980, S. 85–93.

Werder, Alexander / Dannecker, Achim: Anmerkung zu BFH v. 30.3.2011 – I R 61/10, BB 2011, S. 1447.

Werder, Alexander / Dannecker, Achim: Zweifelsfragen zur verbindlichen Auskunft, BB 2011, S. 2903–2907.

Werder, Alexander / Dannecker, Achim: Entwicklungen bei der verbindlichen Auskunft, BB 2013, S. 284–289.

Werder, Alexander / Dannecker, Achim: Entwicklungen bei der verbindlichen Auskunft, BB 2014, S. 926–932.

Werder, Alexander / Dannecker, Achim: Entwicklungen bei der verbindlichen Auskunft, BB 2015, S. 1687–1694.

Werder, Alexander / Dannecker, Achim: Entwicklungen bei der verbindlichen Auskunft, BB 2017, S. 284–289.

Wernsmann, Rainer: Klagearten und Klagebefugnis im Konkurrentenrechtsstreit, DV 2003, S. 67–103.

Wernsmann, Rainer: Die Steuer als Eigentumsbeeinträchtigung?, NJW 2006, S. 1169–1174.

Wesselbaum-Neugebauer, Claudia: Soll- versus Ist-Besteuerung oder die Finanzierungsneutralität der Umsatzsteuer, UR 2004, S. 401–410.

Widmann, Werner: Soll oder Ist – das ist jetzt nicht die Frage!, UR 2004, S. 177–180

Widmann, Werner: Die Verlagerung der Umsatzsteuerschuld auf den Leistungsempfänger als Beispiel der Steuererhebungspflichten Privater, in: Gedächtnisschrift Trzaskalik, hrsg. von Klaus Tipke und Hartmut Söhn, Köln 2005 (zit.: *Widmann*, in: GS Trzaskalik, S. …).

Widmann, Werner: Vollzugsdefizite und Vollzugslasten im Umsatzsteuerrecht, in: Umsatzsteuer im europäischen Binnenmarkt, DStJG 32 (2009), Köln, S. 103–124 (zit.: *Widmann*, DStJG 32 (2009), S. …).

Widmann, Werner: Geltung der EU-Grundrechte-Charta bei der Sanktion mehrwertsteuerlicher Verfehlungen – Zum EuGH-Urteil v. 26.2.2013 – Rs. C-617/10 –, UR 2014, S. 5–8.

Wienbracke, Mike: Gebühr für verbindliche Auskünfte (§ 89 Abs. 2I – V AO) verfassungsgemäß?, NVwZ 2007, S. 749–754.

Wienbracke, Mike: Bemessungsgrenzen der Verwaltungsgebühr – Zugleich ein Beitrag zum Steuerstaatsprinzip und zum Kostendeckungsprinzip, unter Berücksichtigung des Europarechts, Diss., Berlin 2004 (zit.: *Wienbracke*, Bemessungsgrenzen, S. …).

Wiesch, Thomas: Die umsatzsteuerliche Behandlung der öffentlichen Hand, Diss., Köln 2016 (zit.: *Wiesch*, Die umsatzsteuerliche Behandlung der öffentlichen Hand, S. …).

Wilke, Kay-Michael: Grundrechtsstandard in Gefahr. Das EuGH-Urteil v. 26.2.2013 – Rs. C-617/10: Der Fall Hans Åkerberg Fransson, IWB 2013, S. 325–328.

Winkler, Daniela: Der „additive Grundrechtseingriff": Eine adäquate Beschreibung kumulierender Belastungen?, JA 2014, S. 881–887.

Witte, Peter / Henke, Reginhard / Kammerzell, Nadja: Der Unionszollkodex (UZK): Praxisleitfaden zu den Neuerungen im europäischen Zollrecht, 3. Auflage, Köln 2017 (zit.: *Bearbeiter*, in: UZK, S. …).

Wittig, Peter: Bundesverfassungsgericht und Grundrechtssystematik, in: Festschrift für Gebhard Müller zum 70. Geburtstag, hrsg. v. Theo Ritterspach und Willi Geiger, Tübingen 1970, S. 575–593 (zit.: *Wittig*, in: FS Müller, S. …).

Wolff, Hans J. / Bachof, Otto / Stober, Rolf / Kluth, Winfried: Verwaltungsrecht Bd. I/II, 13. und 7. Auflage, München 2017/2010 (zit.: *Wolff/Bachof/Stober/Kluth*, in: Verwaltungsrecht I/II, § … Rz. …).

Würsig, Thorsten: Die Steuerung von Summenbelastungen im öffentlichen Immissionsschutzrecht, Diss., Baden-Baden 2009 (zit.: *Würsig*, Summenbelastungen, S. …).

Zeidler, Karl: Empfiehlt es sich, die bestehenden Grundsätze über Auskünfte und Zusagen in der öffentlichen Verwaltung beizubehalten? Gutachten für den 44. Deutschen Juristentag, Tübingen 1962 (zit.: *Zeidler*, Gutachten, S. …).

Zeitler, Franz-Christoph: Erfahrungen bei der EG-Steuerharmonisierung, insbesondere zu den Prinzipien der Subsidiarität und der Einstimmigkeit, in: Wanderer zwischen Musik, Politik und Recht, Festschrift für Reinhold Kreile, Baden-Baden 1994, S. 837–849 (zit.: *Zeitler*, in: FS Kreile, S. …).

Zirkl, Cornelia: Die Neutralität der Umsatzsteuer als europäisches Besteuerungsprinzip, Inhalt, Herleitung und der Umgang mit Neutralitätsverletzungen, Diss., Frankfurt 2015.

Zorn, Nikolaus: Überlegungen zu unionsrechtlichen Grundrechten, ÖStZ 2013, S. 342–345.

Zweifel, Martin: Die Sachverhaltsermittlung im Steuerveranlagungsverfahren: U nter besonderer Berücksichtigung der Mitwirkung des Steuerpflichtigen und der Ermessensveranlagung bei der direkten Bundessteuer und der zürcherischen Einkommens- und Vermögenssteuer bzw. Ertrags- und Kapitalsteuer, Habil., Zürich 1989 (zit.: *Zweifel*, Sachverhaltsermittlung, S. …).

Zweifel, Martin: Untersuchungs- und Mitwirkungsgrundsatz, in: Steuerrecht: ausgewählte Probleme am Ende des 20. Jahrhunderts, Festschrift für Ernst Höhn, Bern 1995 (zit.: *Zweifel*, in: FS Höhn, S. …).

Bochumer Schriften zum Steuerrecht

Herausgegeben von Roman Seer

Band 1 Roman Seer / Burkhard Kämper (Hrsg.): Bochumer Kirchensteuertag. Grundlagen, Gestaltung und Zukunft der Kirchensteuer. 2004.

Band 2 Roman Seer (Hrsg.): Bochumer Lohnsteuertag. Die Lohnsteuer im Spannungsfeld zwischen Unternehmerfreiheit und Fiskalinteresse. 2005.

Band 3 Frank-André Mönkemöller: Die Zurechnung der Überschusseinkünfte bei Personengesellschaften. 2005.

Band 4 Kai Thulfaut: Die Besteuerung international tätiger Anwaltssozietäten. 2005.

Band 5 Jens Hoffmann: Die Besteuerung von Kapitalgesellschaften und ihren Anteilseignern in Irland im Vergleich zu Deutschland. Zugleich ein Beitrag zu den Grenzen des Steuerwettbewerbs in der Europäischen Union. 2005.

Band 6 Theresa Franz: Körperschaftsteuerliche Behandlung der grenzüberschreitenden Betätigung von Kapitalgesellschaften innerhalb der EG. Eine Betrachtung unter Berücksichtigung der Rechtsprechung des EuGH, der geplanten 14. gesellschaftsrechtlichen Richtlinie und der Societas Europaea. 2006.

Band 7 Jan Michaelis: Die territoriale Zuordnung von Beteiligungsaufwand im Europäischen Unternehmenssteuerrecht. Zugleich zur Verfassungsmäßigkeit des § 8b Abs. 5 KStG in der Fassung des ProtErklG. 2006.

Band 8 Hans Anders: Die Überschussrechnung nach § 4 Abs. 3 EStG im System der steuerlichen Einkünfteermittlung. 2007.

Band 9 Björn Kahler: Die Freistellungsmethode in deutschen Doppelbesteuerungsabkommen und ihre Vereinbarkeit mit dem EG-Vertrag. Betrachtung der Freistellungsmethode in deutschen Doppelbesteuerungsabkommen, Untersuchung ihrer Folgen im Ertragsteuerrecht und Prüfung ihrer Vereinbarkeit mit dem EG-Vertrag. 2007.

Band 10 Lars Rehfeld: Die Vereinbarkeit des Außensteuergesetzes mit den Grundfreiheiten des EG-Vertrags. 2008.

Band 11 Heike Rüping: Die Umsatzsteuer-Nachschau nach § 27b UStG. 2008.

Band 12 Marius Frederik Schumann: Das Dispensverfahren im europäischen Mehrwertsteuerrecht. Grenzen nationaler Alleingänge nach Art. 395 der Mehrwertsteuersystemrichtlinie in der Betrugsbekämpfung. 2008.

Band 13 Daniela Zuschlag: Die pauschalierte Gewerbesteueranrechnung nach § 35 EStG. 2009.

Band 14 Napoleão Dagnese: Verrechnungspreise und die Aufzeichnungspflicht im brasilianischen und deutschen Steuerrecht. 2009.

Band 15 Marcel Krumm: Steuervollzug und formelle Insolvenz. 2009.

Band 16 Martin Karl Plappert: Gemeinnützigkeits- und Spendenrecht: Ein steuersystematischer Rechtsvergleich zwischen den USA und Deutschland. 2009.

Band 17 Karina Grundmann: Das Recht auf Akteneinsicht im Besteuerungsverfahren. 2009.

Band 18 Claus Möllenbeck: Das Verhältnis der EG-Amtshilfe zu den erweiterten Mitwirkungspflichten bei internationalen Steuerfällen. 2010.

Band 19 Sibyl Tanja Rieper: Steuerverfehlungen als Tatbestandsmerkmale von AO-Vorschriften. 2010.

Band 20 Kristina Frankus: Die Verlustverrechnung von Körperschaften nach § 8 Abs. 4 KStG, § 8c KStG im Rechtsvergleich mit dem US-amerikanischen Steuerrecht. 2010.

Band 21 Timo Höller: Eine kritische Analyse der Unternehmensteuerreform 2008 im historischen Kontext. 2011.

Band 22 Björn Schüßler: Der Datenzugriff der Finanzverwaltung im Rahmen der (digitalen) Außenprüfung. 2010.

Band 23 Kristina Dudde: Die Umsatzbesteuerung gemeinnütziger Sportvereine. 2011.

Band 24 Susanne Stiewe: Die verfahrensrechtliche Umsetzung internationaler Verständigungsvereinbarungen (§ 175a AO). 2011.

Band 25 Metin Yilmaz: Das Besteuerungsverfahren der Türkei aus dem Blickwinkel des deutschen Steuerrechts. 2011.

Band 26 Sascha Bleschick: Die Revisionszulassungsgründe des § 115 Abs. 2 Nr. 1 und 2 FGO im Spannungsverhältnis zwischen Individualrechtsschutz und Allgemeininteresse. 2012.

Band 27 Thomas Blum: Bewertungsgleichmaß und Verschonungsregelungen. Gleichmäßigkeit der Besteuerung im Erbschaft- und Schenkungsteuerrecht. 2012.

Band 28 Roman Seer (Hrsg.): Steuern im historischen Kontext. Ein Ausschnitt aus der Steuergeschichte anhand ausgewählter Fragestellungen. 2014.

Band 29 Pascal Thebrath: Die Revisionszulassungsgründe gemäß § 115 Abs. 2 Nrn. 1 und 2 FGO und ihre Darlegung im Rahmen der Nichtzulassungsbeschwerde. 2015.

Band 30 Alexander Witfeld: Das Umsatzsteuerverfahren und die Insolvenz. 2016.

Band 31 Christopher Klotz: Die Abgeltungsteuer. Eine verfassungsrechtliche Analyse unter Einbeziehung rechtspolitischer, steuersystematischer und europarechtlicher Aspekte. 2017.

Band 32 Jendrik Suck: Das Nichtanwendungsgesetz als Instrument der Steuerpolitik. 2018.

Band 33 Dominik Wedel: Rechtsschutz bei überlangen steuerprozessualen Verfahren. Das Gesetz über den Rechtsschutz bei überlangen Gerichtsverfahren und strafrechtlichen Ermittlungsverfahren auf dem (steuer-) verfassungsrechtlichen Prüfstand. 2018.

Band 34 Max Weber: Die Zusage im Umsatzsteuerrecht. Eine Untersuchung im steuerverfassungsrechtlichen Mehrebenensystem *de lege lata* und *de lege ferenda*. 2019.

www.peterlang.com

www.ingramcontent.com/pod-product-compliance
Ingram Content Group UK Ltd.
Pitfield, Milton Keynes, MK11 3LW, UK
UKHW021835290926
8980IPUK00004B/461

9 783631 773390